Zum Bildungswert des Internet

Bildungsräume digitaler Welten

Band 1

Herausgeber der Reihe:
Prof. Dr. Winfried Marotzki (Magdeburg)
Dr. Dorothee M. Meister (Halle/Saale)
Dr. Mike Sandbothe (Jena)
Prof. Dr. Uwe Sander (Rostock)

Wissenschaftlicher Beirat der Reihe:
Prof. Dr. Stefan Aufenanger (Hamburg)
Prof. Dr. Amy Bruckman (Atlanta, USA)
Prof. Dr. Hubert Dreyfus (Berkeley, USA)
PD Dr. Johannes Fromme (Bielefeld)
Prof. Dr. Ludwig Issing (Berlin)
Prof. Dr. Sybille Krämer (Berlin)
Dr. Katja Mruck (Berlin)
Prof. Dr. Mark Poster (Irvine, USA)
Prof. Dr. Christina Schachtner (Marburg)
Prof. Dr. Wolfgang Welsch (Jena)

Winfried Marotzki
Dorothee M. Meister
Uwe Sander (Hrsg.)

Zum Bildungswert des Internet

Leske + Budrich, Opladen 2000

Gedruckt auf säurefreiem und alterungsbeständigem Papier.

Die Deutsche Bibliothek – CIP-Einheitsaufnahme

Zum Bildungswert des Internet / Winfried Marotzki ... (Hrsg.). –
Opladen : Leske + Budrich, 2000
   (Bildungsräume digitaler Welten ; Bd. 1)
   ISBN 3-8100-2685-9

© 2000 Leske + Budrich, Opladen

Das Werk einschließlich aller seiner Teile ist urheberrechtlich geschützt. Jede Verwertung außerhalb der engen Grenzen des Urheberrechtsgesetzes ist ohne Zustimmung des Verlages unzulässig und strafbar. Das gilt insbesondere für Vervielfältigungen, Übersetzungen, Mikroverfilmungen und die Einspeicherung und Verarbeitung in elektronischen Systemen.

Druck: Druck Partner Rübelmann, Hemsbach
Printed in Germany

Inhalt

Winfried Marotzki, Dorothee M. Meister, Uwe Sander
Einleitung 9

Allgemeine Perspektiven

Mike Sandbothe
Globalität als Lebensform. Überlegungen zur Ausbildung einer
internetspezifischen Urteilskraft 17

Norbert Meder
Wissen und Bildung im Internet – in der Tiefe des semantischen
Raumes 33

Das Internet als Lern- und Sozialisationsraum

Gunnar Hansen
Memory-Effekte: Neue Medien und pädagogische
Schnittstellen 59

Claudia Orthmann / Ludwig J. Issing
Lernen im Internet – ein integrativer Ansatz 83

Werner Sacher
Schule und Internet: Informations- und Wissensmanagement als
zeitgemäße Bildungsaufgabe 97

Dorothee M. Meister/ Uwe Sander

Bildung *just in time* durchs Internet? 115

Bernhard Koring

Probleme internetbasierter Bildung. Untersuchungen über den
Zusammenhang zwischen Bewußtsein, Lernen, Information,
Bildung und Internet 137

Otto Peters

Ein didaktisches Modell für den virtuellen Lernraum 159

Claus J. Tully

Jugendliche Netzkompetenz: *just do it* – Surfen im Cyberspace als
informelle Kontextualisierung 189

Gerald A. Straka

Selbstgesteuertes Lernen – das Survival Kit in der
Informationsgesellschaft? 217

Das Internet als Kommunikations-, Partizipations- und Kulturraum

Winfried Marotzki

Zukunftsdimensionen von Bildung im neuen öffentlichen Raum 233

Burkhard Schäffer

Das Internet: ein Medium kultureller Legitimität in
Bildungskontexten? 259

Walter Bauer
Demokratie online. Politische Öffentlichkeiten im Zeitalter des
Internet 287

Eva Schäfer
Lernwelten für Kinder im Internet. Eine Fallstudie 317

Birgit Richard
Schwarze Netze statt Netzstrümpfe? Weibliche
Kommunikationsräume in Jugendkulturen und im Internet 341

Waldemar Vogelgesang
Das Internet als jugendkultueller Erlebnisraum 363

Autorenverzeichnis 387

Einleitung

Mit dem Ende des zweiten Jahrtausends geht eine rasante, medial basierte Entwicklung unserer Kommunikationskultur und unserer Wissens- und Informationsorganisation vonstatten. Hypertextuale und durch Rechner vernetzte Informationsarrangements (das Internet steht als Synonym dafür), die (fast schon) jedermann weltumspannend zur Verfügung stehen, weisen auf einen grundlegenden Wandel unserer Kommunikationsbeziehungen hin.

Damit verbunden ist auch ein Strukturwandel der bislang durch Bücher und Texte dominierten Art, wie Menschen ihr Wissen, ihre Gedanken und Botschaften codieren, speichern und bewerten. Das – schon seit einiger Zeit propagierte – Ende eines durch das klassische Bildungsmedium Buch gezeichneten Bildungszeitalters scheint bevorzustehen; so könnte man radikal argumentieren. Eine weniger spektakuläre Prognose, der wir hier eher das Wort reden, würde kein *Ende*, sondern eher eine *Veränderung* voraussagen. Ging nach Victor Hugo die gotische Sonne hinter der Druckerpresse zu Mainz unter – und erstrahlte danach die Morgenröte eines Jahrhunderte währenden buch- und schriftfixierten Bildungszeitalters, so scheint heute die Gutenberg-Ära, rückblickend bewertet auf ihrem Höhepunkt angelangt, einem neuen Medien-Zeitalter zu weichen. Zwar haben die Produktion von (gedruckten) Texten und die Kumulation textgebundenen Wissens immense Dimensionen erreicht und dokumentieren ihre Bedeutung in Bibliotheken, in der Lehrbuchdidaktik des Schulwesens und in der Textfixierung universitärer Forschung und Lehre. Bildungsvorstellungen, schulische Erziehungssysteme und die mehr oder minder etablierten Kanonisierungen des *notwendigen* bzw. *allgemeinen Wissens* stehen wohl noch immer auf einem Piedestal von Büchern und Texten. Auch symbolisch repräsentiert noch immer das Buch die Dignität von Wissen, Information und Kultur. Wenn etwas gesagt, gedacht oder behauptet wird, dann haben diese eigentlich flüchtigen Entäußerungen noch am ehesten zwischen Buchdeckeln die Chance, zum *Bildungsgut* aufzusteigen. Allerdings zeigt sich mit den neuen vernetzten prozessorgesteuerten und multimedialen Informationstechniken eine Mediengeneration, die die bisherige Dominanzstellung des Buches im Bildungsgefüge übernehmen könnte. Dieses ist hier zuerst einmal eine

Behauptung, die jedoch noch weiter plausibilisiert werden soll und auch muß.

Die längste Zeit ihren Geltung als Träger von Bildungswissen standen Texte, also das geschriebene oder gedruckte Wort, ohne Konkurrenz. Bilder, Symbole und Töne hatten allenfalls dekorativen Stellenwert. Zudem löste die Schriftkultur auch keine Bild-, Ton- oder Symbolkultur ab, sondern eine Kultur der Weitergabe von Generation zu Generation über mündliche Formen der Überlieferung. An die Stelle dieser mündlichen Überlieferung trat dann die schriftliche – und erst über Texte, Textproduktion und -reproduktion konnte sich ein Bildungskonzept entwickeln, wie es seit Humboldt, zwar in Variationen, bis heute perpetuiert wurde. Bildliche Darstellungen allein hätten dieses Bildungskonzept nie derart befördern können. Zwar bieten Bilder die Möglichkeit einer nicht-linearen Komposition von Informationen – man kann Verschiedenes parallel abbilden und vielerlei Bezüge gleichzeitig herstellen. Aber Bilder sind ansonsten nur beschränkt fähig, das menschliche Denken und die menschliche Kommunikation zu repräsentieren und weiterzugeben.

Bildung, wie man sie auch immer unterschiedlich definieren und verstehen mag, steht und will auch auf den Schultern von Riesen stehen; und kein anderes Medium außer den Textmedien konnte bislang dem Individuellen so erfolgreich Größe und Dauer geben, das Besondere ins Allgemeine transformieren und die Generativität des Wertvollen und Gewissen sichern. So formuliert Wilhelm von Humboldt in seiner *Theorie der Bildung des Menschen*:

„Die letzte Aufgabe unseres Daseins: dem Begriff der Menschheit in unserer Person, sowohl während der Zeit unseres Lebens als noch über dasselbe hinaus, durch die Spuren des lebendigen Wissens, die wir zurücklassen, einen so großen Inhalt, als möglich, zu verschaffen, diese Aufgabe löst sich allein durch die Verknüpfung unseres Ichs mit der Welt zu der allgemeinsten, regesten und freiesten Wechselwirkung" (1969, S.235f)[1].

Diese das Leben des Einzelnen überdauernden „Spuren des lebendigen Wissens" beherbergen bislang noch unangefochten die klassischen Orte der Bildung: Bibliotheken, Schulen und Universitäten, nämlich in Form von Büchern und Texten. Und auch wenn die Bücher kein *lebendiges Wissen* mehr beinhalten,

---

1 Humboldt, W. von: Theorie der Bildung des Menschen, Werke Bd. 1, Darmstadt 1969.

Einleitung

behalten sie doch noch Wert. Bücher dürfen nicht einfach weggeworfen werden, ihre Zerstörung kommt fast einem Sakrileg gleich, und Bibliotheken sind nicht nur funktionale Quellen zur Informationssuche, sondern auch Nekropole vergangener Bildungsinhalte.

Neuere potenzielle Konkurrenten, die die Tragelast von Bildungswissen hätten übernehmen können, wie etwa der Telegraf, das Kino, das Radio und andere Ton(über)träger, das Fernsehen oder auch der *alte* PC mit beschränkten Programmier- und Anwendungsmöglichkeiten wurden zwar auch schon als potenzieller Buchersatz gehandelt – und zwar meistens in einer kulturkritischen Sicht. Allerdings waren diese Prognosen wenig zutreffend, wie es sich im Gefolge dieser *alten* Medien-Techniken empirisch herausstellte. Die *Bilderwelten* des Kinos oder Fernsehens, die *Tonwelten* von Radio, Tonbandgeräten oder CD-Spielern und die *Bildschirmwelten* von isolierten Computerprogrammen haben es nie geschafft, den multiplen Repräsentationen menschlichen Denkens so variabel und umfassend wie *Textwelten* zu entsprechen. Ein Text kann das Kochen eines Mahls anleiten, ein Land beschreiben, eine Theorie entwerfen oder der eigenen Biografie in einer Lebensgeschichte Gestalt geben – für diese Bandbreite der Anwendung konnte sich keine alternative und für viele Menschen handhabbare akustische oder bildliche Darstellungsform entwickeln. Dazu müßte nämlich eine neue bzw. alternative Repräsentanz menschlichen Denkens und menschlicher Kommunikation die Möglichkeiten von Texten ersetzen und übertreffen; aber die Evolution der menschlichen Kommunikationsformen hat neben Sprache und Texten (als fixierter Sprache) bislang keine solche universale Alternative hervorgebracht.

Die Frage stellt sich hier, ob die so genannten Neuen Medien (Hypertexte, vernetzte Informationssysteme usw.) an diesen evolutionären Erfolg des Mediums Buch anschließen können. Eine notwendige Voraussetzung dafür wäre, daß diese Neuen Medien eine funktionale Äquivalenz für die Leistungen von Büchern und Texten herstellen müßten. Wenn Neuen Medien bzw. das Internet einen *Bildungswert* erbringen sollen, dann haben sie auch die Aufgabe von Bildung abzuarbeiten, nämlich die Perpetuierung und Bestimmung von *Sinn* und *Wert* eines *relevanten Wissens* sowie eine Raum und Zeit transzendierende Sicherung sozialer Kommunikation. Damit wären Netzstrukturen, Hypertexte und multimediale Arrangements also kein Ersatz, sondern eher eine evolutionäre Erweiterung textualer Darstellung. Ein Surplus gegenüber den Textmedien würde sich zudem ergeben, wenn die neuen vernetzten Medien das in ihnen repräsentierte Wissen effizienter zugänglich und abrufbar anbieten würden bzw. wenn der Lern- oder Bildungsprozeß zum Erwerb und zu Verarbeitung der Inhalte gegenüber dem Textlernen Vorteile aufweisen würden. Diese Überlegenheit der neuen Informationsmedien gegenüber den linear aufgebauten Textmedien wird immer wieder propagiert, selbst der Begriff Hypertext bezieht eine auch wertend gemeinte Stellung *überhalb* der Textmedien. Bereits in den 30er Jahren des 20. Jahrhunderts hatte Vannevar Bush sich mit den innovativen Möglichkeiten einer solchen erweiterten Textstruktur (zuerst einmal theoretisch) befaßt und sie 1945 in einem Artikel mit dem Titel „As We May Think" beschrieben. Das Prinzip der Hypertextstruktur ist seitdem allerdings gleich geblieben: Über eine vernetzte Textgestaltung und Wissensvermittlung und mittels assoziativer, nichtlinearer Medienstrukturen sollte das menschliche Lernen adäquater unterstützt werden, nämlich in der Art und Weise *wie wir denken* und nicht wie lineare Texte aufgebaut sind.

Welches könnten mögliche Bildungsrelevanzen eines hypertextualen und -vernetzten Wissens sein? Die folgenden Hypothesen, entnommen und kondensiert aus der aktuellen bildungstheoretischen Debatte, weisen den Neuen Medien in Bildungsprozessen besondere Qualitäten zu, die schon lange vor den Neuen Medien pädagogische Zielwerte darstellten: Vernetzte Wissensangebote, so wird diskutiert:

– können das selbstorganisiertes Lernen fördern;
– sie ermöglichen den Schritt vom Lehren zum Lernen;
– sie verwandeln Lehrende in Lernbegleiter bzw. Moderatoren;
– sie steigern die Motivation zum kontextuellen Lernen;
– sie erfordern und fördern verstärkt Metawissen (Kompetenz etc.) und
– sie erlauben nicht-sequenzielle Kombinatoriken verschiedener Informationen durch Links (Texte, [Bewegt-]Bilder, Töne, Symbole, Grafiken usw.).

Sind die Neuen Medien (jedenfalls theoretisch) den klassischen Textmedien in diesen Beziehungen überlegen, so verweigern sie allerdings eine weitere Qualität, mit der die Codierung und Kommunikation über lineare Texte (Bücher) so einzigartig und so erfolgreich *Bildung* aufwerten konnte. Gemeint ist der hohe symbolische Wert, den das Buch (bzw. insgesamt Texte) seinen Inhalten als *Bildungsgut* vermittelte. Die neuen ver-

Einleitung

netzten Informations- und Kommunikationsmedien zeichnen sich in dieser Beziehung eher durch Profanität aus. Sie ersetzen die Konstanz und Dignität von Texten und von Textwissen durch Dynamik und Aktualität von Informationen, und in puncto Distinktionswert ist hier tatsächlich das Medium, und nicht sein Inhalt die Message. Man kann sich zwar auch durch Buchbesitz, Bilder und Konzertbesuche zum *Bildungsbürger* stilisieren, eigentlich gewichtig ist hierbei jedoch das Wissen um die Inhalte der Medien. Beim Internet und anderen Neuen Medien dagegen verhält es sich genau andersherum. Der Distinktionswert bleibt direkt an das Medium gekoppelt, nicht an die Inhalte.

Die Frage stellt sich hier, ob ein schon profanisiertes Bildungsverständnis auch noch diesen weiteren Schritt der Entzauberung von Bildungsgütern aushält. Aber auch noch weitere Fragen im Kontext der neuen vernetzten Medien tauchen auf. Kann Bildung, verstanden im Humboldtschen Sinne als zeugnisschaffende und dauerhaft wertvolle Verbindung des Ichs mit der Welt, in einer Metamorphose überleben:

– wenn hypertextuale Repräsentationen die *Welt als Text* durch Multimedia als Einheit von Text, (bewegtem) Bild, Ton, Symbol etc. zerstören;
– wenn an die Stelle textgesicherten und damit *dauerhaften* Wissens verzeitlichte Informationen in Form globaler (Hyper-)Texte treten;
– wenn klassische Differenzierungen des kulturellen Wissens, erbracht durch die Disziplinenlogik von Bildungsinstitutionen wie Schule und Universität und die Ordnungen von Verlagen und Bibliotheken, im Internet aufgehoben werden;
– wenn der Wahrheitswert von Wissen und die Bedeutung von Äußerungen nicht mehr durch eindeutige Autorenschaft (wie bei Büchern) begründet werden und
– wenn klassische Autoritäten von *Bildungswissen* (Künstler, Wissenschaftler, Lehrer, [Lehr-]Bücher etc.) in der Diffusität vernetzten Wissens untergehen?

Kurz gesagt entscheidet sich hier, ob der Bildungswert des Internet und anderer Neuer Medien fähig ist, eine neue Variation von Bildung zu erzeugen und zu befördern und Bildung dadurch auch im Informationszeitalter auf Dauer zu stellen, oder ob die Neuen Medien durch die Aufhebung der letzten *klassischen* Bestimmungsgrößen von *Bildung* zu einer Auflösung des Bildungsdenkens überhaupt führen.

Ob die ersten Bildungserfahrungen mit dem Internet und anderen Neuen Medien also tatsächlich auf einen neuen *Bildungswert* verweisen, damit beschäftigen sich die folgenden Beiträge dieses Bandes. Sie fragen nicht nur danach, wie sich das schulische bzw. systematische Lernen in den nächsten Jahren durch das Internet verändern könnte, sondern behandeln ganz allgemein die bildungstheoretischen Konsequenzen eines Mediums, das die Textstruktur der alten Bildungsmedien nicht ersetzt, sondern integriert, die Spielräume des Bildungskonzepts jedoch so erweitern könnte, daß eine evolutionäre Kontinuität des bisherigen Bildungsgedankens nicht fraglos angenommen werden kann. Damit soll allerdings keinem vorschnellen Bildungs-Defaitismus das Wort geredet werden. Zwar erleidet die *klassische Bildung* heute wohl deswegen einen Bedeutungsschwund, weil ihr immer stärker die Gelegenheiten und Räume zur Demonstration eben dieser Bildung entzogen werden. Museumsgesellschaften und Lesevereine gehören ebenso wie die Institution des *Salons* vergangenen Zeiten an bzw. überleben in den Nachtprogrammen einiger Fernsehsender als gebildete Talkrunde. Aber längst sind Kino, Unterhaltungsfernsehen oder andere mediale Events an ihre Stelle getreten. Aber sollte es dem Internet bzw. den Neuen Medien zukünftig gelingen, innovative soziale *Raumstrukturen* zu konstituieren, in denen kommuniziert und gelernt wird und in denen sich Subjekte im Sinne von Bildung mit *ihrer Welt verknüpfen*, dann könnten sich diese *Medienräume* in einem selbstreferenziellen Prozeß auch zu neuen Foren einer neuen Bildungspraxis entwickeln. Als Herausgeber unterstellen wir eine solche Möglichkeit, indem wir das Internet in den Abschnittsüberschriften dieses Bandes sowohl als neuen Lern- und Sozialisations*raum* wie auch als neuen Kommunikations-, Partizipations- und Kultur*raum* bezeichnen.

Winfried Marotzki, Dorothee M. Meister, Uwe Sander
Dezember 1999

Allgemeine Perspektiven

Mike Sandbothe

Globalität als Lebensform

Überlegungen zur Ausbildung einer internetspezifischen Urteilskraft

Die ethischen, moralischen, politischen und rechtlichen Aufgaben, vor die uns das Internet stellt, sind neuartig und ungewohnt. Dies vor allem deshalb, weil wir es dabei einerseits mit Regeln zu tun haben, die unseren Umgang miteinander im wirklichen Leben bestimmen, und wir andererseits Verhaltensformen zu berücksichtigen haben, die sich in den virtuellen Gemeinschaften des Internet entwickeln. Die Regeln des wirklichen Lebens sind normalerweise sehr stark durch geographische und nationale Kontexte mitbestimmt. Es handelt sich um Verhaltensweisen, die eine bestimmte räumlich beschreibbare Gemeinschaft in einem bestimmten Land entwickelt hat. Anders ist das bei *virtuellen* Gemeinschaften. Sie sind zumeist nicht mit Hilfe räumlich-geographischer und nationaler Kategorien zu beschreiben. Obwohl es natürlich auch lokale virtuelle Gemeinschaften wie z. B. die WELL (Rheingold 1994, 31-54) in San Francisco oder das ThurNet in Thüringen gibt. Aber im Regelfall besteht das Spezifische der virtuellen Gemeinschaften darin, daß sich in ihnen Menschen aus ganz unterschiedlichen Orten der Welt on-line versammeln. Dabei handelt es sich um Menschen, die nicht eine bestimmte räumliche Nähe oder nationale Identität verbindet, sondern in erster Linie ein gemeinsames Interesse, ein Hobby, ein Forschungsgegenstand, eine berufliche Perspektive, ein politisches Ziel und dergleichen.

Hier gibt es dann natürlich interne Unterschiede. In den Diskussionschannels und Communication Environments des Internet herrscht nach wie vor insgesamt ein etwas seriöserer Umgangston als in den bunten Chatterforen von *America Online*. Selbstverständlich ist auch innerhalb der Kommunikationsumgebungen des Internet noch einmal zu differenzieren. So geht es in dem gewalttätigen Abenteuer-MUD *Age of Dragons* ganz anders zu als im intellektuell anspruchsvollen *MediaMoo* des MIT Media Lab. Und in dem allgemein zugänglichen IRC-Channel #philosophy, in dem Studierende über ständig wechselnde (und nicht immer wirklich philosophische) Themen diskutieren, ist der Umgangston ein anderer als im geschlossenen Diskussionsforum des *Academic Dialogue on Applied Ethics* der Carnegie Mellon University Pittsburgh, in dem ein streng geregelter Diskurs stattfindet, an dem nur geladene Gäste teilnehmen dürfen.

Ich habe bei dieser kleinen Aufzählung bewußt Beispiele aus der akademischen Internet-Nutzung in den Vordergrund gestellt, um so an diejenigen Verhaltensstandards zu erinnern, welche die Geschichte des Internet, die lange Zeit akademisch dominiert war, bestimmt haben und bis heute die Online-Kommunikation im Wissenschaftsbereich prägen. Im Zentrum dieser Standards und Verhaltensregeln stehen die aufklärerischen Ideale der Transparenz und des freien Informationsaustausches, der Redlichkeit, Offenheit und Gesprächsbereitschaft sowie der experimentellen Neugier und der diskursiven Reflexion. Diese auf die europäische Aufklärung des 18. Jahrhunderts zurückgehenden Ideale sind im akademisch geprägten Internet ihrerseits in den Rahmen einer moralisch-politischen Orientierung eingebettet, die auf die Verminderung von Grausamkeit durch Vermehrung von Solidarität und Gerechtigkeit zwischen Menschen unterschiedlicher sozialer, politischer, nationaler und intellektueller Kulturen zielt. Als zentrale Leitmaxime einer Medienethik des Internet erscheint mir vor diesem Hintergrund die Forderung, daß an der aufklärerischen Tradition des Internet (zumindest ein Stück weit) auch und gerade unter den Bedingungen seiner sich zunehmend verschärfenden Kommerzialisierung und Massenmedialisierung festzuhalten ist. Wie aber läßt sich diese Forderung angesichts faktisch gegenläufiger Tendenzen in die Praxis umsetzen?

Ein Hauptargument vieler Internetkritiker besagt, daß das Internet (oder genauer: die graphische Anwenderoberfläche des World Wide Web, die 1994/95 zum Bit Bang des Internet geführt hat) uns mit einer Flut von ungeordneten und kontingenten Informationen bedränge. Mit dieser Diagnose wird die berechtigte Besorgnis verbunden, daß durch die Überflutung mit Informationen unsere Aufmerksamkeits- und Konzentrationsfähigkeit zerstreut werde. Es bestehe die Gefahr, so heißt es weiter, daß wir zu Opfern eines digitalen Datengaus werden, der uns paralysiert, süchtig macht und unsere alltäglichen Wahrnehmungsformen und Wissenskompetenzen in Mitleidenschaft zieht. Tatsächlich sind bereits die ersten Opfer des digitalen Datengaus zu beklagen. Die von dem französischen Medienkritiker Paul Virilio beschworene „Datenbombe" (Virilio 1996) ist längst explodiert. Wir befinden

Globalität als Lebensform

uns derzeit mitten in dem von Virilio erst für eine ferne Zukunft angekündigten „totalen, (...) integralen Unfall" (Virilio 1996) der Information. Aber zugleich sollten wir weiterfragen: Woran liegt es eigentlich, wenn so viele Menschen das Internet als „Wüste" (Stoll 1996) und als bedrohliches Datenchaos erfahren? Ist es das böse Wesen dieser Technologie, das die Menschen ins Verderben stürzt, oder liegt es vielleicht auch daran, daß nicht nur viele Netz-Newbies, sondern auch manche angeblichen Netz-Profis von den Ordnungsangeboten, die das Internet bietet, keinen vernünftigen Gebrauch machen?

Schaut man sich die Netzkultur einmal genauer an, dann wird man feststellen, daß durch Verzweigungsordnungen strukturierbare Bookmarks, die nach individuellen Interessen angelegt werden können, diverse Suchmaschinen, die jedermann kostenlos zugänglich sind, und Intelligent Agents, die den Datenraum für uns systematisch vorstrukturieren und nach unseren individuellen Interessen organisieren, bereits für Abhilfe sorgen (Steinhaus 1997). Sie leisten wichtige Dienste bei der Aufgabe, Ordnung ins Datenchaos zu bringen. Dabei handelt es sich nicht mehr um die alte und abstrakte Katalog- und Kästchen-Ordnung des Buchzeitalters, von der Musil schreibt: „(...) das ist der Kältetod, die Leichenstarre, eine Mondlandschaft, eine geometrische Epidemie" (Musil 1978, 464). Das Internet rückt vielmehr flache, weil transversal (also querlaufend) vernetzte, und konkrete, weil hochindividualisierte Formen von Ordnung in den Vordergrund.

Zum kompetenten Umgang mit dem Internet gehört aber nicht nur die basale Fähigkeit zur gezielten Navigation und Recherche mit Hilfe der entsprechenden Net Tools, sondern auch die Ausbildung einer internetspezifischen Urteilskraft. Wie eng Fragen der Medienkompetenz mit Fragen der Medienethik verbunden sind, wird sofort klar, wenn man sich im Anschluß an den amerikanischen Philosophen und Vordenker des Neopragmatismus Richard Rorty vor Augen führt, daß die Unterscheidung zwischen Moralität und Klugheit nicht als metaphysische Wesensdifferenz, sondern als „eine graduelle Differenzierung" (Rorty 1994a, 69; vgl. auch Sandbothe 1998) anzusehen ist. Wer sich kompetent im Medium Internet zu bewegen weiß, gerät erst gar nicht in bestimmte Dilemmata und Problemsituationen, in die der unbedarfte User ganz naiv und erheblich schneller hineinschlittert. Dabei habe ich zunächst einmal ganz banale Fälle von präventivem Verhalten im Blick, wie wir sie aus dem *real life* kennen.

Ein gutes Beispiel hat die ehemalige *MIT*-Doktorandin Amy Bruckman, die jetzt am *Georgia Institute of Technology* in Atlanta lehrt, in ihrem Aufsatz *Finding One's Own in Cyberspace* gegeben. Sie schreibt:

„The week the last Internet porn scandal broke, my phone didn't stop ringing: 'Are women comfortable on the Net?' 'Should women use gender-neutral names on the Net?' 'Are women harrassed on the Net?' Reporters called me from all over the country with basically the same question. I told them all: your question is ill-formed. 'The Net' is not one thing. It's like asking: 'Are women comfortable in bars?' That's a silly question. Which woman? Which bar? (...) The Net is made up of hundreds of thousands of separate communities, each with its own special character. Not only is the Net a diverse place, but 'women' are diverse as well (...). When people complain about being harassed on the Net, they've usually stumbled into the wrong online community." Und Bruckmans einfacher Ratschlag zur Vermeidung solcher Erlebnisse lautet schlicht: „(...) you have to 'lurk' – enter the community and quietly explore for a while, getting a feel of whether it's the kind of place you're looking for" (Bruckman 1996, 48f).

Bruckman gibt damit ein ganz unprätentiöses Beispiel dafür, daß medienspezifische Urteilskraft und pragmatische Klugheit in vielen Fällen effektiver und naheliegender sind als der rigorose Ruf nach neuen Normen. Aber Medienkompetenz in Sachen Internet hat neben dieser pragmatisch-präventiven Komponente noch andere, *geistigere*, will sagen: theoretisch-intellektuelle Aspekte. Transversale Medienkompetenz im Zeitalter des Internet bedarf einer medienspezifisch geschärften Urteilskraft. Die klassische Definition von Urteilskraft bei Immanuel Kant lautet: „Urteilskraft [ist] das Vermögen unter Regeln zu subsumieren, d.i. zu unterscheiden, ob etwas unter einer gegebenen Regel (...) stehe, oder nicht" (Kant 1983 B 171, 184). Kant unterscheidet zwei Typen von Urteilskraft: die bestimmende und die reflektierende. Aufgabe der *bestimmenden* Urteilskraft ist es, einen besonderen Fall unter ein *bereits vorgegebenes* Allgemeines zu subsumieren. Die *reflektierende* Urteilskraft denkt demgegenüber von einem gegebenen Besonderen her auf ein Allgemeines hinaus, das *noch nicht* vorgegeben ist. Beide Arten von Urteilskraft spielen für eine angemessene Medienkompetenz im Zeitalter des Internet eine wichtige Rolle.

Die komplexe mediale Situation des Internet hebt die klassischen Rubrizierungs- und Bewertungsraster auf, die in den ausdifferenzierten Medienkulturen der Buch- und Rundfunkwelt vorgegeben sind. In den unidirektionalen

Medienwelten der traditionellen Verlags- und Sendeanstalten war das Medium selbst eine wichtige Message, die dem Rezipienten die Notwendigkeit der selbständigen, reflektierenden Evaluierung ein Stück weit abnahm, indem sie ihm die einordnende Beurteilung durch die bestimmende Urteilskraft leicht machte. In den digital vernetzten Medienwelten des Internet wird demgegenüber von den Nutzerinnen und Nutzern eine höhere und eigenständigere Bewertungskompetenz gefordert. In diesem Sinn bemerken Merrill Morris und Christine Ogan in ihrem Aufsatz *The Internet as Mass Medium*: „A much greater burden will be placed on the user to determine how much faith to place in any given source" (Morris/Ogan 1996, 44). Nicht nur die bestimmende, sondern auch und gerade die reflektierende Urteilskraft ist eine wichtige Voraussetzung für den kritischen Umgang mit dem komplexen Informations- und Kommunikationsangebot der interaktiven Datennetze.

In der traditionellen Medienpraxis wird die Zuschauerin oder der Leser nur selten mit Angeboten konfrontiert, deren Wert sie bzw. er nicht via Zuordnung zu einem bestimmten Verlag, zu einem bestimmten Sender oder zu einer bestimmten Redaktion – d.h. zu einem vorgegebenen Allgemeinen – vor aller Lektüre grob beurteilen könnte. Im Internet ist das anders. Durch den Einsatz von Suchmaschinen im World Wide Web sowie bei der Arbeit in den verschiedenen Datenbanken, die via Web zugänglich sind, werden Nutzerinnen und Nutzer zu einem bestimmten Stichwort mit einem breiten Spektrum ganz unterschiedlicher Informationen mit nicht immer transparenten Herkünften und häufig nur schwierig zu ermittelnden Zurechenbarkeiten konfrontiert. Während das klassische Mediensystem darauf basiert, daß die Zuschauerin bzw. der Leser langfristig stabile Präferenzen zu vertrauenswürdig erscheinenden Sendern oder Zeitungen entwickelt, haben wir es im Internet mit einem „Information Overload" zu tun. Dieser läßt sich auch unter Einsatz von Suchmaschinen und intelligenten Agentenprogrammen letztlich nur durch die reflektierende Urteilskraft der einzelnen Nutzerin und des einzelnen Nutzers kanalisieren.

Unter Internet-Bedingungen beginnen Nutzerinnen und Nutzer – unterstützt durch intelligente technologische Tools, einen Teil derjenigen Selektions- und Konstruktionstätigkeiten zu erbringen, die im klassischen Mediensystem von der Zunft der Journalistinnen und Journalisten durchgeführt werden. Um die medienethische Leitmaxime einer bewußten Orientierung an der aufklärerischen Tradition des Internet in die Praxis umzusetzen, müßte bei der breitenwirksamen Ausbildung von Medienkompetenz ein besonderer

Schwerpunkt auf dem Erlernen der erwähnten selektiven und konstruktiven Fähigkeiten liegen. Das setzt eine tiefgreifende medienpädagogische Reform der Schulen und Universitäten voraus. Dem direkten Gespräch zwischen Lehrenden und Lernenden bei der gemeinsamen Arbeit mit den neuen Medien kommt dabei in allen Disziplinen und Fächern zentrale Bedeutung zu.

Der in deutschen Schulen und Hochschulen nach wie vor übliche Frontalunterricht kann seiner Struktur nach dazu führen, daß die Ausbildung der bestimmenden gegenüber der Ausbildung der reflektierenden Urteilskraft überakzentuiert wird. In der Lernwelt des Frontalunterrichts geraten Lehrerinnen und Lehrer allzu schnell in die Rolle intransparenter Selektions- und autoritativer Bewertungsinstanzen, die einen vorgegebenen Kanon des Wissens institutionenspezifisch personalisieren und als geordnetes und abprüfbares System von Tatbeständen erscheinen lassen. Der Lehrende tritt dabei idealtypisch als omnikompetenter Verwalter des Wissens hervor. Er spielt die Rolle eines lebenden Lexikons, das spricht wie gedruckt, und für jede Frage und jeden Wissensbestand eine vorgegebene Schublade, eine verbindliche Definition und eine feststehende Bewertung zur Hand hat. Will man gegenüber diesen im deutschen Bildungssystem tief verankerten Rollenerwartungen und Unterrichtsgewohnheiten neue Akzente setzen, die der Ausbildung reflektierender Urteilskraft größere Bedeutsamkeit zukommen lassen, reicht es nicht aus, einfach nur neue Computertechnik anzuschaffen, Netzverbindungen herzustellen und intelligente Lehr- und Lernsoftware zu installieren. Der technische Umgang mit den neuen Medien ist keinesfalls eine hinreichende Bedingung für die Ausbildung reflektierender Urteilskraft. Dieser falsche Optimismus, der von vielen Bildungspolitikerinnen und -politikern heute verbreitet wird, beruht auf einem mediendeterministischen Vorurteil.

Diesem Vorurteil gegenüber ist herauszustellen, daß die gezielte Ausbildung reflektierender Urteilskraft ihren pädagogischen Ort nicht allein und nicht zuerst im Computerlabor und vor dem Internetbildschirm hat. Sie beginnt vielmehr in der alltäglichen Kommunikationssituation des normalen, nicht-computerisierten Face-to-Face-Unterrichts, der gerade in einer mediengeprägten Bildungswelt eine spezifische Revalidierung erfährt. Entscheidende Voraussetzung dafür, daß Menschen im Prozeß des Lernens den Mut und die Fähigkeit zur eigenständigen Beurteilung und reflektierenden Verflechtung von Themen, Perspektiven, Interessen und Personen entwickeln können, ist die Enthierarchisierung und Dezentrierung der dem Unterricht an Schule und Hochschule zugrundeliegenden Kommunikationsstruktur. Das muß nicht auf ein anti-autoritäres Bildungskonzept hinauslaufen. Die Autorität der Lehrenden kann und soll unter Lehr- und Lernbedingungen, die auf die Ausbildung reflektierender Urteilskraft ausgerichtet sind, durchaus erhalten bleiben. Sie gründet unter enthierarchisierten und dezentrierten Bedingungen jedoch nicht mehr in der Personalisierung theoretischer Wissensbestände durch die Figur des omnikompetenten Lehrers. Statt dessen ergibt sie sich vielmehr aus den kommunikationspragmatischen Fähigkeiten einer im transparenten Umgang mit unterschiedlichen Wissensquellen, heterogenen Interpretationen und divergierenden Interessenlagen geschulten Lehrperson.

Wo diese Fähigkeiten auf seiten der Lehrenden vorhanden sind, stellt die Integration des Internet in den Unterricht kein eigentliches Problem mehr dar. Im Gegenteil. Lehrerinnen und Lehrer, die bereit sind, die Quellen, Kontingenzen, Relativitäten und Offenheiten sowie den Entwicklungscharakter ihres eigenen Wissens den Lernenden gegenüber freizulegen, nutzen das Internet, um mit ihren Schülerinnen und Schülern in einen gemeinsamen mediengestützten Lernprozeß einzutreten. Die Autorität der Lehrenden bewährt sich im Vollzug dieses Prozesses vor allem darin, den Lernenden dabei zu helfen, die (für das Gelingen des eigenen Lebens entscheidende) Kunst des eigenständigen, reflektierenden und intelligenten Lernens selbst zu erlernen. Der Vorsprung des Lehrers besteht also nicht in erster Linie im Verfügen über vorgegebene Lehrbestände, sondern vielmehr in seiner Kompetenz, die Vielfalt der sich ständig erweiternden Informationsströme auf nachvollziehbare, pragmatische und kooperative Weise zu kanalisieren und zusammen mit den Lernenden in ein situiertes Wissen zu transformieren, das der lernenden Gemeinschaft nützlich ist und zugute kommt.

Aus meiner eigenen Arbeit mit dem Internet in Philosophie-Seminaren an den Universitäten Magdeburg und Jena möchte ich zwei Beispiele geben. In Magdeburg habe ich im Rahmen eines Seminars, das ich im Sommersemester 1996 zum Thema *Philosophische Medientheorie* angeboten habe, den Schwerpunkt der wissenschaftlichen Internetnutzung auf den Einsatz von interaktiven Kommunikationsdiensten wie dem Internet Relay Chat bzw. MUDs und MOOs gelegt. Dabei sind wir im Seminar so vorgegangen, daß wir zunächst in einer ersten Seminarsequenz von vier Sitzungen, die ohne Computerunterstützung stattfanden, ein Buch und einen Aufsatz des amerikanischen Medienwissenschaftlers Jay David Bolter vom *Georgia Institute of Technology* in Atlanta gelesen haben. Im Vollzug der Lektüre haben wir gemeinsam Fragen ausgearbeitet, die zum Teil schlichte Textverständnisfragen waren, zum Teil aber auch Grundthesen von Bolter problematisierten. Die zweite Seminarsequenz fand dann im Computerlabor des Rechenzentrums statt. Dort saßen jeweils zwei Studierende an einem Internet-PC. Alle PCs waren mit dem Media-MOO des *Georgia Institute of Technology* verbunden, in das uns Jay Bolter zur Diskussion eingeladen hatte. An der Kommunikationssituation, die sich zwischen Jay Bolter und dem Seminar online entwickelte, kann man sehr schön vor Augen führen, was ich mit Dezentrierung und Enthierarchisierung der Unterrichtssituation meine.

Dazu ist aber zunächst kurz die Kommunikationssituation zu beschreiben, die für die erste Seminarsequenz charakteristisch war. Die Gesprächssituation war so strukturiert, daß ich als Lehrer gemeinsam mit den Studierenden an der Entwicklung eines offenen, mit Fragezeichen und Unklarheiten verbundenen Verständnisses der Bolter-Texte gearbeitet habe. Der Schwerpunkt lag dabei nicht darin, meine eigenen Verständnisprobleme zu überspielen, sondern vielmehr darin, diese Probleme im Seminar möglichst deutlich zu artikulieren, so daß die Studierenden ebenfalls ermutigt wurden, nach meinem Vorbild ihre eigenen Verständnisprobleme auszudrücken. Meine Funktion im Seminar war also nicht die, den Studierenden ein verbindliches und wahres Textverständnis zu präsentieren, das sie dann nur noch hätten reproduzieren müssen. Ich habe ihnen keine verbindliche Standardinterpretation, d.h. kein umfassendes Allgemeines angeboten, unter das sie mittels bestimmender Urteilskraft den Text einfach hätten subsumieren können. Statt dessen habe ich mich gemeinsam mit ihnen in einen zielgerichteten Prozeß reflektierender Urteilskraft begeben, in dessen Vollzug wir uns zusammen über die Unsicherheiten, die verschiedenen Interpretationsmöglichkeiten, die offenen Fragen, die vielfältigen Bezüge und Assoziationen verständigt haben, die im Laufe einer wissenschaftlichen Textlektüre zu Tage treten. Am Ende dieses Prozesses stand eine Liste von Verständnis- und Interpretationsfragen, von denen wir glaubten, daß wir sie in unserem Kreis allein nicht würden klären können, sowie eine zweite Liste von Fragen, von denen wir annahmen, daß sie bestimmte Grundgedanken von Bolter problematisierten. Mit diesen beiden Listen ausgerüstet traten wir den Marsch ins Internet und den Besuch in Bolters Media-MOO an.

Interessant an der für das Online-Gespräch mit Bolter charakteristischen Kommunikationssituation war vor allem der Sachverhalt, daß die Dezentrierung und Enthierachisierung der Seminarsituation, die von uns im Rahmen der ersten vier computerfreien Textlektüresitzungen implizit vollzogen worden war, sich im Gespräch mit Bolter als eine eigentümliche Solidaritätserfahrung ausdrückte. Wir erfuhren uns im Gespräch mit Bolter als eine Denk- und Reflexionsgemeinschaft, die koordiniert und in Abstimmung miteinander Fragen stellte, Einwände formulierte, nachhakte, das Thema wechselte, neue Probleme aufwarf etc. Dazu trugen auch die technischen Rahmenbedingungen des Gesprächs bei. Bolter sah ja nur, was wir schrieben. Wir konnten uns aber jederzeit mündlich, ohne daß Bolter dies mitbekam, über das Geschriebene und unser weiteres argumentatives Vorgehen verständigen. Die Bestimmungsschwäche oder positiv formuliert: die reflektierende Offenheit, die wir uns gegenüber dem Text in der ersten Seminarsequenz erlaubt hatten, erwies sich nun als unsere Stärke. Wir konnten den aus der anonymen Welt des Buchdrucks in die virtuelle Gesprächswirklichkeit der Online-Diskussion zurückgeholten Textautor nun Schritt für Schritt mit unseren spezifischen Lektüreproblemen und kritischen Einwänden konfrontieren. Dabei wurde im Übergang von der Welt des Buchdrucks in die interaktive Welt des geschriebenen Gesprächs für die Seminarteilnehmerinnen und -teilnehmer in aller Deutlichkeit erfahrbar, daß im Vollzug einer gelingenden Lektüre reflektierende Urteilskraft auf reflektierende Urteilskraft verweist. Bolter beantwortete unsere über das bloße Textverständnis hinausgehenden Fragen, indem er sie in seine Reflexionen einbezog und nachvollziehbar machte, daß es sich beim publizierten Wissen um die Momentaufnahme eines offenen Denkprozesses handelt, an dem selbstdenkend teilzunehmen gute Texte ihre Leserinnen und Leser einladen. Diesen partizipativen Aspekt philosophischen Schreibens und Lesens hat Ludwig Wittgenstein auf seine ganz persönliche Art und Weise im Vorwort zu den *Philosophischen Untersuchungen* wie folgt zum Ausdruck gebracht: „Ich möchte nicht mit meiner Schrift Andern das Denken ersparen. Sondern, wenn es möglich wäre, jemand zu eigenen Gedanken anregen" (Wittgenstein 1984, 233).

Nun noch einige Bemerkungen zu meinen Jenaer Erfahrungen mit dem Interneteinsatz in Philosophie-Seminaren. Hier möchte ich von einem Proseminar über Aristoteles' *Nikomachische Ethik* berichten, das ich im Sommersemester 1999 durchgeführt habe. Im Rahmen dieses Seminars habe ich versucht, das World Wide Web gezielt zur Verbesserung der Seminardiskussion und der Fähigkeit der Studierenden einzusetzen, sich selbst und ihre Kommilitoninnen und Kommilitonen als Schreibende, d.h. als Textautorinnen und Textautoren ernst zu nehmen. Die Teilnehmerinnen und Teilnehmer bereiteten sich auf die jeweils im Seminar zu behandelnden Aristoteles-Sequenzen vor, indem sie vor jeder Sitzung Thesenpapiere zu der zu behandelnden Aristotelespassage verfaßten. Diese Thesenpapiere wurden eine Woche vor der relevanten Sitzung im Internet auf einer eigens zu diesem Zweck eingerichteten Seminarhomepage (http://www.uni-jena.de/ms/seminar) für alle zugänglich publiziert, so daß jede Teilnehmerin und jeder Teilnehmer sich bereits vor der Sitzung über den publizierten Reflexionsstand aller Kommilitoninnen und Kommilitonen ins Bild setzen konnte. Das Vorgehen in der Sitzung verlief dann so, daß jeweils eine Teilnehmerin oder ein Teilnehmer des Seminars ein sogenanntes Überblicksreferat vortrug. Diese Überblicksreferate rekonstruierten den thematischen Aristoteles-Text und bezogen dabei die Thesenpapiere der anderen Teilnehmerinnen und Teilnehmer wie Sekundärliteratur ein.

Die Autorinnen und Autoren der Thesenpaperie erfuhren auf diesem Weg von früh an, was es heißt, als Autorinnen und Autoren rezipiert und ernstgenommen zu werden. Sie spürten sozusagen am Beispiel der eigenen Publikationen, wie der Text sich im Medium der Publikation von seinem Autor entfremdet und welcher Reflexionsprozessse es bedarf, um die Offenheit des Gedankens in der Lektüre wiederherzustellen. Durch gemeinsames Schreiben und Publizieren erlernten sie auf diesem Weg neue Formen der reflektierenden Lektüre, die den Text nicht mehr als einen vorgegebenen allgemeinen Wissensbestand auffaßt, den es unter einer bestimmten Rubrik zu subsumieren gilt, sondern in ihm ein Werkzeug erkennt, das es mit den Mitteln reflektierender Urteilskraft in einem offenen, interaktiven und partizipativen Denkgeschehen sinnvoll nutzen zu lernen gilt. Soviel aus der Praxis und soviel zu der medienpädagogischen Herausforderung, die das Internet nicht nur für Medienwissenschaftler und Medienpädagogen bedeutet, sondern auch und gerade für den Unterricht in scheinbar so medienunabhängigen und abgehobenen Fächern wie der Philosophie.

Einen wichtigen Beitrag zur Ausbildung von angemessener Medienkompetenz im Zeitalter des Internet können neben Schule und Hochschule auch Presse und Rundfunk leisten. Indem Journalistinnen und Journalisten ihre Arbeit, ihre Methoden und ihre Quellen dem Publikum transparenter machen, tragen sie dazu bei, daß bereits unter den Bedingungen der traditionellen Massenmedien die reflektierende Urteilskraft größere Bedeutung erlangt. Die Erfahrung zeigt, daß sich mehr Transparenz und journalistische Redlichkeit nicht nur auf die Qualität journalistischer Produkte positiv auswirken, sondern auch die pragmatische Nutzbarkeit von Information für die Rezipientinnen und Rezipienten erhöhen. Beide Effekte werden durch die detaillierte Präsentation von Hintergrundinformationen, das Freilegen von Rechercheverläufen und das Zugänglichmachen von Zwischenergebnissen auf sender- oder zeitungseigenen Webseiten im Internet noch weiter verstärkt.

Was Zukunftsvisionen angeht, die eine technische Symbiose von Zeitungen, audiovisuellen Medien und Internet zu einem umfassenden interaktiven Metamedium betreffen, vertrete ich eine eher konservative Position. Der interaktive Streß, dem wir uns im Internet aussetzen, führt meines Erachtens beim Publikum viel eher zu einer *Revalidierung* der ruhigen, relaxten, unilinearen Medien als zu dem Bedürfnis, die traditionellen Massenmedien nun ihrerseits nur noch interaktiv nutzen zu wollen.[1] Es tut einfach gut, sich einmal wieder dem fertigen Programmangebot einer vertrauten Redaktion überlassen zu können. Insbesondere dann, wenn sich die journalistischen Standards qualitativ durch die Medienkonkurrenz mit dem Internet verbessern. Bestes Beispiel scheint mir in diesem Zusammenhang die Entwicklung der deutschen Wochenzeitung *Die Zeit* in den letzten beiden Jahren zu sein. Hier hat die dezente Konkurrenz und intelligente Kooperation mit dem Internet zu einer substantiellen Verbesserung der Inhalte wesentlich beigetragen.

Mit meinem Plädoyer für die Ausbildung einer internetspezifischen reflektierenden Urteilskraft wende ich mich zugleich auch gegen komplementäre Bestrebungen, die versuchen, das Internet durch die Implementierung von uni-linearen Sender- und Empfänger-Hierarchien zu überformen. Mit Stichworten wie „Webcasting" und „Push-Technologie" verbindet sich das (mittlerweile bereits leerlaufende) Vorhaben, das Suchen und Recherchieren nach Informationen im Internet dadurch überflüssig zu machen, daß man von zentralen Stellen aus dafür sorgt, daß die Informationen nach dem Broadcasting-Prinzip von aktiven Sendern an passive Informationsempfänger interessenspezifisch übermittelt werden. Sicherlich ist es sinnvoll und hilfreich, wenn es solche Dienste auch im Internet gibt. Aber gleichzeitig ist es meines Erachtens medienethisch von zentraler Wichtigkeit, daß das offene Informations- und Kommunikationssystem des Internet für jede Nutzerin und jeden Nutzer individuell recherchierbar bleibt.

Im Bereich der Datenbanken zeichnet sich derzeit eine starke Tendenz zur rigorosen Vermarktung von Zugangsrechten ab. Hier wäre meines Erachtens politisch gegenzusteuern. Der Zugang zu effektiven Datenbanken, die, wie

---

1 Zum Konzept der Revalidierung vgl. Welsch 1998.

beispielsweise das kommerzielle Informationssystem *Lexis-Nexis*, in Sekundenschnelle einen thematisch gezielten Zugriff auf die wichtigsten Archive der internationalen Weltpresse ermöglichen[2], sollte möglichst vielen Privatleuten – und zwar unabhängig von ihrem Einkommen – eröffnet werden. Dies ließe sich ein Stück weit bereits durch kostenlose Datenbank-Terminals in Schulen, Universitäten, Bibliotheken, Rathäusern und öffentlichen Mediennutzungsstellen realisieren. In diesem Zusammenhang ist auch darauf hinzuweisen, daß ein möglichst kostengünstiger Informationszugang als positiver Standortfaktor gelten darf, der einen wichtigen Beitrag zur wirtschaftlichen und unternehmerischen Kreativität eines Landes leistet (vgl. Mosdorf 1998).

Die Frage nach der Medienkompetenz im Umgang mit dem Internet und den darüber verfügbaren Datenbanken hat auch einen epistemologischen Aspekt. Im Unterschied zur klassischen Medienlandschaft überwiegt im Umgang mit den interaktiven Datenbanken des Internet nicht das Modell der Wirklichkeitsabbildung. In der klassischen Medienlandschaft suggeriert jedes Informations- und Nachrichtenmedium eine verbindliche, glaubwürdige und adäquate Repräsentation der Wirklichkeit. Im Internet wird diese Suggestion durch die selektive und evaluative Rechercherpraxis der Nutzerinnen und Nutzer unterlaufen. Medienkompetenz unter den Bedingungen digitaler Netzwerke bedeutet aktive Konstruktion eines Sachverhalts aus einer Vielzahl einander womöglich widersprechender Perspektiven. Transversale Medienkompetenz läuft zuletzt auf diese Fähigkeit zur kritischen Analyse komplexer Sachverhalte im Widerstreit heterogener Informationen heraus. Sie wird ermöglicht durch das geschickte Zusammenspiel zwischen intelligenten Recherche-Tools und Menschen, die dazu befähigt werden, im Umgang mit der Technologie kritisch reflektierende Urteilskraft auf hohem Niveau auszubilden und einzusetzen.

Waren Bürgerinnen und Bürger bisher auf die Informationen angewiesen, die ihnen über das System der Massenmedien übermittelt wurden, können sie sich mit Hilfe des Internet nun darüber hinaus auch direkt an den Quellen informieren. Auf diesem Weg kommt das Grundrecht der Informationsfreiheit, das „nicht nur die Unterrichtung *aus Quellen*, sondern erst recht die Unterrichtung *an der Quelle*" (Herzog 1994) gewährleistet, auf neue Weise zur Geltung.

---

2 Ein ähnliches Rechercheangebot bietet – begrenzt auf die deutschsprachige Presse – die Firma *Genios* (http://www.genios.de) an.

Bereits 1979 hat der französische Philosoph Jean-François Lyotard in seinem Buch *Das postmoderne Wissen* herausgestellt:

„Die Informatisierung der Gesellschaften (...) kann das (...) Kontroll- und Regulierungsinstrument des Systems des Marktes werden und ausschließlich dem Prinzip der Performativität gehorchen. Sie bringt dann unvermeidlich den Terror mit sich. Sie kann aber auch den über die Metapräskriptionen diskutierenden Gruppen dienen, indem sie ihnen die Informationen gibt, die ihnen meistens fehlen, um in Kenntnis der Sachlage zu entscheiden. Die Linie, die man verfolgen muß, um sie in diesem letzten Sinn umzulenken, ist im Prinzip sehr einfach. Die Öffentlichkeit müßte freien Zugang zu den Speichern und Datenbanken erhalten" (Lyotard 1984, 192).

Dieser Punkt ist mir wichtig. Denn er hängt mit der grundsätzlichen medienethischen und medienphilosophischen Bedeutsamkeit zusammen, die dem Internet insgesamt als Medium zukommt. Richard Rorty hat vorgeschlagen, die Medien als literarische Erzählformen zu begreifen, die über ihre Inhalte – die „traurigen und rührseligen Geschichten" (Rorty 1994b, 107), die sie erzählen – solidarisierende Wirkungen ausüben können. Seine Hoffnung ist es, daß es mit Hilfe der Medien gelingen könnte, Menschengruppen, die in unterschiedlichen intellektuellen, sozialen, politischen und geographischen Kulturen aufgewachsen und mit unterschiedlichen Ansichten großgeworden sind, „durch tausend kleine Stiche zu verknüpfen und (...) tausend kleine Gemeinsamkeiten zwischen ihren Mitgliedern zu beschwören" (Rorty 1994a, 87). Diese Utopie, die „moralischen Fortschritt im Sinne zunehmender *Sensibilität* und wachsender Empfänglichkeit für die Bedürfnisse einer immer größeren Vielfalt der Menschen und der Dinge" (Rorty 1994a, 79) versteht, läßt sich unmittelbar mit den transkulturellen Kommunikationspraktiken in Zusammenhang bringen, die für virtuelle Gemeinschaften im Internet charakteristisch sind.

Der französische Hypermediaphilosoph Pierre Lévy hat in seinem Buch *Die kollektive Intelligenz. Eine Anthropologie des Cyberspace* das Internet als „Herausbildung eines neuen Kommunikations-, Denk- und Arbeitsumfeldes" (Lévy 1997, 7) beschrieben, das es uns erlauben kann, in transgeographischen, transdisziplinären und translingualen Gemeinschaften „gemeinsam zu denken (...) [und] in Echtzeit auf den verschiedensten Ebenen praktische Lösungen auszuhandeln" (Lévy 1997, 14). Tatsächlich wird es im Internet Menschen, die räumlich und geographisch voneinander getrennt sind und sich häufig auch in rechtlicher und moralisch-ethischer Hinsicht in verschiedenen Welten bewegen, möglich, virtuell in einer gemeinsamen Welt zu leben, in der sich unterschiedliche Gewohnheiten und heterogene Handlungsregeln miteinander vernetzen lassen. Das Internet muß nicht zu einem gigantischen Warenhaus verkommen. Wie bereits in seiner akademisch dominierten Vergangenheit könnte das Netz auch in seiner massenmedial geprägten Zukunft als praktisches Experimentierfeld dienen, in dem sich neue, globale Lebensformen unter dem Schutz der Virtualität einüben und ausdifferenzieren lassen.

Jürgen Habermas hat in seinem Buch *Die postnationale Konstellation* in aller Deutlichkeit darauf hingewiesen, daß die sozialen Folgelasten einer sich zunehmend globalisierenden Wirtschaft derzeit weltweit auf gefährliche Weise ignoriert bzw. externalisiert werden. Dies ist Habermas zufolge nicht zuletzt deshalb der Fall, weil es bisher nicht wirksam genug gelungen sei, der Entwicklungsdynamik transnationaler Konzerne „die Idee einer die Märkte einholenden Politik" (Habermas 1998, 86) entgegenzusetzen. Würde das Netz auch und gerade unter den Bedingungen seiner Massenmedialisierung als deliberativer Raum einer globalen, diskursiven und zivilgesellschaftlichen Öffentlichkeit genutzt, in der Globalität selbst als Lebensform erfahrbar wird, ließe sich auf diesem Weg ein Umfeld „weltbürgerlicher Solidarität" (Habermas 1998, 90) entwickeln, aus dem heraus sich die von Habermas geforderte „global governance" (Habermas 1998, 87) demokratietheoretisch speisen könnte (vgl. hierzu Gimmler 2000). Wenn es gelingt, die Menschen unter den Bedingungen der Massenmedialisierung des Internet zu einer kompetenten Nutzung der neuen Technologien zu befähigen, wäre damit ein entscheidender Beitrag zur Medienethik im Zeitalter der Globalisierung geleistet.

Literatur

Bruckman, A. (1996): Finding One's Own in Cyberspace. In: Technology Review, Januar, S. 48-54.
Gimmler, A. (2000): Deliberative Demokratie, Öffentlichkeit und das Internet. In: Marotzki, W.; Sandbothe, M. (Hrsg.): Subjektivität und Öffentlichkeit. Grundlagenprobleme virtueller Welten. Opladen (Leske+Budrich) (im Druck).
Habermas, J. (1998): Die postnationale Konstellation. Politische Essays, Frankfurt a.M. (Suhrkamp).
Herzog, R. (1994): In: Maunz, T.; Dürig, G.; Herzog, R. u.a. Grundgesetz (Kommentar). Loseblattsammlung, Rdz.88 zu Art.5 GG. München (Beck).

Kant, I. (1983): Kritik der reinen Vernunft, in: ders., Werke in sechs Bänden, hrsg. von Wilhelm Weischedel, Darmstadt: Wissenschaftliche Buchgesellschaft, Bd. 2.

Lévy, P. (1997): Die kollektive Intelligenz. Eine Anthropologie des Cyberspace. Mannheim (Bollmann).

Lyotard, J.-F. (1986): Das postmoderne Wissen. Ein Bericht. Wien (Passagen). (Im Original zuerst: Paris: Les Éditions Minuit, 1979).

Morris, M.; Ogan, Ch. (1996): The Internet as Mass Medium. In: Journal of Communication, Bd. 46, Heft 1, Winter, S. 39-50.

Mosdorf, S. (1998): Bausteine für einen Masterplan für Deutschlands Weg in die Informationsgesellschaft (Gutachten), hrsg. von Michael Domitra. Bonn (Friedrich-Ebert-Stiftung).

Musil, R. (1978): Der Mann ohne Eigenschaften. Hamburg (Rowohlt).

Rheingold, H. (1994): Virtuelle Gemeinschaft. Soziale Beziehungen im Zeitalter des Computers. Bonn (Addison-Wesley).

Rorty, R. (1994a): Hoffnung statt Erkenntnis. Eine Einführung in die pragmatische Philosophie. Wien (Passagen).

Rorty, R. (1994b), Menschenrechte, Vernunft und Empfindsamkeit. In: Huber, J.; Müller, A.M. (Hrsg.): Kultur und Gemeinsinn. Basel und Frankfurt a.M. (Stroemfeld/Roter Stern).

Sandbothe, M. (1998): Pragmatismus und philosophische Medientheorie. In: Repräsentation und Interpretation, hrsg. von Evelyn Dölling, Reihe: Arbeitspapiere zur Linguistik. Berlin (Verlag der Technischen Universität Berlin), S. 99-124.

Steinhaus, I. (1997): Online recherchieren. Ökonomische Wege zur Information. Hamburg (Rowohlt).

Stoll, C. (1996): Die Wüste Internet. Geisterfahrten auf der Datenautobahn. Frankfurt a.M. (Fischer).

Virilio, P. (1996): Warum fürchten Sie einen Cyber-Faschismus, Monsieur Virilio? Ein Interview von Jürg Altwegg. In: Frankfurter Allgemeine Magazin, 19. April 1996, Heft 842, S. 58.

Welsch, W. (1998): Eine Doppelfigur der Gegenwart: Virtualisierung und Revalidierung. In: Vattimo, G.; Welsch, W. (Hrsg.): Medien-Welten-Wirklichkeiten. München (Fink), S. 229-248.

Norbert Meder

Wissen und Bildung im Internet – in der Tiefe des semantischen Raumes

Einleitung

In der Tiefe des semantischen Raumes liegt das Wissen, das die notwendige Voraussetzung für ein *gebildetes* Verhältnis zur gemeinsamen Welt ist. Es liegt als deklaratives, d. h. als codiertes Wissen wie ein Punkt oder Gebiet im Raum – wie ein isolierbarer Knoten eines räumlichen Netzwerkes. Und es liegt in der Form impliziten, zumeist nichtkodierbaren Wissens in der Topologie des Raumes. In welchen Bedeutungsbeziehungen deklaratives Wissen zueinander steht, äußert sich in der Nähe und Entfernung im semantischen Raum. Nähe und Entfernung stellen Beziehungen der Form nach her, d. h. sie stellen Beziehungen im Modus der räumlichen Form dar, ohne auf inhaltliche Momente explizit bezug zu nehmen. Weil dem so ist, eignen sich solche räumlichen Bedeutungsbeziehungen dazu, dass in sie das implizite semantische Wissen projiziert wird. Das Wittgensteinsche Credo, dass die Bedeutung eines sprachlichen Ausdrucks sein Gebrauch in der Sprache ist, setzt eine solche Topologie sprachlich codierten Wissens voraus. Fasst man Bedeutungsbeziehungen im Wissen pragmatisch als Gebrauch, dann bringt man auch den Kontext ins Spiel und damit die *Topologie* des deklarativen Wissens. Bedeutungsadäquater Gebrauch äußert sich dann als angemessene Verortung eines Sprechaktes im semantischen Raum deklarativen Wissens, wobei die Verortung selbst zumeist implizit bleibt. Der Charakter ihrer Implizitheit liegt in den formal räumlichen Beziehungen und darin, daß die Sprechakte so und nicht anders in diesem und keinem anderen Kontext vollzogen werden. Exakt in diesem Sinne kann implizites Wissen auch als operationales Wissen bezeichnet werden. Operationales Wissen muß mithin als Wissen im Gebrauch (Theory in Use [vgl. Schön 1974]), dessen formale Bestimmung die Bewegung im (semantischen) Raum ist, gefaßt werden. Die Tiefe des semantischen Raumes stellt sich vor diesem Hintergrund als eine Metafer für den Aktionsraum des operativen Wissens dar, als die (n+1)te Dimension eines n-dimensionalen semantischen Raumes. Das Internet ist ein solcher semantischer Raum, der wegen der reinen assoziativen Topologie der Nähe und Entfernung von Informationsmodulen unbestimmt dimensioniert ist, Die Tiefe des semantischen Raumes *Internet* kommt als 4. *Dimension der Zeit*, d. h. als Dimension des Surfens ins Spiel. Das Internet wird somit zum Aktionsraum des Wissens in einem Verständnis, das Wissen als Kompilat von Deklaration und Operation erscheinen lässt. Ein so verstandener kognitiver Aktionsraum wird zur Plattform von Bildung: Das Internet ist Bildungsraum.

Wenn man an diese viel diskutierte, aber äußerst diffizile und komplexe These noch genauer herangehen will, dann muss man sich der vier Begriffe Wissen, Bildung, Lernumgebung und Bildungsraum unter dem Gesichtspunkt *Computer* und Internet vergewissern. Ich werde in diesem Sinne meine Überlegungen in vier Hauptpunkte gliedern und dabei das Internet als Fokus bzw. als Orientierung wählen. In einem fünften Punkt versuche ich dann ein Resümee.

1. Wissen

Wenn man von Wissen spricht, dann denkt man zumeist an Faktenwissen, das von Tatsachen und Sachverhalten handelt, an Regelwissen, das von den Verbindungen der Tatsachen und von den inneren Gesetzmäßigkeiten der Tatsachen handelt, und an Prinzipienwissen, das von den Grundsätzen handelt, denen zufolge wir die Regeln aufstellen, entdecken und bilden. Wir denken auch an Handlungswissen und denken dabei an ein Wissen, das uns befähigt, die Fakten, Regeln und Prinzipien in technologischen und sozialen Kontexten anzuwenden, nutzbar zu machen und in die Tat umzusetzen.

Was in unserer modisch und ideologisch auf *Individualisierung* ausgerichteten Welt häufig oder sogar zumeist nicht gesehen wird, ist jenes Wissen, das in der Kommunikation sozialer Partner liegt, und auch nur in ihr vollzogen und auch nur in ihr übertragen wird. Die pädagogische Tradition kennt und identifiziert diese Art von Wissen in dem didaktischen Modell der Famulatur, d. h. in dem Meister-Schüler-Verhältnis oder in der Assistenz des Novizen bei dem Experten. In diesem kommunikativen Verhältnis wird die Sensibilität für die Tiefe des semantischen Raumes vermittelt, d. h. jene Fähigkeit, zur rechten Zeit und am rechten Ort das angebrachte Sprachspiel zu spielen.

Mit diesem kommunikativen Wissen verbindet sich in natürlicher Weise ein Wissen um mich selbst, weil nur in der Kommunikation, im Dialog mit anderen herauskommt, was meine Position ist, wo ich selbst stehe und wer ich bin.

Wir werden sehen, dass Kommunikationswissen und das darin enthaltene Wissen um das Selbst neben dem Sachwissen, das in Fakten-, Regel- und Prinzipienwissen hierarchisiert ist, wesentlich ist, wenn man verstehen will, was Bildung ist und wie sich diese Norm in computergestützten Lernumgebungen realisiert. Wir werden aber auch sehen, wie das Sachwissen den semantischen Raum in Wegestationen strukturiert, um dem Kommunikationswissen den Aktionsraum frei zu machen und die Orientierung zu geben – in die Tiefe des semantischen Raumes, wo es Bildung als Auseinandersetzung mit der Welt findet.

Schon im Ansatz solcher Gedanken stellen sich die folgenden Fragen: Ist Bildung inhaltlich fassbar? Ist etwa Bildung die geordnete Menge von Wissen, die das höchste Ansehen genießt? Oder ist Bildung normativ zu begreifen, d. h.: Ist Bildung die geordnete Menge von sittlichen Normen und Werten, Tugenden und Sitten, die in einer Gesellschaft gelten? Oder ist Bildung nur ästhetisch verstehbar: Bildung als die *schöne* Gestalt eines Selbst?

2. Der Bildungsbegriff

Betrachtet man das Problem der Bildung, dann fällt einem sofort Humboldt ein, der von einem Verhältnis zur Welt im Modus der Harmonie spricht, in dem die individuellen Anlagen und erworbenen Eigenschaften in ein allseitig harmonisches Verhältnis zur Welt treten. Der wahre Zweck des Menschen ist die höchste und proportionierlichste Bildung seiner Kraft zu einem Ganzen. Dass wir dieses Bildungsverständnis assoziieren, hängt daran, dass Humboldt als Baumeister unseres Gymnasiums wie kein anderer unser Bildungsdenken geprägt hat. Aber auch das Verständnis von Bildung bei Herbart ist uns geläufig, denn wie kein anderer hat er die Unterrichtskultur geprägt. Nach ihm bestimmt sich unser Verhältnis zur Welt optimal als die gleichschwebende Vielseitigkeit des Interesses und als die Charakterstärke der Sittlichkeit, die beide unser Verhältnis zur Welt bestimmen.

Gegenüber diesen beiden Positionen erscheint beispielsweise der Bildungsbegriff bei Paulo Freire, dem südamerikanischen Pädagogen und Revolutionär, eher dissonant, denn bei ihm besteht Bildung gerade darin, in Widerspruch zur Gesellschaft zu treten – als Revolte gegen Unterdrückung. Dabei gerät das Selbstverhältnis in Gegensatz zum gesellschaftlichen Verhältnis, und das Weltverhältnis wird neu indiziert. Wenn der Gebildete bei Freire sich als nicht (zu recht) Unterdrückter bestimmt, dann muss er die sozialen Beziehungen auch als keine (nicht zu recht) Unterdrückungsverhältnisse bestimmen und gerät damit in Widerspruch zu den realen Welt- und gesellschaftlichen Klassenverhältnissen. Er bildet also ein kontrafaktisches Welt- und Gesellschaftsverhältnis aus. Man sieht hier, dass sich die Bildung auf die Position des einzelnen Menschen zurückbesinnt, die der christlichen Tradition innewohnt und in der sich der Mensch grundsätzlich der gesellschaftlichen Verwertung, hier bei Freire der Unterdrückung, verweigert. Dies ist nicht bloß ein typisch südamerikanisch-christliches Motiv, sondern liegt auch tief verwurzelt in unserem deutschen Bildungsdenken, das sich ja als gedankliche Revolte gegen den Feudalismus und als Ersatz für eine nie stattgefundene bzw. nicht geglückte Revolution etablierte.

Die wenigen Beispiele für eine Konkretisierung des Bildungsbegriffes zeigen, dass es in ihnen um die inhaltliche Bestimmung eines dreifachen Verhältnisses geht, des Verhältnisses zur Welt, des Verhältnisses zur Gesellschaft bzw. zum Sozialen und des Verhältnisses zu sich selbst. Dieses Bildungsproblem sei im folgenden kurz das dreifache Verhältnis der Bildung genannt. Dieses dreifache Verhältnis wird dynamisch genannt, weil es wie der Begriff der Bildung beides enthält: den Entwicklungsprozess zu einem je besonderen Verhältnis sowie das je besondere Verhältnis als Resultat der Entwicklung zu einer gegebenen Zeit. In dieser Abstraktion wird Bildung zu einem strukturellen Gefüge, das man beschreiben, analysieren und kritisieren kann[1]. In jedem Falle ist der so bestimmte Bil-

---

[1] Damit bleibt hier vorläufig noch offen, ob Bildung ein analytischer, kategorialer, problematischer oder empirischer Begriff ist – ein Begriff der Theoriesprache oder der Beobachtungssprache. Bzgl. des breiten Spektrums vgl. Meder 1989.

dungsbegriff nicht schon von vorne herein auf eine bestimmte Werthaltung bezogen und normativ aufgeladen.

Ein weiteres Moment gilt es hier hervorzuheben: Mit dem dreifachen Verhältnis wird Bildung im Sinne eines antizipierten Resultates einer Entwicklung als Problem bestimmt, und der Bildungsprozess als problematisch. Als mögliche Prozesse der Problemlösung haben sich Sozialisation, Erziehung und institutionelles Lernen herausgebildet, wobei man traditionell der bewussten Erziehung und dem institutionellen Lernen die größeren Lösungschancen einräumt. Damit erhält das insbesondere verbalsprachlich vermittelte Wissen den Rang der Vermittlung im dreifachen Verhältnis der Bildung. Ob man diesen Vorrang heute noch halten kann, ist eines der großen Probleme heutiger Bildung, weil die Dominanz medialer, insbesondere bildersprachlicher Vermittlung stetig wächst. Bei der Reflexion über dieses spezifische zeitgenössische Bildungsproblem sollte man beachten, daß es auch in der Tradition stets Alternativen zum Vorrang des Wissens gegeben hat. Der religiöse Glaube bildete beispielsweise eine solche Alternative.

Der strukturelle Bildungsbegriff darf nicht als Aneinanderreihung dreier Verhältnisse verstanden werden. Insofern sich die drei Verhältnisse nämlich wechselseitig bedingen, treten sie ihrerseits wieder in ein Verhältnis und bilden im terminologisch sauberen Sinne eine Struktur. Ich bezeichne deshalb das dreifache Verhältnis der Bildung auch als den strukturellen Bildungsbegriff.

Ich stelle hier den strukturellen Bildungsbegriff deshalb heraus, weil er uns hilft, zu sehen, wie Lernumgebungen zur Bildung beitragen. Dieses Vorgehen bedeutet keineswegs eine Missachtung oder Minderbewertung des wertbezogenen dogmatischen Bildungsbegriffs. Unter dem Gesichtspunkt praktischer Pädagogik, unter dem Gesichtspunkt pädagogischen Handelns ist ein – wie auch immer ausgeprägter – dogmatischer Bildungsbegriff notwendig. Denn nichts anderes – es sei denn ein Dogma – orientiert das Handeln.

Bildung bezeichnet also vor diesem Hintergrund ein dynamisches dreifaches Verhältnis: Erstens das Verhältnis des Einzelnen zur Welt, zweitens das Verhältnis des Einzelnen zur Gesellschaft und drittens das Verhältnis des Einzelnen zu sich Selbst. In diesem dreifachen Verhältnis sind die Einzelverhältnisse noch einmal untereinander ins Verhältnis gesetzt.

3. Lernumgebung als Bildungsraum

Die Verwendung des Begriffs der Lernumgebung bezeichnet für Kenner pädagogischer Differenzierungen eine bestimmte pädagogische Position, die recht eigentlich auf Rousseau zurückgeht. Sein Ansatzpunkt war die Frage: Wie können wir einen freien Bürger heranbilden, ohne ihn im Erziehungsprozess unter Zwangs- bzw. Herrschaftsverhältnisse zu bringen. Weil man eben niemandem befehlen kann, frei zu werden bzw. frei zu sein, kann man dies auch pädagogisch nicht instruktionell vermitteln. Das wäre nämlich modern mit Watzlawick ausgedrückt ein double bind – eine doppelte Bindung. Gehorcht der Zu-Bildende dem Befehl, frei zu sein, dann ist er als Gehorchender nicht frei, gehorcht er nicht, dann ist er frei, aber er hat den Zustand der Unfreiheit gewählt. Für Rousseau ist deshalb klar, dass man Freiheit nicht direkt anleiten kann.[2] Man muss die Entstehung der Freiheit durch die Gestaltung von Lernumgebungen arrangieren. Diese pädagogische Position nennt Rousseau zum einen negative Erziehung, weil sie den direkten sozialen Einfluss negiert, und zum anderen indirekte Erziehung, weil sie dennoch beeinflusst, indem sie über den Umweg der Lernumgebung Bedingungen für die Entwicklung arrangiert. Diese Strategie haben wir zum Teil insofern verinnerlicht, als wir über Spielzeug im Kinderzimmer nichts anderes tun.

Auf Lernumgebung zu setzen, ist also eine pädagogische Position, die eine direkte pädagogische Beeinflussung ablehnt: Keine Aufträge, keine Befehle, keine Maßregelungen und kein Instruieren – statt dessen Gestaltung und Darstellung der Welt als Lernumgebung derart, dass die oder der Heranwachsende ein freies Verhältnis herausbilden kann.

Es kann als systematisch und empirisch unbestritten gelten, dass das Internet eine neue mögliche Lernumgebung darstellt. Der anarchistische Ansatz des Internet, nämlich ohne staatliche Reglementierung auszukommen, bildet ein Milieu, in dem man ein freies Verhältnis zur medial vermittelten Welt über den Weg des entdeckenden Lernens entwickeln kann. Die Computertechnologie ermöglicht im Feature *Internet* eine chaotische Lernumgebung von höchster Aktualität, sie ermöglicht aber auch das bewusste Arrangement von Lernumgebungen. Das Internet bil-

---

2 Diese Argumentation hat im übrigen Kant in seiner Pädagogik übernommen.

det sich als ein Raum aus, in dessen Tiefe man entdeckend vorstoßen kann; es mediatisiert die Tiefe des postmodernen semantischen Raumes.

3.1 Micro-World³ „Internet" als virtuelle Welt

Die Diskussion um Bildung und Computer, Bildung und Internet zeigt, wie dringend notwendig es ist, einen analytischen und nicht schon normativ aufgeladenen Begriff der Bildung zu besitzen. Denn nur so kann der kontroverse Diskurs kritisch betrachtet werden. Ich will es schlicht in einer Frage formulieren: Haben die sogenannten Bewahrpädagogen, die den einzelnen vor den Neuen Technologien aus Sicht der Bildung *bewahren* wollen, oder die *Maniker* des technologischen Fortschritts recht? Ich kann und will hier nicht auf diesen Streit eingehen, sondern will vor dem Hintergrund dieser Streitfragen den systematisch-analytischen Weg fortsetzen (vgl. Meder 1998b).

Sowohl der Stand-alone-Computer als auch das Internet ist in den letzten zehn Jahren zu unserer virtuellen Welt geworden. Das Internet ist wie ein enzyklopädischer, postmoderner Text – mit der Tendenz bzw. der Fiktion die ganze Welt abzubilden. Die Abbildung nenne ich deshalb fiktional, weil sie eine mögliche Welt bzw. viele mögliche Welten konstruiert – auch viele Bildungswelten. Das empirische Geltungsmotiv tritt vergleichsweise in den Hintergrund, es kommt zwar noch vor, aber nur als eines von vielen Geltungsmotiven.⁴ Gerade wenn man den traditionellen Geltungsbegriff in den Vordergrund stellt, d. h. die *wahre* Abbildung fokussiert, dann kann man das Internet nur als fiktionale Enzyklopädie bezeichnen, in der kaum noch das *wahre Wissen* auszumachen ist.

Das Internet ist aber auch reale Performanz – und zwar überall dort, wo es als kommunikatives Medium und als Simulationsmedium genutzt wird, wobei man die beiden Aspekte nicht eigentlich trennen kann. Denn Email ist beispielsweise die Simulation des Briefeschreibens. Eine E-Mail ist zwar (nur) ein virtueller Brief, aber die Kommunikation via Email ist real. In diesem Sinne bildet das Internet wirkliche Welten für mögliche kommunikative Hand-

---

3 Micro Worlds sind micro-electronische Darstellungen von Welt.

4 Unter diesem Gesichtspunkt kann man das Internet auch als ein ästhetisches Produkt fassen. Es überlässt dem Leser, den Geltungsmodus zu deuten. Geltung ist zu einer Leerstelle geworden (Iser), zu einer schematisierten Ansicht (Ingarden). Vgl. Meder 1997; 1998a.

lungen ab. Werden die Handlungsmöglichkeiten dann auch ergriffen, dann streift das Internet das Kleid der Virtualität ab und zieht sich das Kostüm realer Kommunikation und Interaktion an. Der Doppelcharakter des Internet bzgl. Virtualität und Realität – virtuelle Umgebung und reales Handeln – macht das Internet zu einer Welt des Probehandelns, zur (tendentiell) universellen Simulation der realen kommunikativen Welt.

3.2 Internet als mediatisierte Welt

Die Simulation[5] der Welt im Internet ist – und das liegt auf der Hand – durch Sprache vermittelt. Dabei will ich Sprache nicht auf die Wortsprache (Text) eingeschränkt sehen. Bildersprache, Film- und Videosprache, Musik- und Geräuschsprache – all dies gehört dazu. Auf der Basis der technologischen Möglichkeiten, alles in einem gemeinsamen Code, dem Digitalen, darzustellen und zu kommunizieren, entwickelt das Internet eine multimediale Sprache. Während das Digitale die Tiefengrammatik dieser Sprache und den technologischen Darstellungsraum ausprägt, hat sich der Bildschirm als die Oberflächengrammatik und als der semiotische Raum des Multimedialen herausgebildet (vgl. Meder 1995a).

---

5 Simulation ist die Abbildung einer Objektmenge in eine andere, die auch die Funktionen und die Tests in diesen Mengen getreu abbildet. Formal sieht das so aus:
Es seien D, D' zwei Objektmengen,
S sei als Teilmenge des Kreuzproduktes DxD' eine Relation
f:D--->D und f':D'--->D' seien Funktionen auf D bzw. D'
t:D--->{1,2...k} und t':D'--->{1,2,...k} seien Tests auf D bzw. D' (k ist nat. Zahl)
dann heißt
S eine Simulation, f' bzw. t' simuliert f bzw. t bzgl. S
genau dann, wenn für alle (d,d') aus DxD' mit d S d' gilt:
f(d) existiert <===> f'(d') existiert und S(f(d)) = f'(d')
t(d) existiert <===> t'(d') existiert und S(t(d)) = t'(d')
Man ist geneigt eine Simulation mit dem wissenschaftstheoretischen Begriff des Modells gleichzusetzen. Aber dies wäre falsch oder zumindest ungenau – und insbesondere didaktisch gesehen. Denn für den Begriff des Modells wird zumeist nur gefordert, daß Strukturbeziehungen statischer Art veranschaulicht werden. Man läßt dynamische Momente dabei häufig außer Betracht. Aber selbst wenn man sie mit dem Begriff des dynamischen Modells einbezieht, hat man damit noch nicht die Kennzeichen der Simulation. Erst mit dem Begriff des Tests kommt das Moment der Simulation und damit auch das Moment der lernenden Interaktivität ins Spiel.

Der Bildschirm als materielles Trägermedium macht das Internet zu einer modularisierten Welt. Die Größe eines Moduls wird durch den Bildschirm bestimmt, d.h. alles wird wie ein Bild im Fernsehen oder auf dem Monitor zur Darstellung gebracht. Das gilt auch für den Text: Text nimmt man auf dem Bildschirm als Gestalt wahr – wie bei der Folie des Overhead-Projektors, serielles Lesen ist verpönt, selbst wenn man es notgedrungen tut.

Es kommt ein weiterer medialer Grundzug des Bildschirms hinzu: Das Modul ist – aus inhaltlicher Sicht – klein und hat keine Umgebung. Der Bildschirm ist ein Schlüsselloch: Was man sieht, ist genau; was ungenau ist, das sieht man auch nicht. Anders als im realen Sehfeld ist das Ungenaue nicht etwa – wenn auch mit zunehmender Unschärfe – noch da, sondern einfach nicht da (vgl. Meder 1995b). Diese Schwäche des Bildschirms muss kompensiert werden: Das macht man in der Programmierung heute so, dass man die (fehlende) Umgebung *anzeigt*, d. h. Zeiger auf Orte legt, wo man findet, was hier nur stellvertreten ist. Man markiert bestimmte Bildschirmstellen (Wörter, Bildteile, Menüoptionen) als Anzeige dafür, dass sich hinter ihnen die Umgebung, der Kontext, verbirgt. Diese Kompensation generiert einen neuen kognitiven Modus der Kontextualität, die Kontextualität in Superzeichen, d. h. die Stellvertretung des Kontextes in speziellen Zeichen.[6]

3.3 Internet als Welt der Superzeichen

Superzeichen sind Abkürzungen; Superzeichen sind Ballungen bzw. geballte Informationen – in einem Wort zusammengeballt – verdichtet bis zur Unkenntlichkeit; Superzeichen sind Verweisungen auf eine mögliche Umgebungen. Superzeichen sind wie das Maul, das Bedeutung verschluckt und auf Mausklick wieder *auskotzt*[7]. Sie stehen für die Tiefe des semantischen Raumes. An ihnen ist die Tiefe als Aktion der Vertiefung und Ausweitung verankert und der Anker ist aus der Zukunft in die Ge-

---

6 Superzeichen ist ein Ausdruck, den Norbert Wiener geprägt hat und der dafür steht, dass sich hinter ihm als Abkürzung eine Vielzahl von Zeichen verbirgt. Vgl. Meder, N (1986; 1987).

7 Dieses Bild stammt aus einer Newsgroup-Diskussion, in der es um das *Wesen* des Hypertextes ging. Leitende Frage war: What ist the meaning of a link?

genwart geworfen. Er steht in der *4. Dimension der Zeit* als Aktionszeit des Surfens.

Mit all diesen Kennzeichnungen vertreten Superzeichen recht eigentlich die Fantasie des Lesers von Internetseiten. Um mit Piaget zu sprechen: Das Internet ist eine kognitive Welt formaler Operationen. Denn das Charakteristikum formaler Operationen ist dies, dass alle Operationen in inneren und nicht äußeren Bildern (Wahrnehmungen) ablaufen. Die Intelligenz formaler Operationen beruht nach Piaget gerade darauf, dass die Bilder und Inhalte, die jedes Operieren braucht, selbst noch erzeugt sind – und zwar als inneres, mentales Bild, Symbol oder Zeichen. Die Welt formaler Operationen ist eine virtuelle Welt, nicht die reale Welt mit ihren konkreten, anschaulichen Operationen. Nur die virtuelle (geistige) Welt ist die Welt des Probehandelns, nicht die reale Welt, in der Handeln unter Realitäts- und Zeitdruck steht. Darin deuten sich der Unterschied aber auch die Übergangsmöglichkeiten von Theorie zu Praxis an. Auf der Basis solcher Andeutungen darf man die Welt des Internet auch als eine Theoriewelt bezeichnen, die uns frei macht vom Handeln unter Druck.

Aber dennoch bleibt bestehen: Das Internet ist ein Kommunikations- und Interaktionsforum, in dem die Kommunikation ebenso wie die Interaktion real abläuft. Denn beides, Kommunikation und Interaktion, laufen, wenn sie laufen, wirklich ab. Virtuelle Kommunikation und Interaktion gibt es nur in Gedanken, wenn man sich solipsistisch vorstellt, man könnte und würde dies oder jenes sagen oder tun.

Ich komme noch einmal auf das Motiv der Fantasie zurück, denn von Piaget habe ich nur das Moment der inneren Bilder aufgenommen, das den formalen Operationen zugrunde liegt. Nicht bruchlos zu übernehmen ist hier das Moment der operativen Logik. Denn welche inneren Bilder sich der Leser bei der Wahrnehmung eines Links macht, folgt nicht immer und nicht nur der Logik der Gruppe, wie sich dies Piaget vorstellt. Hier scheint einerseits die *Link-Fantasie* dominanter und geeigneter für entdeckendes Lernen und andererseits die semantisch typisierten Links geeigneter zur expliziten Reflexionen auf inhaltliche Bezüge.

Solange Links (Verweisungen im Internet) noch nicht ausgeführt sind, sind sie Leerstellen und werden durch die Fantasie des Lesers gefüllt bzw. konkretisiert. Diese Fantasieleistung besteht in konkreten Erwartungen daran, wie es weiter geht. Solche Erwartungen können in der Realisierung erfüllt oder enttäuscht werden. Dies macht das Internet zu einer virtuellen Welt der Überraschungen. Darüber hinaus macht dieser Grundzug das Internet zu einem patchworkartigen universellen Roman über die Welt. Der ideale Rezipient wird zu einem Virtuosen kommunikativer Sprachhandlungen – kurz: zu einem Sprachspieler in fiktionalen, virtuellen Welten angesichts der einen realen Welt (vgl. Meder 1987; 1988; 1995c, 1996). Was immer diese *eine Welt* ist, sie bleibt als Idee der Bezugspunkt aller Virtualität und der Bezugspunkt einer jeden ästhetischen Bewertung virtueller Welten.

4. Internet als Bildungsraum

Bedingt durch die spezifische dekontextualisierte Modularität des WWW[8] und seine ebenso spezifische Rekontextualisierung in Superzeichen wird ein spezifisches Raumverständnis angesprochen: Das Verständnis des semantischen Raumes. Ich habe oben schon den digitalen Raum in der Tiefengrammatik[9] und den semiotischen Raum des Multimedialen an der Oberfläche angesprochen. Während ich mit dem semiotischen Raum das besondere Zusammenspiel von ausdrückenden und verweisenden Zeichen – von Zeichen und Superzeichen – thematisieren will, fokussiere ich mit dem semantischen Raum das Zusammenspiel von kontextfreien Wissensmodulen mit bedeutungstragenden Links, wie wir es alle schon aus dem Gebrauch von Lexika kennen. Im natürlichen Bewusstsein ist der semantische Raum unvermittelt im Gebrauch, wenn wir uns im Sprachspiel befinden. Im Internet – wie auch im Lexikon – ist er reflektiert, weil er dort entweder explizit in der Fantasie mentaler Bilder konstruiert werden muss oder in typisierten Modulen und Links vorliegt.

Raum ist Logik in der Anschauung und Logik ist Raum *in mente*. Das ist die zentrale These, und wenn dem nicht so wäre, dann fiele das, was ich im Folgenden ausführe, zusammen wie ein Kartenhaus. Wenn man also das Folgende plausibel findet, dann nur deshalb, weil diese abstrakte Eingangsthese die Bedingung der Möglichkeit der je konkreten räumlichen Realisation von Bedeutungsbeziehungen ist. Ich wiederhole also

---

8 Abkürzung für World Wide Web.

9 Das ist genau besehen der logische Raum der Wahrheitsfunktionen (Wahrheitstafeln) bei Wittgenstein. Vgl. Tractatus logico-philosophicus. Frankfurt/Main 1969, 5.101.

nochmals: Der Raum ist die Logik in der Sinnlichkeit, und die Logik ist der Raum im Geiste, d. h. das innere symbolische Bild der Bedeutungsbeziehungen, die sich gleichwohl operativ-zeitlich performant machen lassen. Warum diese These? Wozu so scharfes Geschütz auffahren? Wo liegt das Problem, für dessen Lösung die besagte These die Mittel liefert?

4.1 Superzeichen in Menüs, Vierfeldertafeln

Software ist heute menügesteuert. Die Bedienerführung ist dem Menü entsprechend begriffsgesteuert. Denn jedes Menü ist nichts anderes als ein hierarchischer Begriffsbaum. In einem Menü bewegen wir uns schon optisch evident im zweidimensionalen Raum der Ebene, weil, wie wir alle in der Verwendung von Menüoptionen sehen, die Wahlmöglichkeiten in der Ebene des Bildschirms verteilt sind.

Es gibt auch noch andere Raumdarstellungen. So die Vierfeldertafel: In ihr haben wir keine hierarchisch-räumliche Anordnung, sondern eine gleichsam demokratische Anordnung von zwei Unterscheidungen, die als gleichberechtigte eine bildlich grafische Symbiose eingehen. Man kann dies zwar auch hierarchisch modellieren, aber dann geht die spezifische relationale Kombinatorik verloren. Die Vierfeldertafel kann in den 8-Würfel-Kubus fortgesetzt werden. Wir können dies sogar noch ausweiten bis zum 4-dimensionalen-16-Felder-Kubus und von da aus in unendliche begrifflich semantische Räume. Das ist alles strukturell und theoretisch kein Problem. Theoretisch und visualisierungstechnisch ist auch kein Problem einen n-dimensionalen begrifflichen Kubus als 2-dimensionalen Begriffsbaum darzustellen:

Bei aller räumlichen und damit auch sinnlichen Darstellung der Beziehungen in der semantischen Logik bleibt dennoch ein Problem – nämlich dies, dass die Orte im (semantischen) Raum an sich selbst symbolisch sind, d. h. repräsentiert werden durch schriftliche Zeichen, die ihrerseits in fonetischen Zeichen oder konkret wahrnehmbaren Bildern (Icons) anderes repräsentieren. Schon diese Stellvertretung macht vielen Anwendern von Software große Schwierigkeiten, denn sie macht die relationierte Sachlage abstrakt. Wenn dann auch noch in dieser abstrakten Stellvertreter-Situation Relationen von 3- oder 4-dimensionaler Tiefe vorkommen, dann verlieren die normalen Anwender endgültig die Orientierung und wissen nicht mehr, wo sie sich im Bedeutungsraum befinden. Da wir uns wirtschaftlich und technologisch an der Stelle befinden, wo es verlangt ist, dass selbst Oma Schmitz sich in Homesystemen zwecks Fernsehaufzeichnung und beim Homeshopping zwecks Einkauf sachkundig bewegen können sollte, erscheint das angegebene Problem noch gesteigert. Denn die begrifflich-symbolische Raumstruktur ist nicht die Heimat von Oma Schmitz. Sie ist schon gar nicht deren Urlaubsland. Wie also können wir Navigationsräume in Informationssystemen Oma Schmitz verständlich machen? Das ist die zentrale Frage – sowohl wirtschaftlich auf dem Weg in die durch E-Commerce bestimmte Informationsgesellschaft als auch von Seiten der Anwenderfreundlichkeit. In der bildungspolitischen Dimension, die das untersucht, was das notwendige Können zur Lösung grundsätzlicher geselliger, nicht in erster Linie gesellschaftlicher Aufgaben ist, geht es um die Partizipation am Leben in einer gemeinsamen Welt. Das Problem der Verräumlichung von Wissen wird noch dramatischer, wenn man die neuen Wissensformen *Nicht-lineares-Buch*, Hypertext, Hypermedia oder ganz allgemein die Komplexität semantischer Netze in Betracht zieht, wie dies hier in aller Kürze präsentiert worden ist.

4.2 Virtuelle anschauliche Welten logischer Räume: Raummetafern

Ich fasse diesen Problem-Exkurs ins Reich des Hypertextes, d. h. ins Reich der komplexen Bedeutungsbeziehungen mit der Bemerkung zusammen, dass das Problem der Navigation ein Problem der Wissensorganisation auf der Metaebene über den Basisdokumenten darstellt. Die Sensibilisierung für Wissensorganisation soll und kann helfen, den Einsatz von Raum-Metafern systematisch und in Hinblick auf die Bedienbarkeit für alle genauer zu erfassen.

Ich will ganz konkret werden: Kann man einen beliebigen Hypertext, d. h. eine komplexe Bedeutungsbeziehung auffassen wie eine Knowledge-City, in der man flach (2-dimensional) durch Straßen geht, an einzelnen Punkten, d. h. an Haustüren dreidimensional in Etagen und Wohnungen verzweigt und Zimmern – wie Küche, Schlafzimmer, Arbeitsraum oder Bibliothek – Bedeutung verleiht, um damit aus einer sinnlich-formalen

Raum-Dimenisionierung bspw. einen bedeutungsvollen vierdimensionalen semantischen Raum in der Metafer zu machen?

In der Renaissance z. B. baute man ein riesiges halbkreisförmiges Amfitheater, um auf den verschiedenen Stufen dieses Halbkreises das gesamte bekannte Wissen der damaligen Zeit zu bewahren, indem man es dort nach mythologischen Gesichtspunkten ordnete (vgl. Yates 1966). Auch heute noch legt man Wissen ähnlich ab. Aus dem dreidimensionalen Halbkreis des Amfitheaters wird ein zweidimensionaler Kreis. Aus den Stufen des Theaters werden konzentrische Spuren einer Diskette oder CD und aus den mythologischen Bezeichnungen des Amfitheaters werden Dateinamen. Das ganze ist dann ein Datenträger, den wir in den PC schieben.

Sind wir damit wirklich weiter als in der Renaissance? Obwohl wir, um an das Wissen zu gelangen, keine Stufen mehr hinauflaufen, und obwohl wir Klassifikationssysteme entwickelt haben, die zur Lösung der Orientierungsprobleme unserer Zeit besser geeignet erscheinen als die mythologischen Systeme, wird über die nicht zu bewältigende Wissensflut geklagt. Die Techniken der Speicherung von Wissen werden immer mehr gesteigert, ebenso wie die Geschwindigkeit der Verbreitung – z. B. über Computernetzwerke. Dennoch klagt man die mangelnde Treffsicherheit bei der Suche ein, nicht zuletzt weil die Bedeutung eines effektiven Umgangs mit Wissen, das irgendwo in den Netzen vorhanden ist, immer mehr erkannt wird. Wissen und seine schnelle Vermittlung gilt heute neben Arbeit, Boden und Kapital als vierter Produktionsfaktor und als entscheidender Faktor für Lebensqualität.

Wenn man über Multimedia reflektiert und räsoniert, dann kann das Motiv der Virtual Reality nicht unerwähnt bleiben. Man versteht darunter in allgemeinster Bedeutung das voll-sinnliche Agieren in einem nicht wirklichen 3D-Raum, der die Wirklichkeit vertritt und geltungstheoretisch unter der Norm eines potentiellen Raumes steht. Der Büroangestellte setzt seinen Datenhelm auf und zieht seine Datenhandschuhe an und dringt damit in die 3D-Welt des Bildschirms ein. Er öffnet beispielsweise keinen Ordner (Computerverzeichnis) mehr, um eine Datei zu bearbeiten, sondern geht zum Aktenschrank, nimmt den Leitzordner heraus, schlägt ihn auf, holt ein Formular heraus und füllt es aus.

4.3 Subjektive Kamera: Handlungsraum und 4. Dimension

Medienanalytisch handelt es sich dabei um die interaktive Realisierung der subjektiven Kamera. Unter subjektiver Kamera versteht man jene Kameraführung, die an das Agieren des handelnden Subjektes gebunden ist. Das im Film oder Video präsentierte Bild ist zugleich das Bild beispielsweise des verfolgenden Kommissars. Bei der interaktiven, subjektiven Kamera – d. h. im Spiel mit der Virtual Reality am Computer – ist stets das Computersubjekt, der Anwender, auch das agierende Subjekt der subjektiven Kamera: Der Anwender bzw. Spieler in der simulierten Realität bewegt sich durch das Bild auf dem Computerbildschirm wie durch die reale Welt, d. h. seine Sicht und sein Blickwinkel ändern sich mit seiner Bewegung, weswegen man auch von 4D-Grafik (4. Dimension = die Zeit konkretisiert durch die Bewegung) spricht. Zu diesem Moment subjektiver Kamera, das ja schon das Wechselspiel von Bewegung und Wahrnehmung im Sensomotorischen realisiert, kommt durch die Verwendung der Datenhandschuhe ein instrumentell agierendes sensomotorisches Moment hinzu (vgl. Plessner 1976, 37ff.). Der Anwender hält das Formular in der einen Hand, zeigt mit dem Zeigefinger der anderen Hand auf das Eingabefeld des Formulars und spricht den Text, der dort einzutragen ist. Den Rest, die Verschriftlichung, den Ausdruck usw., übernimmt das Computersystem. Solche Szenarien hat man im Sinne, wenn professionelle und an der Arbeitswelt orientierte Informatiker von virtueller Realität sprechen. Mit Blick auf die gleiche Technologie sehen Informatiker und Programmierer, die sich am Freizeitbereich orientieren, eher spielerisch ästhetische Anwendungen, die in fiktionalen Welten handeln.

Virtual Reality eröffnet in diesem Sinne einen Simulationsraum für interaktive Lernspiele, in dem medial der Lerner die Rolle des Subjektiven behält und der zugleich den Charakter des pädagogischen Moratoriums hat, wie er im institutionalisierten Lernen seit mindestens drei Jahrhunderten gepflegt wird. Das pädagogische Moratorium ist der Begriff von einem Zeitraum, in dem man die Heranwachsenden vor dem Realitätsdruck und Realitätszwang der Erwachsenenwelt bewahrt. Das pädagogische Moratorium ist also auch Proberaum für handlungsorientiertes Lernen zumeist im Modus des Rollenspiels – für Probe-Handeln, das noch nicht die Härte der Handlungskonsequenzen, wie sie die Erwachsenenrealität mit sich bringt, zur Folge hat.

4.4 Beispiel „Sexualpädagogik"'

Gute Beispiele ergeben sich im Handlungszusammenhang der Sexualpädagogik. Die Bundesanstalt für gesundheitliche Aufklärung ist in diesem Feld überaus aktiv.[10] In diesem Feld scheint mir insbesondere die Anonymität, die man im Rollenspiel einnehmen kann, und der Charaker des Ausprobierens wichtig zu sein. Gerade der Unerfahrene im Sprachspiel der Erotik hat Angst, etwas falsch zu machen, dadurch missverstanden zu werden und zu scheitern und enttäuscht zu werden. Er will zumeist vorher wissen, wie man es macht, und oft traut er sich nicht einmal danach zu fragen. In einer solchen Situation scheint das Lern-Medium Computer, von dem ja oft kritisch ausgesagt wird, dass es in seiner Mensch-Maschinen-Interaktion vereinsamt[11], diese Vereinsamungsschwäche in einen Vorteil zu verkehren: Die *Vereinsamung* wird zur Intimität des virtuellen Proberaumes für Rollenspiele. Es ist durchaus denkbar und realisierbar, in solchen Spielen mal die Rolle der Frau, mal die Rolle des Mannes einzunehmen. Unter dem Gesichtspunkt des Lernens im europäischen Rahmen ist es denkbar, den Flirt mit einem Iren, mit einer Engländerin, mit einem Italiener oder einer Französin durchzuspielen. Und das alles im geschützten Raum der Intimität und des Virtuellen, d. h. des Medial-Stellvertretenden. Mir scheint, dass hier Chancen des Mediums *Virtual Reality* liegen, die man im sexualpädagogischen, aber auch in anderen pädagogischen Handlungszusammenhängen nutzen sollte.

Es kommt ein weiteres hinzu. Der jeweils in den Blick gefasste gesamte Lernprozess kann im Medium *Virtual Reality* wie bei Adventure-Computer-Spielen in eine Geschichte eingebettet werden, in der die Höhepunkte Aha-Erlebnisse des Lernens induzieren. Es ist eine Frage der gekonnten pädagogisch-didaktischen Dramaturgie, dies mit Witz zu realisieren, eine flexible Denkhaltung zu erzeugen, *normale* Erwartungen zu enttäuschen und durch geistreiche Irritationen rollentypisches Handeln

---

10 Vgl. Let's talk about Sex, Bestell-Nr. 70720000 und in der neueren Fassung LoveLine V.1.0 1997.
11 Ich würde dieser Aussage/Behauptung nicht ohne weiteres zustimmen.

Wissen und Bildung im Internet

(z. B. Sexualverhalten) zu konterkarieren. Man erhöht damit bewegliches Denken und bewegliches Denken erhöht die Wahrscheinlichkeit, dass gelernt wird[12] und dass beispielsweise sexuelle Aufklärung sich einen Weg in die Praxis des Alltagslebens bahnt.

4.5 Virtuelle Welt und Raummetafer

In all diesen virtuellen Szenarien spielt der Raum als Aktionsraum eine entscheidende Rolle. Handelt es sich bei den zu lernenden Aktionen um mentale Handlungen, dann kommt das Problem der verwendeten Raummetafern auf, die den logischen Raum stellvertreten. Sie haben nämlich die besondere Funktion, den kognitiven Level der formalen Operationen à la Piaget (Stufe 4 der Intelligenz) in den kognitiven Level der konkreten Operationen (Stufe 3 der Intelligenz) zu transformieren. Das ist nicht nur wichtig für Oma Schmitz, die keine Lust hat, sich angestrengt in formal-operativen Welten zu bewegen, wenn sie ihren Alltag (beispielsweise beim E-Commerce) bewältigen will, sondern auch für das Lernen, wenn es darum geht, aus der konkret-operativen Welt abzuholen und in die Welt der formalen Operationen zu führen. Denn dann werden Raummetafern in ihrer Analogie zu Transfermöglichkeiten in die Welt rein-symbolischer Aktionen, die gleichwohl von wirklicher Bedeutung sein können.

Ich habe oben schon die gängige Schreibtisch- und Bürometafer angesprochen. Sie sind in der Computerbranche wegen ihrer Relevanz für den betrieblichen Bereich mittlerweile jedermann geläufig. Für den intellektuellen Bereich des Wissens stehen die Raummetafern der Bibliothek und der Stadt des Wissens (Knowledge City) in Konkurrenz. Das folgende Beispiel verdeutlicht dies:

„Auf den Tag genau wie geplant ist rechtzeitig zum Jahrtausendwechsel am 31.12.1999, 9.00 Uhr, die unter Führung des Alpha-Konsortiums mit einem Kapital von rund 550 Mill. Dollar erstellte Knowledge City in einem Vergnügungsareal im Pazifischen Raum nach nur dreijähriger Bauzeit ans Netz der Breitbandkommunikation gegangen. Die Betreiber sind optimistisch, in schon weiteren drei Jahren eine voll-

---

12 Wenn man den Stoff/die Info in eine Geschichte einbettet, dann erhöht man die Gedächtnisleistung: Wir behalten dann einfach besser.

ständige Refinanzierung zu erlangen. 'Ich stelle mir vor', sagte Gantenbein, ‚eine Stadt zu errichten, in der alles Wissen der Welt versammelt ist und in geeigneter Aufbereitung angeboten wird, und zwar nicht nach wissenschaftlichen Disziplinen, sondern nach Problembe-reichen aufbereitet.' Gantenbein fungiert als autorisierter Stadtführer in Knowledge-City. Er macht die Besucher bekannt mit den Oldknowledge Cities und ihrer Geschichte, auch ihrem Verfall und Wiederaufbau. mit den Trabantenstädten der Wissenschaft, mit den Problem-Slums und den Modern-Cities. Vergnügliches Lernen bieten die Attraktionen von Reality-Park. Die Oldknowledge Cities sind als Miniaturen, vergleichbar einem Disney-Land, realisiert und mit den Attraktionen kombiniert. Die großen Lebens- und Problembereiche können als virtuelle Realitäten in Informationsstudios besichtigt werden. Wissen und Orientierung bieten heißt die Devise des Unternehmers, der Knowledge-City betreibt. Das Anliegen ist, Grundwissen zu festigen und zu verbreiten, die Denk- und Arbeitsmethodik zur besseren Beherrschung von Komplexität weiterzuentwickeln und ihre Verbreitung zu fördern, Wagnis-Ideen zur gesellschaftlichen Gestaltung anzubieten, Leitbilder für die Zukunftsgestaltung zu vermitteln, vielleicht sogar einen *Sinn-markt* zu betreiben"[13]

Neben der Metafer der Stadt des Wissens leben die Varianten des Planeten des Wissens, des Baumes des Wissens (der Erkenntnis)[14] und andere mehr. Will man das weltweit verfügbare Wissen unter dem Gesichtspunkt allgemeinbildender Partizipation bereithalten, so müssen dessen logisch-semantische Strukturen in verständlichen Metaphern auf der kognitiven Stufe konkreter Operationen dargestellt werden. Somit wird die Verwendung von Raummetafern zu einem Projekt der Allgemeinbildung. Welche Ausprägung diese Raummetafern dabei erhalten bzw. erhalten sollten, ist letztlich ein empirisches Problem von Research und Development sowie Implementationsforschung. Dabei kann die virtuelle Wohnung zur Steuerung der Haushaltstätigkeiten ebenso herauskommen wie das Amphitheater des Wissens mit einer Facettenklassifikation auf den Rängen der Arena eines Schauspiels unserer gemeinsamen Welt. Es kommt letztlich allein auf die Simulationsabbildung an, die eine mögliche anschauliche Welt zum Stellvertreter von logisch-funktionalen oder logisch-deskriptiven Verhältnissen macht.

---

13 Aus: InfoTech, I+G Informatik und Gesellschaft, Jg 4, Heft 1, Mai 92. Zeitschrift des Fachbereichs 8 der Gesellschaft für Informatik. Seite 13.

14 Hier gilt es insbesondere auf Genesis 1 und auf den späteren arbor porphyriana zu verweisen.

5. Internet und Bildung – eine Zwischenbilanz im Raum

Nach diesen wenigen Ausführungen zum Internet – besser: Zum World Wide Web (WWW) – und den metaphorischen Darstellungen von logisch determinierten Bedeutungsbeziehungen sieht man schon leicht, dass sich mit diesem neuen Medium unser Verhältnis zur Welt, zu uns selbst und zur Gesellschaft verändert, und das heißt, dass sich Bildung verändert. Unser Verhältnis zu der einen Welt ist gebrochen und mediatisiert durch die Pluralität virtueller, an Raummetafern orientierter Welten. Die Gebundenheit an die eine wirkliche Welt deutet sich noch an in dem enzyklopädischen Charakter des WWW als eines Ganzen. Die eine Welt zeigt sich an – in der Fiktionalität der Enzyklopädie, deren Brüchigkeit vom interaktiven Rezipienten je lokal ästhetisch geschlossen wird. Damit wird unser Verhältnis zur Welt in sich reflektiert, intellektualisiert und fantasiegeladen. Dabei verändert sich natürlich auch das Verhältnis des interaktiven Rezipienten zu sich selbst. Es wird zum Möglichkeitsraum performanter Realisierungen der Identität – eines konstruktiven Selbst. Die Tiefe des semantischen Raumes wendet sich nach Innen und wird damit reflexiv. Stellt sich die Tiefe des semantischen Raumes als virtuelle Welt mit kommunikativem Rollenspiel dar, dann wird der Aktionsraum zur Tiefe des sozial-semantischen Raumes, der in Bildungsprozessen abgeschritten, erkundet und erschlossen werden muss.

Wir haben gesehen, dass das Moment der Interaktion stets real ist, d. h., dass der *Interakteur* stets ein reales Verhältnis zu sich selbst ausbildet – auch wenn dies in einer virtuellen Welt der Fall ist. Das virtuell gebrochene Verhältnis zur realen Welt bedingt also dennoch ein reales Verhältnis zu sich selbst, das frei von der Irreversibilität des Handelns in der sogenannten realen Welt ist. In einer konkreten virtuellen Umgebung – einem Adventuregame beispielsweise – mag es zwar auch irreversible Interaktionen geben und, wenn die Email weggeschickt ist, kann man sie nicht mehr ohne weiteres zurückholen, aber die virtuelle Umgebung als solche ist wiederholbar. Damit verändert sich auch das Verhältnis zur Gesellschaft. Das Spiel mit der Virtualität wird zu einem Wert an sich. Peer Groups bilden diesen Wert in Rollenspielen und Adventures aus, die Geschäftswelt in den simulativen Softwarepaketen und die Weltpolitik in der Globalisierung, die durch die Kommunikation und Steuerung in virtuellen, weltweit vernetzten Umgebungen ermöglicht wird.

Bildung wird vor diesem Hintergrund zur mediatisierten Bildung im WWW-Raum. Das dreifache Verhältnis ist in sich über das Medium Internet reflektiert, wobei die drei Verhältnisse sich in diesem Medium und unter seiner Vorherrschaft zueinander verhalten.

Die Metaforik des je gewählten konkreten Raumes macht als solche die Reflektiertheit des dreifachen Verhältnisses aus: Häuser und Straßen und ganze Landschaften stehen für Fakten-, Regel- und Prinzipienwissen, mit Avataren simulieren wir Kommunikationswissen und verorten uns in einem Sprachspiel, das der Grammatik des Internet folgt. Das hat tiefliegende Gründe.

5.1 Internet als Raum mediatisierter Sprachhandlungen

Medien sind per definitionem Mittler, Mittelglieder, Mittelspersonen, die das *Zwischen* in der Kommunikation mehrerer Partner realisieren. Medien sind in diesem Sinne Nachrichtenträger, sie bilden den Kanal, in dem die Nachrichten fließen, sie kanalisieren. Der Vorgang, um dessen Beschreibung es geht, sieht folgendermaßen aus: Der Sender erzeugt und gestaltet im Medium Signale; die Signale sind chemo-physikalische Größen, deren Verlauf (Ausprägung) eine Nachricht überträgt; der Empfänger *belauscht* und analysiert die Signale im Medium; er interpretiert sie und verarbeitet sie weiter. Bei diesem Vorgang hat das Medium drei Funktionen:
1. die Darstellungsfunktion, d. h. die Funktion des versinnlichten Ausdrucks, der Expression der Mitteilung; hier kommt ein altes philosophisches Motiv zum Tragen, das Motiv der Dialektik von Innerem und Äußerem, von Zeit und Raum, von Geistigem und Materiellem und – last not least – von Seele und Leib;
2. die Dokumentationsfunktion, d. h. die Funktion der Speicherung des Mitteilungsvorgangs, die Funktion des Aufhebens des Vergänglichen, das dem Prozess zu eigen ist; auch hier spielen alte philosophische Motive von dem Vergänglichen und Bleibenden, von der Präsenz dessen, was an sich scheinbar vergeht, eine entscheidende Rolle;
3. die Mitteilungsfunktion, d. h. die Funktion der Prozessualisierung des Gemeinten in die Dynamik eines äußeren naturhaften Prozesses. Ein abstraktes Medium (des Denkens) wird in einem chemo-physikalischen Medium zum realen Verlauf gebracht, Kognition und sinnlicher Prozess bilden eine Einheit. Begriff und Anschauung verschmelzen im Medium zum Schematismus und zu den Schemata der Darstellung von Welt in

der Verständigung; die Bedeutung und das Zeichen, die Zeichen und deren Zeichenträger bilden die Dialektik für den operativen Prozess der Mitteilung (vgl. Cramer 1995).

Diese Bestimmung von *Medien* kann sehr schnell plausibel machen, warum mediale Innovationen das dreifache Verhältnis der Bildung verändern. Der Wandel von der oralen zur literalen Gesellschaft hat dies ebenso gezeigt wie die Erfindung des Buchdrucks u. a. m. In der Darstellungsfunktion beeinflussen die Medien unser Verhältnis zur Welt, in der Dokumentationsfunktion unser Gedächtnis und damit unser Verhältnis zu uns selbst und schließlich in der Mitteilungsfunktion unsere sozialen Verhältnisse und damit unser gesamtes Verhältnis zur Gesellschaft. Medien sind per definitionem bildungsbezogen.

5.2 Die Kommunikation im Internet: Reflektierter Sprachraum

Kehren wir zum Kernthema, Bildung und Internet, zurück. Wir haben gesehen, dass die realen Interaktionen und Kommunikationen im Internet virtuell vermittelt sind. Email virtualisiert Briefeschreiben und Briefeversenden. Die Reduktion auf das Wesentliche in dieser Simulation beschleunigt den postalischen Vorgang derart, dass der Sprachstil sich *dem* Stil anpasst, *der* bei den flüchtigen Wortwechseln auf dem Flur vorherrscht. Der Flur ist mithin die Metaforik der Emails. Die Mailinglist virtualisiert eine Postwurfsendung bzw. einen Serienbrief in der Textverarbeitung. Eine Newsgroup bzw. ein Forum (Black Board) virtualisiert das schwarze Brett, das man zum Anheften von Informationen in der Hoffnung zu asynchroner Kommunikation und Austausch nutzt. Dabei kann ein anonymer Austausch von Intimitäten wie an den Clo-Wänden stattfinden. Ein Chat virtualisiert eine Konferenz und reduziert dabei wegen der Schriftsprachlichkeit die synchrone Konversation auf das Wesentliche, den harten Kern, der sachbezogen, peergroup-bezogen sein kann oder sich auf das Anzeigen kultureller Signale deshalb beschränkt, weil schnelle verkürzte Codierung notwendig wird. White boards (Shared Application) virtualisieren die Zusammenarbeit an einer gemeinsamen Aufgabe im Büro. Die Beispiele zeigen, daß schon die jeweilige Simulationsabbildung gewisse Raummetafern nahelegt.

Micro Worlds sind gemeinsame virtuelle Welten, die Ausschnitte unseres Welterlebens simulieren, das können Alltagswelten, Berufswelten, lokale Lebenswelten oder Subkulturen sein, die in je unterschiedlichen Raummetaphern analogisiert werden können. Sie erlauben das Rollenspiel mit Probehandlungen im jeweils simulierten Praxisfeld, d. h. in der Tiefe des sozial-semantischen Raumes. Video-Konferenzen simulieren das Telefon im Modus der Face-to-face-Kommunikation mit virtueller Anwesenheit, realer Kontrolle, aber ohne Augenkontakt – von den körpernahen Kontakten ganz abgesehen. Diese Aufzählungen verdeutlichen, daß der Aktionsraum *Internet* tendentiell totalitär ist und alle Aspekte der Tiefe des semantischen Raumes einschließt – vielleicht noch mehr: Die Tiefe des semantischen Raumes allererst erschließt und begehbar macht.

Die aufgezeigten Virtualisierungen zwingen uns nämlich, unsere Sprachhandlungen implizit oder explizit zu reflektieren. Das liegt daran, dass man nur dann *optimal performant* sein kann, wenn man die Simulationsabbildung und die Raummetafer, die für die Transformation der Realität in die Virtualität verantwortlich sind, versteht. Und dieses Verstehen ruht auf drei Säulen: Dem zweckrationalen Sinn der Virtualisierung, der Analogie zu einem realen Leitbild (Paradigma) und der an den Wissensarten orientierten Reflexion auf die Simulationsabbildung. Dieser Umstand expliziert den impliziten Charakter des semantischen Raumes. Seine Tiefe stülpt sich um in den Vordergrund.

Man könnte einwenden, dass diese erforderliche Reflexion nur für die Fase des Wandels in die internet-mediatisierte Welt notwendig ist. Aber dabei verkennt man, dass die Reflexion auch dann, wenn sie auf Grund der Mediensozialisation nicht mehr explizit vollzogen werden muss, als Reflektiertheit in unserer Kommunikationskultur lebendig ist.

Nimmt man diese letzten Gedanken ernst, dann sieht man, dass das dreifache Verhältnis der Bildung durch das Internet als einem neuen Medium auf eine neue Weise zu einem reflektierten Verhältnis wird. Wir werden uns unserer Vermittlungen in der Tiefe des semantischen Raumes neu bewusst und da, wo sie aus Sozialisationsgründen nicht bewusst werden, erhöhen sie in der Form der Reflektiertheit die Komplexität unseres Weltverhältnisses bzw. unserer Weltverhältnisse sowie unserer sozialen Verhältnisse und unserer Selbstverhältnisse, die man so gern als personale Identität fasst. Reflexionserfordernisse und Komplexität durch Reflektiertheit erschweren insbesondere die Lösung der Frage nach dem, was denn nun in unserer gemeinsamen Welt gilt. Diese Frage aber ist der Key Point einer sich bildungstheoretisch verstehenden Pädagogik. Ob man sie beantworten kann, muss die systematische Pädagogik dahingestellt sein lassen. Ob Geltung sozialisatorisch oder über Wissen vermittelt ist bzw. vermittelt werden sollte, ist noch nie zuvor so schwer zu beantworten gewesen. Und wie Geltung in der Auseinandersetzung von denen, die draußen sind, und denen, die drinnen sind, zu entscheiden ist, wird in dem mediatisierten, metaforischen Kommunikationskontext immer schwerer, weil die Vermittlungen kaum noch zu durchschauen sind.

Aber vielleicht geht es gar nicht um eine Antwort oder um *die* Anwort, sondern nur darum, dass man sich in dieser Frage nicht aufhört – zu streiten. Obwohl oder weil offensichtlich die Geltungsfrage zunehmend unentscheidbar erscheint, eröffnet sie so eine neue bzw. transponierte Dimension der Tiefe des semantischen Raumes.

Literatur

Cramer, W. (1965): Grundlegung einer Theorie des Geistes. Frankfurt a. M. (Klostermann), Paragraf 81. S. 70f.
Meder, N. (1986): Superzeichensemantik, oder der Sprachspieler in möglichen Welten. In: Päd. Rdsch. Heft 6/1986. S. 705-718.
Meder, N. (1987): Der Sprachspieler. Der postmoderne Mensch oder das Bildungsideal im Zeitalter der neuen Technologien. Köln (Janus Verlagsgesellschaft).
Meder, N. (1988): Sprachspiele und Familienähnlichkeit – eine skeptisch-transzendentalphilosophische Position. In: Löwisch D. J.; Ruhloff J.; Vogel P. (Hrsg.): Pädagogische Skepsis. Wolfgang Fischer zum 61. Geburtstag. Sankt Augustin (Academia), S. 67-86.
Meder, N. (1989): Informationstechnische Bildung – und was kann die Erziehungswissenschaft dazu tun? Zur Wiedergewinnung pädagogischer Fantasie und Kompetenz im Informationszeitalter. In: Vjschr. f. wiss. Päd. Heft 4/89. S. 470-488.
Meder, N (1996): Der Sprachspieler. Ein Bildungskonzept für die Informationsgesellschaft. In: Vjschr. f. wiss. Päd., Heft 2/96. S. 145-162.
Meder, N. (1995a): Didaktische Überlegungen zu einem veränderten Unterricht durch den Einsatz neuer Technologien. Festschrift für Baacke zum 60. Geburtstag. In: Lauffer, J.; I. Volkmer (Hrsg.): Kommunikative Kompetenz in einer sich ändernden Medienwelt. Opladen (Leske + Budrich). S. 48-63.
Meder, N. (1995b): Multimedia – eine Herausforderung für die Bildung oder Lesen und Schreiben in der Informationsgesellschaft. In: AV information, 1/1995 (hrsg. von Institut für Medienpädagogik und Kommunikation, Landesfilmdienst Hessen e. V., 60596 Frankfurt/M). S. 17-23.
Meder, N. (1995c): Technik und Bildung, technische Bildung. In: Vjschr. f. wiss. Päd., Heft 4/95. S. 345-35.
Meder, N. (1997): Ethik und Aesthetik sind Eins. In: Fromme, J.; R. Freericks (Hrsg.): Freizeit zwischen Ethik und Ästhetik. Neuwied/Kriftel/Berlin (Luchterhand). S. 15-35.

Meder, N. (1998a): Edutainment und das Sich-zu-Tode-Vergnügen der Postmoderne. Vortrag, gehalten auf der Jahrestagung der DGfE, Hamburg In: Spektrum Freizeit, Bd 1-3 1998. S. 29-38.

Meder, N. (1998b): Neue Technologien und Erziehung/Bildung. In: Borelli, M.; J. Ruhloff (Hrsg.): Deutsche Gegenwartspädagogik. Band III, Hohengehren (Schneider). S. 26-40.

Plessner, H. (1976): Die Frage nach der Conditio humana. Frankfurt am Main (Suhrkamp). S. 7-81.

Schön, D. (1974): Theory in Praxis: Increasing Professional Effectiveness. San Francisco, Washington, London (Jossey-Bass).

Yates, F. A. (1966): The Art of Memory. Chicago (The Uni. of Chicago Press).

Das Internet als Lern- und
Sozialisationsraum

Gunnar Hansen

Memory–Effekte: Neue Medien und pädagogische Schnittstellen

Die Durchdringung unserer Alltagskultur, heute vorfindbare Weltbilder, Deutungs- und Wahrnehmungsmuster und Erwartungshorizonte verändern sich zunehmend unter den Bedingungen moderner Medientechnologien[1], wobei das eigentliche Eindringen kultureller Modernisierungen in den Alltag erst jüngeren Datums ist. Die kultursoziologisch festgestellten Trends der Individualisierung (Ulrich Beck), der Pluralisierung (Wolfgang Welsch) oder des Erlebens (Gerhard Schulze) mögen dies veranschaulichen. Ich werde im folgenden – auch wenn dies vielleicht naheliegt – keine im engeren Sinne kulturgeschichtliche oder empirische Perspektive über die veränderten Wirkungen kultureller Modernisierungen oder Modernisierungsschübe einnehmen – mich interessiert vielmehr die Wechselwirkung zwischen dem Auftreten von kulturellen Modernisierungen, dem Eindringen in die Alltagskultur und der Entwicklung und Ingebrauchnahme neuer Medientechnologien.

Im Mittelpunkt stehen die Veränderungen, die Dynamik der Bedeutungen und Motive, die in die Alltagskultur hineinwandern und als solche neue bereitstehende Muster nicht mehr wahrgenommen werden. Diese Selbstverständlichkeiten sind es dann, die das symbolische Reproduktionsreservoir für unsere Lebenswelten bereitstellen – noch vor jeglicher Individuation. Kulturtheoretisch bewege ich mich also quasi im Rücken der Subjekte, und dennoch

---

1 Unter Technik im weitesten Sinne können zunächst Verfahrensweisen des Denkens und Handelns gefaßt werden, die spezifischen Regeln der Operation gehorchen und zweckbestimmt sind (vgl. Rammert 1993, 11f.). Während sich der Begriff der Technik auf einzelne technische Phänomene und Artefakte anwenden läßt, ist dies beim Technologiebegriff nicht mehr ohne weiteres möglich. Unter Technologie ist in erster Linie die Lehre von den Umwandlungs – oder Produktionsprozessen zu verstehen, wobei sich die Konnotation auch als eine Typisierung von Techniken verstehen läßt, die sich sowohl auf die Verwendung einzelner Techniken, wie auf die Verwendung einer oder mehrerer Operationsregeln bezieht. Wir sprechen beispielsweise von der Maschinentechnologie, von der Computertechnologie und meinen damit einmal den Zusammenschluß von Mikroelektronik, Festkörperphysik usf.; andererseits sprechen wir von den Informationstechnologien und meinen die Umwandlung von Geschehensabläufen in technisch manipulierbare Datenbestände, was wiederum selbst auf einen Paradigmawechsel in der Technologie von den Prozeßvorstellungen der Kinematik hin zur Informatik verweist.

wird gerade das darauf zurückgreifende individuelle Verhalten bedeutsam, wenn es um die Nutzung, die Ingebrauchnahme neuer Computertechnologien geht – nun aber mit Blick auf die Veränderung der möglichen und vorhandenen Wissensformen, Sinngehalte und Symboliken.

Die gesellschaftlichen und kulturellen Modernisierungsfolgen des Internet in diesem Prozeß sind zwar noch nicht ausgemacht, häufig jedoch mit der, zugegebenermaßen pauschalisierenden, Einschätzung verbunden, daß wir es zukünftig mit veränderten Bildungsbedürfnissen und -gewohnheiten zu tun haben werden. Gerade weil hier (noch) ständig mit Daten, weniger mit Information und selten mit Wissen operiert wird, liegt aber die Vermutung nahe, daß die metaphorische Rede vom Internet weit mehr den jeweiligen Nutzungswünschen als den Gebrauchsrealitäten der neuen Medientechnologien entspringt. Insofern lassen sich in und mit dem Internet sowohl hochgesteckte Versprechungen als auch Erfahrungen verbinden, die genau vor dem Hintergrund solcher Übergänge von Informations- und Wissensmanagement zu Wissensaneignung und individualisierten Lernpotentialen die Frage, welchen Stellenwert die neuen Medien mit Blick auf Bildung und insbesondere Allgemeinbildung einnehmen, zunehmend berechtigter erscheinen lassen.

1. Mediatisierung und informationelle Wissensverlagerung

Wenn für Erwachsene das Wissen eine bevorzugte Form der Aneignung von Welt darstellt (vgl. Kade 1993, 406), dann findet sich in den neuen Medien, und hier – folgt man werbewirksamen öffentlichen Darstellungen – insbesondere dem Internet, ein Phänomen, welches viele Attribute eines Aneignungs- und zugleich Generierungsinstruments von Welt(en) und Wissen zugeschrieben bekommt.

Vor die konkrete Teilhabe am solchermaßen unterstützend geschaffenen *Universalmedium* schiebt sich allerdings die Frage des Zugangs: To be or not to be ...connected – und die verweist, in meinen Augen, auf die stetige Zunahme einer Normalisierung des potentiellen Zugriffs auf einen gesellschaftlichen Speicher, dessen Ablehnung wohl in weitaus stärkerem Maße begründet werden muß als dessen Akzeptanz.

Im Anschluß an Nicholas Negropontes Idee des wahren persönlichen Computers und Douglas Engelbarts Vision von der IA (Intelligence Amplification) oder Alan Kays Enwurf des Dynabook wird vielleicht das Besondere eines solchen Akzeptanzprozesses des Computers deutlich. Die Ideen von der Informationsfreiheit, vom Computer als Denkwerkzeug, vom Ideenpotenzierer, vom Medium für den Menschen, der die Aufklärung der Moderne auch ins Reich des Digitalen trägt, bis hin zur Brechung der Machtmonopole waren in die Computerentwicklung eingebettet, bis zu dem Zeitpunkt, an dem die Computerindustrie deren Inhalte verwaltete und über die Konstruktion der Hard- und Software de-facto Standards setzte.

Solche Uniformierungsprozesse bilden die Grundlage, aktuell vom *Medienverbundsystem* (Norbert Bolz) sprechen zu können, fast so, als gäbe es eine spontane natürliche Evolution der neuen Medientechnologien aus sich selbst heraus. Hingegen besteht in einem medien- bzw. technikhermeneutischen Sinne die Aufgabe darin, auf das aufmerksam zu machen und zurückzugewinnen, was im Vorgang der Aneignung in die Technik hinein zu Leerstellen geworden, also soziokulturell *vergessen* ist.

Die Idee beispielsweise mit neuen Medien subjektiv, kulturell und gesellschaftlich relevante Speicherfunktionen und -effekte zu verbinden, existiert nun nicht erst seitdem es das Internet bzw. das World Wide Web gibt. Vannevar Bush entwarf hypothetisch gegen Ende des 2. Weltkrieges eine Maschine, welche – einmal mit den individuell gewünschten Dokumenten gefüttert – die jeweiligen Forschungsfragen, Suchwege und Ergebnisse präsentieren und speichern sollte (vgl. Bush 1945). Bush nannte seine Maschine Memex (memory extender), ein Apparat zur individuellen Gedächniserweiterung mit der Möglichkeit, eigene beliebige Verknüpfungen zwischen den archivierten Quellen wie Dokumenten, Bildern, und Tonaufzeichnungen herzustellen und zu durchforsten.

Die Memex orientierte sich als Maschine an der Mechanik, vom Konzept her an der Idee der intelligence amplification und als Problemlösung an der Frage der Bearbeitung zunehmender Informationsmengen. Die Informationsfülle sinnvoll, d.h. nach eigenen Präferenzen zu verarbeiten und auch guten Gewissens vergessen zu können (denn die Maschine konserviert ab jetzt diese Daten), dürfte in diesem Entwurf wohl die hauptsächliche Antriebskraft gewesen sein[2].

---

2 Bush verweist zu Beginn seiner Ausführungen auf das angestrebte Ziel, mit solch einer Maschine die Kommunikation unter den Wissenschaftskollegen zu verbessern, verfolgt dies aber nicht weiter.

Die strukturelle Frage nach der Art der Verarbeitung, des Zugangs und der Darstellung stellt sich in gleicher Weise z. Z. auch hinsichtlich des Internet. Doch ist das Problem von Informationsfülle und dem prozeduralen Wissen zu dessen Verarbeitung nicht gleichbedeutend mit der qualitativen Frage nach den Wissensveränderungen im Vorgang der Einschreibung, des Erwerbs und des Verstehens solcher Information. Bush jedenfalls hatte aus dem Kommunikationsproblem ein quantitatives Problem der Information gemacht und das ursprüngliche elegant umgangen.

Ob sich das Internet im Laufe der Zeit zur größten und nachhaltigsten gesellschaftlich verfügbaren Enzyklopädie entwickeln wird, ist dabei eigentlich noch die nachrangigere Frage – entscheidender dürfte die von François Lyotard aufgeworfene sein: „Das alte Prinzip, wonach der Wissenserwerb unauflösbar mit der Bildung des Geistes und selbst mit der Person verbunden ist, verfällt mehr und mehr" (Lyotard 1994, 24). Angesichts der Tatsache, daß im Zuge der Einführung der Informations- und Kommunikationstechnologien das Wissen selbst einer Rationalisierung der Verwertungs- und Gebrauchsinteressen unterworfen ist, besteht, so Lyotard, die Ambivalenz dieses Prozesses in der Verbindung von Wissensform und informationeller Ware und dessen Wirksamkeit – einer Wirksamkeit, die auf die Anwendbarkeit von Argumentations- und Erklärungsmustern bezogen ist.

Wenn ich Lyotard richtig verstehe, dann geht es ihm dabei nicht um die unterschiedlichen Wissensformen im einzelnen, sondern um deren Verschränkung und Kombination zur Herstellung neuer Darstellungsmöglichkeiten und Bedeutungen – mit Bezug auf die neuen Informations- und Kommunikationstechnologien, die Telematie, also auf eigenständige informationelle Sprachspiele.

„Die Enzyklopädie von morgen, das sind die Datenbanken. (...) Sie sind die *Natur* für den postmodernen Menschen. (...) Solange man es mit einem Spiel unvollständiger Information zu tun hat, kommt der Vorteil dem zu, der über Wissen verfügt und sich einen Zusatz an Information verschaffen kann. Das ist per definitionem der Fall eines Studenten in der Lernsituation. Aber in den Spielen mit vollständiger Information kann die höchste Performativität per hypothesin nicht im Erwerb einer solchen Ergänzung bestehen. Sie ergibt sich aus einer neuen Anordnung von Daten, die eben einen *Spielzug* darstellen." (Lyotard 1994, 151f.)

Der doppelten Bedeutung dieser (Speicher)Techniken entspricht auf der anderen Seite das Vorhandensein bereits symbolisch verfügbarer Aneignungsmuster, die nicht nur dem Computer Bedeutungen zuweisen, sondern eben auch auf der Ebene informationell verfügbarer Daten Veränderungen in Gang setzen. Die Existenz des Internet und anderer Netzwerke bildet so quasi Netzwelten, die über diese Aneignungsmuster *aufgeladen* werden.

Dieses Aufladen meint zweierlei: Einmal müssen die Maschinen-Netze wie das Internet als sich permanent erweiterndes Archiv betrachtet werden. Das Internet ist mittlerweile ein Fundus, der nur noch mit Hilfe von Suchmaschinen erforscht werden kann. Das Archiv konkretisiert sich dabei durchaus in dauerhafte und weniger dauerhafte Bestandteile, aber unabhängig von deren Bestand sind große Teile bereits Ausdruck individueller und kollektiver Veränderungen, Wissensbestände und objektiver Bedeutungsablagerungen. Dafür zu sorgen, daß solches Wissen auch außerhalb der Archive in soziale Prozesse, Umgangsformen und Handlungskoordinierungen eingelagert werden kann, wird eine zukünftige anspruchsvolle pädagogische Aufgabenstellung sein.

Das andere Mal meint *aufladen* den Vorgang der Zuweisung subjektiver Bedeutsamkeit in den Kommunikationsprozessen und Handlungsabläufen mit dem Computer, die an das Archiv gerichtet sind. Die Schnittstelle bildet also quasi den Kontext für die Bildbarkeit und das Archiv – einmal technisch-bedeutungsvoll, einmal sozial- und subjektiv-bedeutsam.

Vor diesem Hintergrund, darauf hat Wolfgang Welsch eindringlich hingewiesen, sind aber auch die neuen Medien keine allumfassenden Medien in einem absoluten, das heißt totalen Sinne. Auch die elektronischen Medien sind in ihrer jeweiligen Anwendungsform spezifische Medien mit einer spezifischen Art, mit den Gegenständen umzugehen; gerade dieser Umstand macht die neuen Medien zu Universalmedien mit schier unbegrenzten Fähigkeiten und Möglichkeiten – aber eben nicht mit allen Fähigkeiten und Möglichkeiten. Um sich diese Begrenztheiten der neuen Medien deutlich zu machen, muß man sich deren kulturelle Auswirkungen auf der einen und die ihnen entsprechenden Muster des Umgangs, der Ingebrauchnahme und der Wahrnehmung auf der anderen Seite näher anschauen.

Thomas Ziehe hat daran erinnert, daß heute die *Welt* erst entkonventionalisiert werden muß, bervor sie vermittelt und auf sie aufmerksam gemacht werden kann (vgl. Ziehe 1991, 74). Wenn das auch auf die neuen artifiziellen Welten zutrifft – und ich nehme dies an – bedarf es nicht nur im alltäglichen

Umgang, sondern gerade auch pädagogisch gesehen solcher Entkonventionalisierungsstrategien.

Die Versuche einer erziehungswissenschaftlichen Erschließung der neuen Medientechnologien müssen sich, so mein hieran anschließender Vorschlag, als Experiment der Konkretisierung einer Schnittstelle begreifen, die es ermöglicht, einen Übergang zwischen dem selbsttätigen Lernen als methodischer Erschließung, der Reflexivität der eigenen Aneignungsmuster und der Herstellung pädagogischer Situationen, die diesen Erfahrungen nicht widersprechen, herzustellen. Das bedeutet, daß es um ein pädagogisch motiviertes Verstehen der Vorgänge von Darstellungs-, Wissens- und Aneignungskontexten in und durch das Medium Internet geht.

Die technisch-informationellen Freiheitsgrade von Schnittstellen sind dabei aber nicht gleichbedeutend mit den soziokulturellen Möglichkeiten ihrer Nutzung. Schnittstellen charakterisieren Grenzen, markieren ein Innen und ein Außen – eben Schnitte. Zugleich aber ermöglichen Schnittstellen Übergänge. Es sind diese Übergänge, die mich mit Blick auf die individuellen Handlungs- und Entscheidungsspielräume durch die einzelnen interessieren.

2. Bildbarkeit, Schnittstelle und Übergänge

Hieraus ergeben sich unter anderem pädagogische Implikationen für Bildungsvorgänge bzw. die Bildbarkeit von Menschen, für die der Umgang mit diesen neuen Technologien bereits zur Normalität wird. Denn entscheidend ist, daß die Verfügbarkeit über Information nicht gleichzusetzen ist mit dem Wissen, über das wir verfügen. Etwas übertrieben könnte man sagen, daß in gleicher Weise, wie jeder von uns in eine Lebenswelt hineingeboren wird, heutige Kinder, Jugendliche und auch Erwachsene in einer Welt leben, die gleichermaßen immer auch eine elektronische Variation beinhaltet.

Darüber nachzudenken, welchen zukünftigen Stellenwert die Bildbarkeit im Informationszeitalter einnehmen wird, ist durchaus mehrschichtig zu verstehen, denn einmal liefern die neuen Medientechnologien nicht einfach nur sozial, kulturell und subjektiv rezipierbare Modelle für Wissensakquisition, Lernerfahrungen und außenvermittelte Tätigkeitsaufforderungen, sondern vielmehr wird im Gegenzug der kulturellen Aneignung und des subjektiven Umgangs die Möglichkeit ergriffen, die Technik selbst als formbares und bedeutungsvolles *Skript* einzusetzen. Das meint in einem anspruchsvollen Sinne weit mehr als die Ersetzung der Frage der Medienwirkungsforschung nach dem Wirken der Medien auf den Menschen durch die Frage, was die Menschen mit den Medien machen; denn die intendierten Vorstellungen von Wirkung, Nutzen und Gebrauch stehen zwar im Kontext mit dem Medium, sie sind aber nicht daraus abgeleitet.

Es ist äußerst hilfreich die Frage zu verstehen, was das Ergebnis der Multiplikation von 1 mit 1 ist, dazu haben wir gelernt, die Frage selbst zu verstehen, den mathematischen Lösungsweg zu vollziehen und zu verstehen und das Ergebnis zu äußern. Vergleichsweise, so könnte man sagen, wird es unter *skriptsprachlichen* Bedingungen irrelevant, den mathematischen Lösungsweg überhaupt noch nachvollziehen zu können – es reicht aus zu wissen, wie man an das Ergebnis durch eine ganz anders gestellte Frage bzw. einen vom Mathematischen abweichenden Weg herankommt. Sicherlich, nur ein sehr triviales Beispiel[3]; worauf es mir ankommt ist die denkbare reflexive Wendung neuer Lösungswege, denn diese könnten ja dazu führen, die Fragen eines *kleinen Einmaleins* gänzlich anders zu formulieren – mithin auch gänzlich neue Wege des Lernens und des alltagsweltlich notwendigen Wissensreservoirs zu formulieren. Bildung als subjektives Prinzip der Selbsttätigkeit reflexiv gewendet, würde dann verstanden werden müssen als subjektiv gestaltbare Bildbarkeitsvorstellung.

Damit grenzt sich der Begriff gegen die Bildsamkeitsvorstellung ab, in deren Folge zwar durchaus gesellschaftliche, kulturelle und subjektive Zusammenhänge in eine „pädagogische Determination" (Dietrich Benner) transformiert werden können – Bildsamkeit selbst aber unangetastet bleibt. Natürlich hat der Bildbarkeitsbegriff eine sonderpädagogische Konnotation und ist eng mit sonderpädagogischen Vorstellungen der Frage einer Defizitbehebung und eines pädagogischen Umgangs mit körperlichen und psychischen Defiziten verbunden. Die bisherigen Überlegungen der Beziehungen zwischen Mensch und Maschine hatten an unterschiedlichen Stellen zwar den Analphabetismuscharakter betont, doch macht sich dieser nicht ausschließlich an der Nutzerseite fest, sondern liegt in der Schnittstellenstruktur selbst begründet.

Es geht also gerade nicht darum, vom Computer-Analphabetismus auszugehen und in traditioneller pädagogischer Manier geeignete Problemlösungen einer als defizitär oder krisenhaft interpretierten Eigenschaft des Individu-

---

3 Obgleich es eine kontroverse bildungstheoretische Diskussion um die Bedeutung des Mathematikunterrichts bzw. alltagsweltlich relevante Inhalte gibt (vgl. Heymann 1996).

ums, gesellschaftlicher Gruppen, Jugendkulturen usf. auszugehen, sondern im Gegenteil die Autonomie, die in der subjektiven Gestaltung des Mensch-Maschine-Verhältnisses an dem Medienumgang als Schnittstellen eben dieser Beziehung sichtbar wird, ernst zu nehmen. Das fordert ein Umdenken in der Konzeption pädagogischer Prozesse insofern, als die bloße Übertragung *traditioneller* pädagogischer Vorstellungen bereits an diesen Schnittstellen zum Scheitern verurteilt ist, weil weder die technische Bedingtheit der Struktur noch die Veränderung des *Klientels* i.S. eines individuell gesteuerten zeitlichen, räumlichen und inhaltlichen Auswahl- und Entscheidungsprozesses berücksichtigt wird.

Wird das zuvor gesagte am Beispiel des Lernens in und mit der neuen Medientechnologie konkretisiert, so lassen sich drei Schlüsselkategorien benennen, die aus einer medienpädagogischen Perspektive heraus auf die medientechnologischen Aspekte in der Doppelreflexion artifiziell-virtueller und realer Welt- und Wissensaneignungen angelegt sind.

Die Frage der *Inszenierungen* der Wissensformen und Sinnbezüge bildet dabei ein Merkmal dieser Schnittstellenkonfiguration. Die grundsätzliche Frage dieser Inszenierung muß sich auf die Differenz von Archiv-Logik und Schriftlichkeit auf der einen und Alltagswissen und Sprache auf der anderen Seite beziehen. Zweitens wird das Merkmal der *Übergänge* zwischen den Wissensformen und Sinnbezügen wichtig. Übergänge meint hier dann nicht nur die Differenz zwischen den unterschiedlichen Codierungen zwischen Archiv- und Alltagswissen, sondern vor allem den Übergang vom Aktivitätsstatus des Netzes, der Präsentationsform und dem des Nutzenden, der Repräsentationsmöglichkeit. Drittens spielen die *Normalitätsvorstellungen* der Bezüge eine wichtige Rolle, sowohl auf der Seite gesellschaftlicher Relevanz des Archivs, seiner Bestände und seiner Erweiterbarkeit als auch auf der anderen Seite die Relevanz methodischen Nutzungsverhaltens, der Wissensproduktion und -präsentation.

Vielleicht läßt sich das zuvor genannte als eine *Kulturtechnik Computer* in einem doppelten Sinne verstehen. In Anlehnung an die *Kulturtechnik Fernsehen* kann einmal die neue Medientechnologie Computer als Technik einer Kultur mit den Möglichkeiten je unterschiedlicher aber spezifischer, auf eigenen Zeichencodes basierender Erfahrungen verstanden werden; und das andere Mal als Technologie, deren sprachliche Textstränge einer durch die Technologie nahegelegten Kulturtechnik der Aufnahme, des Umgangs und der Verwendung bedürfen – die sich also nicht einer vorgängigen Lesart einerseits und vorhandenen Deutungsmustern andererseits sofort erschließt. Gerade der letztgenannte Punkt liefert die eigentlichen pädagogischen Legitimationen der Notwendigkeit der Vermittlung von *Medienkompetenz*, während dem erstgenannten Punkt und der ableitbaren *Aneignungskompetenz* pädagogisch weit weniger Beachtung geschenkt wird. Das bedeutet auch, daß sich die medienpädagogische Frage der Herstellung situativer Lernkontexte, in denen sowohl die Logik des Gegenstandes Computer als auch die Logik der Subjekte wahrgenommen werden kann, in einem Kontinuum zwischen Bedeutungszuweisung des Computers wie auch der subjektiven Bedeutsamkeit des Computers bewegen muß.

Konkret wird dabei eine Computer-literacy an Bedeutung gewinnen. Dies wird unmittelbare Auswirkungen auf den Begriff und die Inhalte der Medienkompetenz haben. Nicht mehr nur dasjenige, was als Voraussetzungen eines Umgangs mit Medien disziplinär für lehr- oder vermittelbar gehalten wird, sondern auch dasjenige, was sich aufgrund von Selbststeuerungsprozessen der Nutzenden entfaltet und entwickelt wird zu einem Thema der Vermittlung werden müssen. Es bedarf erziehungswissenschaftlicher Entkonventionalisierungsstrategien insofern in einem doppelten Sinne – auf der einen Seite zur Planung und Konzeption von Bildungs- und Lehrbemühungen, auf der anderen Seite hinsichtlich einer gesteigerten Aufmerksamkeitseinrichtung und eines reflexiveren Umgangs mit der Technologie.

Die symbolische Struktur der Maschine Computer gibt ja gerade durch die Möglichkeit ihrer Gestaltbarkeit den Ausschlag für die Universalität ihrer Verwendbarkeit. Insofern spielen die Fertigkeiten und Fähigkeiten ihrer Manipulation die ausschlaggebende Rolle in der Aneignung der Technik – dies sagt aber bei weitem noch nichts über die möglichen Formen einer kulturellen Rahmung des Computers aus, denn dabei bildet m. E. die Pluralisierung individueller Aneignungsformen den Kernpunkt. Das Schwinden von Sinnzusammenhängen, Gewißheiten des Handelns in und außerhalb der Mediennutzung ist eine Entwicklung, die Prozesse der individualisierten Aufnahme und Bedeutungsdimension des Computers eine andere. Vor dem Hintergrund von Selbstdeutungsmustern und Lebensformausprägungen kann es durchaus sein, daß hierbei Rezeptionsformen und -weisen auftreten, die eben nicht nur im übertragenen Sinne durch Sinnverluste und Kontingenzen beschrieben werden können.

Wenn es nicht nur um die Herstellung pädagogischer Knotenpunkte und Präsenz gehen soll, die sich auf die praktische *Eroberung* der infrastrukturellen

Möglichkeiten der Computernetze bezieht, dann ist es notwendig, die *Maschen* dieser Netzstrukturen zum Bezugspunkt zu machen. Ich meine damit, daß die experimentellen Versuche vor dem Hintergrund konzeptioneller Überlegungen dahingehend auszulegen sind, eben nicht curriculare, didaktische oder lernpsychologische Kenntnisse technikbezogen zu verankern, sondern den Vorgang der individuellen Aneignung und Nutzung des informationell verfügbaren Wissens thematisierbar werden zu lassen.

Bezieht man sich auf die Archiv-Logik des Netzes, wird ein *Online-Lernen* gerade dann zu einem selbsttätigen und selbstgesteuerten Lernen, welches in diesem Sinne dann den Charakter von Erforschung, Erprobung eigener und automatisierter Suchverfahren hat, wenn die Möglichkeit gegeben ist, das Archiv so zu nutzen, daß es befragt, durchforstet und erweitert werden kann. Mit der Möglichkeit, selbst an diesem Archiv mitzuarbeiten, kann eine Distanz gewonnen werden, die es erlaubt selbsttätig die Übergänge von realen methodischen Vorstellungen in virtuelle zu überführen und für andere verfügbar zu machen. Dies geht weit über den traditionellen Vermittlungsaspekt eines Mediums hinaus, schließt aber keineswegs thematische, selbstgewählte Vorgaben aus, jedoch besteht der eigentliche Vermittlungsaspekt in der Erfahrbarkeit der Konfigurierung des Archivs, sowohl nach subjektiven wie auch methodischen Kriterien.

Ein solches selbstgesteuertes Lernen ließe sich mit den Kriterien der Interaktivität bezogen auf die Übergänge, mit den Kriterien der Konfiguration bzw. Anpassung an die Normalitätsvorstellungen und mit dem Kriterium der Immersion in die Inszenierung genauer erfassen.

Zu fragen wäre allerdings, ob mit steigendem Grad der Zuordnung der adjektiven Ergänzung des Lernbegriffs dieser selbst zunehmend unangetastet bleiben kann. Die Problemstellungen in der Diskussion um Selbststeuerungsaspekte des Lernens beschränken sich hauptsächlich auf die Frage nach räumlich und zeitlich organisierten und organisierbaren Lernarrangements und der Veränderung des Verhältnisses zwischen institutionellen und außerinstitutionellen Lernorten. Der Begriff des Lernens, die damit verbundenen pädagogischen Vorstellungen (gerade mit Blick auf ein *Lernen* mit und in den neuen Medien) selbst werden nur in geringem Maße zur Diskussion und schon gar nicht zur Disposition gestellt – eher das Gegenteil ist der Fall: Mit der Diskussion um die Unterschiede zwischen Selbststeuerung, Selbstorganisation, Selbständigkeit und Selbstbestimmung wird die Unsicherheit, die mit dem Problem der Übertragbarkeit, Reichweite und Anwendbarkeit traditioneller

Lernvorstellungen in medientechnologisch bestehende Arrangements verbunden ist, auf die Ebene methodisch-didaktischer Notwendigkeiten und pädagogischer Gewißheiten verlagert. Angesichts sozialstruktureller und soziokultureller Veränderungen i. S. einer Informatisierung und Privatisierung der Medientechnologien wird es zunehmend unmöglich, mit der Sicherheit über dasjenige, was gelernt oder als Wissen angeeignet wird zu operieren.

Eine medienpädagogische Aufgabe besteht meines Erachtens nun gerade nicht in der Festlegung der curricularen und lernpsychologischen Rahmenbedingungen dieser Selbsttätigkeit und Selbststeuerungsaspekte, sondern in der Aufnahme und Anerkennung einer Bildbarkeit, die methodologisch gesehen bereits ein Spannungsverhältnis zwischen einem Lehren und einem Lernen insofern zum Ausdruck bringt, als das Lernen im Netz gleichsam auch ein Lehren aus dem Netz heraus impliziert. Pädagogik, die dies akzeptiert, kann, indem sie die Möglichkeit zur Präsentation solch informationell erarbeiteten Wissens gibt, Situationen herstellen, in denen die unterschiedlichen Zugänge, die Verhältnisse zu solch informationell erarbeitetem Wissen deutlich gemacht werden können. Eine anspruchsvolle pädagogische Aufgabenstellung könnte deshalb gerade darin bestehen, daß auch außerhalb der Archive solches Wissen eingesetzt und solche Fähigkeiten auch in Beziehung zu sozialen Prozessen und Umgangsformen gesetzt werden können. Umgekehrt wäre eine computer-literacy nicht auf eine rein subjektive oder qualifikatorische Basis der Computernutzung zu begrenzen, sondern könnte sich durchaus in bezug zu Umgangsweisen und Handlungskoordinierungen auf die Alltagspraxis beziehen.

In diesem Zusammenhang hat Sybille Krämer den Welterzeugungscharakter der virtuellen Welten betont: Künstliche Welten werden erzeugt und Erfahrungen werden ermöglicht, die es ohne technische Apparaturen nicht gibt.

„Nicht Leistungssteigerung, sondern Welterzeugung ist der produktive Sinn solcher Technologien. Ist es nun Zufall, daß der Umgang mit solchen Artefakten oft dort geschieht, wo wir unsere Zeit als *freie Zeit* verbringen, so daß der Gebrauch solcher Instrumente mit einer Art von *spielerischem Tun* assoziiert wird"? (Krämer 1995, 226)

In der Trennung von Nutzung und spielerischem Gebrauch tritt die kulturelle Verwurzelung der Modi des Gebrauchens der Symbolwelt der Maschine in der Weise hervor, daß sich die Einwirkungsmöglichkeiten eines interaktiven Umgangs auf mehreren Ebenen realisieren lassen. Nicht die Medienangebote bieten diese symbolische Struktur, sondern erst in der Erzeugung, der Programmierung und Gestaltung einer symbolisch strukturierten künstlichen Umgebung „geschieht alles im Modus des *Als-ob*" (231), dessen interaktives Verlaufsgeschehen aber eben auch unabhängige Formen der *vorgegebenen* Ereignisfolgen annehmen kann, dessen Ausgang also prinzipiell offen bleibt.

Ein spielerischer Gebrauch der neuen Medientechnologie ist dann eingebettet in einen experimentellen Regelbezug, der sowohl von Seiten der Technik, wie von Seiten des *Spielers* genutzt werden kann. Experimentell heißt dann auch, daß ein prinzipielles Scheitern der Interaktion auf dieses Regelsystem zurückwirken kann und muß. Als Ingebrauchnehmende befinden wir uns folglich zugleich in der Rolle des Beobachters und des Akteurs.

Wenn bislang im Rahmen der neuen Medientechnologien fast ausschließlich von den Veränderungen durch Möglichkeitseröffnungen die Rede war, so soll nun auch – ganz im Sinne der Ambivalenz von Modernisierungsprozessen – die Kehrseite dieser Prozesse, die Deformierungen von Möglichkeitseröffnungen, zum Thema gemacht werden. Was sich weiter oben schon als Steuerungsproblematik, Reflexionsanforderung und Universalisierungsproblem konfliktträchtig andeutete, hat auf subjektiver Ebene Entsprechungen, die quasi kontramodernistisch umschlagen können. Es läßt sich spekulativ etwas darüber sagen, wie die Anforderungen einer Mensch-Maschine-Schnittstelle innerhalb der eigenen Lebenswelt aussehen könnten – welche Möglichkeitsräume sich eröffnen; welche sich verschließen und was die (neu) entstehenden und zu tragenden Pflichten sein könnten. Das bedeutet, den normativen Gehalt der Moderne (Habermas) auf die Alltagspraxis der Subjekte zu beziehen und weiter nach inneren Potentialen und Dispositionen, die die Umgehensweise der Nutzung erweiterter Möglichkeitsräume durch die neuen Medien betreffen, zu fragen und diese im Kontext der denkbaren Möglichkeiten zu bewerten.

3. Neue Übersichtlichkeit? – Beweggründe der Nutzung

Neben neuen Abhängigkeiten entwickelt sich auch kulturelle Autonomie oder, zugespitzt formuliert, eine Pflicht zur Entscheidung. Damit ist allerdings nicht ausgesprochen, auf welcher Grundlage die Entscheidungen getroffen werden. Hier setzt in ausgesprochen realistischer Weise der normative Gehalt der Moderne seine Markierung. Denkbar sind zwei Seiten der

Auseinandersetzung mit den neuen Medien: Einmal können individualisierte Verarbeitungsstrategien zum Ausgangspunkt gemacht werden; das andere Mal stünden medial-standardisierte Sinnangebote im Vordergrund. Folgt man der Systemtheorie, so wird der Konsum aller erdenklichen Produkte zum steuernden und vermittelden Feld menschlicher Existenz (vgl. Luhmann 1986). Die Konsequenzen für die theoretische *Festlegung* einer Autonomie der einzelnen orientiert sich dann am Motiv der Bedürfnisse des einzelnen oder ganzer Gruppen, was aber nichts anderes heißt, als daß den Subjekten eine rationale, eigenverantwortliche und selbstgewählte Leitfunktion innerhalb der Lebensführung abgenommen bzw. durch die Funktionsweise spezifischer Steuerungsmedien ersetzt wird.

Die systemtheoretische Argumentation läßt keine Aussagemöglichkeiten bezogen auf Bedeutungen in der Darstellung, Distribution oder Erzeugung medialer Angebote zu. Ich meine dies keineswegs i.S. einer Container-Metapher, also nicht, daß Bedeutungen in den Angeboten transportiert werden, sondern der Fokus ist, vor dem Hintergrund der Annahme interaktiver technischer Medien, darauf gerichtet, daß wir es im Falle von Computern und der Interaktion mit diesen Maschinen bereits mit Inszenierungen auf der Basis binärer technischer Codierungen und deren Programmierung zu tun haben – also spezifischen Codes in Form von Algorithmen, die auch unter dem Gesichtspunkt globaler Teilhabe in Netzwerken, Modelle von Wirklichkeit (re-)präsentieren. Die daran anschließende Frage ist dann nicht diejenige nach der Spezifik der Codierung[4], sondern vielmehr diejenige der Bedeutungen der Verbindungen unterschiedlicher Daten, digitaler Codierungen und Adressierungen und den Folgen für Kommunikation zwischen medialen und nichtmedialen Nutzungsgewohnheiten und Interaktionen, die diese Codes her- bzw. bereitstellen.

Versucht man dazu, Entscheidungsformen aus subjektiver Perspektive zu betrachten, kommt es zu anderen Schlußfolgerungen über Bedeutung, Gewinn und Verlust moderner Gehalte eines Umgangs und Gebrauchs des Mediums. Entscheidendes Kriterium subjektiver Wahrnehmung bildet dann die Umgehensweise der einzelnen mit einem Mehr an Zurverfügungstehendem, was unter Umständen auf die andere Seite der Moderne führt, denn unter der Hand wird der Mangel an Entscheidungskompetenz und Verzicht zur problematischen Form.

Der Zugewinn an individueller Autonomie, der prinzipiell eröffnete Optionsraum ist mit den Fragen nach Sinnhaftigkeit und Komplexitätssteigerung eng verknüpft, weil die Nutzung und das Umgehen mit diesem Plus an Möglichkeiten verbunden ist mit der Setzung von individuellen Prioritäten. Diese Setzung ist dann insofern problematisch, als das Fällen von Entscheidungen auf der Basis ordnender, rationaler Überlegungen erfolgen muß. Die Gründe für eine Entscheidung, ihre Findung und ihre Vertretung nach außen steigen in der Bedeutung für die einzelnen. Nicht zuletzt wegen des schwindenden *Schutzes*, den die verschiedenen Milieus wie Familie und/oder Klassenzugehörigkeiten gegeben haben (vgl. Beck 1986), wird das Private und vor dem Hintergrund virtueller Gemeinschaften (vgl. Rheingold 1994) nun auch der mediale Maschinenraum zum Ort der Entscheidungsfindung. Schutz bedeutet in diesem Sinne nicht mehr aber auch nicht weniger als eine Vorgabe bzw. Normierung von Verhaltensmustern und Bereitstellung von Handlungsspielräumen und Deutungsmustern.

Was als Optionsgewinne, höhere Abstraktionsspielräume und Kontingenzerweiterungen in der Modernität entwickelt, wird „nun vereinseitigt als Irritations- und Angstpotential wahrgenommen werden. Die Abstraktion wird als Entzug von Nähe und die Kontingenz als Entzug von Sinn erfahren." (Ziehe 1989, 21)

Die Vorstellung einer Medienlandschaft und Medientechnologie, die nur davon ausgeht, daß die neuen Medien eine entlastende Funktion haben, indem sie Kommunikations- und Interaktionsprozesse aufgrund einer sich

---

4 Luhmanns Kommunikationstheorie setzt einen Code-Begriff voraus, welcher als binärer Code verstanden werden muß. Als notwendiger Bestandteil jedes Funktionssystems, sichern Codes das Erkennen der Anschlußfähigkeit von Operationen im System sowie das Produzieren und Reproduzieren der Differenz von System und Umwelt. Codes sind *totale* Strukturen für einen bestimmten Anwendungsbereich (beispielsweise dem der Massenmedien), die alles, was in ihren Relevanzbereich fällt, dem einen (Verwendbarkeit) oder dem anderen (Reflexionsbasis) Wert zuordnen. Die Codierung korreliert mit funktionaler Differenzierung von Gesellschaftssystemen, da sie ihren Universalitätsanspruch von funktionalen Systemen in den jeweiligen Anwendungsbereichen festlegt. Nur über Codierung ist es den Funktionssystemen möglich, Informationen entstehen zu lassen, d.h., sie definieren den jeweiligen Standard der Anschlußkommunikationen. Wendet man diese Überlegungen auf die neuen Medien an, so läßt sich lediglich folgern, daß alles, was nicht codiert wird bzw. eine Codierung durchläuft, in Kommunikationsprozessen einen nicht thematisierbaren Hintergrund bildet. Gleichzeitig wird aber auch deutlich, daß sich die Codes in keinster Weise auf reale Sachverhalte und Fakten einer Umwelt beziehen, sondern vielmehr die Differenzschemata erzeugen, mit deren Hilfe erst Informationen systemintern hergestellt werden. Insofern von Mediencodes zu sprechen meint also keineswegs Anschauungs- oder Wahrnehmungsweisen mit Bezug auf Angebote oder Inhalte, sondern ausschließlich die davon unabhängig definierten strukturellen bzw. medialen Kopplungskriterien.

selbst steuernden und selbstreferentiellen Basis der Codierung stabilisieren, unterschlagen, daß neben der Informationsauswahl und der Informationswahrnehmung auch die subjektiven Motive darüber entscheiden, welche Teile der Medienangebote als solche den inneren Anschauungsweisen und Bedürfnissen entgegenkommen. Der Gebrauch des Computers allein erzeugt also keinesfalls eine Modernitätstüchtigkeit – erst in der Verbindung mit dem Wunsch und der Phantasie, in der Nutzung diesen auch entgegenzukommen, entsteht oder verwirklicht sich der subjektive Wert- und Wahrnehmungsmaßstab des Individuums.

Ein schönes Beispiel hierzu bilden Simon Woralls Annäherungsversuche an Marie auf der Siggraph91, dem erklärten Messe-Mekka der Virtuellen Realitäts-Enthusiasten in Las Vegas. Warell berichtet von seiner Unterhaltung mit Marie, ihren ausweichenden Antworten, ihren kessen Fragen und grazilen Bewegungen. Die Sache hat nur einen Haken. Marie bringt es auf den Punkt, wenn sie sagt: „Lang lebe die unmögliche Liebe". Marie ist 34 Jahre alt, Frankokanadierin und virtuell. Sie kommuniziert via Betriebsanleitung und Bildschirm mit ihrem Gegenüber – Maries Innerstes besteht aus einem sprachgesteuerten KI-Programm, ihr Äußeres ist eine Ansammlung berechneter Bildschirmpixel. Maries Eigenzeit ist nicht die Gegenwart, sondern die netzspannungsabhängige computierte Echtzeit (vgl. Worall 1992, 16f).

Nicht die Unmöglichkeit einer tatsächlichen Annäherung läßt diese *mediale* Situation typisch erscheinen, sondern vielmehr der Umstand ihrer Überschaubarkeit und Übersichtlichkeit, denn Maries Antworten oder *Bewegungen*, ihre Interaktion, mögen teilweise überraschen, aber hier von Kontingenz zu sprechen, macht nur dann Sinn, wenn davon ausgegangen wird, daß das erlebbare Gefühl des *Angenommenseins* gesucht wird bzw. schon in die mediale Situation durch die Programmierung eingelagert wurde. Der Verlust traditioneller Lebensformen verstärkt durch seine *nicht-mehr-Existenz* diese Tendenz. Die individualisierten Subjekte sind jetzt dazu gehalten, die entstandene *emotionale Lücke* selbst zu schließen – die dafür oftmals gewählte Form ist die des Authentisch-seins. Die Annahme oder der Wunsch, der sich dahinter verbirgt, ist der, wirkliche Nähe zu anderen nur über die eigene Echtheit zu erlangen. Authentizität wird dann zum permanent einklagbaren Gut. So handelnde Individuen verengen in dem Maß ihre eigenen Handlungsspielräume, wie sie unter dem Druck des Suchens nach Nähe die Echtheit entwerten.

In einem Sozialklima der Authentizität wird die Form der Echtheit, sein Innerstes nach Außen zu kehren, zur Norm; zum alleinigen Relevanzkriterium der Nähewahrnehmung. Echtheit wird zur operationalisierten Methode der Situationsdefinition und nicht zum wirklichen Ausdruck der Offenheit zwischen Individuen.

Virtualisierungen der Art der Simulation von Wirklichkeit kann so durchaus im negativen Sinne den Motiven einer verschließenden Suchbewegung entsprechen und eine weitere deformierende Eigenart im Sinne einer self-fullfilling-prophecy des Subjekts fördern. Da ich nicht finden kann, was ich suche, ist der Ort, an dem ich suche, ein falscher. Finde ich auch hier nichts, suche ich eben dort.... Den verheißungsvollen Phantasien der Informationsgesellschaft, die reale Welt nahräumlich zu komprimieren und mit Hilfe der Computer dem Anderen und Fremden begegnen zu können, setzt voraus, das Motiv der Suche nicht an das Bekannte zu richten. Spätestens hier stoßen individuelle Motive aber auf mediale Schwierigkeiten der technischen Implementierung, der Vielfalt und Pluralität. In den Dimensionen der Vernetzung und Digitalisierung liegt zwar eine komplexitätsreduzierende Formung begründet, doch diese ist eben nur um den Preis der Herstellung von Gleichartigkeiten gewonnen. Beispiele hierfür finden sich in den Ausprägungen, Regeln und Unterteilungen des Usenet.

So angenehm einem die Vielfalt dieser Netzkultur erscheinen mag, so besteht doch die Gefahr, über die Suche nach Gleichartigkeit und Gleichgestimmtheit eine produktive Begegnung und Auseinandersetzung mit dem Fremden zu verstellen. Mit anderen Worten: Das in das Medium eingelagerte Subjektivierungspotential kann durchaus aus Gründen eines Wunsches nach Übersichtlichkeit, des technischen und darstellerischen Designs zulasten der Ausdifferenzierungsmöglichkeiten der Moderne führen.

Suchbewegungen als Motive medialer Interaktion und Kommunikation dieser Art lassen dann nur noch Betrachtungen der Schnittstelle Mensch-Computer im Licht einer Belieferungshaltung erscheinen. Enttäuschung und Frustration sind die beiden Begleiter auf dieser Suche, und irgendwann bestätige ich mir nur noch das, was ich schon vorher wußte.

4. Identitätsverschiebungen – Motive, anders zu sein

Mit der Verwirklichung eines Lebensstiles sind teilweise auch die Lebensbereiche berührt, welche die Medienwelt betreffen. Fragen einer Suche nach Erlebnissen im Medium stellen erhöhte individuelle Anforderungen an die

Integration von kulturellen Versatzstücken zu einem Ganzen, welches den Vorstellungen entgegenkommt, die auch zunehmend lebensweltliche Substanz bilden. Die Lage der Bedeutungssphäre von Identität und Autonomie für die Individuen kann dabei zu *radikalisierten* Lebensformausprägungen oder -entwürfen führen, welche die strikte Trennlinie zwischen verschiedenen Bereichen definieren und damit quasi Lebensstilparallelitäten bilden. Auch vorstell- und beobachtbar ist, daß die wahrgenommenen zwischenbereichlichen Differenzierungsleistungen – selbst schon in kulturellen Stilmustern eingelassen – aufgegriffen werden, und die Widersprüchlichkeiten und Unvereinbarkeiten als Basis neuer Integrationsmodelle produktiv gemacht werden.

Zwischen diesen Polen sind darüber hinaus noch vielfältige Mischformen denk- und praktizierbar. Unter der Perspektive des Offenhaltens sind allerdings diejenigen Bemühungen im Vorteil, die sich auf Integration stützen – alo die Versuche subjektiven Ineinandersetzens unterschiedlicher Lebensstilelemente.

Die Integrationsbemühungen sind dahingehend problematisierbar, daß sie den einzelnen einmal tatsächliche Realisierungen abverlangen und zum anderen ein Moment der Offenheit nach außen (zu den nichtmedialen Bereichen) beibehalten müssen. Diese Offenheit korrespondiert mit Autonomisierungsprozessen in der Weise, daß die Entscheidungsfreiheiten und -nötigungen neue oder andere Stile aufzunehmen, umzubauen oder sich erprobter Muster zu entledigen, kulturell gewahrt bleiben.

In der Perspektive von Autonomisierung zeigen sich somit Lernpotentiale, durch die Individuen dazu befähigt werden, mit Handlungsalternativen auf eine reflektierte, selbstbewußte Weise umzugehen. Im Grunde wird mit dieser Differenzierung auch die Lernmöglichkeiten bezüglich der persönlichen Identität angesprochen. Ästhetisch – oder Wahrnehmungsveränderungen betreffend – wird die Anerkennung eines Zusammenlebens in Verschiedenheit gleichzeitig plausibler wie auch durch Individualisierungsprozesse immanent naheliegender. Anerkennung von Differenzen, Andersartigkeit und Unterschiedlichkeit bedeutet in diesem Sinne dann auch zwischen mehreren *Existenzformen* zu wechseln. Diese Vorgänge bergen Lernpotentiale in sich, die sich zunehmend in Formen der Dezentrierung von Erfahrungswelten und der eigenen Identität ausdrücken.

Diese Lernerfahrungen münden in subjektiver Bildung, wobei diese in anspruchsvollem Maße alltagspraktisch stattfindet. Durch bewußt gewollte und gezielte Informationsweitergabe versuchen wir, den Eindruck, den wir auf andere ausüben, in einer Weise zu regulieren, wie er uns für andere glaubwürdig macht. In den neuen Medien bedarf es mitunter erheblicher Anstrengungen, dies zur Darstellung zu bringen. Es eröffnet aber andererseits die Möglichkeit, jeweils nur partielle Selbstdarstellungen zu vermitteln. Sich anderen so zu zeigen und verständlich zu machen, wie man sich selbst sieht ist, als Teil der Selbstdarstellung, nicht mit einer Täuschung im Sinne der zielgerichteten Vermittlung eines falschen Eindrucks zu verwechseln. Sowohl in virtuellen Welten wie auch in textbasierten Systemen wie dem Usenet wird die Kompetenz, Eigenwahrnehmung und den Erwartungskontext bildhaft oder schriftlich in unterschiedlichen und unterscheidbaren Intensitäten darzustellen wichtig, weil es ohne diese Handlungen schwieriger wird, sich Rollenzuschreibungen und Stereotypen zu entziehen.

> „Ähnlich wie frühere Medien an Raum und Zeit gebundene soziale Schranken überwanden, scheint das neueste computervermittelte Kommunikationsmedium nun auch die Grenzen der Identität zu überwinden" (Rheingold 1994, 185).

Prozesse der Selbstdarstellung bei computergestützter Kommunikation sind dadurch erleichtert, daß die Informationsweitergabe sehr viel besser kontrolliert werden kann als in face-to-face-Situationen.

Die Möglichkeiten der Selbstdarstellung werden jedoch keineswegs nur zurückhaltend-defensiv, d.h. zur Verhinderung ungünstiger, peinlicher und taktloser Eindrücke eingesetzt. Auch im Usenet ist niemand davor gefeit, hinsichtlich Geschlecht, Alter, Beruf oder sonstigen Merkmalen von Online Partnern mit virtuellen Wahrheiten konfrontiert zu werden. Tatsächlich scheint die Möglichkeit, vielfältige und alternative Netz-Identitäten zu propagieren, äußerst reizvoll zu sein. Besonders augenfällig sind die elektronischen Geschlechtsumwandlungen (so sie denn in einer Offenlegung irgendwann offenbart werden oder wurden), die im IRC (Internet Relay Chat) oder in MUDs (Multi User Dungeons) beobachtet werden können (vgl. ebenda, 204f.). Folgen die dahinter liegenden Beweggründe einer Art Dramaturgie, die, wie Jean Baudrillard behauptet, einer „sofortigen und oberflächlichen Refraktion" folgt?

> „Einer Refraktion, die nichts mehr vom Bild, von einer Szene oder von der Kraft der Repräsentation hat, die nicht im geringsten dazu dient, zu spielen oder sich vorzustellen, sondern die immer nur – sei es einer Gruppe, einer Aktion, einem Ereignis oder einem Vergnügen – dazu dienen wird, *an sich*

selbst angeschaltet (connected) zu sein. (...) Grundlegend ist für diese Videokultur die Existenz eines Bildschirms, nicht aber notgedrungen die eines Blicks." (Baudrillard 1989, 119f.)

Die elektronische Welt als unendlich weite aber absolut flache Welt mit dem Subjekt, dessen Subjektivität sich bis in die kleinsten Bestandteile auf die Reproduktion des Immergleichen beschränkt und sich über die Oberfläche der neuen Medien verteilt – das ist die nicht gerade optimistisch stimmende Position Baudrillards. Die Dimension des Virtuellen ist dabei nur der Ort, an dem sich der „Junggesellencharakter der Telematischen Menschen" herausbildet und letztendlich finden wir uns in Platons Höhle wieder, wo wir „nur noch die Schatten der fleischigen Lust an uns vorbeiziehen sehen" (ebenda, 119f.).

Doch dürfte dieser Rückkehr trotz Fraktalität und Brechung an der prothetischen Schnittstelle aber noch die Möglichkeit der Akzeptanz einer Konvergenz von Virtualität und Realität vorausgehen, denn der Unterschied zwischen der Simulation und der Realität verliert gerade dann an Bedeutung, wenn die Kontrasterfahrungen – gerade diejenigen möglicher Identitätsbezüge – zur Veränderung beider Welten beitragen.

5. Bedeutungsveränderung – Spielerische Umgangsweisen mit Realität und Virtualität

Der aus der Ethnologie stammende Begriff der symbolischen Ordnung ist uns in der Beschreibung kultureller Modernisierungsprozesse geläufig. Unsere Weltwahrnehmung, Handlungsmöglichkeiten usw. sind zwar je unsere eigenen, aber immer erst, wenn sie die symbolische Ordnung durchlaufen haben und wir sie über die bereitstehenden kulturellen Semantiken als solche ergreifen.

„The medium is the message" aber eben auch massage (vgl. McLuhan; Fiore 1969). In unserer Zeit verbinden sich unterschiedliche Medien zum Medienverbundsystem oder einem neuen Medium mit multimedialen Eigenschaften, dessen herausragendes Merkmal es zu sein scheint, eine einzigartige und universelle Plattform zu generieren und dort ablaufende Vermittlungsvorgänge zu vereinen, zu institutionalisieren und zu standardisieren. Richtet man beiläufig den Blick auf die Kommerzialisierung der elektronischen Welt, auf die elektronischen Tageszeitungen, digitalen Fernsehprogramme und Radiosendungen, Bücher, Filme, Musik-CD's, Informationsdatenbanken, Bibliotheks- und Kaufhauskataloge, Pinwände, Flugblätter, Videos-on-Demand, Info-Agenturen, u.v.m., die alle um die Gunst des potentiellen Konsumenten konkurrieren werden, dann wird auch deutlich, daß sich das sog. Medium zu einem einzigartigen Angebots-Dienst wandelt.

Je mehr diese Welt erobert, genutzt und besiedelt wird, desto mehr wird sie zu einer normalen Alltagswelt. Einige Zeit aber wird wohl auch zukünftig die Faszination der künstlichen Welt für besonders nachhaltige Verbindungen sorgen. Masuyama, Tokio-Korrespondent der Zeitschrift Wired, hat das mit dem japanischen Wort *hamaru* beschrieben:

> „Ich will das japanische Wort *hamaru* benutzen, um den Unterschied zwischen diesem traditionellen Medium und Videospielen deutlich zu machen. *Hamaru* bedeutet gewöhnlich *in etwas hineinfallen* oder umgangssprachlich *an etwas kleben bleiben*. Unter Videospielern oder Gamefreaks in Japan bedeutet das Wort jedoch, daß ein Spiel so faszinierend ist, daß man gar nicht mehr aufhören kann. Es gibt sicher auf deutsch einen ähnlichen Begriff. Herausstellen wollte ich damit, daß dieser Ausdruck kaum jemals in bezug auf traditionelle Medien benutzt wird. Manche werden vieleicht sagen: *Der Film Jurassic Park flößt Furcht ein*, aber sie würden nicht sagen, daß sie an ihm klebenbleiben. Das Wort *hamaru* bezieht sich wieder auf die interaktive Natur des Videospiels." (Masuyama 1995, 38f.)

Auf amerikanischen Rückspiegeln steht geschrieben, was sich zum Motto einer Konvergenz von Virtualität und Realität hervorragend eignet: Objects in this rearview-mirror may be closer than they are.

Die Konvergenz, d.h. das Zusammenlaufen der technischen Möglichkeiten virtueller Welten und derjenigen der Realität eines Rezipienten und Akteurs, wird zu einer Änderung des bisherigen Medienverständnisses führen müssen. Auch wenn von einem direkten Bedeutungstransfer nicht hinreichend beweisbar gesprochen werden kann, da die neuen medientechnologischen Sphären nicht über eine symbolische Ordnung im ethnologisch herkömmlichen Sinne verfügen, so ist aber, pragmatisch gewendet, die Zuschreibung von Schnittstellenqualitäten nicht ausschließlich an die Festlegung eines Innen und Außen der Beziehungen beider Welten gebunden. Gerade im Hinblick auf eine subjektiv notwendige Weltstabilität vollzieht sich ja der Prozeß einer Anerkennung der nah-fernen Objekte der Virtualität[5].

"Eine Wirklichkeit, in der alles, was möglich ist, auch wahrscheinlich wäre, sähe so aus, daß man beim Würfelspiel eine ebenso große Chance hätte, hundertmal hintereinander eine Sechs zu würfeln wie einfach eine beliebige Serie verschiedener Würfe zu machen. Das wäre eine Wirklichkeit, die einen wahnsinnig machte; denn wenn sich der Zufall für die Notwendigkeit hielte, dann strebte er nach der Verwirklichung der Totalität seiner Möglichkeiten – auf das Wahr- scheinliche verzichten heißt nun aber keinesfalls, daß man auf die Geschwindigkeiten und die Richtungen verzichtete (so als gäbe es sie nicht), sondern es bedeutet vielmehr, daß die Dynamik potentiell sich in allen Geschwindigkeiten und in alle Richtungen bewegen könnte." (Villeneuve 1991, 89)

Villeneuve pointiert hier die Möglichkeit, mit der Betonung der Geschwindigkeit und der Richtung, einer Transformation von Weltvorstellungen auf Spielvorstellung und umgekehrt. Weder kann in einem spielerischen Umgang die Wirklichkeit aufgehoben sein, weil sich ein spielerisches Tun oder eine spielerische Ingebrauchnahme im Kontext der Wirklichkeit, die in den Gebrauch genommen wird, bewegen und orientieren muß – ansonsten wäre dessen spielerische Auflösung gar nicht möglich, ohne das Spiel zu beenden –, noch geht das Spiel in der Virtualität auf, denn es spielt sich nach den physikalischen Regeln der einzigen Realität ab. An dieser Stelle bringt Villeneuve den *Teufel* ins Spiel. Er, der „Super-Spieler" (Villeneuve), verkörpert die „Subtilität des Spiels (...), den notwendigen Zufall, das organisierte Chaos" (ebenda, 93). Der Teufel ist als Super-Spieler in der Lage, sich selbst zu verdoppeln, ja sich selbst zu spielen und alle Geschwindigkeiten und Richtungen einzuschlagen – gerade das, so Villeneuve, sei das Teuflische, denn die Paradoxie besteht in der gleichzeitig grenzenlosen Freiheit dieses Spiel(er)s.

Aufschlußreich für die Pädagogik wären Überlegungen der Transformation von Spielvorstellung auf Weltvorstellung – wäre es doch delegitimierend, sich darauf einzulassen, die von Villeneuve vorgeschlagene Perspektivverschiebung auf die pädagogische Wirklichkeit zu übertragen, oder nicht?

---

5 An diese Überlegungen könnten ästhetische Erfahrungen anschliessen und die Modellierung der begehbaren Welten beschaulicher werden lassen. Die generelle Leichtigkeit der virtuellen Welt, ihre Manipulierbarkeit eröffnet geradezu Spielräume für Differenzerfahrungen, die sich auch dort implementieren lassen. Ich denke hier an die Möglichkeiten von Gegenerfahrungen der Verlangsamung (heute heißt das treffend auch Entschleunigung), der architektonischen Gestaltung oftmals technisch perfekter aber ansonsten öder elektronischer Räume oder auch an die *Aufheizung* und *Ersetzbarkeit* virtueller Weltelemente.

Die Spieler (Pädagogen) werden zu den Objekten des Spiels. Gemeinte Absicht oder Intervention wäre zum scheitern verurteilt, weil sie gerade als solche keinen Einfluß auf den Verlauf hätte. Pädagogik ist immer, so müßte man folgern, reale Pädagogik mit virtuellen Vorstellungen und nicht umgekehrt – virtuell nun könnte es aber virtuelle Pädagogen mit realen Vorstellung geben. Die Vorstellung einer Pädagogik aller Richtungen und Geschwindigkeiten hätte – abgesehen von den Folgen einer pathologischen Allmachtsvorstellung – insofern ihren Reiz, als sie in der Lage wäre, den Glauben oder die Erzählung, die hinter der paradoxen Logik des Spiels zwischen Möglichkeit und Wirklichkeit liegt, zu ihrem Gegenstand zu machen. Konkret wäre dies eine Pädagogik der Schnittstelle von Virtualität und Realität. Jeder Diskurs, jede Struktur und jedes Handeln, das sich dorthin begibt, muß allerdings damit rechnen, digitalisiert und gespeichert zu werden.

Literatur

Baudrillard, J. (1989): Videowelt und fraktales Subjekt. In: Baudrillard, J.; Böhringer, H.; Flusser, V.; Foerster, H. von; Kittler, F.; Weibel, P.: Philosophien der neuen Technologie. Ars Electronica. Berlin (Merve). S. 113-131.

Beck, U. (1986): Risikogesellschaft. Auf dem Weg in eine andere Moderne. Frankfurt a.M. (Suhrkamp).

Benner, D.; Göstemeyer, K.-F. (1987): Postmoderne Pädagogik: Analyse oder Affirmation eines gesellschaftlichen Wandels? In: Z.f.Päd., Jg. 33, S. 61-82.

Bolz, N. (1993): Am Ende der Gutenberg-Galaxis. Die neuen Kommunikationsverhältnisse. München (Fink).

Bush, V. (1945): As We May Think: HTML-Version: Duchier, D.: University of Ottawa, April 1994. Updated August 1995, Simon Fraser University: http://www.ps.uni-sb.de/~duchier/pub/vbush/vbush.shtml – Original in: The Atlantic Monthly 7/1945.

Engelbart, D. C. (1962): Augmenting Human Intellect: A Conceptual Framework. HTML-Version: http://www.histech.rwth-aachen.de/www/quellen/engelbart/ahi62index.html
Original: Summary Report AFOSR-3223 under Contract AF 49(638)-1024, SRI Project 3578 for Air Force Office of Scientific Research, Stanford Research Institute, Menlo Park, Ca.

Goldberg, A.; Kay, A. (1977): „Personal Dynamic Media". In: Computer 3/10 S. 31-41. Siehe auch: Kay, A. (1972): A Personal Computer for Children of All Ages. (Zeichnung) Xerox Palo Alto Research Center. Abgedruckt in: Brand, St. (1990): Media Lab. Computer, Kommunikation und neue Medien. Die Erfindung der Zukunft am MIT. Reinbek (rororo) S. 129.

Heymann, H. W. (1996): Allgemeinbildung und Mathematik. Weinheim u.a. (Beltz).

Kade, J. (1993): Aneignungsverhältnisse diesseits und jenseits der Erwachsenenbildung. In: ZfPäd., 39. Jg., Nr. 3, S. 391-408.

Krämer, S. (1995): Spielerische Interaktion. Überlegungen zu unserem Umgang mit Instrumenten. In: Rötzer, F. (Hg.): Schöne neue Welten? Auf dem Weg zu einer neuen Spielkultur. München (Boer). S. 225-236.

Luhmann, N. (1989): Kapital und Arbeit. Probleme einer Unterscheidung. In: Berger, J. (Hg.), Die Moderne – Kontinuitäten und Zäsuren, Sonderband 4, Soziale Welt, Göttingen, S. 57-78.

Lyotard, F. (1994): Das Postmoderne Wissen. Ein Bericht. Wien (Passagen Verlag).

Masuyama (1995): Soziologie des Videospiels. In: Rötzer, F. (Hg.): Schöne neue Welten? Auf dem Weg zu einer neuen Spielkultur. München (Boer). S. 35-41.

McLuhan, H. M.; Fiore, Q. (1969): Das Medium ist Massage. Frankfurt u.a. (Ullstein).

Negroponte, N. (1995): Total digital: Die Welt zwischen 0 und 1 oder Die Zukunft der Kommunikation. München (Bertelsmann).

Rammert, W. (1993): Technik aus soziologischer Perspektive: Forschungsstand, Theorieansätze, Fallbeispiele. Ein Überblick. Opladen (Westdeutscher Verlag).

Rheingold, H. (1994): Virtuelle Gemeinschaft: Soziale Beziehungen im Zeitalter des Computers. Bonn/Paris/Reading/Mass. (Addison-Wesley).

Villeneuve, J. (1991): Der Teufel ist ein Spieler oder: Wie kommt ein Eisbär an die Adria? In: Gumbrecht, H. U.; Pfeiffer, K. L. (Hrsg.): Paradoxien, Dissonanzen, Zusammenbrüche. Situationen offener Epistemologie. Frankfurt am Main (Suhrkamp). S. 83-95.

Worall, S. (1992): Die große Illusion. In: Zeitmagazin Nr. 11 v. 06.03.1992, S. 16f.

Ziehe, Th. (1989): Die unablässige Suche nach Nähe und Gewißheit – Kulturelle Modernisierung und subjektive Entzugserscheinungen. In: Ästhetik und Kommunikation 70/71, S. 19-24.

Ziehe, Th. (1991): Zeitvergleiche: Jugend in kulturellen Modernisierungen. Weinheim, München (Juventa).

Claudia Orthmann/Ludwig J. Issing

Lernen im Internet – ein integrativer Ansatz

„Der Wert des Surfens hängt davon ab, wie es in andere Aktivitäten integriert wird."
(Papert 1998, 71)

Lernen findet im Internet – wie auch im realen Leben – auf vielfältige Weise statt. Schätzungsweise 98% des Lernens im Internet kann als implizites Lernen bezeichnet werden; es ereignet sich beiläufig, unbeabsichtigt und unsystematisch. Dabei kann das Lernergebnis in einer Anreicherung des vorhandenen Wissens bestehen, es kann aber auch zu nachhaltigen Verhaltenskonsequenzen wie dem Kauf bestimmter Wirtschaftsgüter oder der Buchung einer Reise führen. Erst seit etwa 1997 wird das Internet auch systematisch für explizites Lernen genutzt. Durch eine Reihe von Initiativen bildungspolitischer und institutioneller Art (z. B. Schulen ans Netz, Computer in die Schulen, Virtuelles College) wurde die Nutzung des Internet als Lernmedium systematisch gefördert. Viele dieser Initiativen dauern noch an, andere kommen hinzu. Die Entwicklung des Internet zum Lernmedium verläuft analog der Entwicklung früherer technischer Medien wie beispielsweise beim Rundfunk oder Fernsehen, die zunächst als *neue* Technologien für bestehende Bildungszwecke eingesetzt wurden und erst im weiteren Verlauf eigenständige Nutzungsformen (z. B. Schulfunk, Telekolleg, Bildungsfernsehen) herausbildeten. Im Laufe der Zeit erfährt jedes neue Medium eine Relativierung gegenüber anfänglichen Euphorien einerseits und kulturpessimistischen Befürchtungen andererseits. Beim expliziten Lernen mit dem Internet lassen sich drei Grundformen unterscheiden:

– Autodidaktisches Lernen mit dem Internet,
– Ergänzung des Präsenzunterrichts durch Integration des Internet (Medienverbund),
– Fernlernen über Internet.

Der vorliegende Artikel beschäftigt sich unter Einbezug eines konkreten Beispiels aus der eigenen Lehre vor allem mit den Möglichkeiten und Erfahrungen, die sich in der universitären Bildung beim expliziten Lernen mit dem Internet in Ergänzung zum Präsenzunterricht abzeichnen. Die theoretischen Grundlagen des Lernens im Internet können an dieser Stelle nicht ausführlich behandelt werden; hierzu wird auf systematische Darstellungen von Döring (1997) und Kerres (1998) verwiesen.

1. Das Internet als Lernmedium?

Das Internet war in seiner ursprünglichen Form als Netz der *Advanced Research Projects Agency* (*ARPAnet*) *kein* Medium für Lern- und Bildungszwecke, sondern ein dezentrales Informationsnetz. Heute bietet das Internet zwei wichtige Funktionen, welche allerdings schon in der frühen Version des Internet in Ansätzen realisiert waren: Datenzugriff/Datenaustausch und Kommunikation. Im heutigen Internet sind der Datentransfer und die computervermittelte Kommunikation die Hauptsäulen, auf denen das Internet basiert und durch die es sich weiterentwickelt[1]. Obwohl sich das Netz in den ersten Jahren nur langsam vergrößerte, erweiterten sich im Zuge des Trends zum eigenen Heimcomputer und der leistungsfähigeren und schnelleren Rechner die Komplexität der Anwendungen und damit auch die Vernetzung (z. B. durch Mailboxen). Erst Anfang der 90iger Jahre erfuhr das Internet durch die Entwicklung der graphischen Benutzerschnittstelle *World Wide Web* (WWW) 1993 einen unerwarteten enormen Aufschwung und Bekanntheitsgrad. Die heute zum Standard gehörende graphische Benutzeroberfläche erleichtert die Orientierung und Navigation im Internet, wodurch sich das Internet von einem ursprünglich rein militärischen, nachfolgend universitär genutzten Medium in Richtung auf ein Publikumsmedium entwickeln konnte. Heute wird es weltweit zu Informations-, Kommunikations-, Bildungs- und Kommerzzwecken eingesetzt und spielt somit auch für das institutionelle Lernen eine zunehmend wichtige Rolle. Vielfach werden Kenntnisse im Umgang mit dem Internet und mit Hypermedia als neue *Kulturtechnik* oder *Lernkultur* diskutiert und die Vermittlung einer entsprechenden Kompetenz in Verbindung mit dem Konzept des lebenslangen Lernens gefordert (van Lück 1997, Issing/Orthmann 1998).

---

1 Man denke nur an die Möglichkeiten, die gemeinsame virtuelle Umgebungen und Gemeinschaften bieten, beispielsweise virtuelle Universitäten, virtuelle Ersatzfamilien, Erweiterung der peer-group.

Der Zugang zum Lernraum Internet gestaltet sich jedoch entsprechend den beteiligten Bildungsinstitutionen sehr unterschiedlich: Während von den deutschen Grundschulen erst wenige ans Internet angeschlossen sind, sind die deutschen Hochschulen fast alle ans Netz angebunden und nutzen es zur Außendarstellung und in zunehmendem Maße für Lehrzwecke[2]. In der betrieblichen Aus- und Weiterbildung kommen – speziell in Großbetrieben – zunehmend Intranets, die über das Internet zu weltweiten Verbünden zusammengeschlossen sind, zum Einsatz, in kleineren Unternehmen wird hingegen eher per CD-ROM gelernt. Für abgegrenzte Wissensgebiete ist das Lernen per CD-ROM gegenüber dem Lernen per Internet derzeit noch von Vorteil, da die relevante Information gesammelt und systematisch dargestellt dem Lernenden angeboten werden kann und ihm keine Zeit für das Recherchieren und Sammeln im Internet verloren geht. Jedoch hat sich die CD-ROM als allgemeines Bildungsmedium für den Privatsektor nicht so stark am Markt etablieren können wie ursprünglich erwartet: Viele CD-ROM Angebote sind aufgrund der hohen Entwicklungskosten für den Privatkunden mit 60,– bis 120,– DM zu teuer, viele Angebote inhaltlich nur von sehr begrenztem Nutzen.

1.1 Kognitionspsychologische Lerntheorie und das Internet

Aus kognitionspsychologischer Sicht wird Lernen als kognitive Operation mit den Bestandteilen der Informationsaufnahme, -verarbeitung und -speicherung verstanden. Diese Definition von Lernen ist auch im Hinblick auf das Internet sinnvoll, da im Internet nach Informationen gesucht wird, spezielle Daten ausgewählt, die in ihnen enthaltene Informationen gespeichert, in das vorhandene Wissen integriert und evtl. in Handlungen umgesetzt werden. Die Kognitionspsychologie unterteilt das Wissen in drei Bereiche: erstens das deklarative Wissen (*was*), zweitens das prozedurale Wissen (*wie*) und drittens das kontextuale Wissen (*unter welchen Umständen*).

Das Internet eignet sich für den Wissenserwerb aller drei Wissensbereiche: Zum ersten ist das Internet speziell für seine Informationsfülle bekannt, die häufig negativ durch die Metapher *Informationsflut* verdeutlicht wird. Das Internet ist vor allem ein geeigneter Ort zur Suche nach

---

2 Bei einer Studie des Hochschulinformationssystems (HIS) wurden 1996 199 Projekte identifiziert, in denen das Internet in der Lehre genutzt wird (Gralki 1998).

Informationen zu speziellen Sach- und Wissensgebieten, die für das deklarative Wissen relevant sind. Die Kodierungsformen im Internet sind bisher vorwiegend textuell; visuelle und akustische Elemente sind aber stark im Kommen. Die Vorgänge des Informationsabrufs (Suche, Selektion & Nutzung) sind als Kompetenzen wichtiger geworden als die direkte Aneignung deklarativen Wissens und lassen sich dem prozeduralen Wissen zuordnen. Für das deklarative Wissen relevante Informationen sind im Internet weltweit jederzeit abrufbar und aktualisiert (externe Wissensspeicher, vgl. Schönpflug/Schönpflug 1995). Des weiteren läßt sich prozedurales Wissen (in Form ausführlicher spezieller Handlungsanleitungen) im Internet besonders leicht erwerben, z. B. durch Simulationen von naturwissenschaftlichen Experimenten[3]. Hinsichtlich des dritten Wissensbereiches, dem kontextuellen Wissen, bietet sich das Internet ebenso an, da es in zunehmendem Maße (inter-)aktives, problembezogenes und situationsbezogenes Lernen ermöglicht. Der Kontext kann dabei einerseits in der realen Umwelt existieren oder auch in der Netzwelt. Reale Situationen können mit Hilfe des Internet kooperativ gelöst werden, wie z. B. durch Ratschläge/Handlungsanweisungen zu konkreten, aktuellen Erziehungsproblemen (in Gemeinschaften wie *Mütter mit Modem*). Kontexte im Internet wären beispielsweise das Lernen von Netiquetten in Newsgroups durch den Umgang mit Kommunikationspartnern im Netz.

1.2 Voraussetzungen zum Lernen im Internet

In diesem Abschnitt soll es nicht um die vielfältigen technischen und institutionellen Voraussetzungen gehen, sondern es werden individuelle Voraussetzungen, die den Start des Lernens in der *Lernwelt Internet* (Fasching 1997) beeinflussen, ohne Anspruch auf Vollständigkeit aufgeführt:

Befaßt man sich mit den Vor- und Nachteilen von Lernen im Internet, so ist die wichtigste Voraussetzung für explizites Lernen das Vorhandensein oder die Vermittlung einer Grundkompetenz, die man auch als *Information Literacy* oder *Kompetenz zum Wissensmanagement* (Reinmann-Rothmeier/Mandl 1997) bezeichnet. Zusätzlich zu dieser Kompetenz muß jedoch auch das selbständige Lernen entweder schon gelernt worden sein oder dem Lernenden im Rah-

---

[3] Z. B. das Sezieren eines Frosches: http://curry.edschool.Virginia.EDU/go/frog/setup/home.html

men eines Curriculums vermittelt werden. Das Internet unterstützt zwar das selbständige, lebenslange Lernen durch seine hypertextuelle Struktur[4] und die Aktualität der Inhalte, jedoch ist gerade der erste Schritt hin zum expliziten Lernen im Internet der schwerste. Das Lernen im Internet verlangt eine hohe Selbstdisziplin und Selbstmotivation[5], sonst gelangt man entweder erst gar nicht online, oder man verliert sich im Informationsüberangebot. Der Medienforscher Gavriel Salomon (1998) hat hierfür den Begriff des *Butterfly(de)ffects* geprägt. Das vielfältige Angebot des Internet verführt dazu, die Informationen über hypertextuelle Verknüpfungen aufzurufen, aber nur oberflächlich zu verarbeiten; dieses führt auf Dauer zu einem *Kultivierungsdefekt*.

Als weitere Voraussetzung sind basale Englischkenntnisse vonnöten. Die Anzahl deutschsprachiger Angebote im Internet ist im Verhältnis zu den anglo-amerikanischen gering; Englisch hat sich als Verständigungssprache in der Kontaktaufnahme zu Kommunikationspartnern (z. B. Experten) anderer Länder etabliert, und viele technische Begrifflichkeiten sowie Software sind nicht auf Deutsch übersetzt.[6]

Physiologische Voraussetzungen werden in der bisherigen wissenschaftlichen Diskussion von Lernen im Internet selten erwähnt, sondern es werden eher die Chancen, die das Internet z. B. Körperbehinderten bietet, hervorgehoben. Die Vorteile des Internet für diese Personengruppe sollen hier nicht geschmälert werden. Allerdings sei auf die bisherige Dominanz visueller (beispielsweise rein schriftlicher) Inhalte hingewiesen, die ebenfalls erhebliche physiologische Voraussetzungen an die Internetnutzer stellen (Sitzhaltung, Kopfhaltung, Augen). Bei der traditionellen Wissensvermittlung durch einen Lehrer oder Dozenten wird „wesentlich mehr an Information auditiv-sprachlich, in der Kommunikation zu den Lernenden,

---

[4] Zur ausführlichen Diskussion des Lernens mit Hypertext/Hypermedia siehe Tergan (1997).

[5] Das Problem der nötigen Disziplin betont auch Döring (1997) bzgl. des expliziten Lernens unabhängig vom gewählten Lernmedium. Sie spricht speziell dem Internet nur bedingte Eignung für Situationen, in denen instruktional Informationen vermittelt werden sollen, zu. „Ausnahmen sind u.a. jene Selbstlern-Situationen, in denen man mittels fachbezogener Informationssysteme einen Überblick über ein Themengebiet gewinnen, sich direkt *an der Quelle* informieren oder Experten konsultieren möchte" (ebd., 363).

[6] Eine nicht zu vernachlässigende Konsequenz ist die damit einhergehende Ausrichtung auf die Modelle und Konzepte der westlichen Industrienationen. Es kann somit zu einer Globalisierung und Uniformierung von Kodierungssystemen und Denkmodellen kommen.

vermittelt. Zukünftig wird jedoch mit neuen technischen Errungenschaften auch beim Lernen im Netz der Vermittlung über gesprochene Texte wieder mehr Platz eingeräumt werden" (Paechter 1997, 149).

1.3 Explizites und Implizites Lernen im Internet

Lernen im Internet läßt sich auf oberster Hierarchie-Ebene in zwei Gruppen unterteilen: Selbstorganisiertes und fremdorganisiertes Lernen. Dem selbstorganisierten Lernen, im folgenden als *autodidaktisches Lernen* adressiert, stehen zwei Differenzierungen des fremdorganisierten Lernens im Internet gegenüber: Fernlernen via Internet und die Ergänzung und Unterstützung des Präsenzunterrichts mit Hilfe des Mediums Internet. Mit der letzteren Form sei nicht die von Schulmeister (1998) beschriebene verbreitete Medienunterstützung konventioneller Lehre gemeint, bei der ein wesentliches Ziel des Interneteinsatzes die Verbreitung von Lehrmaterialien übers Netz ist. Genausowenig beziehen wir uns hierbei auf die Präsentation von Internetinhalten seitens des Lehrenden während des Unterrichts.[7] Vielmehr geht es hierbei um explizit in das Curriculum integrierte Aspekte und Aufgaben, die das Präsenzlernen vor Ort erweitern und um Teile des Fernlernens ergänzen. Diese Aspekte lassen sich konkretisieren, beispielsweise durch Mitwirkung in Foren zu speziellen vom Dozenten vorgegebenen Fragen und Inhalten, durch kooperatives Lösen von Aufgaben sowie durch die Förderung der sozialen Gruppenbildung durch Email und Mailinglisten.

Die in der Einleitung dargestellten internetgestützen Lern- und Lehrformen (autodidaktisches, Präsenzlernen und Fernlernen) beinhalten selbstverständlich sowohl implizites Lernen wie auch explizites Lernen. Die folgende Darstellung präzisiert die Komponenten des Lernens im Internet:

---

7 Die Vermittlung und Bereitstellung von Informationen sowie die computervermittelte Kommunikation und Interaktion werden als wesentliche Einsatzbereiche des Internet in der Fernlehre beschrieben (Hesse 1997) und spielen somit auch im folgenden eine wichtige Rolle.

Lernen im Internet 89

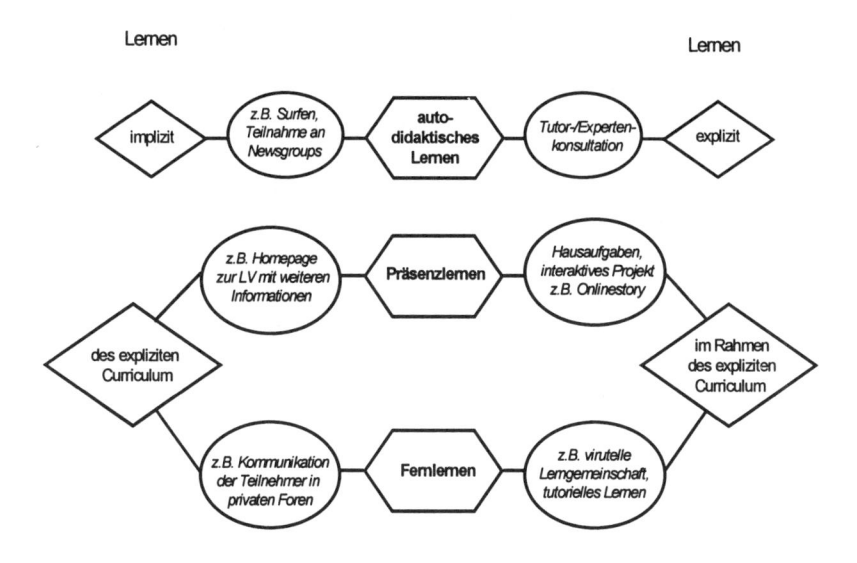

– Abb. 1: Möglichkeiten des Lernens im Internet –

Während der Einsatz des Internet im Bereich des reinen Fernstudiums – wie beispielsweise im Virtual College Berlin-Brandenburg (vgl. Issing 1998) oder im virtuellen Seminar über Praxis und Theorie der Fernlehre von Bernath (1998) – vielfach in der Literatur beschrieben wird, mangelt es im deutschsprachigen Raum immer noch an Erfahrungsberichten zu Realisierungen des Interneteinsatzes zur Unterstützung der Präsenzlehre (s.a. Wedekind 1997). Dieser Bereich erfährt derzeit eine enorme Entwicklung, insbesondere an den US-Universitäten, an denen jeder Dozent, der nicht als veraltet gelten will, sich gezwungen sieht, das Internet in seine Präsenzveranstaltung einzubeziehen. Diese Entwicklung wird auch in Deutschland erwartet. Das neue Schlagwort heißt in diesem Zusammenhang nicht mehr *CU*, sondern *IDLEs*[8]. Nur wenige Bildungsinstitutionen haben von vornherein die personellen und finanziellen Resourcen, ihre Lehre zum größten Teil im Netz als Fernlehre anzubieten. Selbst wenn diese vorhanden sein sollten, so mangelt es nicht selten an technischem Know-How und Erfahrungswerten zur Umsetzung. Der erste Schritt wird deshalb für viele Lehrende sein, erst einmal ihren Unterricht durch eine zusätzliche Internet-Komponente zu ergänzen[9]. Dieser Internetpart kann anfangs aus im Netz abgelegten Seminarplänen und Literaturlisten im Sinne Schulmeisters (1998) bestehen, um dann nach und nach mit der steigenden Kompetenz und Sicherheit des Lehrenden ausgebaut und erweitert zu werden, bis eventuell irgendwann die Veranstaltung als reiner Fernkurs angeboten wird[10]. Obwohl Gralki (1998) kritisiert, daß das reine Ablegen von Informationen im Netz noch kein Teleteaching ist, sondern nur eine *zeitgemäße Ablösung des Handapparats, der sonst in der Institutsbibliothek stand*, so ist es doch zumindest ein erster Schritt in die richtige Richtung – nämlich der Verknüpfung von Präsenzunterricht und selbständigem Lernen im Netz.

2. Interneteinsatz als Ergänzung zum Präsenzunterricht am Beispiel eines Seminars

Im Wintersemester 1998/99 haben wir an der Freien Universität Berlin im Rahmen des Lehrangebots des Arbeitsbereichs Medienforschung das Seminar *Zum Einfluß von Computerspielen auf die Sozialisation und Werteentwicklung bei Kindern und Jugendlichen* durchgeführt. Dieses Seminar wurde für Studierende der Psychologie und Erziehungswissenschaft angeboten, wobei von vornherein abzusehen war, daß das Seminar überbelegt sein würde. Die sich daraus

---

8 IDLEs steht für *Integrated Distributed Learning Environments*; für die einfache Entwicklung von IDLEs wurden spezielle Softwaretools entwickelt. „They take the stand-alone synchronous and asynchronous collaboration capabilities of the Internet and integrate them within a tool that mirrors the instructional process. These tools are primarily used not only for the delivery of entire courses to remote learners (distance education) but as enhancements to classroom-based education" (McGreal 1998, 25). Mit Hilfe z. B. der IDLEs *Virtual-U* oder *FirstClass* lassen sich Ankündigungen, Foren, Kursmodule, usw. implementieren. Komplette Lehrkurse ins Internet zu stellen ist derzeit produktionstechnisch noch zu teuer und in der Umsetzung nur in Zusammenarbeit mit Kompetenzzentren zu leisten, die u.a. die Inhalte didaktisch aufbereiten. Wobei festzuhalten ist, daß eine Umsetzung von Lehrveranstaltungen zu Fernkursen nicht hinsichtlich jeglicher Wissensinhalte sinnvoll ist.

9 Interessante Hinweise finden sich unter: http://www.edgorg.com/design.htm und http://www.enmu.edu/virtual/virt.html

10 Eine ausführliche Darstellung eines solchen Prozesses bietet Young (1998).

ergebenden Engpaßsituationen – vor allem hinsichtlich der Diskussionsmöglichkeiten in einer überfüllten Lehrveranstaltung – sollten daher von vornherein durch die Ergänzung mit einem Internetpart vermieden werden (s.a. Grob 1998). Zusätzlich lag speziell beim Thema Computerspiele eine Verknüpfung mit dem Internet nahe, da Computertechnologie eine wichtige Rolle bei der Entwicklung und Verbreitung von Computerspielen einnimmt und interaktive Spiele zunehmend beliebter werden. In diesem Zusammenhang bot es sich aus unserer Sicht an, die Akzeptanz und Motivation der Studierenden für die Lernwelt Internet in der Praxis zu erforschen.

Im Präsenzteil des Seminars wurde neben der Theorie durchgehend Wert auf den praktischen Bezug zu den Spielen (Vorführungen und Austesten der Spiele) gelegt, da sich das Seminar aus Studierenden mit einem sehr heterogenen Kenntnis- und Erfahrungsstand hinsichtlich Computerspielen – von Spielefreaks bis zu Personen, die noch nie selbst Computerspiele gespielt hatten – zusammensetzte. Durch die nicht ausschließlich theoretische Beschäftigung mit dem Thema sollten individuell neue Zugänge zu der Faszination und dem Interesse von Kindern und Jugendlichen an Computerspielen gewonnen werden.[11]

Über das Medium Internet wurde für die Seminarteilnehmer der Zugang auf verschiedenen Ebenen vertieft[12]: Neben den für Lehre im Internet obligatorischen Webseiten mit Seminarplan, Literaturliste, einem Schwarzen Brett für aktuelle Ankündigungen, relevanten Links und dem *Syllabus* wurde im Internet ein öffentlich zugängliches Diskussionsforum geschaffen, das zur Vertiefung einzelner Diskussionspunkte im Anschluß an die Präsenzveranstaltung genutzt werden sollte. Weiterhin wurde zu Beginn des Seminars ein Geschichtenanfang ins Internet gestellt, der im Verlauf des Seminars regelmäßig von den Seminarteilnehmern fortgeführt werden sollte. Der vorgegebene Geschichtenanfang handelte von einer Familie mit zwei Kindern, die sich nach langen Überlegungen endlich einen Computer anschaffen, der potentiell spieletauglich ist. An diesen Anfang sollten weitere Bei-

---

11 Grob (1998) weist ebenfalls darauf hin, daß bewußt herbeigeführte Medienbrüche (in diesem Fall zwischen der theoretischen Fundierung durch Printmedien, der praktischen Aspekte mittels Computer und der Diskussion via Internet) vorteilhaft sind und den Lehr- und Lernprozeß attraktivieren.

12 URL des Internetparts: http://userpage.fu-berlin.de/~medienfo/hp/Spiele/Homepage_Computerspiele.html

träge angehängt werden, wobei jeder Beitrag im Idealfall an den vorherigen anknüpfen und die Geschichte fortführen sollte. Die neuen Beiträge der *Onlinestory* wurden jeweils zu Beginn der Präsenzveranstaltung vorgelesen, so daß eine Trennung zwischen den *Internetlern* und den anderen Seminarteilnehmern, die sich nicht am Internetpart beteiligen wollten, vermieden wurde. Eine Fun-Seite, auf der sich nicht Wissenswertes sondern Erheiterndes befand, rundete den Internetpart ab.

Um die Nutzung des Internetparts zu gewährleisten, wurden neben der Präsenzveranstaltung für die Seminarteilnehmer zusätzliche Einführungssitzungen ins Internet angeboten, jeder Seminarteilnehmer hatte Zugang zu dem Internet-PC-Pool der Universität, und die aktive Teilnahme im Internetpart wurde in die Voraussetzungen für den Erwerb eines Seminarscheins integriert.

Da zur Zeit des Schreibens dieses Beitrags das Seminar noch nicht zu Ende ist, kann nur eine vorläufige Evaluation der Vor- und Nachteile des Interneteinsatzes zur Unterstützung und Ergänzung der Präsenzveranstaltung gegeben werden: Von den etwa 50 regelmäßigen Teilnehmern der Präsenzveranstaltung beteiligten sich ca. 20 Personen regelmäßig mit Beiträgen im Forum oder zur Onlinestory. Nur eine Person kam aus der kleinen Gruppe, die an einer der Einführungssitzungen teilgenommen hatten und vorher keine oder geringe Internetkenntnisse gehabt hatten. Das Angebot der Einführungen wurde von sieben Personen angenommen, allerdings haben sechs dieser Personen trotz vorhandener Internetkenntnisse und Zugangsmöglichkeiten zum Internet über die Universität den Sprung, selbständig online zu gehen, bisher nicht geschafft.

Dies gibt einen Hinweis auf die schon beschriebene Problematik der Selbstmotivierung. Obwohl im Internetpart kein hoher Anspruch an das Wissen der Teilnehmer über die praktische oder theoretische Seite von Computerspielen gestellt wurde, ist das Internet selbst noch eine große Hemmschwelle für viele Studierende in den Geisteswissenschaften. Die Studierenden, die am Internetpart teilnahmen, zeichneten sich durch eine hohe Motivation und überwiegend vorhandene gute Internetkenntnisse aus. Inwieweit einige Studierende schon Erfahrungen mit explizitem Lernen im Internet hatten, wurde noch nicht ermittelt.

Das Diskutieren und Lernen im Internet scheint insgesamt vielen noch fremd. Wir mußten leider feststellen, daß trotz verschiedener Diskussionsanstöße seitens der Dozentin kaum eine inhaltliche Diskussion aufkommen wollte, sondern das Forum von den Teilnehmern eher zu organisatorischen Zwecken genutzt wurde. Wir vermuten, daß viele Studierende befürchten, durch die Verschriftlichung ihrer Diskussionsbeiträge könnten sie sich blamieren oder auf Äußerungen festgenagelt werden. Schon aus der herkömmlichen Lehr- und Lernsituation ist die Schwierigkeit gemeinsamen Arbeitens und Diskutierens bekannt. Die Aufforderung *Diskutiert dies mal gemeinsam/in Kleingruppen* reicht alleine oft nicht aus, sondern für das Zustandekommen einer anregenden Diskussion müssen verschiedene Faktoren unterstützend zusammentreffen: Der Diskussionsprozeß im Internet bedarf einer expliziten Führung und Moderation seitens der Lehrenden, um die Möglichkeiten der Kommunikation und Interaktion auszuschöpfen (s.a. Bernath 1998). Zu den für eine kooperative Tätigkeit im Internet wesentlichen Faktoren gehören:

- Überzeugung und Motivation auf seiten der Dozenten (in diesem Fall durch die Initiative der Realisierung und Betreuung des Internetparts gegeben),
- regelmäßige Beteiligung der Dozenten an der Interaktion, um die Ansprechbarkeit und das inhaltliche Interesse zu demonstrieren und das Gefühl, betreut zu werden, zu vermitteln (vielleicht bei weiteren Seminaren noch zu verstärken),
- ein erkenntlicher Mehrwert für die Studierenden (hier die Möglichkeit der Vertiefung einzelner Themen, die durch die Größe und zeitliche Beschränkung der Präsenzveranstaltung nicht immer ausreichend gegeben war),
- ein externer Druck (hier über den Scheinerwerb realisiert),
- eine bestehende persönliche Beziehung zu einem oder mehreren Kommunikationspartnern (Das Argument der mangelnden face-to-face-Kenntnis der Diskussionspartner trifft für das hier beschriebene Diskussionsforum nicht zu, da sich die Teilnehmer aus der Präsenzveranstaltung weitgehend kannten.).

Lehrende sollten sich die aus diesen Faktoren ergebenden Anforderungen und den damit einhergehenden Zeitaufwand bewußt machen und sich stellen, da sonst selbst bei stark interessierten und motivierten Teilnehmern keine Online-Diskussion aufkommt. Im Gegensatz zum Forum waren die Beiträge zur Onlinestory im Seminar häufiger und thematisch vielfältiger. Allerdings mußte auch hierbei trotz ausführlicher Erläuterungen das kooperative Arbeiten über das Internet erst gelernt werden, da einige Studierende sich nicht auf die anderen Beiträge bezogen, sondern *ihre* Story fortsetzten und dazwischenliegende Beiträge ignorierten.

Bisher läßt sich resümieren, daß trotz in das Curriculum integrierter Aspekte das intendierte Ziel nur teilweise erreicht worden ist. So fand zwar unter den Studierenden eine inhaltliche Auseinandersetzung mit der Möglichkeit des expliziten Lernens im Internet statt, die von einigen auch realisiert wurde. Allerdings ist die Lernwelt Internet für viele noch zu neu, um sich ungehemmt darin zu bewegen. Anstatt die Möglichkeiten der computervermittelten Kommunikation im Diskussionsforum (im Austausch mit KommilitonInnen, Dozenten und geladenen Experten) intensiv zu nutzen, wurde eher die anspruchslosere Variante des Geschichtenschreibens gewählt. Hier bedarf es didaktischer Konzepte, die die Lernenden durch konkrete Aufgaben aktivieren und inhaltlich fordern. Außerdem sind Strukturen zu entwickeln, um die Spezifika und Vorteile des Internet im Hinblick auf selbständiges, lebenslanges Lernen adäquat zu berücksichtigen.

3. Integration des Internet als Aufgabe

Gegenwärtig ist der Trend unverkennbar, daß an den Hochschulen das Lernen im Internet verstärkt in den Lern- und Lehrkontext integriert wird. Da sich nicht alle Inhalte zur Umsetzung eignen, sollte differenziert nach Möglichkeiten gesucht werden, das Internet in die Präsenzlehre sinnvoll einzubeziehen. In einer Gesellschaft, in der das Werkzeug Internet für die Wissenschaft bald unentbehrlich sein wird, sollte das Internet als Ergänzung zum Präsenzunterricht die Regel anstelle die Ausnahme werden, in der Hoffnung, durch die Transparenz des Internet die Qualität des Studiums nachhaltig zu optimieren. Durch eine zukünftige, optimale Kombination von Präsenz- und Fernstudium mit dem Internet läßt sich auch eine verstärkte Kooperation der Hochschulen untereinander denken. So könnten die Hochschulen durch ihre Kursangebote über das Internet spezielle Schwerpunkte setzen und sich gegenseitig ergänzen. Die Realisierung einer solchen oder ähnlichen Vorstellung hat noch einen langen Weg vor sich – zur Reformierung des Lehr- und Lernprozesses zählen neben didaktischen und technologischen auch verwaltungstechnische Aspekte. Da die Finanzmittel für große Modellprojekte heutzutage kaum vorhanden sind, ist jede Initiative zu begrüßen, praktische

Erfahrungen im Einbezug des Internet in die Lehre zu sammeln und gemeinsam mit den Studierenden hinsichtlich der Wirkungen zu reflektieren, um auf diese Weise kooperativ Kompetenz für eine sinnvolle Integration dieses neuen Mediums in das Studium zu erwerben.

Literatur

Bernath, U. (1998): Lernen im Internet: A Virtual Seminar for University Faculty and Administrators – Professional Development in Distance Education. In: Hauff, M. (Hrsg.): media@uni-multi.media? Münster (Waxmann). S. 113-122.
Döring, N. (1997): Lernen und Lehren im Internet. In: Batinic, B. (Hrsg.): Internet für Psychologen. Göttingen (Hogrefe). S. 359-393.
Fasching, T. (1997): Internet und Pädagogik. Kommunikation, Bildung und Lernen im Netz. München (KoPäd Verlag).
Gralki, H. (1998): Die akademische Lehre im Netz. Möglichkeiten und Grenzen des Teleteaching. *Forschung und Lehre*, Vol. 2. S. 69-71.
Grob, H. L. (1998): Das Internet im Mittelpunkt einer computergestützten Hochschullehre (cHL). In: Hauff, M. (Hrsg.): media@uni-multi.media? Münster (Waxmann). S. 101-122.
Hesse, F. W. (1997): Netzgestützter Wissenserwerb im Wissenschaftskontext. In: Simon, H. (Hrsg.): Virtueller Campus. Münster (Waxmann). S. 15-25.
Issing, L. J. (1998): Online studieren? Konzepte und Realisierungen auf dem Weg zu einer virtuellen Universität. In: Schwarzer, R. (Hrsg.): MultiMedia und Telelearning. Frankfurt a.M., New York (Campus). S. 103-119.
Issing, L. J.; Orthmann, C. (1998): Lernen – was heißt das in einer von Informationen überfluteten Medienwelt? In: Zimmer, G.M.; Weiß, R.; Schulz, M. Stange, B.; Tielker, W. (Hrsg.): Wege zur Ganzheit – Profilbildung einer Pädagogik für das 21. Jahrhundert. Weinheim (Deutscher Studien Verlag). S. 231-243.
Kerres, M. (1998): Multimediale und telemediale Lernumgebungen. München (R. Oldenbourg Verlag).
McGreal, R. (1998): Integrated Distributed Learning Environments (IDLEs) on the Internet: A Survey. *Educational Technology Review*, No.9, S. 25-31.
Paechter, M. (1997): Multimediale Lernsysteme – Beeinflussung des Lernens durch eine Darstellung der Lehrinhalte in unterschiedlichen Informationsarten. In: Gross, G.; Langer, U.; Seising, R. (Hrsg.): Studieren und Forschen im Internet. Perspektiven für Wissenschaft, Wirtschaft, Kultur und Gesellschaft. Frankfurt am Main (Peter Lang). S. 149-162.
Papert, S. (1998): Die vernetzte Familie. Stuttgart (Kreuz).
Reinmann-Rothmeier, G.; Mandl, H. (1997): Wissensmanagement: eine Antwort auf Informationsflut und Wissensexplosion. In: Höfling, S.; Mandl, H. (Hrsg.): Lernen für die Zukunft. Lernen in der Zukunft – Wissensmanagement in der Bildung. Hans-Seidel Stiftung e.V. S. 12-23.
Salomon, G. (1998): Novel Constructivistic Learning Environments and Novel Technologies: Some Issues to Be Concerned With. *Resaerch Dialogue*, 1 (1).

Schönpflug, W.; Schönpflug, U. (1995): Psychologie. 3. vollst. überarb. Aufl. Weinheim (PVU).

Schulmeister, R. (1998): Medien und Hochschuldidaktik: Welchen Beitrag können Neue Medien zur Studienreform leisten? In: Hauff, M. (Hrsg.): media@unimulti.media? Münster (Waxmann). S. 37-53.

Tergan, S.-O. (1997): Hypertext und Hypermedia: Konzeption, Lehrmöglichkeiten, Lernprobleme. In: Issing, L.J.; Klimsa, P. (Hrsg.): Information und Lernen mit Multimedia. Weinheim (PVU). 2. Auflage, S. 123-137.

van Lück, W. (1997): Vom Lehren zum Lernen in Synergie mit Neuen Medien. In: Landesinsitut für Schule und Weiterbildung (Hrsg.): Jahrbuch des Landesinstituts. Auf dem Weg zu einer integrierten Medienbildung. Verlag für Schule und Weiterbildung.

Wedekind, J. (1997): Didaktische Konzepte des Lehrens im Internet. In: Simon, H. (Hrsg.): Virtueller Campus. Münster (Waxmann). S. 107-117.

Young, J. (1998): Computers and Teaching: Evolution of a Cyberclass. *Psychological Science*, September, S. 568-572.

Werner Sacher

Schule und Internet: Informations- und Wissensmanagement als zeitgemäße Bildungsaufgabe

Schon durch die Entwicklung von Presse, Rundfunk und Fernsehen wurde das faktische Informationsmonopol der Schule im Hinblick auf die junge Generation ernstlich in Frage gestellt. Mit dem Aufkommen neuer Kommunikationstechniken und Medien ist es vollends obsolet geworden. Das heißt aber noch nicht, daß die Schule überflüssig ist. Vielmehr sind ihre Aufgaben neu zu überdenken und neu zu fassen. Dieser Beitrag versucht, auf der Grundlage einer Strukturanalyse des Lernens mit dem Internet, das (soweit es im World Wide Web geschieht) letztlich auch multimediales Lernen ist, die Bildungsaufgaben der Schule in der Internetgesellschaft herauszuarbeiten.

1. Lernen mit dem Internet und anderen neuen Medien und resultierende Aufgaben der Schule

1.1 Multimedialität

Multimedialität i.e.S. besagt, daß mehrere Medien unter einer gemeinsamen Oberfläche integriert sind und präsentiert werden (Klimsa 1995, 8). Dies ist zunächst einmal nur ein technischer Fortschritt. Selbst unter Informatikern setzt sich inzwischen die Einsicht durch, daß die Vielfalt der unter einer Benutzeroberfläche integrierten Medien und ihre technische Qualität von weitaus geringerer Bedeutung für den Lernprozeß sind als die instruktionale Struktur der Medien (d.h. das Ausmaß, in dem ihr *Design* darauf abgestimmt ist, Lernprozesse anzuregen und zu unterstützen) und ihre Einbettung in soziale Lernkontexte und Unterrichtssituationen (Engbring u.a. 1995; Weidenmann 1995, 78). Es fällt überwiegend der Schule zu, für solche Einbettung zu sorgen. Dies geschieht allerdings nur sehr unzureichend, wenn man lediglich neue Medien anstelle der traditionellen im Unterricht verwendet und im übrigen auch diesen weitgehend unverändert läßt. Es bedarf darüber hinaus dringend neuer integrierender Gesamtkonzepte, welche auf die besonderen Chancen und Risiken neuer Medien abgestimmt sind.

1.2 Multimodalität

Lernen mit dem Internet ist größtenteils auch multimodales Lernen. D.h. Information wird in mehreren Sinnesmodalitäten bzw. -kanälen (auditiv und visuell, z.T. auch haptisch) vermittelt. Die Bedeutung solcher Multimodalität für die Lerneffektivität wird oft ebenso überschätzt wie diejenige technischer Innovationen. Lernpsychologische Forschung belegt keineswegs eindeutig, daß die Informations-Präsentation in mehreren Sinnesmodalitäten generell effektiver ist als die Präsentation in einer einzigen Sinnesmodalität (Aufenanger 1996, 454; Mayes 1992, 14; Paechter 1997; Weidenmann 1997). Der Chance einer vielfältigeren Rezeption und Verarbeitung der Information sowie einer mehrfachen Verankerung im Gedächtnis steht das Risiko des *information overflow*, d.h. einer Überfrachtung durch zu vielfältige Sinneseindrücke gegenüber. Auch die verbreitete Additionstheorie (die Behauptung, daß wir 10% von dem, was wir lesen, 20% von dem, was wir hören, 30% von dem, was wir sehen, 50% von dem, was wir hören und sehen, 80% von dem, was wir sagen, und 90% von dem, was wir sagen und tun, behalten) ist nicht durch Forschungsergebnisse belegt (Sacher 1997, 10; Weidenmann 1995, 68). Viel entscheidender als die Multimodalität sind für die Lerneffizienz die aufgewendete mentale Anstrengung und die Gründlichkeit der Verarbeitung. Selbst das Prinzip des Comenius, *mit allen Sinnen* zu lernen, bekommt eine völlig andere als die von Multimedia-Protagonisten gewöhnlich unterlegte Bedeutung, wenn man weiß, daß er zu den Sinnen auch einen *inneren* bzw. *geistigen* Sinn rechnete. Gründliche Verarbeitung ergibt sich in der Regel nicht von selbst. Der Schule fällt in der Vorbereitung, Begleitung und Nachbearbeitung dessen, was in mehr oder weniger lockerem Browsen und Surfen gefunden werden kann, eine zentrale Aufgabe zu.

1.3 Multicodalität

Neue Medien benutzen mehrere Codes bzw. Symbolsysteme (Darstellung der Information in gesprochener Sprache, in Texten, Abbildungen, Zahlen, Piktogrammen, logischen Bildern, Notenschrift etc.). Solche Multicodalität kann Lernvorteile mit sich bringen, wenn sie überlegt eingesetzt wird: Es scheint z. B., daß Information besser behalten wird, wenn man sie in unterschiedlichen Codes anbietet (Paivio 1971). Auch hier muß allerdings darauf geachtet werden, daß nicht durch eine zu große Vielfalt der Codes ein *information overflow* entsteht. Sodann dürfen die Informationen, die durch die verschiedenen Codes vermittelt werden, einander weder einfach duplizieren noch beziehungslos nebeneinanderstehen (Text-Bild-Schere). Sie müssen vielmehr in einem gewissen Ergänzungs- oder Spannungsverhältnis zueinander stehen, so daß sie Fragen und Denkprozesse auslösen (Neisser 1979; Weidenmann 1986).

Mindestens ebenso wichtig wie die angemessene Präsentation der Information in verschiedenen Codes ist aber die aktive Verknüpfung verschiedener Codes im Lernprozeß, das Hin- und Hergehen z. B. zwischen Sprache und Text einerseits und bildlicher Darstellung andererseits, das *Umspülen* von Bildern mit Sprache und das *Unterfüttern* sprachlich-begrifflicher Darstellungen mit bildlicher Anschauung.

Und schließlich ist zu beachten, daß das Lesen und Verstehen aller Codes eigens gelernt werden muß – auch das der bildlichen (*visual literacy*), zumindest dann, wenn man die Information gründlich und vollständig entnehmen und auf höherem Niveau verarbeiten will. Nicht nur herkömmliche Text-Literalität, sondern umfassende Medien-Literalität als einen zentralen Bestandteil von Medienkompetenz zu vermitteln, ist Aufgabe einer zeitgemäßen schulischen Medienerziehung.

1.4 Interaktivität

Moderne Medien sind interaktiv, d.h. sie ermöglichen eine dialogartige Kommunikation zwischen dem Benutzer und dem Medium (Gates 1995,

425). Insbesondere an der Arbeit mit dem Internet rühmt man solche Interaktivität, die angeblich ein aktives Lernen gewährleistet.

Die Interaktivität moderner Medien ist sicherlich von zentraler Bedeutung für den Lernprozeß, jedoch nur, wenn man sie nicht zu oberflächlich faßt und nicht z. B. schon das Angebot irgendwelcher Buttons, auf die man klicken kann, um zu weiteren Informationen und Sites zu gelangen, bereits als ausreichende Realisierung von Interaktivität ansieht. Zu einer gehaltvollen und pädagogisch relevanten Interaktivität, die einem Dialog zwischen Medium und Benutzer nahekommt, gehören u.a. einfache Bedienung und Steuerung, leichte Orientierung in der angebotenen Informationsfülle und Hilfen zum Auffinden des Relevanten (Navigabilität) sowie Anpassung (Adaptivität) oder Anpaßbarkeit (Adaptierbarkeit) des Mediums an Interessen und Leistungsfähigkeit des Benutzers (Sacher 1996a).

Die Interaktivität des Mediums stellt gewissermaßen nur ein Interaktionsangebot dar. In welchem Ausmaß es zu belangvollen Interaktionen und damit zu einer Aktivierung des Benutzers kommt, hängt nicht zuletzt von seiner Erfahrung und Geschicklichkeit im Umgang mit dem entsprechenden Medium ab, im einzelnen von seiner Fähigkeit, das Medium zu bedienen, Information über verschiedene Sinneskanäle aufzunehmen, zu differenzieren und aufeinander zu beziehen, verschiedene Codes zu verstehen und zu verwenden, die Lernangebote des Mediums zu nutzen, sich aktiv mit ihnen auseinanderzusetzen und mit Hilfe des Mediums eigene Lernwege zu organisieren (Sacher 1996a).

Von der faktisch zustandekommenden gehaltvollen Auseinandersetzung des Benutzers mit dem Medium und der von ihm angebotenen Information sind noch einmal zu unterscheiden die sozialen Interaktionen der Benutzer untereinander.

„Individuelles Lernen ist wie ein Tauchvorgang, der durch Medien/Multimedia nur kurzzeitig verlängert werden kann, d.h. die Interpretation der gespeicherten Information muß vor- und nachher durch soziale Einbettung des Lernens abgesichert werden." (Engbring u.a. 1995, 10f.)

Wie mediengestütztes Lernen generell muß auch Lernen mit dem Internet sozial eingebettet werden in Lehrer-Schüler- und Schüler-Schüler-Gespräche. Lernen ist und bleibt letztlich ein sozialer Prozeß. Somit ist die Qualität des

Schule und Internet

Unterrichtskontextes, in den die Arbeit mit dem Medium eingebettet ist, entscheidend für den Lernerfolg (Sacher 1996a).

1.5 Infotainment und Edutainment

Lernen im Internet ist zu einem großen Teil unterhaltsames, anregend gestaltetes, müheloses Lernen, das gar nicht als solches empfunden wird. Dies kann leicht zu einer Fehleinschätzung der Bedeutung von Mühe und Anstrengung für den Lernprozeß führen. Vielfach wird nur gründlich gelernt, was man sich unter Anstrengung erarbeitet hat (Eckhardt 1993, 43f.). Bloß aufgesetzte Unterhaltungseffekte, welche nicht in eine echte sachliche Auseinandersetzung hineinführen, können den Lernprozeß sogar behindern. Sie verleiten leicht dazu, Anforderungen zu unterschätzen und ohne den gebührenden Ernst an Aufgaben heranzugehen. Häufig entstehen im Gefolge von Infotainment nur Informiertheitsillusionen anstelle von wirklicher Informiertheit (Sacher 1997, 12). Die ohnehin geringe Anstrengungsbereitschaft und Konzentrationsfähigkeit vieler Schüler kann weiter Schaden leiden, und die verbreitete Konsumhaltung, mit der sie an Lernaufgaben herangehen, kann weiter verstärkt werden.

Der Modebegriff des „instant knowledge" (Hug 1998) droht salonfähig zu werden: Wissen in der Art von fast-food, das nicht aufbereitet werden muß, leicht verdaulich, leicht und schnell verständlich, gewissermaßen sofortlöslich, Ausdruck einer allgemeinen McDonaldisierung unseres Lebens. Nur – letztlich ist die Vorstellung eines solchen *instant knowledge* nichts weiter als eine Fata Morgana! Und man kann auch bei weitem nicht alles und vor allem nicht alles Wichtige beiläufig und zufällig (incidentell) lernen. So wird zwar vielfach im Leben gelernt. Aber gerade weil solches Lernen nicht ausreicht, wurde einst die Schule als Ort systematischen Lernens *erfunden*.

Wir haben es heute mit einem schleichenden Wandel des Wissensbegriffs zu tun: Wissen, das traditionell ein Begreifen von und aus Zusammenhängen meinte, wird sukzessive gleichgesetzt mit entkontextualisierter *Information* und Lernen mit deren Abspeicherung. Multimedia gaukelt uns die neuerliche Möglichkeit einer enzyklopädischen Bildung vor, die doch nicht viel mehr ist als ein Sammelsurium von Quizantworten und Kreuzworträtsellösungen. Das gilt – cum grano salis – auch für die Kommunikation in Datennetzen: So dürften z. B. manchmal auch deutsche Schüler, die Emails mit Schülern in der Bronx oder in Taiwan austauschen, lediglich zufällige Versatzstücke aus deren Lebenswelt erfahren, ohne zu einem tieferen interkulturellen Verstehen vorzudringen.

Die gefundene und ausgewählte Information ist erst noch in Wissen zu verwandeln. Information ist noch nicht Wissen. Von Wissen sprechen wir erst, wenn Information methodisch erschlossen und reflektiert, gewertet und gewichtet und schließlich in einen Rahmen von Bedeutungen eingeordnet ist (Schiller/Miège 1990, 164). Damit wir die Bedeutung einer Information einschätzen und verstehen können, brauchen wir immer auch *Information über die Information*, d.h. über ihre Kontexte, ihre Auswahlkriterien, ihre innere Ordnung usw. Genau diese Meta-Nachrichten werden durch die modernen informationstechnischen Medien herausgefiltert; die Botschaften werden auf den reinen Informationsgehalt reduziert (Forneck 1992, 51f.). Der Netz-Experte und Netz-Kritiker Stoll bringt es auf den Punkt:

„Unsere Netze strotzen vor Daten. Etwas davon ist Information. Ein bißchen [im Orig. *bissel*] dessen erscheint als Wissen. In Kombination mit Ideen ist manches davon tatsächlich brauchbar. Unter Hinzufügung von Erfahrung, Kontextbezug, Mitleid, Disziplin, Humor, Toleranz und Bescheidenheit wird Wissen vielleicht zu Weisheit." (Stoll 1998, 280f.)

Und auch das aus der puren Information gewonnene Wissen ist erst noch zu festigen und dauerhaft anzueignen, im engeren Sinne erst noch zu lernen (Astleitner 1997, 18). D.h. Wissen muß durchgearbeitet und eingeprägt, auf konkrete Fälle angewandt und auf neuartige Fragestellungen übertragen werden, damit es verläßlich und flexibel verfügbar ist, aktives Wissen wird und nicht *träges* „Wissen bleibt, das nur zur Verwendung in Prüfungen taugt" (Mandl et al. 1993).

Medien können nur Information transportieren, aber nicht Wissen, und sie können nicht das Lernen besorgen. Das wußte schon Platon, der die Möglichkeit schriftlicher Tradierung von Wissen sehr skeptisch beurteilte und zu bedenken gab, wer einen Gedanken ernstlich aufbewahren wolle, müsse ihn in die Seele eines anderen Menschen säen (v. Hentig 1984, 11). Solche *Aussaat* kann nur der menschliche Lehrer tätigen, nicht eine elektronische Sämaschine! Säen heißt ja nicht nur hinwerfen und ausstreuen, sondern auch in eine vorbereitete Umgebung zu günstiger

Schule und Internet

Zeit einsenken, begießen, Einwurzelung ermöglichen, hegen und pflegen.

1.6 Multilinearität

Das Informationsangebot im Internet und in anderen modernen Medien ist häufig ein durch *Links* verknüpftes, das auf vielfältigen Wegen durchlaufen werden kann. Es unterscheidet sich dadurch von herkömmlichem Text, der Satz für Satz und Passage um Passage in einer feststehenden Reihenfolge zu lesen ist. Traditioneller Text ist unilinear, weil er eine einzige offizielle Leserichtung hat. Moderne hypermediale Informationsangebote sind multilinear, sie können auf ganz unterschiedlichen Wegen abgearbeitet werden, die der Beutzer durch Anklicken entsprechender Key-Wörter oder Symbole jeweils selbst bestimmt (Gerdes 1997, 68).

Daran wird häufig die Hoffnung geknüpft, daß solche vernetzte Darbietung der Information vernetztes Lernen besonders begünstige. Man verweist auf Ergebnisse der neueren Gehirnforschung, die belegen, daß auch das Gehirn mit Verknüpfungen arbeitet. Ganz so einfach liegen die Dinge freilich nicht: In unseren Kognitionen und in unserem Gedächtnis sind nicht Informationseinheiten verknüpft, sondern viel komplexere *Gestalten* bzw. *Konzepte*, die neben der Information auch affektive Qualitäten enthalten und die darüber hinaus Eigendynamik besitzen, z. B. spontane Verknüpfungen entwickeln, auf andere Gedächtnisinhalte einwirken, sie verändern (unterdrücken, aufrufen, selektieren, verfälschen) usw. Für neuronale Netze ist das Phänomen der Aktivierungsausbreitung charakteristisch, das die multilinearen Hypertext- und Hpyermediastrukturen des World Wide Web und anderer neuer Medien nicht kennen. Außerdem springen die meisten Benutzer die meisten *Knoten* und Sites nur einmal an, auch wenn sie sich auf individuellen Pfaden durch das vernetzte Informationsangebot arbeiten. D.h. sie rezipieren das vernetzte Angebot gar nicht als ein vernetztes. Und schließlich legen lernpsychologische Erkenntnisse nahe, daß es entscheidend darauf ankommt, daß der Benutzer selbst die Vernetzung der Information herstellt, indem er ihre einzelnen Teile aufeinander bezieht. Die bloße vernetzte Darbietung hat kaum die gewünschten Effekte, ja, sie kann sogar hinderlich sein, weil sie notwendigerweise die kognitive Struktur des Autors abbildet, die sich keineswegs eo ipso mit derjenigen der Benutzers deckt, in welche dieser aber die Information integrieren muß (Gerdes 1997, 60f.).

Gründlichkeit der Verarbeitung, deren Bedeutung sich oben schon herauskristallisierte, wird vielfach nur erreicht, wenn zusätzlich zur Informationsaufnahme Anregungen, Anstöße und Hilfen für die aktive Vernetzung der aufgenommenen Information mit den eigenen kognitiven Strukturen gegeben werden. Multilineare Informationsangebote setzen voraus, daß man Inhalte in Teile (sog. *chunks*) zerlegen kann, die für sich ohne weiteren Kontext verständlich sind, da die Teile bzw. *Knoten* ja in unterschiedlicher Reihenfolge und Vollständigkeit lesbar sein müssen (Porter 1998, 129). Um eines übersichtlichen Designs willen werden diese *chunks* im allgemeinen kaum mehr Information enthalten, als auf einen Bildschirm paßt. Inwieweit solches *chunking* überhaupt möglich ist, ist aber höchst problematisch. Vieles spricht dafür, daß nur relativ schlichte Information in voraussetzungsfrei verstehbare *chunks* zerlegbar ist (Stoll 1998, 186) und weitergehendes *chunking* ebenso illusionär ist wie *instant knowledge*.

1.7 Offenheit

Das Internet und andere neue Medien stellen offene Lernumgebungen dar. Sie eröffnen viele Lernwege und Nutzungsmöglichkeiten, führen nicht einen bestimmten Lernweg entlang, wie es gewöhnlich in herkömmlichem Lehrerunterricht geschieht oder durch ein Computerlernprogramm traditioneller Bauart. Der Benutzer, der etwas im Internet lernen will, erhält normalerweise keine Hinweise und Hilfestellungen, die über technische Bedienungsfragen hinausgehen. Er muß seine Aktivitäten selbst steuern und sein Lernen selbst verantworten (Fasching 1997, 89f.). Letztlich ist das Internet überhaupt keine Lernumgung, sondern nur eine Informationsumgebung.

An diese Offenheit kann man die Hoffnung knüpfen, daß sie Schüler aus der Passivität heraushole und selbstbestimmtes Lernen fördere. Man muß aber auch – wie bei offenen Arbeits- und Lernformen generell – die leistungsschwachen Schüler im Auge behalten, die verstärkt Hilfen und Vorstrukturierungen benötigen. Sie können leicht überfordert werden,

Schule und Internet 105

wenn sie nicht gründlich auf die Arbeit in einer offenen Informationsumgebung vorbereitet werden (Aufenanger 1996, 454f.).

Darüber hinaus besteht immer die Gefahr, daß der Benutzer an interessante, aber für sein Problem irrelevante Themen gerät und durch sie abgelenkt wird, so daß die Lernarbeit zu dem beliebten *Surfen* entartet, das mehr der Zerstreuung, Entspannung und Rekreation als ernsthafter Problembearbeitung dient (Koring 1997, 25). Es kommt auch leicht dazu, daß der Benutzer nicht mehr weiß, wo er ist (*lost in hyperspace*), was er an einem *Knoten* gewollt hat, daß er vergißt, was er alles gesehen hat, daß er nicht alle geplanten Recherchen durchführt, nur auf langen Umwegen zum Ausgangspunkt zurückkehrt (Astleitner 1997, 31ff.).

Gängelung durch zu straffe Instruktion ist ebenso nachteilig wie Überforderung und Desorientierung durch zu viel Offenheit. Am günstigsten ist nach dem heutigen Erkenntnisstand eine Verbindung von fall- und problemorientiertem offenen Lernen mit der Vermittlung systematischen Wissens einschließlich ausreichender Anreize und Hilfen für eine aktive Auseinandersetzung mit der angebotenen Information und Maßnahmen zur Unterstützung der kognitiven Prozesse und Strategien (Euler 1998; Huisinga 1998).

1.8 Informationsfülle

Lernen mit dem Internet ist Lernen in einer ungeheueren Informationsfülle, die so riesig ist, daß sie schon wieder eher desinformierend wirkt (Schorb 1996, 15). Viele Benutzer finden nur 10% bis 20% der gewünschten Information. 30% bis 60% der gefundenen Information sind im allgemeinen irrelevant (Astleiter 1997, 36). Das Suchverhalten der meisten entspricht dem willkürlichen Herausziehen einiger Bücher aus den Regalen einer Bibliothek (Stoll 1998, 188).

Suchmaschinen schaffen nur bedingt Abhilfe: Sie führen häufig zu einer Unmenge von Fundstellen (Fasching 1997, 85). Selbst geübte Benutzer finden nur etwa 40% der vorhandenen relevanten Information (Astleitner 1997, 36). Letztlich muß man eben immer schon über einiges Vorwissen verfügen, um zielstrebig und intelligent fragen, suchen und einschränken zu können. Und als technische Suchhilfen unterstützen uns Suchmaschinen natürlich in keiner Weise dabei, die Bedeutung und Relevanz der gefundenen Information einzuschätzen. Dazu braucht man Relevanzkritierien, die aus einem allgemeineren werthaften Orientierungshorizont abzuleiten sind.

Um allen diesen Bedingungen Rechnung zu tragen, bedarf es gründlicher Schulung und Vorarbeit. Diese wird z.T. technischer Art sein, z. B. mit Orientierungshilfen in vernetzten Informationsangeboten und mit Suchmaschinen vertraut machen müssen. Zum anderen Teil besteht sie darin, ein aktives, flexibel handhabbares Orientierungswissen zu vermitteln, Hilfen beim Aufbau von werthaften Orientierungshorizonten zu geben und daraus sinnvolle Fragestellungen für Recherchen und vernünftige Relevanzkriterien für die Beurteilung von Funden zu entwickeln. Drittens aber ist der disziplinierte Lerner, der seine Lernprozesse selbst organisiert, steuert und verantwortet, in geduldiger pädagogischer Kleinarbeit erst heranzubilden.

1.9 Anonymität und Distanz

Lernen im Internet ist häufig Lernen mit entfernten und unbekannten Partnern. Das impliziert nicht nur Probleme, sondern auch Vorteile. Die traditionelle Pädagogik neigt zu einer ungerechtfertigten Romantisierung der face-to-face-Situation, die ja durchaus auch belastend sein kann: So stellt es z. B. für leistungsschwache Schüler gewöhnlich eine außerordentlich unangenehme Situation dar, sich im Frontalunterricht vor der Klassenöffentlichkeit äußern zu müssen.

Anonyme und distanzierte Kommunikation gibt mehr Sicherheit. Vielfach legen schüchterne und weniger befähigte Benutzer ihre sonst geübte Zurückhaltung ab. Außerdem verlieren viele Ungleichheiten an Bedeutung, die den herkömmlichen Unterricht oft stark beeinflussen (Geschlecht, soziale Stellung, Schichtzugehörigkeit, ethnische Zugehörigkeit, besondere Persönlichkeitsmerkmale). Die Kommunikation wird häufig offener und unbeschwerter, vielfach auch demokratischer, sie ist freier von Voreingenommenheiten. Außerdem erfahren viele Benutzer Anregung durch neue entfernte Partner, deren Vorstellungshorizonte sehr viel anders sind als die der Menschen in der näheren Umgebung. Es findet ein Austausch zwischen einer größeren Mannigfaltigkeit an Menschen, Ideen und Erfahrungen statt, der im günstigen Falle die Entwicklung einer größeren Flexibilität der Benutzer fördern kann (Porter 1997, 88f.; Sacher 1997, 18ff.).

Anderseits fällt es vielen Benutzern schwer, sich auf Partner einzustellen, die sie nicht unmittelbar wahrnehmen und nicht persönlich kennen. Häufiger wurde ein Verlust der Sensibilität dafür beobachtet, wie Kommentare und Feedbacks auf andere wirken. Oft verhindert auch eine zu starke Orientierung der Teilnehmer auf sich selbst (auf ihre eigenen Informationsbedürfnisse und auf ihre Selbstdarstellung) das Zustandekommen einer fruchtbaren Kommunikation (Eldred 1991, 55ff.; Sacher 1996b). Darüber hinaus impliziert der gewöhnlich schriftlich zu führende Dialog einige strukturelle Schwierigkeiten. Er schwankt zwischen den Extremen der Schreibhemmung und des theorielosen Plauderns bzw. des assoziativen Aneinanderreihens von Gedanken. Reflektiertes geistreiches Argumentieren wie in einer Diskussion mit Partnern, denen man unmittelbar gegenübersitzt, ist offensichtlich erschwert (Apel 1998).

Anonyme und distanzierte Kommunikation setzt also ein besonders hohes Maß an kommunikativer Kompetenz voraus. Viele nonverbale und paralinguistische Anhaltspunkte und regulierende Mechanismen des vertrauten und nahen Kontakts fallen hier fort, so daß es einer erhöhten kommunikativen Sensibiltät, zusätzlicher Verhaltenskodizes (Netikette) und eines wacheren metakommunikativen Bewußtseins bedarf, um ein Überhandnehmen von Störungen oder ein Abrutschen in die Trivialität zu vermeiden.

1.10 Indirektheit und Virtualität

Ein besonderes Problem besteht darin, daß in den neuen Medien jene Indirektheit und jenes Faszinations- und Täuschungspotential, das medialen Repräsentationen immer schon zueigen war, eine ganz neue Dimension erreicht hat: Neue Medien beschränken sich längst nicht mehr auf bloße Abbildungen. Sie simulieren und inszenieren Ereignisse, die in der Realität überhaupt keine Entsprechung mehr haben, sie schaffen virtuelle Realitäten und Hyperrealitäten ohne Vorbild (Großklaus 1995, 150). Und dabei wirken sie so authentisch, daß sie ihre Interpretationsbedürftigkeit vollkommen überspielen und von den meisten Rezipienten für die *Wirklichkeit selbst* genommen werden.

Die Gefahr einer bisher nicht dagewesenen Autoritätsgläubigkeit und eines entsprechenden Philistertums zeichnet sich ab. Das von Jerry Mander (1979, Kp. 1 u. 3) und Hartmut von Hentig (1984) schon vor Jahren beschworene *Verschwinden der Wirklichkeit* und die *Enteignung* bzw. *Kolonialisierung* der Erfahrung könnten sich exponentiell beschleunigen, *Leben aus zweiter Hand* und ein sich als Wissen kaschierendes bloß verbales Verfügen über Information, das Pestalozzi (1964, 111) einst *Maulbrauchen* nannte, könnten zur allgemeinen Signatur unseres Lebens werden.

Wie ist unter solchen Bedingungen noch Kritik möglich? Letztlich nur auf zwei Wegen: 1. durch Forcierung des Medienvergleichs, 2. durch Stärkung der Primärerfahrung und des Erfahrungsbezugs. Hier liegen zwei bleibende und immer wichtiger werdende Aufgaben der Schule. Die erste fällt in den Bereich der Medienerziehung und verweist einmal mehr auf deren zentrale Bedeutung für moderne schulische Bildungsarbeit. Die zweite besteht in unserer Mediengesellschaft zunehmend nicht nur darin, die Erfahrungen der jungen Menschen in den Unterricht einzubeziehen und im Unterricht aufzuarbeiten, sondern auch darin, wichtige Grunderfahrungen überhaupt erst zu ermöglichen und die Erfahrungsfähigkeit junger Menschen überhaupt erst zu sensibilisieren und zu entwickeln – die Quintessenz dessen, was die Pädagogik traditionell als Elementarbildung bezeichnete (Sacher 1990, 42).

2. Schule am Scheideweg

Fruchtbarer Umgang mit dem Internet und anderen neuen Medien verweist also auf eine Vielfalt schulischer Bildungsaufgaben, die hier abschließend noch einmal aufgelistet werden:

– *Einbettung* des Lernens mit den neuen Medien in Situationen des Lehrer-Schüler-Unterrichts und in soziale Lernkontexte
– Anregungen und Hilfestellungen, welche die gründliche Verarbeitung der aus den Medien aufgenommenen Information gewährleisten
– Vermittlung von umfassender Medienkompetenz einschließlich einer breiten passiven und aktiven Medien-Literalität

- Vermittlung von Selbstkompetenz einschließlich der Fähigkeit, eigene Lernprozesse zu organisieren und diszipliniert durchzuführen
- Vermittlung eines flexibel handhabbaren Orientierungswissens
- Hilfestellungen beim Aufbau von werthaften Orientierungshorizonten und bei der Gewinnung von Relevanzkriterien aus diesen
- kommunikative und soziale Kompetenz, sowohl für den Umgang mit fernen und anonymen als auch für die Kommunikation und Interaktion mit unmittelbar gegenwärtigen Partnern
- Anbahnung und Aufarbeitung von Primärerfahrungen, Entwicklung der Erfahrungsfähigkeit

Einzelbeispiele zur fruchtbaren schulischen Arbeit mit dem Internet und mit anderen neuen Medien gibt es inzwischen in größerer Zahl. Es fehlt aber an Gesamtkonzepten, welche die vielfältigen Aufgaben integrieren und über eine bloße Multimedia- oder Internet-Didaktik hinaus eine Revision der gesamten Didaktik in Angriff nehmen. Denn es kann kein Zweifel daran bestehen, daß es zu kurz gegriffen wäre, die neuen Medien lediglich dem bisherigen Unterricht hinzuzufügen, ohne auch ihn von Grund auf zu überdenken (Sacher 1997, 21).

Eines der vielleicht vielversprechendsten integrativen Konzepte ist m.E. das des Informations- und Wissensmanagements. Damit ist im Kern die Gesamtheit aller Kompetenzen bezeichnet, die für das Gewinnen von Information, für das Transformieren von Information in Wissen und für das lernende Aneignen und Verfügbarmachen von Wissen erforderlich sind. Im einzelnen umfaßt Informations- und Wissensmanagement eine Vielzahl von Teilaspekten und Einzelkompetenzen:

Informations- und Wissensmanagement
(einige Teilaspekte nach Reinmann-Rothmeier/Mandl 1997)

- Sich verschiedener Informations- und Kommunikationstechniken bedienen
- Information in verschiedenen Sinnesmodalitäten aufnehmen
- Information in verschiedenen Sinnesmodalitäten weitergeben
- Information in verschiedenen Zeichensystemen (Codes) aufnehmen und verstehen

- Information in verschiedenen Zeichensystemen (Codes) darstellen
- Mit Bezug auf Vorwissen Fragen und Suchbefehle formulieren
- Information in verschiedenen Quellen und in verschiedenen Formaten suchen
- Die Herkunft von Information klären
- Die methodische Gewinnung von Information klären
- Gezielt eigene Erfahrungen machen, um Information zu gewinnen
- Eigene Erfahrungen auswerten, um Information zu gewinnen
- Mit anderen Erfahrungen austauschen
- Information durch Rückbezug auf Vorwissen und eigene Erfahrungen sowie durch vergleichende Recherchen validieren (ihre Aktualität und Richtigkeit einschätzen)
- Kontrastierende Information suchen
- Möglichkeiten suchen, Information durch eigene Erfahrungen zu überprüfen
- Relevanzkriterien aus einem werthaften Orientierungshorizont entwickeln
- Information mit Hilfe von Relevanzkriterien bewerten
- Information auswählen
- Information zerlegen und analysieren
- Information auf innere Stimmigkeit prüfen
- Information auf Absichten und Werte hinterfragen
- Information in Frage stellen
- Die Tragweite und Generalisierbarkeit von Information beurteilen
- Information ordnen und organisieren
- Information mit anderer Information verknüpfen
- Information aufbewahren und speichern
- Auf gespeicherte und aufbewahrte Information zugreifen
- Information präsentieren
- Information verbreiten
- Information austauschen
- Information über die Information aufnehmen
- Information über die Information suchen
- Information über die Information geben
- Unverstandene Information identifizieren
- Kontexte zu Information rekonstruieren
- Die Bedeutung von Information in einem Kontext erschließen

Schule und Internet

- Information in die eigene kognitive Struktur einordnen
- Die eigene kognitive Struktur aufgrund aktueller Information aktualisieren, erweitern, modifizieren und korrigieren
- Wissen einprägen und aufbewahren
- Wissen reaktivieren
- Arten des Wissens unterscheiden (deklaratives, prozedurales, heuristisches, metakognitives Wissen)
- Wissen lebendig und flexibel erhalten
- Wissen anwenden und verwerten
- Wissen auf neuartige Probleme anwenden
- Eigenes und fremdes Wissen infragestellen
- Wissensbasiertes Handeln bewerten und daraus neues Wissen und neue Fragen entwickeln
- etc. etc.

Dieser Auflistung von Einzelkompetenzen des Informations- und Wissensmanagements liegt ein weiter Wissensbegriff zugrunde, der Werte, Einstellungen und praktische Kompetenzen mit einschließt. Trotz ihres Umfanges ist die gegebene Auflistung sicherlich noch unvollständig, und darüber hinaus bedürfen die vielfältigen Einzelkompetenzen noch einer curricularen Systematisierung. Dabei kommt der Überlegung große Bedeutung zu, daß alle diese Einzelaufgaben

- an Sach- und Wertinformationen,
- an eigenen und tradierten Erfahrungen und
- im Sozialverband, in virtuellen (computergestützten) Sozialgebilden und in der Kommunikation isolierter Benutzer mit dem Medium abzuarbeiten sind.

Sind diese Aufgaben neu für die Schule? Gewiß nicht. Sie alle waren mehr oder weniger auch schon angesichts herkömmlicher Medien (z. B. der Printmedien) zu bewältigen. Statt sich ihnen zu stellen, hat aber auch die Schule schon längst Wissen mit Information verwechselt, sich größtenteils auf die bloße Vermittlung von Information beschränkt und nicht selten bei den Schülern ein ähnliches Informations-Chaos geschaffen, wie es – nur noch gigantischer – im Internet vorliegt. Die Schule steht am Scheideweg: Entweder erfüllt sie endlich ihre angestammten Aufgaben, oder sie wird der Konkurrenz der neuen Medien und Informationstechniken nicht standhalten können. Eine Schule, die nicht mehr kann, als Information zu vermitteln, wird man in Zukunft immer weniger brauchen. Ohne eine Schule aber, die sich in aller Gründlichkeit der Aufgabe des Informations- und Wissensmanagements widmet, werden die Chancen der neuen Medien und Informationstechniken nicht zum Tragen kommen. Die Protagonisten neuer Medien und Informationstechniken sind nicht gut beraten, die Verdrängung und die Substitution der Schule zu betreiben. Sie sollten sie besser in ihre Verantwortung rufen und ihr helfen, sie wahrzunehmen.

Literatur

Apel, H. (1998): Teleteaching – Telesupport. Konzepte und Erfahrung zu Online-Kommunikation. Vortrag beim Kongreß der DGfE in Hamburg vom 18.-20. 03. 1998.
Astleitner, H. (1997): Lernen in Informationsnetzen. Frankfurt a.M. u.a.
Aufenanger, S. (1996): Die neuen Medien und die Pädagogik. Tendenzen in der Medienpädagogik. In: Bildung und Erziehung 49, H.4, S. 449-460.
Eckhardt, B. (1993): Multimedia, Edutainement und die Entwicklung zum *homo* zappens. Einige Hintergründe des Multimedia-Spektakels. In: Päd extra 1993, 21 (7-8), S. 42-47.
Eldred, J. M. (1991): Pedagogy in the computer-networked classroom. In: Computers and Composition, vol.8, no.2, pp. 47-61.
Engbring, D.; Keil-Slawik, R.; Selke, H. (1995): Lehren und Lernen mit interaktiven Medien. Heinz Nixdorf Institut, Universität-GH Paderborn, Informatik und Gesellschaft, Bericht Nr. 45, Informatik.
Euler, D. (1998): Multimediales Lernen zwischen Aktualität und Potentialität. Vortrag beim Kongreß der DGfE in Hamburg vom 18.-20. 03. 1998.
Fasching, T. (1997): Internet und Pädagogik. Kommunikation, Bildung und Lernen im Netz. München.
Forneck, H. J. (1992): Bildung im informationstechnischen Zeitalter. Aarau u.a.
Gates, B. (1995): Der Weg nach vorn. Die Zukunft der Informationsgesellschaft. Hamburg.
Gerdes, H. (1997): Lernen mit Text und Hypertext. Lengerich u.a.
Großklaus, G. (1995): Medien-Zeit, Medien-Raum. Zum Wandel der raumzeitlichen Wahrnehmung in der Moderne. Frankfurt.
Hentig, H. von (1984): Das allmähliche Verschwinden der Wirklichkeit. München.
Hug, T. (1998): Lesarten des *Instant Knowledge*. In: Theo Hug (Hrsg.) (1998): Technologiekritik und Medienpädagogik. Baltmannsweiler (Schneider), S. 180-188.
Huisinga, R. (1998): Lernsoftware in Szene setzen. Vortrag beim Kongreß der DGfE in Hamburg vom 18.- 20. 03. 1998.
Issing, L.; Klimsa, P. (Hrsg.) (1995): Information und Lernen mit Multimedia. Weinheim.
Klimsa, P. (1995): Multimedia aus psychologischer und didaktischer Sicht. In: Issing, L.; Klimsa, P. (Hrsg.): Information und Lernen mit Multimedia. Weinheim. S. 7-24.
Koring, B. (1997): Lernen und Wissenschaft im Internet. 2. Aufl., Bad Heilbrunn.

Mander, J. (1979): Schafft das Fernsehen ab! Eine Streitschrift gegen das Leben aus zweiter Hand. Reinbek.
Mandl, H.; Gruber, H.; Renkl, A. (1993): Das träge Wissen Sluggish knowledge. Psychologie heute 20, H.9, S. 64-69.
Mayes, T. J. (1992): The 'M-Wort': Multimedia Interfaces and Their Role in Interactive Learning Systems. In: Edwards, A. D. N.; Holland, S. (Eds.): Multimedia Interface Design in Education. Berlin, New York. S. 1-22.
Neisser, U. (1979): Kognition und Wirklichkeit. Stuttgart.
Paechter, M. (1997): Auditive und visuelle Texte in Lernsoftware. In: Unterrichtswissenschaft 25, H. 3, S. 223-240.
Paivio, A. (1991): Imaginery and verbal processes. New York.
Pestalozzi, J. H. (1964): Wie Gertrud ihre Kinder lehrt. Hrsg. von Albert Reble, Bad Heilbrunn. (Erstausgabe 1801).
Porter, L. R. (1997): Creating the Virtual Classroom. Distance Learning with the Internet. Wiley Computer Publishing, New York et al.
Reinmann-Rothmeier, G.; Mandl, H. (1997): Wissensmanagement: Phänomene-Analyse-Forschung-Bildung. Forschungsbericht Nr. 83 des Instituts für Pädagogische Psychologie und Empirische Pädagogik an der LMU München.
Sacher, W. (1990): Computer und die Krise des Lernens. Bad Heilbrunn.
Sacher, W. (1996): Dimensionen und Komponenten der Interaktivität von Multimedia-Systemen. In: FWU-Magazin, Nr. 5-6, 1996, S. 7-10 (a).
Sacher, W. (1996): Einsamkeit oder Gemeinsamkeit? Veränderungen von Kommunikations- und Interaktionsstrukturen durch neue Medien. (Augsburger Schulpädagogische Untersuchungen, Nr.17) (b).
Sacher, W. (1997): Multimedia – und was wird aus der Schule? (Schulpädagogische Untersuchungen Nürnberg, Nr.4).
Schiller, H. J.; Miège, B. (1990): Communication of Knowledge in an Information Society. In: Berleur, J.; Clement, A.; Sizer, R.; Whitehouse, D.: The Information Society: Evolving Landscapes. New York.
Schorb, B. (1996): Jugend auf der Datenautobahn. In: Schell, F.; Schorb, B.; Palme, H.-J. (Hrsg.): Jugend auf der Datenautobahn. München. S. 11-29.
Stoll, C. (1998): Die Wüste Internet. Geisterfahrten auf der Datenautobahn. Frankfurt a. M. (amerik. Originalausgabe 1995).
Weidenmann, B. (1986): Psychologie des Lernens mit Medien. In: Weidenmann, B.; Krapp, A. (Hrsg.): Pädagogische Psychologie. München. S. 493-554.
Weidenmann, B. (1995): Multicodierung und Multimodalität im Lernprozeß. In: Issing, L.; Klimsa, P. (Hrsg.): Information und Lernen mit Multimedia. S. 65-84.
Weidenmann, B. (1997): Multimedia – mehrere Medien, mehrere Codes, mehrere Sinneskanäle? In: Unterrichtswissenschaft 25 (1997), H. 3, S. 197-206.

Dorothee M. Meister/Uwe Sander

Bildung *just in time* durchs Internet?

Einleitung

Die zunehmende Relevanz des Internet als Medium mit unterschiedlichen Anwendungsmöglichkeiten steht inzwischen außer Zweifel. Prognosen gehen heute davon aus, daß bis zum Jahre 2006 etwa die Hälfte der Haushalte Westeuropas und bis zu 80% der amerikanischen Haushalte über einen Internetanschluß verfügen werden (vgl. FAZ v. 21.10.99). Gegenwärtig greifen ca. 18% der erwachsenen Bevölkerung in Deutschland mehr oder minder regelmäßig auf Onlineangebote zu, mit wachsender Tendenz (vgl. ARD/ZDF – Arbeitsgruppe Multimedia 1999, 402). Auch wenn Weiterbildungsmöglichkeiten (noch) nicht zu den ersten 19 Onlinemöglichkeiten zählen, die von der erwachsenen Bevölkerung genutzt werden, sondern bislang das Versenden von Emails, das Surfen im Netz, das Einholen von Reiseinfos oder anderer Infos über PCs und die Nutzung von Software bis hin zu Wetterinformationen im Vordergrund stehen, so zeichnet sich doch deutlich ab, daß neben allgemeinen Informationen und Unterhaltung auch Bildungsangebote im Netz bedeutsamer werden.

Die neuen Technologien und hier insbesondere auch die Möglichkeiten des WWW zählen inzwischen zu den großen Herausforderungen für die Erwachsenen- und Weiterbildung an der Schwelle zum 21. Jahrhundert. Die Bedeutung, die neue Medien sowohl in erwachsenenpädagogischen Diskursen als auch in der Praxis einnehmen, korrespondiert mit Debatten, die seit einigen Jahren in der Weiterbildung geführt werden. Als Stichworte seien hier beispielsweise der Trend zur Teilnehmerorientierung und Selbstorganisation, die Notwendigkeit des lebenslangen Lernens, der Paradigmenwechsel von dozentenzentrierten zu lernzentrierten Bildungsprozessen und damit die Veränderung von einem persönlichkeits- und situationszentrierten Lehr-Lern-Arrangement hin zum offenen und situativ flexiblen Lernen (vgl. Hagedorn 1998, 10) genannt, die insgesamt auf Aspekte der Selbstbildung, der Selbstorganisation und der Kompetenzentwicklung abheben (vgl. Erpenbeck 1997). Gerade die letztgenannten Anforderungen müssen potentielle Nutzer erfüllen, damit sie Bildungsangebote im Internet überhaupt wahrnehmen und für sich dienstbar machen können.

Die neue Dimension für die Weiterbildung liegt im spezifischen Fall des Internet im Idealfall darin, sofort auf Bildungs- und Lernmöglichkeiten zugreifen zu können, wenn ein Bedarf festgestellt wird. Im folgenden wollen wir uns mit der Frage beschäftigen, inwieweit sich der Weiterbildungsbereich auf die Möglichkeiten eines neuen Lernens einlassen kann, die durch Vernetzung und neue Medien eröffnet werden. Unsere Vermutung ist, daß sich Weiterbildung in Zukunft zu einer *just-in-time*-Bildung bzw. zur Bildung *on demand* ausweiten könnte. Allerdings werden in diesem Kontext auch die Zumutungen an alle Beteiligten gesteigert. Insbesondere sind bildungswillige Individuen im Hinblick auf Selbstorganisationsfähigkeit, Selbststeuerung und weitere Kompetenzen gefordert.

Bevor wir auf die Angebotsformen im Internet eingehen, sollen jedoch zunächst einmal gesellschaftliche Rahmenbedingungen und die Spezifika der Weiterbildung in modernen Gesellschaften kurz skizziert werden.

1. Gesellschaftliche Wandlungsprozesse und Weiterbildung

1.1 Gesellschaftliche Rahmenbedingungen

Ein zentraler Motivationskern für die Erwachsenenbildung stellt neben der Berufung auf die Bildungsrechte Erwachsener schon immer die „Konfrontation mit der technisch-zivilisatorischen Entwicklung" (Tietgens 1979, 201) dar. Von einer breiten Fundierung in Form einer gesellschaftspolitischen Funktion, nämlich daß Bildungseinrichtungen zur Erhaltung und Entwicklung der gesellschaftlichen Qualifikationsstruktur, die sich an der technologischen Entwicklung orientiert, beitragen, kann allerdings erst seit der *realistischen Wende* in den 60er Jahren bzw. seit den Forderungen des Deutschen Bildungsrates 1970 gesprochen werden (vgl. Lühr/Schuller 1977). Seit dieser Zeit fand eine Institutionalisierung und Etablierung der gesamten Erwachsenenbildung statt. Die gegenwärtigen gesellschaftlichen und technologischen Herausforderungen tragen nun mit dazu bei, daß es Weiterbildung nach einer Verfestigung der Strukturen heute mit einer *Entgrenzung* der Arbeitsfelder, einer Universalisierung des Lernens und einer Biographisierung der Bildung zu tun hat. Ausgelöst wurden diese Entwicklungen nicht zuletzt auch durch die neuen Informations- und Kommunikationstechnologien, die inzwischen so gut wie alle Gesellschafts- und Lebensbereiche tangieren. Konvergenzentwicklungen im IuK-Bereich, eine Globalisierung der Märkte sowie ein sektoraler Strukturwandel verändern den wirtschaftlichen, den öffentlichen genauso wie den privaten Bereich und beeinflussen zunehmend soziale Kommunikationsformen. Einzelne Sparten wie der gesamte audiovisuelle Bereich, der bisher gegliedert war in den Rundfunkbereich, die Filmbranche, Datenverarbeitung und Telekommunikation, wachsen durch die digitalen Bearbeitungs- und Verbreitungsformen immer mehr zusammen und verändern nicht nur die ganze Branche, sondern auch mediale Rezeptionsgewohnheiten. Die ökonomischen Strukturen sind auch insofern einem rapiden Wandel unterzogen, als einzelne Wirtschaftsbereiche durch neue Möglichkeiten wie Teleworking, Teleshopping, Online-Dienste, Spartenkanäle etc. strukturellen Wandlungen unterliegen, die auf eine stärkere Globalisierung und eine zunehmende Wertschöpfung im Dienstleistungsbereich auf der Grundlage von *Information* und *Wissen* hinauslaufen (vgl. Hillebrand/Lange 1996).

Insofern spricht man heute zunehmend von der Wissensgesellschaft und nicht mehr von der Informationsgesellschaft,

> „weil die anvisierten qualitativen Veränderungen nicht auf Information, sondern auf der neuen Wertigkeit, ökonomischen Bedeutung und politischen Steuerung von Wissen und Expertise beruhen. Während *Informationen* systemspezifisch relevante Unterschiede bezeichnen, entsteht *Wissen*, wenn solche Informationen in bestimmte Erfahrungskontexte eingebunden sind. Von *Expertise* soll die Rede sein, wenn Wissen auf konkrete Entscheidungssituationen bezogen ist (...). Der Kern der Ausbildung der Wissensgesellschaft scheinen die Quantität, Qualität und das Tempo ubiquitärer Innovation durch neue Informationen, neues Wissen und neue Expertise zu sein" (Willke 1998, 162).

Der gesellschaftliche Wandel erweist sich nach Helmut Willke als so fundamental, daß er in die Tiefenstrukturen der Reproduktion von Gesellschaft reicht. Wurde die Industriegesellschaft noch durch Land, Kapital und industrielle Arbeit geformt, so beruht die heutige Wissensgesellschaft dagegen auf

„(...) ‚embedded intelligence' in dem Sinne, daß ihre Infrastrukturen (Telekommunikationssysteme, Telematik- und Verkehrssystemsteuerung, Energiesysteme) mit eingebauter, kontextsensitiver Expertise arbeiten, ihre Suprastrukturen (Institutionen, Regelsysteme, ‚governance regimes') lernfähig organisiert sind und aktiv Wissensbasierung betreiben, und daß die Operationsweise ihrer Funktionssysteme Schritt für Schritt ihre Eigenlogik mit der neuen Metadifferenz von Expertise und Risiko koppeln" (ebd., 164).

Wissen wird nun also zu einer Produktivkraft, die dabei ist, die traditionellen Produktivkräfte in ihrer Bedeutung zu überflügeln. Auf berufliche Kontexte bezogen bedeutet dies, daß Organisationen, insbesondere jedoch *intelligente* Organisationen, aufgrund der gestiegenen Anforderungen zunehmend *wissensbasiert* vorgehen müssen bzw. *organisierte Wissensarbeit* zu leisten haben. Das bedeutet, daß das erforderliche Wissen nicht mehr nur über Erfahrung, Fachausbildung oder Professionalisierung erworben und dann angewendet werden kann, sondern daß sich das relevante Wissen ständig verändert und verbesserungsfähig erscheint. Wissen gilt nicht mehr als feststehende Wahrheit, sondern geriert zur Ressource, die „untrennbar mit Nichtwissen gekoppelt ist, so daß mit Wissensarbeit spezifische Risiken verbunden sind" (ebd., 161).

Der beobachtbare Wandel von der material- zur wissensbasierten Gesellschaft beruht darauf, daß Information und damit auch Informations- und Kommunikationstechnologien mehr und mehr zum entscheidenden Wirtschaftsfaktor und Kommunikationsleistungen zum wichtigen Kriterium für die Position in der Gesellschaft avancieren. Diese Entwicklungen haben gravierende Auswirkungen auf alle Bereiche des Lebens und stellen alte Denkstrukturen in Frage. In Bildungskontexten wird es nun auch darum gehen müssen, die medial nahegebrachte Information in sprachliches, organisatorisches entwerfendes Handeln und damit in Wissen zu transformieren (vgl. Faßler 1997). Die Frage stellt sich allerdings, wie Weiterbildung auf diese Herausforderungen reagiert und reagieren kann.

1.2 Tendenzen innerhalb der Erwachsenen- und Weiterbildung

Auch wenn die *Wissensgesellschaft* bislang noch nicht alle Lebensbereiche in der beschriebenen Form tangiert und auch im Arbeitsleben vielfältige Resistenzen gegen eine *organisierte Wissensarbeit* bestehen, die bis hin zu einer stagnierenden Umstrukturierung weiter Bereiche der Gesellschaft reichen können (vgl. Marotzki 1998, 82), besteht weithin Einigkeit, daß sich insbesondere der Bildungsbereich den neuen Aufgaben stellen muß. Begründet wird diese Forderung damit, daß sich jeder im *Informations- und Kommunikationsdschungel* der Medienentwicklungen zurechtfinden sollte bzw. aus unterschiedlichsten Gründen auch genötigt ist, aktiv an den medialen, kommunikativen und gesellschaftlichen Veränderungen teilzuhaben. In Anbetracht der Herausforderungen durch die *Wissensgesellschaft* obliegt dem Bildungsbereich zudem auch die Aufgabe, die über die IuK-Technologien zur Verfügung stehenden Informationsgehalte in einen Wissenskontext einzubinden.

Parallel zu veränderten gesellschaftlichen Anforderungen zeichnen sich innerhalb der Erwachsenenbildung seit längerem Wandlungsprozesse ab. So ist das, was unter Erwachsenen- und Weiterbildung gefaßt werden kann, in den letzten Jahrzehnten zunehmend komplexer geworden, so daß Axmacher (1987) von einem Prozeß des Ausfransens an den Rändern der konventionellen Erwachsenenbildung spricht mit der Konsequenz einer *Zerstreuung* der Erwachsenen- und Weiterbildung in die Gesellschaft. Denn nachdem sich die Institutionalisierung der Erwachsenen- und Weiterbildung und anderer außer- und nachschulischer formaler Bildungsprozesse seit den 60er Jahren gesellschaftlich durchsetzen konnte (vgl. Jagenlauf/Schulz/Wolgast 1995), fand mit der zunehmenden Einsicht in die Notwendigkeit und der Akzeptanz der Erwachsenen- und Weiterbildung eine Universalisierung des Lernens statt, womit nichts anderes gemeint ist als die Einsicht, daß Lernen und Bildung heute in fast allen Bereichen des Berufs und des Alltags als notwendig angesehen werden. Im Gegensatz zum schulischen bzw. universitären Bildungsbereich, der institutionell fest verortet geblieben ist, entwickelte sich der vierte Bildungsbereich, also die Erwachsenen- und Weiterbildung, zu einem Bereich, in dem Bildungsanlässe nicht nur in konventionellen Bildungsinstitutionen wie den Volkshochschulen entstehen, sondern sich in unterschiedlichen Bereichen, in denen Bildungsnotwendigkeiten wahrgenommen und dann auch organisiert werden, realisieren können. Dies hat inzwischen zu einer Vielzahl von Institutionen aber auch Situationen geführt, in denen Bildungsprozesse Erwachsener stattfinden, und diese Tendenz spiegelt sich in einer *Entgrenzung der Institutionen* wider (vgl. Kade 1997). Dabei hängt die Diskussion über die Vervielfältigung der Einrichtungen und der Lernanlässe eng mit Entwicklungen einer funktional differenzierten Gesellschaft zusammen. Bildung wird heute zwar weiterhin zentral im Bildungssystem vermittelt und findet hier seine Verortung, zunehmend gibt es jedoch auch Bildungsbedarf in anderen gesellschaftlichen Teilsystemen, da diese jeweils eine *Spezialkompetenz* der darin Beteiligten fordern. Das bedeutet, daß Bildung in den unterschiedlichen Teilbereichen der Gesellschaft stattfindet, dort aber zunächst der jeweiligen Logik des Systems unterworfen ist und nicht notwendigerweise der Logik und den Interessen des Bildungsbereichs unterliegt. In der Moderne finden also Bildungs- und Ausbildungsformen nicht mehr nur in traditionellen Bildungskontexten und im Rahmen des Bildungssystems statt, sondern auch in gesellschaftlichen Teilbereichen, die zunächst andere Interessen als die der Vervollkommnung von Personen folgen oder die Bildung für ihre Zwecke instrumentalisieren. Man denke hier etwa an ein Tourismusunternehmen, das sich im Internet nicht nur mit seinen Reiseangeboten präsentiert, sondern auf seiner Homepage auch noch einen kleinen Sprachkurs anbietet mit den nötigsten Begriffen, die man im Urlaub braucht. Neben einem Quiz, das die Sprachfähigkeit abfragt, werden Vokabeln angeboten, die gelesen und gehört werden können (www.travlang.com/languages).

Der Bezug zum Bildungssystem wird in diesen Sparten lediglich über das Bemühen um Vermittlungsprozesse hergestellt. Aufgrund solcher Ausdifferenzierungsprozesse findet Erwachsenen- und Weiterbildung also heute in vielfältigen Bereichen statt, auch wenn ein unmittelbarer Bezug zur Erwachsenen- und Weiterbildung dort nicht erwartet würde. Weiterbildung in der Moderne ist also nicht mehr nur auf das Bildungssystem im engeren Sinne beschränkt, sondern überschneidet sich außer bei allgemeinbildenden Formen oft mit anderen gesellschaftlichen Teilbereichen. Konsequenterweise gehen Expertisen wie die Delphi-Befragung davon aus, daß es weiterhin zu einer „Vielfalt von Lernorten als Folge medialer Vernetzung" (BMBWFT 1998, 16) kommen wird und sich insofern eine „Öffnung von Bildungsinstitutionen für andere Lebenswelten" (ebd., 37f.) abzeichnet.

Neben einer Pluralisierung von Lernorten und dem Eindringen von Bildungskontexten in die unterschiedlichen Gesellschaftsbereiche bewirkt die Ausdifferenzierung der Gesellschaft und damit verbunden die sich rasch verändernden *Spezialkompetenzen*, daß eine erste schulische und berufliche Ausbildung kaum mehr ausreicht, den Wandlungsprozessen innerhalb der Gesellschaft gerecht zu werden. Folglich wird *lebensbegleitendes Lernen* notwendiger, da es innerhalb des Lebenslaufs immer wieder Anlässe gibt, in denen Personen sich auf neue Gegebenheiten einstellen müssen oder wollen und die spezifischer Vermittlungsprozesse bedürfen (vgl. bspw. Brödel 1998; Dauber/Verne 1976; Delors 1997). Eine wesentliche Aufgabe, die der Bildungsbereich angesichts sich abzeichnender gesellschaftlicher *Megatrends* in Zukunft zu lösen hat, liegt darin, „Voraussetzungen dafür zu schaffen, daß offen, flexibel und individuell lebenslang (oder lebensbegleitend) gelernt werden kann" (Nuissl 1998, 58). Häufig werden mit dem *lebenslangen Lernen* Zusammenhänge hergestellt mit gesellschaftlichen, technologischen und ökonomisch-strukturellen Wandlungsprozessen. Da heute nicht mehr davon ausgegangen werden kann, daß ein einmal erlernter Beruf zukünftigen Erfordernissen entspricht, bedeutet *lebenslanges Lernen* häufig, Anpassungsleistungen vorzunehmen (vgl. Arnold 1998). Vergegenwärtigt man sich der impliziten Anforderungen, die in der *organisierten Wissensarbeit* enthalten sind, erscheint lebensbegleitendes Lernen zum selbstverständlichen Bestandteil der *Wissensgesellschaft* zu werden. „Das lebenslange Lernen hat sich als institutionelle Realität, soziale Norm und subjektive Erfahrung gesellschaftsweit und biographieumfassend etabliert und ist zu einem – mehr oder weniger – bedeutenden Motor kollektiver und individueller Entwicklung in modernen Gesellschaften avanciert" (Kade/Seiter 1998, 51).

Wenn gesellschaftliche Entwicklungen Lernanlässe in den unterschiedlichen Bereichen offerieren und tendenziell die Mitglieder zudem immer wieder nötigen, sich neues Wissen anzueignen, stellt sich abschließend noch die Frage, unter welcher Prämisse eigentlich was vermittelt werden soll und welche zusätzlichen Formen für die Bildungsarbeit relevant sind. Während bislang Bildung und Qualifikation im Focus von Vermittlungszielen standen, kann ein begrifflicher Wandel hin zur *Kompetenzentwicklung* konstatiert werden. Auch der Begriff der *Medienkompetenz* wird vielfach als Schlüsselbegriff verwendet (vgl. von Rein 1996). Dabei besteht einerseits weithin Einigkeit darüber, daß (Medien)Kompetenz teilweise ein Resultat autodidaktischer Bemühungen ist und teilweise sogar en passant erworben wird, andererseits sind sich Pädagogen weithin einig, daß die Bewältigung der Anforderungen in der *Wissensgesellschaft* mittels pädagogischer Förderung entsprochen werden kann, womit die Vermittlung von *Kompetenz* inzwischen vor allem für die Erwachsenenbildung und die Medienpädagogik eine hohe Relevanz erhält (vgl. Dewe/Sander 1996).

In der *Weiterbildung* als einem Teilbereich der Pädagogik ist der Kompetenzbegriff inzwischen zu einer etablierten Größe geworden (vgl. etwa QUEM 1997 und 1998). Vielfach wird mit diesem Konzept eine Möglichkeit gesehen, die Beschränkungen der beruflichen Bildung auf ein einseitiges Qualifikationslernen aufzuheben, das bislang von der allgemeinen Weiterbildung scheinbar kategorial getrennt war. In der Weiterbildung wird der Kompetenzbegriff nun weniger in seiner ursprünglichen Bedeutung als menschliches Grundvermögen (Chomsky) oder in seiner neuerlich diskutierten Form mit seinen Entwicklungspotentialen diskutiert. Unter Kompetenzentwicklung werden vor allem Fähigkeiten, Qualifikationen und die Selbstorganisationsfähigkeit konkreter Individuen gefaßt. Zu den Komponenten der Kompetenz zählen die Verfügbarkeit von Wissen, die Fähigkeit zur selektiven Bewertung und Einordnung in umfassendere Wertbezüge, die Interpolationsfähigkeit, um trotz Wissenslücken zu Handlungsentscheidungen zu gelangen, sowie entsprechende Handlungsfähigkeiten zur Integration der verschiedenen Anforderungen einschließlich der Bestätigung als kompetente Persönlichkeit im Rahmen von sozialen Kommunikations- und Handlungsprozessen (vgl. Erpenbeck/Heyse 1996, 31f.).

Gerade in der beruflichen Weiterbildung reagiert der Kompetenzbegriff also auf gesellschaftliche Ansprüche, wie sie in den Anforderungen der *reflexiven Moderne* sichtbar werden (vgl. Beck/Giddens/Lash 1995), und erweitert diese um Bildungsdimensionen, die in der allgemeinen Erwachsenenbildung eine lange Tradition haben wie Identitäts-, Reflexions- oder biographisches Lernen. Damit wird auch die Möglichkeit offeriert, die alte Trennung zwischen funktionalem und personalem Lernen ein Stück weit zu entschärfen, womit im Grunde etwas kategorial Neues entsteht. Indem das Konzept des lebensbegleitenden Lernens und gleichzeitig die Notwendigkeit eines selbstgesteuerten Lernens integriert werden, wird der Zwang zur *Immer-Weiter-Bildung* zum Bestandteil der Biographie und dem *Widerstand gegen Bildung* wird eine moralische und gesellschaftliche Kraft des Faktischen entgegengesetzt. Das heißt, die Entwicklung von der Fremdorganisation zur Selbstorganisation von Bildungsprozessen mutet dem einzelnen Individuum zu, die eigene Weiterbildung selbst zu verantworten, selbst zu steuern und zu organisieren, eben *die richtige Wahl* zu treffen.

2. Bildung und Medien – Bildung im Internet

Pädagogisch inspirierte Vermittlungsbemühungen können auf eine lange mediendidaktische Tradition zurückblicken, die bis in die Antike weist. Unter Zuhilfenahme von Medien bemüht man sich schon lange, Dinge zu veranschaulichen, zu erklären und zu üben, um das Lernen zu erleichtern. In der abendländischen Kultur entwickelte beispielsweise Johann Amos Comenius mit seinem 1658 veröffentlichten Buch „Orbis sensualium pictus", dem ersten bebilderten Lehrbuch für den Sprach- und Sachunterricht, ein neues Genre in der gedruckten Literatur, das didaktische Bilderbuch (vgl. Döring 1969). Seither waren Pädagogen und Didaktiker zunehmend bestrebt, die Anschaulichkeit von Lerngegenständen mit Hilfe neuester Medien zu erhöhen und nicht nur auf das personale Medium einer Lehrperson zu setzen (vgl. Schorb 1996). Bis heute dienen Medien als didaktische Hilfsmittel zur Optimierung von Lernprozessen, sei dies nun die Wandtafel, der Film und später das Video, Overhead-Projektoren und neuerdings Powerpoint-Vorführungen oder aber umfassendere Versuche wie das Lernen im Medienverbund oder Formen computerunterstützten Lernens (vgl. Hüther 1993). Aus mediendidaktischer Sicht wurden dabei den jeweils neuen Medien häufig Innovationspotentiale zugesprochen, die sich neuerdings nicht nur auf den Lernprozeß selbst, sondern auch auf die Unterrichtspraxis und das Bildungssystem selbst beziehen (vgl. Kerres 1998). Den Möglichkeiten und Chancen einer Einbeziehung von Multimedia in das Unterrichtsgeschehen werden inzwischen hohe Erwartungen entgegengebracht, die bis zu der Vorstellung reichen, das Lernen könne damit revolutioniert werden (vgl. Sacher in diesem Band; Meister/Sander 1999). Allerdings erweist sich zunehmend, daß die Annahme einer „naiven Summierungshypothese" (Weidenmann 1995) der Multimodalität von Multimedianwendungen so nicht zutrifft, sondern eine Codierung von Informationen in verschiedenen Symbolsystemen relevanter erscheint. Trotz dieser Einschränkung werden aber den didaktischen Potentialen der neuen Medien, vor allem aber dem eigenaktiven Umgang mit den neuen Medien, eine überdauernde Bedeutung zugesprochen, so daß heute schon die Rede von einer neuen Kulturtechnik im Raume steht. Insbesondere dem Internet kommt im Zusammenhang von Informationsbeschaffung, Kommunikation und Lernen ein hoher Stellenwert zu, und es spricht einiges dafür, daß das Lernen in Netzen von bleibender Relevanz sein wird. Nicht zuletzt aufgrund der verbesserten technologischen Möglichkeiten kommt den *neuen* Bildungsmedien heute ein weit weniger isolierter Status zu als dies bspw. bei den Bildungstechnologien der 70er Jahre der Fall war.

2.1 Weiterbildung im Internet

Das Internet stellt nicht sui generis ein Bildungsmedium dar, es bietet aber vielfältige Lernanlässe und Angebote, die zu Weiterbildungszwekken genutzt werden können und zudem aus mediendidaktischer Sicht hohe lernanregende Potentiale aufweisen. Wie bei allen neuen Technologien erfordert das Diffundieren in die unterschiedlichen gesellschaftlichen Bereiche Zeit, auch wenn beim Internet immer wieder exponentiale Steigerungsraten genannt werden. Nach einer anfänglichen Phase des Abwartens verbunden mit einer eher hilflosen Ambivalenz herrscht sowohl im beruflichen, betrieblichen als auch im allgemeinen Weiterbildungsbereich inzwischen eine Art Aufbruchstimmung (vgl. etwa Merk 1999).

Diese zeigt sich in einer bemerkenswerten Vielfalt von Anbietern, die zumindest über eine eigene Homepage verfügen. Von Volkshochschulen, Bildungswerken, Institutionen, Verbänden, Vereinen über kommerzielle Anbieter, Betrieben und Behörden wird eine bunte Palette von Informationen und Weiterbildungsangeboten im Netz präsentiert. Auch Ministerien, Behörden und öffentliche Organisationen stellen Protokolle, Positionspapiere und allgemeine Bildungsinformationen, aber auch Förderprogramme und Ausschreibungen ins Netz und bieten damit wichtige Hintergrundinformationen an, die für Weiterbildungskontexte von Bedeutung sind. Darüber hinaus gibt es aber auch noch weiterbildungsrelevante Informationen oder Bildungsmöglichkeiten, die nicht zu dem traditionellen Bildungsbereich zählen wie Verlage, Rundfunkanstalten oder eben auch Reiseunternehmen. Wie zahlreich das Angebot inzwischen geworden ist, zeigt sich nicht zuletzt bei den Trefferquoten der Suchmaschinen. Zu Stichworten wie Weiterbildung, Fortbildung oder Ausbildung werden in verschiedenen Suchmaschinen zwischen 300 und 700 Einträge (vgl. etwa www.web.de) ausgewiesen und können wie bei www.de.lycos.de die Zahl von über 14.000 erreichen. Allein diese Vielfalt von Angeboten gibt einen ersten Hinweis darauf, wie entgrenzt und vielfältig sich heute die Weiterbildung gestaltet.

Um sich in den zunächst unübersichtlich scheinenden Weiterbildungsmöglichkeiten zurecht zu finden, bieten manche Anbieter wie www.dino-online.de auch Themenübersichten und untergliedern ihr Angebot etwa nach Auskunftsservice, Auto und Verkehr, Bildung, Computer und Software, Esoterik, Essen und Trinken, Finanzen etc. Daneben bieten Bildungsinformationsdienste Informationen rund um das Thema Aus- und Weiterbildung an, ohne selbst Anbieter zu sein. Dienste wie der von der Telekom geförderte Informationsdienst www.global-learning.de bieten Weiterbildungseinrichtungen eine Plattform im Netz, bei der sie sich nur anmelden und eintragen lassen müssen. Daneben bieten vor allem auch kommerzielle Informationsanbieter wie www.managerseminare. online.de spezialisierte Angebote für bestimmte Zielgruppen an.

Inhaltlich sind sowohl die Internetauftritte als auch die Qualität der Angebote noch sehr heterogen. Während einige Einrichtungen lediglich einige grundlegende Informationen anbieten, listen andere Einrichtungen vorhandene Angebote und Projekte auf. Zunehmend können jedoch Kurse online gebucht und Materialien bestellt oder heruntergeladen werden oder kleine Kurseinheiten können direkt über das WWW bearbeitet werden. Daneben werden über das Internet Lernprogramme genutzt und Kurse abgehalten, die einer gesonderten Anmeldung und Bezahlung bedürfen und deshalb nicht öffentlich zugänglich sind. Des weiteren existieren Chaträume und Newsgroups zu bildungsrelevanten Themen, und Dienste wie Email, Videokonferenzen etc. werden in diesen Kontexten genutzt.

Innerhalb des großen Bereichs der Weiterbildung lassen sich jedoch Besonderheiten und spezifische Entwicklungen ausmachen, auf die wir hier anhand einiger ausgewählter Beispiele exemplarisch eingehen möchten.

Klassische Weiterbildungseinrichtungen: Volkshochschulen

Die Volkshochschulen gelten in Deutschland mit zu den größten öffentlich verantworteten Weiterbildungseinrichtungen, die sich in bezug auf das Internet bzw. allgemeiner Multimedia besonderen Anforderungen ausgesetzt sehen. Die Veränderungen, mit denen sie sich auseinandersetzen müssen, beziehen sich auf die Entwicklung neuer Angebote sowie neuer Lernarrangements, sie betreffen die Organisationsentwicklung der Institution insgesamt sowie die Öffentlichkeitsarbeit und die Fortbildung ihres Personals (vgl. Hagedorn 1998). Auch wenn es keine genauen Zahlen darüber gibt, wieviel Volkshochschulen inzwischen schon am Netz sind, so weisen die Umfragen und die Repräsentanz im Internet darauf hin, daß ca. 80% der Volkshochschulen zumindest über eine eigene Homepage verfügen. Schaut man sich die Angebote der Volkshochschulen genauer an, fällt auf, daß sich bislang nur wenige dem Medium Internet selbst für die Erschließung anderer Themen als der Technologie selbst widmen. Einer Umfrage des Deutschen Instituts für Erwachsenenbildung zufolge liegt der Schwerpunkt des Multimediaangebots in den Fachbereichen Berufliche Bildung und EDV. 91,5% der Angebote zählen zum Programmbereich Arbeit und Beruf, während Politik, Gesellschaft, Umwelt mit 3,5% und Sprachen mit 3,4% deutlich schwächer vertreten sind (vgl. Wagemann/Stang 1999, 117). Die Annäherung an das Arbeiten mit dem Internet, so zeigen die Inhaltsanalysen einer ersten Befragung des Instituts, sind vielfach noch zu wenig teilnehmerorientiert und spiegeln eher Begeisterung für die technischen Möglichkeiten wider, dann nämlich, wenn in einem Internet-Kurs bspw. das *Weiße Haus* besucht wird, um die Katze des Präsidenten miauen zu hören, anstatt auf Lerninteressen und -bedürfnisse der Teilnehmer und Teilnehmerinnen einzugehen. Allerdings geht das Angebot zunehmend in die Richtung, für spezielle Zielgruppen wie für Hobby-Astronomen, Ökologie-Interessierte oder für Pädagogen Internet-Kurse anzubieten, bei denen über gemeinsame Interessen im Kurs auch soziale Kontakte und Netzwerke entstehen können (vgl. Mader 1998). Es gibt aber auch schon Ansätze, in denen sich Volkshochschulen zusammen mit kleineren und mittleren Unternehmen und kommunalen Einrichtungen zu regionalen Informations-Netzwerken zusammenschließen, um so die Corporate Identity einer Region zu stärken und um eine alternative Infrastruktur abseits des kommerzialisierten WWW aufzubauen. Das Bildungszentrum in Nürnberg bspw. richtete nicht nur einen eigenen Fachbereich *Multimedia* ein, sondern entwickelte vielfältige Aktivitäten aus anderen Fachbereichen heraus, die die neuen Medien als Ergänzung zu den gewohnten pädagogischen Mitteln nutzen. So werden in diesem Bildungszentrum nicht nur Kurse zum Internet und seiner Bedienung, zur Beschaffung von Informationen aus den Datennetzen, zum Publizieren in Datennetzen und zur Produktion von Multimedia-Anwendungen und zur Muliplikatoren-Fortbildung angeboten, sondern es wurde zudem ein *MultiMedia Treffpunkt Sprachen* eingerichtet, und es finden zielgruppenspezifische Intensivseminare bspw. für Banken und Versicherungen statt. Darüber hinaus finden sich auf der Homepage nicht nur Hinweise auf die eigene Arbeit und Verweise auf Projekte der Region, sondern es werden für die Veranstaltungen vielfältige Zusatzangebote und Linklisten bereitgehalten und gepflegt (vgl. Ott 1999 und www.nuernberg.de/ver/bz).

Die Gründe, warum das Internet bislang relativ wenig in das Kursgeschehen der Volkshochschulen integriert wird, liegt nicht zuletzt daran, daß nicht nur technische Möglichkeiten in unzureichendem Maße vorhanden sind, sondern auch, weil Dozentinnen und Dozenten sich auf neue Rollen einstellen müßten. Dies erzeugt zunächst einmal Mißverständnisse und Unsicherheiten auf Seiten der Lehrenden sowie die Gefahr, sich selbst durch alternative Lernquellen überflüssig zu machen. Außerdem mangelt es häufig bei den Dozentinnen und Dozenten der Erwachsenen- und Weiterbildung an den Qualifikationen, sowohl im Hinblick auf das Handwerkszeug als auch für die Methodik, mit neuen Medien umgehen, d.h. hier besteht ein hoher Fortbildungs- sowie Motivationsbedarf (vgl. Ott 1999, 111). Um sich freiwillig fortzubilden, müßte für die Dozenten zudem der genaue Nutzen absehbar sein, warum sie ihren Bildungsstil verändern sollten. Oft gehen sie aber davon aus, daß ihr bisheriges Konzept praktikabel und eingespielt sei. Neuerungen bedeuten dann einen individuellen Mehraufwand der Vorbereitung mit ungewissem Erfolg.

Weiterhin können die meisten Volkshochschulen bzw. ähnliche Bildungseinrichtungen häufig kaum die Rahmenbedingungen für den Einsatz Neuer Medien zur Verfügung stellen; die knappen Finanzen erlauben das kaum. Der Etat für Öffentlichkeitsarbeit bzw. für eine Homepageerstellung und -pflege oder für die Ausstattung mit Technik und die Fortbildung des Personals wird zu gering angesetzt.

Neben diesen finanziellen bzw. organisatorischen Barrieren bedarf es für den Einsatz neuer Medien in der Erwachsenenbildung aber auch eines neuen integrierten didaktischen Gesamtkonzeptes. Denn bislang basierte die Qualität von Bildungsstätten der Weiterbildung (bis auf Fernunterricht) auf der Kommunikation unter Anwesenden. Wenn Internet nicht nur zur Anmeldung für reale Kurse genutzt werden soll, dann bedarf es einer Umstrukturierung des Angebots sowie der Einbindung des Kontextbezugs in die gesamte Weiterbildungsorganisation (vgl. Hagedorn 1998). Solche Entwicklungs- und Veränderungsprozesse befinden sich jedoch zur Zeit noch in den Anfängen, so daß Neue Medien wie das Internet bislang eher eine Nischenexistenz als Bildungsmedien in der Erwachsenenbildung führen.

Spezifische Weiterbildungsangebote über das Internet

Neben traditionellen Bildungsanbietern, die ihren Schwerpunkt nach wie vor auf Präsenzveranstaltungen legen, gibt es immer mehr Anbieter, die ihre Weiterbildungskurse entweder speziell für das Internet entwickeln oder aber das Internet als Medium innerhalb von Kursen für Kommunikations- und Informationszwecke nutzen. Zum Teil sind es reine Lernangebote der Netznutzung, zum Teil aber auch Kombinationen von Präsenzlernen und Telelearning bzw. Teleteaching. Anbieter offerieren z.B. Kurse und Lernprogramme direkt auf einer eigener Homepage, bzw. das Angebot ist integriert in Verzeichnissen wie www.global-learning.de. Meist handelt es sich dabei um Kurse, für die eine Anmeldung erforderlich ist und die kostenpflichtig sind. Die Kunden dieser *Bildungsservices* erhalten dann Materialien über das Netz oder auf Informationsträgern wie CD oder Diskette zugeschickt; z.T. kann man als Nutzer auch zusätzliche (kommerzielle) Informationsdienste in dem Gesamtpaket nutzen. Da die Kunden häufig Fragen haben oder unsicher sind, stehen meist Kontaktperson zur Verfügung, entweder über Email-Kontakte oder sogar über Telefon. Auf diese Weise kann beispielsweise eine Person, die gerne ihre Englischkenntnisse auffrischen möchten, aber keine Zeit hat, einen regulären Kurs zu besuchen, über das Internet einen Kurs buchen. Es bestehen Möglichkeiten, Tests durchzuführen, Aufgaben zu bearbeiten und mit einem Tutor per Email zu besprechen, Artikel herunter zu laden und zu lesen, eine Zeitschrift und Lernprogramme zugeschickt zu bekommen und zu bestimmten Zeiten mit anderen Lernern in einen moderierten Chat-Kontakt zu treten. Das Internet wird bei diesen Formen also als eine Möglichkeit innerhalb des Fernlernens integriert.

Manche dieser Bildungsangebote sind mit ihrem Bildungsgeschehen direkt auf das Internet bezogen, z.B. die Simulation eines virtuellen Managers bei www.cabs.de. Hierbei wird die Simulation selbst sowie der Austausch von Lernerfahrungen und Schwierigkeiten direkt über das Netz abgewickelt.

Für betriebliche Weiterbildungen werden Formen des Telelernens bzw. Teletutorings zunehmend interessant. Durch die absehbare Zunahme des Weiterbildungsbedarfs für Unternehmen, die wissensbasiert arbeiten und die darauf angewiesen sind, daß Innovationen relativ schnell in betriebliche Kontexte aufgenommen werden, wächst das Kostenbewußtsein innerhalb der Betriebe. Telelernen wird dabei vielfach ein Kostensenkungspotential zugeschrieben, oder anders ausgedrückt: just-in-time-learning bzw. learning-ondemand verspricht kürzere und arbeitsplatznahe Maßnahmen, die insgesamt zu sinkenden Kosten führen (vgl. Kerres 1999). Meist werden beim Teletutoring asynchrone und synchrone Varianten kombiniert, d.h. der Lernende erarbeitet sich einerseits online oder offline ein Thema mit Hilfe unterschiedlicher Medien unter Anleitung eines Tutoren. Der (Tele-)Tutor ist hier gleichzeitig Berater, der ansprechbar ist. Rückfragen oder Meinungsäußerungen werden per Email mit dem Tutor ausgetauscht. Synchron besteht allerdings auch die Möglichkeit, direkt Kontakt aufzunehmen mittels Document Sharing und per Videokonferenzsystem. Auch hier ist es denkbar, Diskussionsforen und überregionale Lernergruppen zu bilden, die über das Internet miteinander kommunizieren können. Für kleinere und mittlere Unternehmen werden gegenwärtig in diesem Bereich zahlreiche Projekte durchgeführt und das Teletutoring erprobt, so auch bei dem Projekt Cornelia (www.bfz.de/cornelia2), das sich die Lösung von Weiterbildungsproblemen zur Aufgabe gemacht hat und Themen wie Projektmanagement, Qualitätsmanagment, Betriebswirtschaftslehre etc. für die genannte Zielgruppe anbietet. Die Lernprogramme sind hierbei als Hypertext aufgebaut, um so eine individuelle Strukturierung der Lerneinheiten zu ermöglichen. Häufig werden inzwischen jedoch im betrieblich-qualifikatorischen Bereich Kombinationen von Präsenzveranstaltung zu Anfang einer Lerneinheit mit anschließenden Telephasen angeboten. Beratungen finden dann auch noch nach einer abgeschlossenen (Tele-)Lernphase statt, wenn Probleme bei der Anwendung des gelernten Wissens am Arbeitsplatz auftauchen bzw. wenn beim späteren Einüben weitere Schwierigkeiten auftreten (vgl. Abicht/Bacik/Hägebarth 1999).

Die Möglichkeiten einer *Bildung on demand* im Erwachsenen- und Weiterbildungssektor sind also weitgehend gegeben. Aber die Lernenden müssen zum einen genau wissen, welche Informationen und Lernstützen sie brauchen, und sie müssen die passenden Angebote dann auch noch im Internet finden. Dabei gestaltet sich derzeit die Suche in der Vielfalt der Angebote oft noch als Problem. Zunächst muß auf der Nachfrageseite die notwendige Technik bzw. Software vorhanden sein, eine *kompetente* Auswahl der nach Qualität und Seriosität kaum einschätzbaren Telelernangebote will getroffen werden, und schließlich besiegelt die eigene Kreditkartennummer einen Vertrag über den Zugang zur *Internet-Bildung*. Viele Imponderabilitäten müssen also überwunden werden, um ein passendes Angebot schnell zu finden.

Auf Dauer und speziell für Unternehmen oder Weiterbildungsanbieter kann die beschriebene Form des netzgestützten Telelernens nur interessant werden, wenn die Angebote vereinheitlicht und zertifiziert werden und wenn das didaktische Design ansprechender wird. Weiter muß das Personal bzw. der Trainer in den Institutionen der Weiterbildung zuerst entsprechend geschult werden, um in den neuen Bildungsarrangements als Moderator zu fungieren. Das Internet muß mehr bieten als reine CBT-Lösungen, entscheidend ist die Motivation zur Nutzung, die auch der Trainer vermitteln muß.

2.2 Erwartungen und Angebote im Netz

Betrachtet man also resümierend die Angebote, die sich für Bildungskontexte im Internet finden, lassen sich zunächst zwei Tendenzen festhalten: Zum einen finden sich die Entwicklungstendenzen bestätigt, die in den letzten Jahren für den Weiterbildungsbereich insgesamt kennzeichnend sind. „Unsere jetzt schon schwer überschaubare Weiterbildungslandschaft wird sich im nächsten Jahrzehnt zu einem globalen Weiterbildungsmarkt ausweiten, der den Trägern und Veranstaltern von Weiterbildung ganz neue Distributionsformen der Wissensvermittlung bringt oder aufzwingt und damit auch ganz neue Formen des Wissensmanage-

Bildung „just in time" durchs Internet?

ments fordert" (Hüther 1999, 195). Konkret heißt dies hinsichtlich der Anbieter, daß sich die benannte *Entgrenzung* der Erwachsenenbildung auch in der Angebotsvielfalt zeigt. Zum zweiten bietet das Internet zumindest theoretisch die Möglichkeit, auf Informationen oder Bildungsangebote zugreifen zu können, wann immer dies von Interessenten gewünscht wird. Allerdings reicht diese reine Möglichkeit nicht aus, dem Internet im Bereich der Erwachsenen- und Weiterbildung mehr Gewicht zu geben.

Diese Möglichkeit des *just-in-time-Zugriffs* müßte erst noch durch weitere Maßnahmen flankiert werden, die nicht direkt etwas mit der neuen Netztechnik zu tun haben müssen.

– So müßte sich die Professionalität der Erwachsenenbildner in Zukunft verändern. Z.B. sind ansprechende Anwendungen für Telelernen gefragt, und noch stärker als bislang wird es auf ein ansprechendes didaktisches Design der neuen Lernoberflächen ankommen. Nicht die Technik, sondern ihre sinnhafte Anwendung motiviert, und dafür müssen stärker interessante Fragestellungen entwickelt und Motivierungen gegeben werden. Trotz eines scheinbaren Ersatzes von Lehrenden durch Lernmedien wird deshalb stärker der Lernhelfer gefordert, allerdings eher als Berater und Lernbegleiter. Erwachsenenbildner haben hierauf ihr professionelles Selbstverständnis einzustellen.
– Weiterbildungseinrichtungen bedürfen weiterhin einer Erweiterung ihrer Angebotspalette. Denkbar sind z.B. kleinere Seminare für Kommunikation unter Anwesenden; daneben ein breites Angebot, das eine Vielzahl von Interessenten im Internet anspricht, Infos stärker über Medien bereitstellen. Eine schwierige Aufgabe wird auch sein, ein (mediales) Bildungsangebot für viele anzubieten, das gleichzeitig auch individuell befriedigt.
– Auch für die Lernenden bedeutet eine eventuell radikal umgestaltete Weiterbildungszukunft, sich umstellen und anpassen zu müssen. Dabei können folgende Ambivalenzen skizziert werden: Lernende erhalten über *Bildung on demand* das Privileg, genau das lernen zu können, was sie gerne möchten, und dies, wann sie gerade Zeit haben. Aber sie müssen wissen (oder lernen), was sie für ihre privaten und beruflichen Belange genau lernen möchten, wo und wie sie dieses realisieren können. Dies erfordert hohe Kompetenzen, nicht zuletzt da die Lernanstrengungen für viele Erwachsene zunächst einmal größer werden und „in einem stärkeren Maß

Selbständigkeit und Eigenverantwortung des Sich-Weiterbildenden ermöglichen und herausfordern" (Eigler 1997, 5). Das bedeutet letztlich, daß Unentschlossene, bildungsferne Gruppe und Personen mit Lernschwierigkeiten (also die *Unterprivilegierten* der Wissensgesellschaft) aus dem Bildungssystem noch stärker herausfallen werden als früher.

Fazit

Dieser Artikel fragt in seiner Überschrift danach, ob Bildung in der Erwachsenen- bzw. Weiterbildung zum einem Gut werden wird, das den Bildungssuchenden in Zukunft *on demand* oder *just in time* zur Verfügung steht. Selbstverständlich ist das nicht als unreflexive Forderung in Zeiten der Globalisierung zu verstehen. Schon die beiden Begriff *on demand* und *just in time* verweisen auf eine Logik, die der Erwachsenen- und Weiterbildung nicht originär zu eigen ist. Stammen sie doch aus dem betriebswirtschaftlichen Sektor und gehen in Richtung einer ökonomischen Rationalisierung, die Kosten sparen und Betriebsabläufe effektiver gestalten will. Menschliches Lernen, auch das Lernen und die Bildung Erwachsener, ist jedoch, obgleich häufig eingebettet in wirtschaftliche Kontexte, kein wirtschaftlicher Prozeß. Ob man eine Information in speziellen Situationen schnell erreicht und ob man nicht benötigte Informationen so hinterlegt, daß man sie möglichst schnell erreichen kann, mag für Wirtschaftsabläufe zentral sein, für das Lernen Erwachsener spielen Schnelligkeit und Variabilität der Informationsabrufung jedoch nicht die zentrale Rolle.

Wichtiger für pädagogische Lernprozesse ist es, daß neues Wissen verstehend aufgenommen und verarbeitet werden kann, und dieser Vorgang wird nicht schon dadurch gefördert, daß das neue Wissen ad hoc (z.B. über Computernetze) *präsent* ist. Betrachten wir also den Bildungswert des Internet für die Erwachsenen- und Weiterbildung, so dominieren in Prinzip wieder die allgemeinen Fragen der Bildungsdebatte um die Neuen Medien. Es geht nicht darum, Lernende schnell, abrufbar und massenhaft mit Informationen zu versorgen, sondern Lernarrangements und Lernräume zu schaffen, die einen didaktischen Wert aufweisen. Das Internet hat durchaus diese Möglichkeit, allerdings okkupiert gerade in der Weiterbildung die neuerliche ökonomische und betriebswirtschaftliche Wende ein

Bildung „just in time" durchs Internet?

Denken, das das Internet nicht als Fördermaßnahme, sondern als Förderband von Bildung ansieht.

Literatur

Abicht, L.; Bacik, J.; Hägebarth, F. (1999): Zur praktischen Gestaltung des Teletutoring in SGB III-geförderten Weiterbildungsprojekten. Neues Lernen und Weiterbildung im Rahmen von top elf. Halle/S.; München, Stuttgart (isw).

Arbeitsgemeinschaft Qualifikations-Entwicklungs-Management Berlin (QUEM) (Hrsg.) (1997): Kompetenzentwicklung '97: Berufliche Weiterbildung in der Transformation - Fakten und Visionen. Münster, New York, München, Berlin (Waxmann).

Arbeitsgemeinschaft Qualifikations-Entwicklungs-Management Berlin (QUEM) (Hrsg.) (1998): Kompetenzentwicklung '98: Forschungsstand und Forschungsperspektiven. Münster, New York, München, Berlin (Waxmann).

ARD/ZDF-Arbeitsgruppe Multimedia (1999): ARD/ZDF-Online-Studie 1999: Wird Online Alltagsmedium? Nutzung von Onlinemedien in Deutschland. In: Media Perspektiven, 8/99. S. 401-414.

Arnold, R. (1998): Weiterbildung - notwendige Utopie oder Stiefkind der Gesellschaft? In: Dieckmann, H.; Schachtsiek, B. (Hrsg.): Lernkonzepte im Wandel. Die Zukunft der Bildung. Stuttgart (Klett-Cotta). S. 208-234.

Axmacher, D. (1987): Grenzenlos. Über die wachsende Schwierigkeit, von „Erwachsenenbildung" zu sprechen. In: päd. Extra, 15. Jg. H.5. S. 19-23.

Beck, U.; Giddens, A.; Lash, S. (1995): Reflexive Modernisierung, Frankfurt a.M. (Suhrkamp).

Brödel, R. (Hrsg.) (1998): Lebenslanges Lernen - lebensbegleitende Bildung. Neuwied; Kriftel (Luchterhand).

Bundesministerium für Bildung, Wissenschaft, Forschung und Technologie (Hrsg.) (1998): Delphi-Befragung 1996/1998. Potentiale und Dimensionen der Wissensgesellschaft – Auswirkungen auf Bildungsprozesse und Bildungsstrukturen. München.

Dauber, H.; Verne, E. (Hrsg.) (1976): Freiheit zum Lernen. Alternativen zur lebenslänglichen Verschulung. Die Einheit von Leben, Lernen, Arbeiten. Reinbek b.H. (Rowohlt).

Delors, J. u.a. (1997): Lernfähigkeit: Unser verborgener Reichtum. UNESCO-Bericht zur Bildung für das 21. Jahrhundert. Neuwied (Luchterhand).

Dewe, B.; Sander, U (1996): Medienkompetenz und Erwachsenenbildung. In: von Rein, A. von (Hrsg.): Medienkompetenz als Schlüsselbegriff. Bad Heilbrunn (Klinkhard). S. 125-142.

Döring, K. W. (1969): Lehr- und Lernmittel. Weinheim (Beltz).

Eigler, G. (1997): Zur Einführung: Lernen im Medienverbund in der betrieblichen Weiterbildung. In: Friedrich, H.F.; Eigler, G.; Mandl, H. u.a. (Hrsg.): Multimediale Lernumgebungen in der betrieblichen Weiterbildung. Gestaltung, Lernstrategien und Qualitätssicherung. Neuwied (Luchterhand). S. 3-18.

Erpenbeck, J. (1997): Lernen als Kompetenzerwerb. In: DIE II/97. S. 44-45.

Erpenbeck, J.; Heyse, V. (1996): Berufliche Weiterbildung und berufliche Kompetenzentwicklung. In: Bergmann, B. u.a.: Kompetenzentwicklung '96. Strukturwandel und Trends in der betrieblichen Weiterbildung. Münster u.a. (Waxmann). S. 15-152.

Faßler, M. (1997): Informations- und Mediengesellschaft. In: Kneer, G.; Nassehi, A.; Schroer, M. (Hg.): Soziologische Gesellschaftsbegriffe. München (Fink). S. 332-360.

Frankfurter Allgemeine Zeitung (1999): Zahl der europäischen Internet-Nutzer steigt auf 150 Millionen. 21.10.99 (Telekommunikation im Überblick).

Hagedorn, F. (1998): Vom Kurs zum Cybercoaching. Zum Wandel von Bildungsorganisation. In: Deutsches Institut für Erwachsenenbildung (Hrsg.): Pädagogische Innovation mit Multimedia, Bd. 2. Frankfurt/M. (DIE). S. 9-20.

Hillebrand, A.; Lange, B.-P. (1996): Medienkompetenz als gesellschaftliche Aufgabe der Zukunft. In: Rein, A. von (Hrsg.): Medienkompetenz als Schlüsselbegriff. Bad Heilbrunn (Klinkhardt). S. 24-41.

Hüther, J. (1999): Virtuelles Lernen. In: Grundlagen der Weiterbildung, 10 (1999). S. 105-107.

Jagenlauf, M.; Schulz, M.; Wolgast, G. (Hrsg.) (1995): Weiterbildung als quartärer Bereich. Bestand und Perspektiven nach 25 Jahren. Neuwied, Kriftel, Berlin (Luchterhand).

Kade, J.; Seiter, W. (1997): Bildung - Risiko - Genuß: Dimensionen und Ambivalenzen lebenslangen Lernens in der Moderne. In: Brödel, R. (Hrsg.): Lebenslanges Lernen – lebensbegleitende Bildung. Neuwied, Kriftel (Luchterhand) S. 51-59.

Kade, J. (1997): Entgrenzung und Entstrukturierung. Zum Wandel der Erwachsenenbildung in der Moderne. In: Derichs-Kunstmann, K.; Faulstich, P.; Tippelt, R. (Hrsg.): Enttraditionalisierung der Erwachsenenbildung. (Beiheft zum REPORT). Frankfurt/M. (DIE). S. 13-31.

Kerres, M. (1998): Multimediale und telemediale Lernumgebungen: Konzeption und Entwicklung. München; Wien (Oldenbourg).

Kerres, M.; Gorhan, E. (1999): Status und Potentiale multimedialer und telemedialer Lernangebote in der betrieblichen Weiterbidung. In: Arbeitsgemeinschaft Qualifikations-Entwicklungs-Management Berlin (Quem) (Hrsg.): Kompetenzentwicklung '99. Münster u.a. (Waxmann).

Koring, B. (1997): Lernen und Wissenschaft im Internet. Bad Heilbrunn (Klinkhardt).

Lühr, V.; Schuller, A. (1977): Legitimation und Sinn. Braunschweig (Westermann).

Mader, A. (1998): Multimedia als Angebot. Programmanalyse ausgewählter Einrichtungen. In: Nispel, A.; Stang, R.; Hagedorn, F. (Hrsg.): Pädagogische Innovation mit Multimedia 1. Analysen und Lernorte. Frankfurt/M. (DIE). S. 51-75.

Marotzki, W. (1998): Mediennutzung innerhalb und außerhalb von Bildungswelten. In: Faulstich-Wieland, H. u.a. (Hrsg.): Literatur- und Forschungsreport Weiterbildung. Frankfurt/M. (DIE). S. 82-95.

Meister, D. M.; Sander, U. (Hrsg.) (1999): Multimedia – Chancen für die Schule. Neuwied (Luchterhand).

Merk, R. (1999): Weiterbildung im Internet. Neuwied (Luchterhand).

Ott, J. (1999): Multimediales Bildungszentrum. Erfahrungen der Volkshochschule Nürnberg. In: Stang, R.; Apel, H.; Hagedorn, F. (Hrsg.): Pädagogische Innovation mit Multimedia 3. Konzepte Analysen, Perspektiven. Frankfurt/M. (DIE). S. 103-112.

Rein, A. von (Hrsg.) (1996): Medienkompetenz als Schlüsselbegriff. Bad Heilbrunn (Klinkhard).
Schorb, B. (1995): Medienalltag und Handeln. Medienpädagogik im Spiegel von Geschichte, Forschung und Praxis. Opladen (Leske + Budrich)
Tietgens, H. (1979): Erwachsenenbildung. In: Grotthoff, H.H. (Hrsg.): Die Handlungs- und Forschungsfelder der Pädagogik. Teil 2: Differentielle Pädagogik, Königstein. S. 197-255.
Wagemann, M.; Stang, R. (1999): Multimedia in der Erwachsenenbildung. Ergebnisse einer Befragung. In: Stang, R.; Apel, H.; Hagedorn, F. (Hrsg.): Pädagogische Innovation mit Multimedia 3. Konzepte Analysen, Perspektiven. Frankfurt/M. (DIE). S. 113-125.
Weidenmann, B. (1995): Multicodierung und Multimodalität im Lernprozeß. In: Issing, L.J.; Klimsa, P. (Hg.): Information und Lernen mit Multimedia. Weinheim (Psychologie VerlagsUnion), S. 65-84.
Willke, H. (1998): Organisierte Wissensarbeit. In: Zeitschrift für Soziologie, Jg. 27, H.3, Juni 1998. S. 161-177.

Bernhard Koring

Probleme internetbasierter Bildung

Untersuchungen über den Zusammenhang zwischen Bewußtsein, Lernen, Information, Bildung und Internet

1. Einführung: Die Szenerie des medialen Wandels

Technische und gesellschaftliche Veränderungen wie die Entwicklung der Computertechnologie und des Internet bleiben nicht ohne pädagogische Folgen. So nimmt vor allem die damit verbundene kürzere Geltungsdauer des beruflichen und kulturellen Wissens erheblichen Einfluß auf Ziele und Inhalte der Pädagogik. Das soziale, kulturelle und berufliche Leben erfordert heute eine andere Art der Bildung, als es noch vor 30 Jahren der Fall war. Ohne die Fähigkeit zur kompetenten Mediennutzung, zum Informationsmanagement und zum flexiblen Wissenserwerb wird die Partizipation an Ökonomie und Kultur für den Einzelnen problematisch, wenn nicht gar unmöglich.

Betrachten wir aber zunächst die o.g. technologischen Veränderungen, bevor wir zu den pädagogischen Konsequenzen kommen. Es waren im wesentlichen zwei Entwicklungen, die zu einer Revolution der medialen und kommunikativen Strukturen unserer Gesellschaft geführt haben:

– Durch Drucktechnologien (Printmedien) und analoge Aufzeichnungsverfahren für Töne und bewegte Bilder (audiovisuelle Medien) konnten Informationen in fast beliebiger Menge reproduziert und distribuiert werden (vgl. die Differenzen zwischen Handschrift und Buch sowie zwischen Theater und Fernsehen mit Blick auf die jeweiligen Situationen von Produzenten und Rezipienten).

– Die Digitalisierung der Medien hat eine weitere Umwälzung der medialen Strukturen nach sich gezogen, die wir heute unter Begriffen wie Neue Medien, Multimedia und Hypermedia kennen. Das Internet ist ein wesentlicher Träger und Distributor dieser neuen medialen Strukturen. Im digitalen Medienzeitalter werden die Daten (Information) nicht mehr analog, also in einem erkennbaren proportionalen Verhältnis zum ursprünglichen Informationsobjekt aufgezeichnet, sondern digital, d. h. in diskreten Einheiten, denen die Zahlenwerte 0 oder 1 zugeordnet werden können. Die Steigerung der Manipulierbarkeit und der raum-zeitlichen Verfügbarkeit von Information ist dadurch enorm angestiegen.

Heute lassen sich bekanntlich alle auditiven und visuellen (und schon einige taktile) Sinnesdaten in *bits* umwandeln und auf diese Weise speichern, verändern und versenden. Ein bit bezeichnet in diesem informationstechnologischen Zusammenhang eine nicht weiter aufteilbare Informationseinheit, technisch gesehen also ein Entscheidung zwischen 0 und 1 (z. B. die Entscheidung, ob ein Bildpunkt auf einem Monitor an oder aus ist). Das Revolutionäre der digitalen Neuen Medien und des Internet liegt darin, daß sie Möglichkeiten zur Gestaltung, Verknüpfung (Hypermedia, Multimedia), Manipulation und Distribution (Versendung über Netze) bieten, die hinsichtlich Flexibilität, Reproduzierbarkeit, Aktualität und Geschwindigkeit von keinem traditionellen oder analogen Medium zu überbieten sind. Die Neuen Medien ermöglichen heute zudem Formen der Kommunikation (Email, chat, newsgroups, documentsharing, whiteboards, auditive Internetkonferenzen, Videokonferenzen) und der Präsentation von Information, die zugleich mehrere Wahrnehmungsweisen bedienen können: Töne, Sprache, Bilder, Video und Animationen können heute digital realisiert und vom Nutzer interaktiv beeinflußt werden – bis hin zu taktilen Simulationen (war-games, cybersex) und dreidimensionalen begehbaren Räumen (cyberspace).

Die Folgen dieser Entwicklungen für das Leben der Menschen sind nicht eindeutig zu bestimmen. Die enorme Fülle und leichte Zugänglichkeit der Information bringen für den einzelnen Chancen (man kann sein Handeln durch aktuelle Informationen verbessern) und Risiken (Informationsflut, Desorientierung, Gefährdungen durch radikale, pornographische oder gewaltverherrlichende Inhalte). Die Chancen und Gefahren der Informationsgesellschaft machen es pädagogisch wie auch politisch dringend erforderlich, daß sich alle Mitglieder der Gesellschaft Medienkompetenz aneignen müssen, wenn sie an der Gesellschaft in einer vernünftigen Weise partizipieren wollen. Hier ist die Pädagogik gefragt. In der Vermittlung von Medienkompetenz liegt heute die zentrale Aufgabe der Medienpädagogik, und diese Aufgabe rückt immer mehr in das Zentrum der öffentlichen Aufmerksamkeit (vgl. Schorb 1998; vgl. auch die Beiträge in v. Rein 1996)

In der erziehungswissenschaftlichen Diskussion zeichnet sich ein Konsens über folgende Inhalte von Medienkompetenz ab: Sinnvolle selbstbestimmte und kritische Mediennutzung; eigene Gestaltung von Medienpräsentationen; Lernen mit Neuen Medien, und zwar sowohl pädagogisch begleitet wie auch autodidaktisch. Daraus ergeben sich die drei wesentlichen Aufgabenfelder der Medienpädagogik:

– Kritisch-präventive Medienpädagogik mit den Aspekten der Prävention (Jugendschutz; Suchtprävention), der Erziehung zur selbstbestimmten, vernünftigen Mediennutzung sowie der Medienanalyse und Medienkritik;
– operative Medienpädagogik mit den Aspekten der rezeptiven Technikbeherrschung (Nutzertraining) und gestalterisch-kreativen Technikbeherrschung (Mediendesign);
– Mediendidaktik, also das Lehren und Lernen mit Hilfe von Neuen Medien und – dies wird künftig an Bedeutung gewinnen – das Selbstlernen mit Multimedia (Lernsoftware; Lernprojekte).

Diese knappe Skizze des Ortes, an dem sich Pädagogik, Neue Medien und Internet treffen, zeigt ihn klarer und aufgeräumter, als er in Wahrheit ist. Bevor aber wirkliche Klarheit eintreten kann, sind noch einige Fragen, Probleme und Unklarheiten zu behandeln, die man im Zuge des informationstechnologischen Optimismus und Pragmatismus heute leicht übersieht. Es geht um die Klärung basaler Fragen, Probleme und Begriffe. Diese – eher skeptische – Funktion sucht der vorliegende Beitrag zu erfüllen.

Wir beginnen mit der Frage, was das Internet eigentlich *ist* und wie es sich zum menschlichen Bewußtsein und zu den Lebensproblemen der Menschen verhält. Nach dieser Klärung der digitalen und humanen Infrastruktur fragen wir, was die Aufgaben der Pädagogik – allgemein betrachtet – sind. Die dann folgenden Abschnitte befassen sich mit dem Gehalt und der bildungstheoretischen Bedeutung des Informationsbegriffs, weil dieser Begriff für Informatik und Pädagogik gleichermaßen zentral ist. Anschließend versuchen wir zu klären, ob das Internet die PädagogInnen überflüssig machen kann oder ob ein technologisch nicht ersetzbarer Kern des professionellen pädagogischen Könnens existiert. Schließlich wird untersucht, in welcher Weise das Internet und seine pädagogische Nutzung in politische Zusammenhänge eingebunden sind und welche politischen Visionen und Konflikte der Pädagogik aufgegeben sind.

2. Was „ist" das Internet (hier: das WWW) – jenseits einer trivialen Beschreibung von Fakten und Diensten?

Die Entwicklung der Computertechnologie, insbesondere des Internet, läßt heute am Horizont die Vision einer erdumspannenden Denkmaschine erkennen. Informationen werden im Internet nicht mehr linear (als textförmige Kette von Begriffen, Behauptungen, Argumenten) präsentiert. Heute finden wir Informationen in der Form von komplexen Informationsobjekten vor, die über *Links* miteinander vernetzt sind. Jedes Element einer linear präsentierten Information kann durch solche Verknüpfungen *vertieft* werden. Die *Tiefe der Information* kann also – im Vergleich mit linearer Präsentation – entscheidend verbessert werden. Es geht dabei nicht um eine Tiefe, die auf festgelegten Rechenoperationen beruht, so, wie wir heute etwa von der *Rechentiefe* des IBM-Schachcomputers deep blue sprechen. Die neue Tiefe, die das Internet ermöglicht, beruht auf Verknüpfungen in einer Netzstruktur in Form von Hyperlinks.

Diese Links führen uns auf die Denkwege des Autors der Netz-Information. Damit wird das Wesen der Autorenschaft neu definiert. Die Links lassen uns das Interesse erkennen, das den Autor bei den Verknüpfungen geleitet hat. Die Vernetzung zeigt uns gleichsam die *Denkspuren* eines anderen Geistes, der seinen Sinn in die Vernetzung gelegt hat. Allerdings kommt ein Internetangebot nur dann bei vielen *Surfern* an, landet nur dann viele *Hits*, wenn es für weitverbreitete Bedürfnisse und Interessen (Information, Kommunikation, Konsum und Unterhaltung) einfache, elegante, reibungslose Lösungsangebote macht. Darin besteht ein zentrales Marktprinzip des Internet.

Die Vernetzungsstruktur via Hyperlinks läßt viele Nutzer und Visionäre hoffen. Vielfältige Informationen werden uns auf kurzem Weg zugänglich. Nähert sich das Netz so vielleicht den Strukturen des Gehirns oder gar des Bewußtseins an, indem es eine neue Form des Gedächtnisses und des Denkens in Verknüpfungen ermöglicht? Wird das Internet tatsächlich zum *Megabrain*, wie es viele Visionäre gehofft haben? Die Antwort auf diese Frage setzt die Beantwortung folgender Frage voraus: Was geschieht in unserem Gehirn, wenn es denkt? Die folgenden Hypothesen können uns beiden Antworten näher bringen:

Unser Bewußtsein ist mit einem stark gebündelten Suchscheinwerfer (vgl. Roth 1997, 220) mit kleinem Lichtkegel vergleichbar, der uns zumeist das sehen läßt, was für die Lösung unserer Probleme und zur Befriedigung unserer Bedürfnisse wichtig ist – er zeigt uns die für uns relevanten Teile im unendlichen Meer der Information. Die relevante Information im Suchscheinwerfer hat eine enorme *Tiefe* der Verknüpfung. Alles hängt mit allem zusammen; diese Tiefe der Verknüpfung wäre aber von keinem menschlichen Bewußtsein prozedierbar. Daher ist unser Bewußtsein als Suchscheinwerfer mit beeindruckenden Selektionsqualitäten aufgebaut.

Dasjenige, was via Suchscheinwerfer im Zentrum unserer Aufmerksamkeit erscheint, besteht also nicht für sich, ist kein singuläres Informationsobjekt, es hat *Tiefe*. Es ruft, und zwar ob wir wollen oder nicht, bestimmte Assoziationen hervor, bringt neue Verknüpfungen ins helle Bewußtsein – man könnte sagen: das sind die Hyperlinks der allerersten Generation. Ohne derartige assoziative Vernetzungen in unserem Bewußtsein wären wir nicht überlebensfähig. Diesen Links gehen wir nach, um unsere Probleme und Bedürfnisse zu bearbeiten.

Wie die Links in unserem Gehirn geschaltet sind, hängt allerdings teilweise von unseren individuellen Erfahrungen (Gedächtnis), von kollektiven Erfahrungen (Kultur) oder von Konventionen ab, wie sie beispielsweise mit der Sprache gegeben sind. Im Lichtkegel unseres schmalen Bewußtseins blitzt es also immer an verschiedenen Punkten auf, und die Schwerefelder und Verknüpfungspotentiale dieser hellen Blitze verlagern langsam oder auch plötzlich den Fokus unserer Aufmerksamkeit (also die Richtung unseres Suchscheinwerfers) – bis wir ein Problem gelöst oder ein Bedürfnis befriedigt haben. Vielleicht müßten wir eine Gravitations-

oder Relativitätstheorie des Bewußtseins erfinden, um jene Phänomene angemessen zu beschreiben.

Hyperlinks in unserem Gehirn sind – wenn diese Hypothesen zutreffen – also den Internet-Links nicht unähnlich. Es stellt sich nun die Frage ob das *Internet* Strukturen des Denkens und Bewußtseins in Sinne von künstlicher Intelligenz nachzubilden vermag. Das kann mit gutem Grund verneint werden. Wir sehen, daß das Internet nur eine triviale Maschine ist, die letztlich auf banalen Strukturen und Verknüpfungen basiert, die vorprogrammiert und im Innersten nicht lernfähig sind. *Banal* nennen wir die Verknüpfungen, und *trivial* ist die Maschine *Internet* deshalb, weil sie nichts Neues erzeugen kann, sondern nur die Strukturen und Zusammenhänge, die durch menschliche Erkenntnis gefunden bzw. erfunden wurden, abbildet und nachträglich begehbar macht. Das Netz bildet eine Welt zuhandener Informationen ab, auf die wir – wie auf andere Waren auch – nach der Logik des Marktes zugreifen.

Die Netz-Maschinerie enthält zudem kein Wissen, sie enthält nur Informationen. Wissen ist im Gegensatz zur Information etwas, das nur durch humane Arbeit, durch subjektive Aneignung im Menschen selbst entstehen kann. Nie kämen wir auf den Gedanken zu behaupten, daß ein Buch etwas wüßte – es kann nur Informationen enthalten, die für uns zu Wissen werden können, wenn wir mit der Information arbeiten. Nur wenn Information zu Wissen wird, kann sie einen Beitrag dazu leisten, menschliche Probleme zu lösen und Bedürfnisse zu befriedigen. Wissen und Können zeichnen sich dadurch aus, daß sie dann entstehen und sich spontan ordnen, wenn wir gezielt Hindernisse überwinden, Schwierigkeiten erkennen und beheben und komplexe Probleme lösen wollen. Das Problem-Bewußtsein ordnet in uns die zuhandenen Informationen zum Wissen, und der Suchscheinwerfer läßt uns relevante Informationen und Verknüpfungen erkennen.

Fazit: Ohne humane Probleme, Bedürfnisse und Interessen bleiben Informationen im *Internet* wertlos und leer. Informationen können sich nicht selbst Probleme suchen, zu denen sie als Lösung passen. Erst als menschliches Wissen werden Informationen lebendig. Gleichwohl kann Wissen wieder zu Information werden, wenn ein Autor sie entäußert. Das Prinzip des Autors besteht darin, individuelles Wissen in kommunizierbare Information umzuarbeiten.

Wir sind heute also weit davon entfernt, daß das Netz Probleme lösen kann, die nicht nur trivialer Natur sind, sondern uns unbedingt angehen. Es bietet nur Informationen: Wir müssen ausgehend von unseren Fragen und Problemen diese Informationen selegieren und auf unsere Lebensprobleme beziehen. Das Internet ist kein Megabrain, es ist heute nicht einmal ein mittelmäßiges Expertensystem. Es kann uns bei der Beschaffung von Informationen und bei der Kommunikation technisch helfen.

Wir spüren aber trotz dieser grundlegenden Fremdheit und Trivialität, daß sich diese weltumspannende Informationsmaschine, diese Verknüpfungsmaschinerie, unserer Wahrnehmung und unserer Leiblichkeit immer mehr annähert (vgl. Koring 1997, 13ff.). Das Netz spinnt Leib und Gefühl ein und findet dort, wo ihm das gelingt, auch die größte Akzeptanz. Ein Fingerzeig genügt, um Informationen zu erhalten oder Informationen zu verarbeiten. Die Bildschirme sind animierend bunt und grafisch gestaltet, mit Bildern versehen, die unsere Aufmerksamkeit auf sich ziehen, Gefühle evozieren und szenische Zusammenhänge herstellen. Die Informationsmaschine paßt sich uns an, sie entwickelt sich nicht abstrakt und konturlos, sondern sie antwortet auf die Bedürfnisse unserer Wahrnehmung und unseres Leibes. Wir sehen durch Fenster (Windows) in die Maschine und steuern sie durch Fingerzeig (Mauszeiger) und Berührungen (Mausklick) – neuerdings sprechen wir mit ihr, und bald werden wir sie vielleicht durch unsere Blicke lenken können. Sie zeigt insofern humane Konturen, und wir sind, wenn sie uns diese Illusionen gewährt, um so mehr dazu bereit, die Maschine zu akzeptieren – und dafür Geld auszugeben. Der Erfolg grafischer Nutzeroberflächen (GUIs), die Einbeziehung von Farben, Tönen, Sprache und Bewegungen machen das deutlich.

Aber der Computer und Rechnernetze werden immer trivial bleiben und nur das von sich geben, was wir eingegeben haben – wenn auch in veränderter Form und Struktur. Sie können Welt simulieren – gar dreidimensional und für uns *begehbar*, auch Teile unserer sozialen und phantastischen Welt können sie in Spielen darstellen, an denen Menschen auf allen Erdteilen teilhaben können. Aber die Maschinen selbst sind keine Welt und besitzen kein Wissen. Sie besteht nur aus Daten, die wir uns erst zu Informationen gestalten, deren Repräsentation unserem Leib, unseren Sinnen, unseren Gefühlen und unseren unmittelbaren Bedürfnissen immer näher kommen. Das hat erstaunliches Folgen: Es entsteht ein Gefühl von Welt dort, wo nur Simulation ist. Virtuelle Welten erzeugen wirkliche menschliche Gefühle. Wir können auf die Simulation Macht und Einfluß ausüben, als ob wir Macht über die Welt hätten – zugleich müssen wir aber keine Verantwortung für unser Tun übernehmen und uns nur vor den maschinellen Spielregeln rechtfertigen. Im Internet-Adventure können wir einfach aussteigen. Schlimmstenfalls ziehen wir den Stecker heraus.

Trotz Trivialität und nur virtueller Leibnähe – die Entwicklung des Internet in den letzten Jahren ist Revolution auf vielen Gebieten zugleich: Arbeitsstrukturen, Strukturen des Wirtschaftens, das Informieren, Präsentieren und Lernen, politische Strukturen, nationale Strukturen und die Kommunikation untereinander werden radikal verändert, allein schon dadurch, daß im Bewußtsein vieler die Möglichkeiten des Internet präsent geworden sind. Vor dem Hintergrund dieser Möglichkeiten empfinden wir vieles, was heute existiert, als defizitär, und es liegt auf der Hand, daß der weitere Ausbau des Netzes solche Defizite beseitigen können wird – so zumindest können wir die optimistische Haltung bezüglich dieser Entwicklung auf den Punkt bringen.

Wenn wir Bill Gates (1997, 252) folgen, verschwindet die Differenz zwischen reibungsloser Information und Kommunikation und reibungslosem Kapitalismus zunehmend. Aber können wir die Folgen absehen? Gibt es ungewollte Nebenwirkungen, die vielleicht mehr Schwierigkeiten bringen, als sie aus dem Weg räumen? Das Netz entwickelt sich so schnell, daß ihm keine Ethik-Kommission und keine Technikfolgenabschätzungsforschung auf den Fersen bleiben kann. Neue virtuelle Gemeinschaften entstehen; sie nisten sich in Unternehmen, soziale Bewegungen und Nationalstaaten und Gesellschaften ein und verbinden uns auf unerwartete Weise.

Aber kommen wir zu unserer alltäglichen Netz-Wirklichkeit: Das Internet ist oft langweilig, es ist langsam, man findet nichts, zumindest nicht das, was man sucht, es gibt nur wenige Glanzpunkte, und die Quote des Unfugs, der im Netz publiziert wird, liegt, wenn man sie gering ansetzt, bei 80%. Kommerziell betrachtet ist das Internet aufgrund der Sicherheitsprobleme und der unklaren Zahlungsmodalitäten bisher ein Flop. Die kleinen autonomen Netzkulturen, die sich nach eigenen Interessen entwickeln, sind in der Minderzahl. Ein Beitrag zur Humanisierung der Gesellschaft durch eine neue Medienkultur im Netz ist zur Zeit noch nicht absehbar. Zwar steigt die Zahl der potentiellen Netzteilnehmer (Email-Anschlüsse und Internet-Zugänge), aber was bedeutet das? Wer sind jene elitären 5% bis 10%, die in Deutschland dazugehören? Kann jeder, der einen Zugang hat, das Netz auch qualifiziert nutzen? Und was würde die *qualifizierte Nutzung* ausmachen?

Wenn wir dem Netz nicht durch kulturelle Initiativen einen solchen Sinn geben, kommt es zu einer Kommerzialisierung und Trivialisierung der Web-Angebote – es sei denn, wir halten die Logik des Marktes und die trivialen Lebensbedürfnisse für den eigentlichen metaphysischen Kern der menschlichen Existenz. Mindestens läßt sich kritisch festhalten, daß Markt und Kultur gelegentlich auseinanderfallen, ebenso wie der Markt und die Vernunft nicht immer konvergieren. Das Netz wird im schlimmsten Fall eine multimediale Maschine mit Verkaufshoffnungen, mäßig animierter Unterhaltung und mitgelieferter Kommunikationsmöglichkeiten bleiben. Das ist aber kein Problem der Moral oder des erhobenen Zeigefingers. Die Konkurrenz der Kulturen lebt von engagierten Einsatz derjenigen, die die jeweilige Kultur in sich tragen. Die Globalisierung der Märkte ist – aus der Perspektive der Kulturen gesehen – lediglich ein Randphänomen. Nur wenn wir uns dort, wo wir stehen, für die Kultur einsetzen, die wir wollen, werden wir als besondere, eigene Kulturwesen erhalten bleiben.

3. Was sind die Aufgaben der Pädagogik – allgemein betrachtet? Und: was „geht" im Internet?

Kommen wir von der Kultur zur Pädagogik. Erziehung und Bildung sind universelle Aufgaben, denen sich jede Kultur stellen muß, wenn sie über die Generationen fortbestehen will. Die Neuen Medien und das Internet bieten dazu enorme Möglichkeiten. Aber nur dann, wenn man die Aufgabe von Erziehung und Bildung in der heutigen Zeit genau angeben kann, lassen sich auch die Neuen Medien und das Internet auf pädagogische Potentiale hin überprüfen. Diese pädagogische Aufgabe läßt sich wie folgt bestimmen:

PädagogInnen befassen sich damit, den Menschen bei der Lösung von Problemen zu helfen (vgl. Koring 1992). Die Pädagogik hilft auf eine besondere Art und Weise: Sie macht Lernangebote, damit man sich selber helfen kann. Das beruht auf der Annahme, daß die Menschen besser mit ihren Schwierigkeiten zurechtkommen, wenn sie durch Lernen ein spezifisches Wissen oder Können erwerben, das zur Lösung des jeweiligen Problems geeignet ist.

Unter Lernen verstehen wir in unserem Zusammenhang den Prozeß, in dem präsentierte Informationen in subjektiv bedeutsames und verfügbares Wissen oder auch in ein entsprechendes Können umgewandelt werden. Wir unterscheiden also strikt zwischen Wissen und Information. Die Pädagogik wäre demnach nur soviel wert, wie sie durch Lernangebote zur Lösung von Problemen beizutragen vermag. Damit ist zugleich das spezifische Marktgesetz der Pädagogik klar bestimmt.

Weiterhin ist unstrittig, daß Lernangebote klar strukturiert sein sollten, weil dem Nicht-Wissen und Nicht-Können auf Seiten der Lernenden nur durch Klarheit und Methode im Lernen abgeholfen werden kann – es sei denn, man setzt auf das spontane Lernen durch Erfahrung oder Schock im Alltag. Dann aber wäre Pädagogik ohnehin überflüssig. Der Lernprozeß beim Adressaten ist sehr individuell und konstruktiv (was auch die konstruktivistische Lerntheorie z. B. bei Mandl u.a. 1998 zu erkennen gibt) und oft auch sehr chaotisch – darin liegt eben genau die Notlage der Adressaten, aus der die PädagogInnen den Lernenden heraushelfen sollen. Die Situation, in der Lernangebot und Lernprozeß zusammenkommen, sollte daher in der Regel professionell strukturiert, moderiert und interpretiert werden, um dem Adressaten eine klare Orientierung im Lernprozeß zu geben.

PädagogInnen selegieren, arrangieren, präsentieren und interpretieren Informationen oder leiten dazu an, Informationen zu finden und selbständig zu bearbeiten. Sie tun dies in einer Form und Abfolge, die erfahrungsgemäß für das Lernen förderlich ist, und sie entwickeln Aufgaben für die Adressaten, mit denen geprüft werden kann, ob erfolgreich gelernt wurde.

Betrachten wir nun die einzelnen Aufgabenfelder der Pädagogik unter dem Gesichtspunkt, wie sie im Internet und durch Neue Medien realisiert werden können. Dabei wird die traditionelle pädagogische Situation mit Lernangeboten im Internet (also z. B. Virtuellen Seminaren) verglichen.

- PädagogInnen selegieren, arrangieren und präsentieren Informationen in einer Form und Abfolge, die für das Lernen förderlich ist. Das ist im Internet realisierbar, weil durch Hypertexte und multimediale Elemente die Information klar strukturiert und animierend präsentiert werden kann. Auch die Selbsttätigkeit kann gefördert werden.
- PädagogInnen entwickeln Aufgaben für die Adressaten, mit denen geprüft werden kann, ob erfolgreich gelernt wurde. Dies ist im Internet auf unterschiedliche Weise realisierbar, allerdings eher in multiple choice – Form (anklickbare Antwortkästchen mit automatisierter Auswertung). Das Feed back für die Lösungen ist dann aber unspezifisch und die pädagogische Expertise leider beschränkt. Abhilfe wäre über Email-Betreuung denkbar.
- Die Situation, in der Lernangebot und Lernprozeß zusammenkommen, sollte klar strukturiert werden, um den Adressaten eine Orientierung im Lernprozeß zu geben. Dies ist im Internet sehr gut zu realisieren. Die Wiederholbarkeit der Inhalte ist gewährleistet, und die Inhalte können ständig aktualisiert werden. Allerdings fehlen die sozialen Aspekte der Situation und damit ein Motivierungspotential und die Dimension des sozialen Lernens. Abhilfe wäre durch Präsenzphasen möglich.
- Die pädagogische Interpretation des Lernens informiert die Adressaten darüber, wo sie momentan im Lernprozeß stehen. Dieser Kernbereich der pädagogischen Kompetenz ist im Internet nur schwer realisierbar. Die personale und soziale Komponente (Dozentenräsenz) ist defizitär, und es muß sich erst zeigen, ob die internetbasierten Kommunikationsmöglichkeiten hier sinnvoll eingesetzt werden können. Abhilfe wäre möglich durch Meta-Gespräche in Präsenzphasen, Präsentation und Beurteilung von Lernergebnissen in Form von kleineren Lernzielkontrollen (z. B. Berichte der Lernenden über Stand der Arbeit) sowie Email-Betreuung durch Dozenten und Tutoren.

4. Was ist Information – pädagogisch betrachtet?

Wir haben oben dargelegt, daß Selegieren, Arrangieren, Präsentieren und Interpretieren von Information zu Lehr-Lern-Zwecken den Kern der pädagogischen Tätigkeit ausmachen, weil auf diese Weise das erwünschte Wissen oder auch die entsprechenden Fähigkeiten oder Haltungen beim Lernenden entstehen können. Umgangssprachlich dürfen wir formulieren, daß das Zeigen die Grundoperation der Erziehung ist (vgl. auch Prange 1995). Nur wenn die Lernenden die gezeigte Information als solche auffassen und verarbeiten, kann m.E. überhaupt pädagogisch sinnvoll gelernt werden. Will man diesen zentralen Zusammenhang zwischen Pädagogik und Information klären, so kommt man nicht umhin, das Objekt des Zeigens, also den Gegenstand der situativ gerichteten Aufmerksamkeit der Lernenden, genauer zu bestimmen. Wir fassen diesen Gegenstand – wie bereits angedeutet – im Begriff der Information. Der Informationsbegriff ist also zugleich zentral für die Pädagogik und für die Neuen Medien einschließlich des Internet.

Wir müssen zunächst feststellen, daß ein allgemeiner Begriff der Information, der Natur- und Kulturwissenschaften umfassen könnte, noch nicht entwickelt wurde. Die beiden großen Versuche im Bereich der Mathematik und Informatik laufen im Kern darauf hinaus, Information als Maß der Ordnung (vgl. Wiener 1963) oder als Maß der Unordnung zu bestimmen (vgl. Shannon/Weaver 1976). Für Wiener ist Information negative Entropie, also beseitigte Unordnung, für Shannon und Weaver ist der Begriff der Information inhalts- und interessenneutral und bezeichnet den nicht redundanten Teil eines Datenstromes.

Für unseren Argumentationszusammenhang benötigen wir aber ein vereinheitlichtes Konzept der Information, weil es den allgemeinsten Begriff bieten soll, mit dem wir die Inhalte des Lernens und der pädagogischen Kommunikation auf der einen Seite und das Wesen moderner Informationstechnologie auf der anderen Seite fassen können.

Der Begriff der Information bezeichnet die Tatsache, daß wir zwischen und in Gegenständen unserer Aufmerksamkeit Unterschiede machen können (Bateson 1983), daß wir also wissen, wie das eine vom anderen zu trennen ist. Nur die Differenz (in und zwischen Informationsobjekten) gilt dem Bewußtsein als Information (jene Art von Information, die Übereinstimmung enthält, bezeichnen wir als Redundanz). Dabei bilden wir spontan Informationseinheiten, zwischen denen Differenz entsteht. Informationseinheiten werden also nicht vorgefunden, sondern mental konstruiert. Informationen in diesem Sinne sind also erkannte bzw. wahrgenommene Unterschiede in Objekten unserer Aufmerksamkeit (Informationsobjekten). Information ist demnach ein Maß für bedeutsame Differenzen in wahrgenommenen oder mentalen Objekten unserer Aufmerksamkeit – dies gilt sowohl für kybernetische Regelkreise, für die bits in der Datenübertragung wie auch für unsere Sprache, unsere Wahrnehmung und unser Denken.

In der Informatik bezeichnet der Begriff der Information interessanterweise den „Gewinn an Wissen bzw. beseitigte Ungewißheit" (so zumindest Breuer 1995, 13) – ohne allerdings den Begriff des Wissens und der Information allgemein bestimmen zu können. Der Informationsgehalt selbst wird in *bit* gemessen. Ein bit bezeichnet eine basale, nicht mehr weiter auflösbare Informationseinheit (basic indissoluble information unit) (vgl. ebenda), mithin ein realisiertes Entscheidungspotential, das nicht weiter untergliedert werden kann.

Es liegt auf der Hand, daß die phänomenale Konstitution von Information und das Wahrnehmen und Erkennen von Unterschieden zwischen Informationseinheiten immer schon kulturell definiert und vermittelt sind, also auch schon kulturell vermittelte Deutungsmuster als Referenz voraussetzen; Informationseinheiten werden nicht schon mit dem Akt der Wahrnehmung konstituiert, sondern erst durch die kulturell präformierte Interpretation der Sinnesdaten. Für die Entstehung und Bearbeitung von Information ist also ein Referenzrahmen notwendig, ein Koordinatensystem, eine *kognitive map*, eine kulturelle Landkarte, die unserer Aufmerksamkeit die Identifizierung von Gegenständen als Informationsobjekte erlaubt.

Aufmerksamkeit ist die präsente, zugespitzte Form unseres Bewußtseins, der Suchscheinwerfer (vgl. Roth 1997, 220). Heute wissen wir, daß die Bandbreite unseres Bewußtseins bei etwa 5 bis 10 bit pro Sekunde liegt (vgl. Keidel 1963/Nørretranders 1997, 189ff.). Was bedeutet das für unseren Zusammenhang? Das Bewußtsein kann im Fokus der gerichteten Aufmerksamkeit nur etwa 5 bis 10 (nicht weiter auflösbare) Unterscheidungen pro Sekunde treffen (z. B. beim Lesen, Hören oder Fernsehen) und folglich nur diese Unterscheidungen (bits) als relevante Information im Bewußtsein behandeln. Information bemißt sich also allein danach, welche Unterscheidungen tatsächlich in unserem Bewußtsein getroffen werden – sie ist keine neutrale, objektive Größe, sondern Produkt unseres Bewußtseins. Eine Zecke oder ein Frosch prozediert in einer identischen Umwelt (z. B. im Wald) ganz andere Informationen, erkennt ganz andere Unterschiede, als es ein Mensch tun würde.

Objekte unserer Aufmerksamkeit, aus denen wir Informationen erschließen, bestehen aber nicht für sich allein, wenn sie auch in der Regel von anderen Objekten klar abgrenzbar sind. Informationsobjekte, also die spontanen Informationseinheiten, die im Bewußtsein nicht weiter zergliedert werden, rufen, und zwar ob wir wollen oder nicht, eine Vielzahl von Assoziationen hervor. Sie bringen also Verknüpfungen zu anderen Informationsobjekten ins Bewußtsein. Wir können nicht etwas sehen oder spüren oder uns an etwas erinnern, ohne im gleichen Moment dazu Assoziationen zu haben. Diese Assoziationen werden als neue Informationsobjekte dann signifikant, wenn sich unsere Aufmerksamkeit auf andere Gegenstände richtet, die uns die Erinnerung, der Leib oder die Wahrnehmung der Außenwelt zuspielt. Wir bezeichnen dies, was uns im Bewußtsein als Assoziation erscheint, in unserer Terminologie als Vernetzung von Informationsobjekten. Den Assoziationen gehen wir – wie oben bereits angedeutet – nach, um die Probleme unseres Lebens zu bearbeiten und angemessene Lösungen zu finden.

Unter Lernen verstehen wir in diesem speziellen Zusammenhang den Prozeß, in dem Informationen aus Objekten unserer Aufmerksamkeit in subjektiv bedeutsames und verfügbares Wissen oder in ein entsprechendes Können umgewandelt werden. Verhalten wird dann aufgrund von Informationen dauerhaft verändert. Wir wissen aus der Gehirnforschung, daß Aufmerksamkeit ein neuronaler Zustand ist, der die aktuellen Möglichkeiten der Informationsspeicherung und Informations-verknüpfung steigert (vgl. Roth 1997, 233). Wir lernen das Erkennen, Verknüpfen und Wiederholen von Informationsobjekten zum Zweck der Lösung von Lebensproblemen.

Fazit: Die pädagogische Tätigkeit hat es – informationstheoretisch betrachtet – damit zu tun, Informationen, also jene schon kulturell gedeuteten Unterschiede, so anzuordnen und zu präsentieren, daß daraus gelernt werden kann – und zwar auch dann, wenn die Kompetenzen zur Erschließung von Informationen aus Objekten der Aufmerksamkeit noch nicht vollständig entwickelt sind. Der Anschluß an die tatsächlichen Fähigkeiten der Kinder und der lernbedürftigen Jugendlichen und Erwachsenen, Gegenstände der Aufmerksamkeit als Träger von Informationen zu behandeln, ist unabdingbar.

Probleme internetbasierter Bildung 151

Wir sehen daraus, daß die Gestaltung und Anordnung der Objekte (das pädagogische Design) die wesentlichen Aufgaben für die pädagogische Tätigkeit sind. Die Grundoperation der Pädagogik ist demnach das Zeigen – oder wie oben formuliert: das Präsentieren – als ein gezieltes Richten der Aufmerksamkeit. Zeigen ist ein modaler Begriff, der nicht sinnvoll gedacht werden kann, wenn er nicht die Elemente *Richtung, Bewußtsein, Aufmerksamkeit* und *Deutung* enthält, die auf der operativen Ebene zentral für jede Pädagogik sind.

5. Was ist Bildung – aus informationstheoretischer Perspektive betrachtet?

Die bisherigen Untersuchungen über den Zusammenhang von Pädagogik und Information enthalten ein ungelöstes Problem: Scheinbar erschöpft sich pädagogische Tätigkeit einschließlich der Medienpädagogik in dem Geschäft, durch Präsentation von Lehr-Lern-Inhalten in Form von Informationsobjekten genau jenen Objekten ihren Informationsgehalt so vollständig wie möglich durch Lernen zu entziehen. Dies klingt zunächst abstrakt und unverständlich. Zur Veranschaulichung mag sich der Leser folgendes vor Augen führen: Man würde Sie eine beliebige Seite eines Buches lesen lassen. Dieselbe Seite wird Ihnen dann noch einmal und einem weiteren Probanten, der die Seite noch nicht kennt, vorgehalten. Überlegen Sie nun, welche Menge an Information die Seite für Sie und für die zweite Person enthält, die sie nicht gelesen hat. Die Menge wird gewiß unterschiedlich sein. Dieses Gedankenexperiment zeigt deutlich, daß sich der Gehalt eines Informationsobjekts nur relativ zum Rezipienten bestimmten läßt – denn physikalisch hat sich an der Buchseite nichts geändert, und dennoch hat sich aus Ihrer Sicht der Informationsgehalt erheblich geändert.

Was bedeutet dies für die Pädagogik? Wenn Erziehung den Informationsgehalt der Welt abbaut (und Information uns als das Maß aufmerksam wahrgenommener Differenz gilt), dann folgt daraus nicht, daß der Informationsgehalt der Welt für die erzogenen und belehrten Menschen abnimmt – die Welt selbst verändert sich ja nicht. Für die Lernenden nimmt nur der Informationsgehalt ganz bestimmter Objekte ihrer Aufmerksamkeit durch das Lernen ab. Was aber folgt daraus? Sie können ihre Aufmerksamkeit auf neue Differenzen richten, die meist nur dann erfahrbar werden, wenn bestimmte Teile eines komplexen Informationsobjekts als Redundanz zuvor gleichsam stillgestellt werden.

Nehmen wird das Lesen-Lernen: Man beginnt meistens mit den einzelnen Buchstaben. Wenn wir in die Schule kommen, dann lernen wir, bestimmte Hell-Dunkel-Differenzen in dem vor uns liegenden Schulbuch zunächst als abgegrenzte Formen zu erkennen, zu unterscheiden und wiederzuerkennen (ein *A* ist ein *A*). Die Form wird dann als Form (aber auch als Laut) redundant. Sodann werden wird dazu angehalten, Unterschiede zwischen den einzelnen Formen zu erkennen (ein *A* ist kein *B*). Wir lernen also die einzelnen Buchstaben kennen. Sind uns die Buchstaben nun endlich alle redundant geworden, wird uns gezeigt, wie Differenzen zwischen linearen Ansammlungen von Buchstaben (Wörtern) zu verstehen sind. Wir lernen, daß man Buchstaben und Worte lesen, hören und aussprechen kann. Irgendwann einmal wissen wir, daß wir dann, wenn wir ein Gedicht von Paul Celan verstehen wollen, nicht die Hell-Dunkel-Differenzen auf dem Papier ins Zentrum unserer Aufmerksamkeit rücken dürfen. Bildung ist also derjenige Prozeß der Höherentwicklung, in dem wir langsam lernen, von den trivialen zu den nicht trivialen Differenzen in Objekten unserer Aufmerksamkeit vorzudringen, um dort das Neue, die Differenz, die Information zu erkennen, wo es noch keine Lernwege gibt, die Erziehung und pädagogische Tätigkeit ebnen könnten.

6. *Können das Internet und die Neuen Medien PädagogInnen und Pädagogik überflüssig machen?*

Nachdem wir nun einige Grundbegriffe erläutert haben (Pädagogik, Lernen, Information, Bildung, Bewußtsein und Aufmerksamkeit) kehren wir zur Praxis zurück. Dort treffen wir bei den pädagogischen Professionen auf die drängende Frage, ob sie durch netzbasierte Bildungsangebote, wie beispielsweise Virtuelle Seminare (vgl. Koring 1997), überflüssig werden könnten.

Probleme internetbasierter Bildung 153

Die Möglichkeiten, die der Computer, die Neuen Medien und das Internet hinsichtlich der Präsentation von Information und der Kommunikation bieten, sind – wie oben gezeigt – in der Tat bemerkenswert. Wir haben deutlich gemacht, daß sich die Rechner- und Netztechnologien immer weiter in Richtung Leibnähe und intuitiver Bedienbarkeit entwickeln, weil der Markt dies verlangt. Die vielfältigen Angebote im Edutainment-Sektor bestätigen diesen Trend auch für den Bereich des Lernens. Daher ist die angeführte Angst vieler PädagogInnen verständlich, die befürchten, daß sie bald in einigen Bereichen durch Lernangebote im Internet ersetzt werden könnten. Diese Frage bedarf der systematischen Erörterung, wenn man die Probleme internetbasierter Bildung angemessen einschätzen will.

Das Kernargument gegen eine Ersetzbarkeit personaler pädagogischer Kompetenz ist oben bereits thematisiert worden: Komplexe Lernprozesse erfordern individuelle Rückmeldungen an die Adressaten (die Prozesse müssen also von Pädagogen interpretiert werden), weil die Aneignungswege und die möglichen Lernprobleme nur angemessen strukturiert und betreut werden können, wenn der aktuelle Stand des Lernprozesses im Kontext der einzelnen Lernbiographie und des Gesamtzusammenhanges des fachlichen Wissens gesehen und eingeordnet werden kann. Nur dann ist sinnvolle Hilfe bei komplexen Lernproblemen möglich, und nur dann können auch besonders begabte Personen erkannt und gefördert und Menschen mit Lernproblemen angemessen unterstützt werden. Derartige Leistungen sind rein technologisch, also ohne individuellen Kontakt zum Lehrenden, nicht zu realisieren. Multimediaanwendungen und internetbasierte Angebote scheinen zwar als animierte und animierende Lernunterstützungen fungieren zu können – die gezielte Vermittlung komplexen Wissens und die Beratung der Lernenden im Problemfall sind aber etwas grundsätzlich anderes als die Bereitstellung von Informationen in medialer Form.

Diesem skeptischen Argument kann mit den folgenden Hinweisen widersprochen werden: Die Fehlerorientiertheit neuer Lernprogramme sowie die Fähigkeit neuer Programme, mit Unschärfen und Uneindeutigkeiten umzugehen (*fuzzy logic*), und die Fehlersensibilität der Tutorenprogramme großer Softwarepakete (z. B. Office-Tutor und *Assistenten*) könnten als Gegenargument angeführt werden. Dies läßt sich allerdings aus pädagogischer Perspektive entkräften: Zwar sind in diesem Rahmen standardisierbare und sogar problembezogene kontextspezifische Rückmeldungen beim Computerlernen denkbar (wir kennen sie u.a. von der kontextsensitiven Hilfefunktion der meisten Windows-Programme). Der gezielte Einsatz und die Integration solcher Möglichkeiten in einen Gesamtprozeß komplexen Lernens in der Schule, Weiterbildung und Universität sind jedoch eine grundsätzlich andere Problemkategorie, weil die Komplexität der dort präsentierten Information und der notwendige Interpretationshorizont situativ, fachlich und problemspezifisch fundiert sein müssen – dies erschöpft sich gerade nicht im relativ geschlossenen Universum eines (auf Eindeutigkeit beruhenden) Computerprogramms.

Diese fundamentale Differenz (zwischen Lebenspraxis und Computerlogik) läßt sich auch am Beispiel der Entwicklung der Künstlichen Intelligenz (KI) zeigen. In den 70er und beginnenden 80er Jahren verfolgte man in Amerika das Projekt eines Computer-Programms, das die einfache Umgangssprache und das Alltagshandeln in einem überschaubaren Kontext verstehen und darin angemessen agieren sollte. Die KI-Forscher entwickelten sog. *scripts* und *frames*, mit denen Strukturen des alltäglichen Verstehens und Handelns nachgebildet wurden (vgl. Rose 1984). Man ist an dieser Aufgabe gescheitert, weil sich schon bei wenigen zu entziffernden Interaktionszügen ein Komplexitätsgrad und ein Informationsbedarf zeigten, die von den Forschern nicht zu bewältigen waren, obwohl es sich *nur* um das Verstehen einfacher Alltagskommunikation (Bitte schließe das Fenster!) oder um einfache Alltagstätigkeiten (Vor dem Frühstück noch schnell die Zeitung holen!) handelte. Das zugehörige Wissen und seine Vernetzung im menschlichen Denken und Handeln waren weder vollständig virtuell abbildbar, noch war es möglich, in solchen Situationen eigenständige angemessene Reaktionen vom Programm zu erhalten. Ähnliche Erfahrungen machen wir heute bei der Entwicklung medizinischer Expertensysteme, die letztlich nur nützliche, aber im Kern triviale Beiträge zur Entscheidungsfindung bei Diagnose und Therapie liefern. Im Bereich der Pädagogik wurden derartige Projekte (pädagogische Expertensysteme) gar nicht erst in Angriff genommen. Die personale Betreuung von Lernprozessen ist eine komplexe personale und soziale Aufgabe, und die Abbrecherquoten der Fernlehrangebote (über 50%) belegen die Bedeutung der pädagogischen Kompetenz im situativen Bereich.

7. Wo liegt die politische Dimension der Pädagogik im und mit dem Internet? *(Strategische Schlußbetrachtung)*

Ein wesentlicher Kristallisationspunkt für die aktuellen und künftigen politischen Probleme der Informationsgesellschaft ist das Internet. Einige Trends möchte ich kurz zusammenfassen, um anschließend zu zeigen, daß die Pädagogik nicht außerhalb der Macht- und Marktbereiche stehen kann. Probleme internetbasierter Bildung lassen sich also nicht ausschließlich pädagogisch betrachten, sie bedürfen auch der politischen Reflexion.

Das Internet scheint sich zunehmend in Richtung Kommerzialisierung, Unterhaltung und Kommunikation zu entwickeln. Für ernsthafte Aufgaben legt sich heute jede seriöse Firma zunächst ein Intranet zu, das eine Grenze zum Internet aufbaut, die den Zugang regelt und Informationsräume relativ sicher trennt. Das Vertrauen ins Internet ist also begrenzt. Kommerz und Unterhaltung werden primär nach Marktgesichtspunkten gestaltet, wenn man von einigen juristischen und kulturellen Limitationen absieht. Eine vollständige Regulierung der Informationsströme durch die Gesetze des Marktes führte und führt zur Etablierung neuer kommerzieller Machteliten (global agierende Medien- und Telekommunikationskonzerne). Ob aber alles, was sich auf dem Informationsmarkt bewährt, auch vernünftig, kulturell wertvoll und politisch angemessen ist, kann bezweifelt werden. Es entstehen somit massive Informationsmonopole und – aufgrund der Kosten für marktgängige Angebote – gewisse Zugangsprivilegien zur Information. Dadurch wird letztlich eine Entwicklung gefördert, die Ähnlichkeit mit den bekannten Tendenzen auf dem Arbeitsmarkt hat: Die Schere zwischen denen, die aufgrund mangelnder Bildung, mangelnder technischer und finanzieller Voraussetzungen die Neuen Medien und das Internet nicht nutzen können, und den kompetenten, den privilegierten Medienprofis wird in Zukunft weiter auseinandergehen.

Die Schulpädagogik (siehe *Schulen ans Netz*), die Erwachsenenbildung, die Weiterbildung und die Universitäten tragen zu dieser Entwicklung bei, indem sie zwangsläufig bei den ohnehin interessierten Lernern ansetzen und die vorhandenen Kompetenzen noch weiter steigern. Damit wächst die Gefahr eines informationstechnologischen Proletariats

(*Knowledge-Gap-These*), ohne daß die Pädagogik massiv gegensteuern könnte. Die politische (und letztlich nur politisch zu entscheidende) Kernfrage der Informationsgesellschaft lautet daher, wie eine demokratische Kultur der Informationsgesellschaft entwickelt werden kann, bei der die Entfaltung des einzelnen und die Solidarität mit den Schwachen und die Ausbildung einer neuen Medienkultur nicht von den Medienkonzernen behindert, sondern von ihnen, vom Staat und engagierten Bürgern vernünftig gefördert wird.

Die Entwicklung einer demokratischen Medien- und Lernkultur im Internet ist meines Erachtens eine Kernaufgabe der Neuen Medienpädagogik – wenn aufgrund von politischen und ökonomischen Entscheidungen dafür die Möglichkeiten gegeben werden. Voraussetzung für eine demokratische Medien- und Lernkultur ist, daß alle Gesellschaftsmitglieder über ein bestimmtes Maß an Medienkompetenz, an informationstechnischer Bildung verfügen, das ihnen selbständiges und selbstbestimmtes Handeln mit den Neuen Medien erlaubt. Nur dann läßt sich die Teilhabe an den weltweiten Informationsnetzen ebenso realisieren, wie Telelearning und Telearbeit. Daraus ergibt sich die politische Forderung, daß jedem Zugang zur Information gegeben werden soll, indem die technischen Möglichkeiten grundsätzlich für alle preisgünstig zugänglich sind. Darüber hinaus müssen pädagogische Angebote für die Entwicklung von Medienkompetenz gemacht werden, und zwar sowohl für die Rolle des passiven Nutzers wie auch für die Rolle des Internet-Akteurs und Autors.

Nun stellt sich die Frage, auf welche Weise diese politische Forderung einzulösen ist. Die führenden Medienkonzerne werden meines Erachtens nur Teile dieser Forderung realisieren können und wollen. Daher muß sich von den engagierten Nutzern und den öffentlichen Einrichtungen aus eine Kultur des Informationsmanagements und Informationsgebrauchs entwickeln, also eine nutzerorientierte Internet-Kultur. Die bisherige demokratische, nichthierarchische, egalitäre und freigiebige Internetkultur könnte fortgeführt werden. Solche Initiativen sollten im und durch den öffentlichen Bereich (Schulen, Erwachsenenbildung und Hochschulen) intensiv unterstützt werden. Der Kommerzialisierung des Internet, die zu einer Verödung und Dekultivierung der Netzlandschaft führt, muß auf diese Weise eine demokratische kulturorientierte Nutzung entgegengestellt werden.

Literatur

Bateson, G. (1983): Ökologie des Geistes. Frankfurt am Main. (Suhrkamp).
Breuer, H. (1995): (Hrsg.): dtv-Atlas zur Informatik. Tafeln und Texte. München.
Gates, B. (1997): Der Weg nach vorn: Die Zukunft der Informationsgesellschaft. München.
Keidel, W. D. (1963): Beispiele und Probleme einer kybernetischen Physiologie des ZNS und der Sinne. In: Bericht über den 23. Kongreß der Deutschen Gesellschaft für Psychologie. S. 103-123.
Koring, B. (1992): Grundprobleme pädagogischer Berufstätigkeit. Bad Heilbrunn. (Klinkhardt).
Koring, B. (1997): Lernen und Wissenschaft im Internet. Bad Heilbrunn. (Klinkhardt).
Mandl, H. u.a. (1998): Gutachten zum BLK – Programm: Systematische Einbeziehung von Medien, Informations- und Kommunikationstechnologien in Lehr-Lernprozesse. Reihe Forschungsberichte. München.
Nørretranders, T. (1997): Spüre die Welt. Die Wissenschaft des Bewußtseins. Reinbek bei Hamburg. (Rowohlt).
Prange, K. (1995): Über das Zeigen als operative Basis der pädagogischen Kompetenz. In: Bildung und Erziehung 48, Heft 2/ Juni 1995. S. 145-157.
Rein, A. von (Hrsg.) (1996): Medienkompetenz als Schlüsselbegriff. Bad Heilbrunn. (Klinkhardt).
Rose, F. (1985): Ins Herz des Verstandes: Auf der Suche nach der künstlichen Intelligenz. Reinbek bei Hamburg. (Rowohlt).
Schorb, B. (1998): Stichwort: Medienpädagogik. In: Zeitschrift für Erziehungswissenschaft, Heft 1/1998. S. 7-22.
Shannon, R. N.; Weaver, W. (1976): Mathematische Grundlagen der Informationstheorie. München, Wien (Oldenbourg).
Wiener, N. (1963): Kybernetik. Regelung und Nachrichtenübertragung im Lebewesen und in der Maschine. Düsseldorf, Wien (Econ).

Otto Peters

Ein didaktisches Modell für den virtuellen Lernraum[1]

> „Das Prinzip der Autonomie des Lernens wird in den multimedial fundierten Lernräumen verwirklicht, da in ihnen der einzelne, ohne Hilfe und Beistand von außen, aus eigenem Antrieb weiterlernen kann. Er wird schnell zu einem Stadium der Selbstbestimmung finden, aus dem heraus er seine eigene Lernevolution steuern kann. Dieses Stadium für jeden Bürger erreichbar werden zu lassen, ist eine grundlegende Aufgabe der künftigen Bildungspolitik."
>
> *(Gottwald/Sprinkart 1998, 56)*

1. Einleitung

Eine Analyse der besonderen technologischen Möglichkeiten einer digitalen Lernumgebung führt zu der Feststellung, daß sich der weite und unbestimmte virtuelle Lernraum hinter dem Bildschirm eines Computers für die Lernenden in mindestens zehn neue Lernräume unterteilen läßt (vgl. Peters 1999). Auf Grund der besonderen technologischen Gegebenheiten ermöglichen sie didaktische Handlungen, von denen mehrere dem traditionellen Verständnis vom Lernen ungewöhnlich, wenn nicht gar fremd erscheinen. Die Lehr- und Lernsituationen in solchen virtuellen Räumen sind strukturell andere als in entsprechenden realen Lernräumen. Sie mit Aktivitäten nach traditionellen didaktischen Mustern zu besetzen, ist daher im Grunde unangemessen und muß in manchen Bereichen in die Irre führen. Mithin drängt sich die Frage auf, ob die neuen Lernräume in technologisch-spezifischer Weise erkannt und verstanden und zugleich genuinen didaktischen Zwecken nutzbar gemacht werden können. Es werden die möglichen didaktischen Vorteile einiger virtueller Lernräume skizziert und aufeinander bezogen. Daraus läßt sich ein Lehr- und Lernverhalten ableiten, das in einigen Punkten von dem Lehr- und Lern-

---

1 Dieser Aufsatz wurde zuerst in den *Grundlagen der Weiterbildung: Praxishilfen* (Luchterhand 1999) veröffentlicht.

verhalten in realen Lernräumen gravierend abweicht. Nutzt man solche Abweichungen zusammen mit den unbestreitbaren Vorteilen der digitalen Lernumgebung, so kann ein neues Modell des autonomen und selbstgesteuerten Lernens entstehen, daß sich an dem didaktischen Modellen des *entdeckenden* und *problemlösenden* Lernens sowie am Leitbild des unabhängig forschenden Wissenschaftlers orientiert. Ein solches Modell dürfte gerade für Lernen im Informationszeitalter angemessen und erwünscht sein.

Bei den Versuchen, jenes technische Aggregat, das aus Personalcomputer, Multimedia und Internet besteht, für das Lernen und Lehren zu nutzen, kommt es häufig zu Konstruktionen nach Gutdünken oder aber zur Anwendung von Verfahren und Modellen der Informations- und Kommunikationswissenschaft sowie auch der Computertechnologie. Das liegt nahe, weil bisher wohl die meisten solcher Projekte von Wissenschaftlern dieser Disziplinen entwickelt wurden und weil eine gewisse Nähe zwischen Informationen und Lerninhalten gegeben ist. Gleichwohl muß überlegt werden, wie man die neuen technischen Mittel und Verfahren von vornherein in *didaktischer* Absicht und mit *didaktischen* Methoden nutzt und dabei auch von *didaktischen* Erfahrungen ausgeht. Beispielsweise ist es von großem Belang, welche Vorstellungen man mit dem Lernen verbindet und welches Lernmodell man für richtig hält. Noch wichtiger ist das Menschenbild, das man in den Lehr- und Lernprozeß einbringt. Nimmt man die Lernenden in ihrer individuellen und sozialen Situation und im Lernprozeß als Verantwortliche wahr oder reduziert man sie zu *Benutzern*? Diese Frage ist grundlegend für die Nutzung der digitalen Lernumgebung und darf nicht außer acht gelassen werden. In der Begeisterung über die rasanten technologischen Fortschritte auf dem Gebiete der Informations- und Kommunikationswissenschaften werden aber didaktische Gesichtspunkte von vielen Protagonisten der digitalen Lernumgebung vernachlässigt, weil sie meinen, mit dem computervermittelten, netzbasierten und Multimedia-Lernen breche eine neue Zeit an, in der man didaktische Überlegungen weit hinter sich lassen könne, weil sie angeblich in die Vergangenheit – in ein vor-elektronisches Zeitalter – zurückweisen und deshalb die Nutzung der neuen Möglichkeiten des Lernens nur behindern können.

Demgegenüber muß der Primat des Didaktischen und selbst des Pädagogischen betont werden. Selbst der leistungsfähigste digitale Lernumgebung, die mit den modernsten Geräten bestückt ist, bleibt eine leere Apparatur, wenn sie lediglich zum Transport von Daten oder Informationen genutzt wird. Beide müssen in Wissen verwandelt werden. Hierbei aber kann die Didaktik den Lernenden und Lehrenden unschätzbare Dienste leisten, um nur einen wichtigen Aspekt vorweg zu nennen.

2. Didaktische Perspektiven

Die virtuellen Lernräume sind, didaktisch gesehen, jeder für sich ungewöhnlich attraktiv, weil die in ihnen möglich gewordenen spezifischen Aktivitäten sowohl einzeln und gesondert als auch kombiniert, gebündelt und integriert entfaltet werden können.

Der dabei zu erzielende Gewinn an neuen didaktischen Handlungsmöglichkeiten kann nicht überschätzt werden. Selbst wenn die digitale Lernumgebung nur *einen* der neuen Lernräume erschlossen hätte, z. B. lediglich den Multimediaraum, der die Bündelung unterschiedlicher Präsentationsmodi ermöglicht, oder lediglich den Informationsraum mit seinem so schnellen Zugang zu Datenbanken aller Art im World Wide Web, so wäre dies allein schon jeweils ein bemerkenswerter Fortschritt gewesen, der die *instructional designer* begeistert und die Didaktiker in Erstaunen versetzt haben müßte. Hier aber sind es mindestens *zehn* solcher Lernräume mit jeweils spezifischen Lernaktivitäten, die, *zusammengnommen*, den virtuellen Lernraum der digitalen Lernumgebung in neuartiger Weise strukturieren. Wir haben es mit einem Innovations- und Modernisierungsschub erster Ordnung zu tun, der in der Geschichte des Lernens kein Beispiel hat und dessen Auswirkungen noch nicht abzusehen sind.

Bei der täglichen Arbeit erweist sich die digitale Lernumgebung auf Grund der Eigenart dieser neuen Lernmöglichkeiten und der Möglichkeit ihrer leicht zu bewerkstelligenden Kombination als eine unerhört vielseitige und äußerst anpassungsfähige Konfiguration von spezifischer *hardware* und *software*. Auf Grund ihrer Flexibilität und Adaptivität kann sie vielen didaktischen Zielen dienstbar gemacht werden, und zwar sowohl der *Nachbildung* traditioneller Unterrichtsformen als auch der *Konstruktion* innovativer Lernarchitekturen. Zu welchen Zwecken sie genutzt wird, hängt von vielen situativen, institutionellen und ökonomischen Faktoren ab, zu denen naturgemäß auch die lerntheoretische Orientierung und die Innovationsbereitschaft der Lernenden und Lehrenden zählen.

Im folgenden geht es darum, einige der besonders eindrucksvollen didaktischen Chancen der neuen Lernräume genauer zu skizzieren. Dabei soll von relevanten *didaktischen* Aktivitäten ausgegangen und auf die technologisch ermöglichten Lernräume jeweils nur Bezug genommen werden. Auf diese Weise wird erneut deutlich, welche Lernräume vor allem für die Innovation und Modernisierung des Lernens in Anspruch genommen werden können.

2.1 Expositorisches Lehren und rezeptives Lernen

Traditionelles Lehr- und Lernverhalten nach dem Instruktionsparadigma (vgl. dazu Reinmann-Rothmeier/Mandl 1997, 359) wird, wie eingangs schon kritisiert, vielerorts in den virtuellen Raum transponiert. Mit dem prononcierten Gestus der *Darbietung* werden mündliche und schriftliche Texte auf den Monitor gebracht, wobei etwa die Vorlesung, der Lehrvortrag, das Referat, der Fernstudienkurs, der Dateikurs, der Aufsatz, der Handbuchartikel oder der Lexikoneintrag Pate stehen und als Muster dienen *(Instruktionsraum)*. Dem entspricht der prononcierte Gestus des *Empfangens* und *Aufnehmens* durch die Lernenden, wie er etwa bei traditionellen Vorlesungen durch das eifrige *Mitschreiben*, in der digitalen Lernumgebung aber durch das Bearbeiten, Kopieren und Speichern der Lehrtexte zum Ausdruck gebracht wird *(Speicherraum)*.

In einigen der skizzierten virtuellen Räume kann die Effektivität sowohl der darbietenden Lehre als auch des aufnehmenden Lernverhaltens gesteigert werden. Man denke nur an die Kumulierung, Intensivierung und Verschärfung der Darbietungsreize und Präsentationsmodi *(Multimediaraum)* sowie an die Gründlichkeit, Genauigkeit und Übersichtlichkeit, mit der die präsentierte Lehre aufbereitet und graphisch gestaltet *(Textverarbeitungsraum)* und an die Schnelligkeit, mit der sie verläßlich gespeichert und zu Lern- und Wiederholungszwecken zurückgerufen werden kann *(Dokumentationsraum)*. Das Gedächtnis der Lernenden geht dabei mit dem Speicher des Computers eine scheinbar symbiotische Verbindung ein.

Mehr noch: Wenn man ein solches traditionelles Lernen als tendenziell *heteronom* interpretiert, weil eben die meisten curricularen und prozeduralen Entscheidungen von den Lehrenden getroffen werden, so scheint die digitale Lernumgebung in der Lage zu sein, dieses heteronome Lernen noch zu perfektionieren und geradezu auf die Spitze zu treiben. Die Darbietungen können nämlich schrittweise festgelegt werden, die Lernenden sozusagen *an kurzer Leine* geführt werden *(Instruktionsraum)*. Den theoretischen Hintergrund für diese Form des Lehrens und Lernens bietet David P. Ausubel mit seiner „Theorie des expositorischen Lehrens" (1968) und seinem Konzept des „sinnvollen rezeptiven Lernens" (1980, 148).

Eine Engführung des expositorischen Lehrens und rezeptiven Lernens findet statt, wenn in der digitalen Lernumgebung *programmierter Unterricht (computer-based learning)* angeboten wird. Die Lernenden werden dabei noch kleinschrittiger von *frame* zu *frame* geführt, müssen jedesmal eine Prüfungsfrage beantworten und erhalten über ihren Lernerfolg auch jedesmal eine Rückmeldung. Weil diese Lernprogramme zuerst in gedruckter Form und dann durch Computer angeboten wurden, lag es für viele zunächst nahe, die digitale Lernumgebung als idealen Ort ihrer Präsentation anzusehen. Dies hat in der Tat auch einiges für sich, weil das Programm anspruchs- und eindrucksvoll präsentiert werden kann *(Multimediaraum)*, mit der Software ein tutorieller Dialog möglich wird *(Kommunikationsraum)* und Verzweigungen leichter zu bewerkstelligen sind. Diese Form des Lehrens und Lernens ist nun aber in der Praxis häufig didaktisch wenig elaboriert. In den zurückliegenden Jahrzehnten wurde sie deshalb stark kritisiert (vgl. Bates 1995, 192). Häufig diente sie ohnehin nur für *drill and practice*. Das vielseitige technologische Aggregat der digitalen Lernumgebung übt dann in der Hauptsache lediglich die Funktionen der Präsentation und des *page turning* aus *(Darbietungsraum)*.

Typischerweise besteht das ehrgeizige Ziel der Programmierer und Programmiererinnen darin, alle (oder fast alle) Lernenden durch diagnostische Tests, Leistungstests, Mitteilung der Ergebnisse und gezielte Wiederholungen bei individuellen Lernzeiten dazu zu bringen, *alle* Prüfungsfragen zu beantworten, wobei man sich von dem Konzept des *mastery learning* (Bloom 1968) leiten läßt. Die Dominanz der Lehrenden ist bei diesem Vorgehen in der Tat nicht mehr zu überbieten. Die Lernenden werden in behaviouristischer Manier zum Objekt der Lehrenden. Bei der

Entwicklung dieser Programme werden vor allem Spielarten der Unterrichtstechnologie (vgl. Romiszowski 1990, 165) und Modelle des Systematischen Instruktionsdesigns (vgl. Issing 1997, 201) zugrunde gelegt.

2.2 Entdeckendes und erarbeitendes Lernen

Eine andere Form des Lernens stellt nicht die Lehrenden in den Vordergrund, sondern die Lernenden. Sie traut ihnen zu, ihr Lernen selbst zu planen, zu organisieren, zu steuern und auch zu evaluieren. Die Lehrenden üben dabei beratende, mentorielle und moderierende Funktionen aus. Dies sind beileibe keine beiläufigen oder punktuellen Aktivitäten, sondern Aufgaben, die beim autonomen Lernen in der digitalen Lernumgebung anspruchsvoller und wichtiger als je zuvor geworden sind. Für diese besonderen Formen des „selbstgesteuerten Lernens" (Friedrich/ Mandl 1997, 237) bietet die digitale Lernumgebung ungewöhnlich gute Voraussetzungen, weil sie über Lernräume verfügt, die entsprechende Aktivitäten ermöglichen, erleichtern und beschleunigen.

2.3 Lernen durch Exploration

Die Arbeit im Hypertext stellt eine Form des Lernens dar, die *zwischen* dem heteronomen und dem autonomen Lernen angesiedelt ist und in beide Lernformen hineinreicht. Sie kann daher sehr flexibel gehandhabt werden. Eindeutig werden auch hier die Inhalte von den Lehrenden festgelegt und dargeboten, und zwar oft kunstvoll und mit großem Aufwand unter Mitwirkung von Experten. Wenn dazu noch die Lernpfade durch den Hypertext im Sinne von *guided tours* Schritt für Schritt vorgeschrieben werden, so liegt die Fremdsteuerung der Lernenden auf der Hand.

Zugleich aber bieten Hypertext und Hypermedia neue Lernräume für selbstgesteuertes Lernen. Dies beruht vor allem auf ihrer Nicht-Linearität. Der Lehrtext wird nicht, wie gewohnt, in linearer Abfolge dargeboten. Vielmehr besteht er aus in sich relativ abgeschlossenen Informationseinheiten, die in Form eines Netzes ausgearbeitet werden. Der fundamentale Unterschied wird deutlich, wenn man die Bemerkung von Michael Joyce (1989, 221) überdenkt, nach der der Hypertext „thought in space rather than thought in time" darstellt. Die Räumlichkeit, die sich vor den Ler-

Ein didaktisches Modell

nenden auftut, ist hier gemeint. Auch Rainer Kuhlen (1991, 337) spricht in diesem Zusammenhang von vernetzten „Räumen". In diese Räume – dem Hyperspace – müssen die Lernenden „vorstoßen" und sie „erforschen", wenn man diese Verben einmal verwenden darf, was sonst vor allem im Hinblick auf den Weltraum geschieht, und sei es auch nur, um das große Maß an Aktivität zu charakterisieren, das hier von den Lernenden aufgebracht werden muß. Müssen sie sich doch selbst dafür entscheiden, die vernetzten Räume des Hypertextes zu erkunden, sich dabei einen Überblick zu verschaffen, Eindrücke zu gewinnen und zu verarbeiten, einen für sie geeigneten Zugang auszuwählen und schließlich ihren je eigenen, individuellen Pfad durch diesen besonderen Lernraum zu finden und zu begehen (*Explorationsraum*). Eine Reihe von pädagogisch und didaktisch sehr erstrebenswerten Befähigungen wird dabei entwickelt und eingeübt.

Die Lernenden profitieren dabei von einem Zuwachs an Autonomie, weil die Lernwege eben auch von ihnen selbst auf Grund ihrer Interessen und Assoziationen sowie ihres Gutdünkens und Kalküls gewählt werden können *(Explorationsraum)*. Idealiter kann dadurch jeder Lernende den ihm gemäßen persönlichen Lernpfad einschlagen, der von keinem anderen je betreten wird. Damit werden Hypertext und Hypermedia zum wirksamen Instrument der Individualisierung der Lernwege und zugleich zur Vorschule und Schule des autonomen Lernens.

Dieses didaktisch völlig neue und daher für viele ungewohnte Vorgehen verändert das Lernverhalten und mehr noch das Lehrverhalten. Den *Lernenden* wird nicht nur Aktivität, sondern auch ein beträchtliches Maß an Selbständigkeit abverlangt. Außerdem müssen sie über eine Reihe von Explorationstechniken verfügen, wie sie in der Didaktik noch nie beschrieben worden sind: das *Navigieren* (durch Fortschreiten von Knoten zu Knoten, wobei offen bleibt, welcher Weg eingeschlagen wird), das *Browsing* (durch absichtsloses Durchwandern des Hypertextes), das *Searhing* (durch gezielte Fragen an die Database), das *Connecting* (durch das Herstellen neuer Verbindungen zwischen bestimmten Informationseinheiten) und das *Collecting* (durch neuartiges Zusammenfügen von Informationseinheiten zu größeren Wissenseinheiten) (vgl. Haack 1997, 156). Robert Kleinschroth (1996, 178) nennt dazu noch das *Flagging*, wobei z. B. Informationseinheiten oder bildliche Darstellungen für den späteren Gebrauch markiert werden, damit sie leichter wieder aufgefunden werden können, das *Annotating*, bei dem eigene Gedanken auf einem elektronischen *Notizblatt* festgehalten werden, und das

Editing, bei dem ausgewählte Texte, Bilder oder Tondokumente kopiert und in ein Textverarbeitungsprogramm eingefügt werden. Für die an zielgerichtetes und darbietendes lineares Lehren Gewöhnten ist das eine erstaunliche Innovation. Dazu kommt die Einführung und Einübung eines *aktiven und konstruktiven* sowie eines *kontextgebundenen Lernens*. Auch die Möglichkeit, sich beim Lernen *kognitive Flexibilität* anzueignen, muß hervorgehoben werden. Diese drei Qualitätsmerkmale werden gegenwärtig von Ergebnissen der Kognitionspsychologie abgeleitet (vgl. Tergan 1997, 129).

Die *Nachteile* einer so stark ausgeprägten Selbständigkeit des Lernens im Hypertext zeigen sich vor allem, wenn es den Lernenden an Erfahrung und Routine fehlt. Die Lernenden verlieren dann in diesem neuen Lernraum leicht die Orientierung oder muten sich zuviel neue Informationen auf einmal zu *(cognitive overload)*.

Auch die *Lehrenden* sind mit ungewohnten Aufgaben konfrontiert. Für sie geht es nicht darum, bestimmte Inhalte artikuliert darzubieten und also zu lehren, sondern mit Hilfe von Hypertext/Hypermedia spezielle Lernumgebungen zu schaffen, die zum selbst-initiierten und selbstgesteuerten Lernen herausfordern. Sie werden dazu komplexe und interdisziplinäre Inhaltsbereiche auswählen und in einer Form darbieten, die den schnellen Zugriff zu jedem gewünschten Sachverhalt sowie die Individualisierung der Lernpfade ermöglicht. Dabei werden mit Hilfe von Hypermedia Realitätsnähe und die Anwendung erworbenen Wissens simuliert *(Multimediaraum, Simulationsraum)*.

Damit wird im *Explorationsraum* eine Lernart konstituiert und praktiziert, in der nicht Vorformuliertes eingeprägt und das Ziel nicht auf vorgegebenen Wegen erreicht wird. Vielmehr wird das Suchen, Bewerten, Strukturieren und Einordnen von Informationen betont und assoziatives, okkasionales und transversales Lernen gepflegt (Peters 1997, 220). Nicht serielles Denken wird angestrebt und eingeübt, sondern mehrkanaliges, strukturelles, vernetztes Denken. Damit werden Konsequenzen aus Forschungsergebnissen der konstruktivistischen Psychologie gezogen (Watzlawick 1994/Stangl 1985).

Das Modell, das diesem Lernen noch am nächsten kommt, ist das *learning by discovery*, das am stärksten von Jean Piaget (1973, 1954) und Jerome S. Bruner (1961) entwickelt worden ist. *Resource based learning* und *project based learning* sind verwandte Formen des weithin selbständigen explorierenden Lernens.

2.4 Lernen durch Informationssuche

Welche Aktivitäten können in der digitalen Lernumgebung dazu beitragen, den zunächst diffusen und ungegliederten Lernraum zu strukturieren? Was muß geschehen, um zu erkunden, welcher Raum für die Informationsgewinnung und -verarbeitung zur Verfügung steht und wie man sich in ihm bewegt? Dazu bieten sich mehrere Möglichkeiten an. Die Lernenden können ihre Festplatte und ihre Disketten daraufhin überprüfen, ob schon Gespeichertes für die Lernzielerreichung geeignet ist. Sie können feststellen, ob elektronische Fachzeitschriften, Bücher, Lexika, und Bibliotheken zum Thema etwas beisteuern. Sie können das elektronische Verzeichnis der lieferbaren Bücher durchsehen, Zugang zu Datenbanken und entsprechenden Suchmaschinen gewinnen, in einer Mailinglist oder Newsgroup nachfragen, einen Experten per E-mail befragen und digitale Lehrprogramme abrufen und in ihnen nach relevanten Informationen suchen (*Informationsraum, Kommunikationsraum*).

Skeptiker mögen einwenden, die Literaturrecherche sei nichts sonderlich Innovatives, da sie doch fester Bestandteil eines jeden traditionellem Studiums sei. Das mag prinzipiell richtig sein, doch werden dabei große Unterschiede nicht gesehen. Der digitale Informationsraum ist so umfassend, weit und breit und dazu noch so vielgestaltig, wie es die intensivste Nachforschung in der Bibliothek nicht sein kann. Er ist *international*, was gegenwärtig in vielen Disziplinen unerläßlich ist und in anderen Disziplinen immer wichtiger wird. Und er ist Tag und Nacht zugänglich. Man braucht keine Wege zurückzulegen oder Verkehrsmittel zu benutzen. Und man erhält die Information, wenn die Technik nicht versagt, immens schnell. Im Grunde hat man in den meisten Fällen jede gewünschte Information sozusagen *at the tip of one's finger*.

Man sollte diese Aktivitäten nicht unterschätzen und meinen, sie würden lediglich als Vorbereitung auf die Bearbeitung eines Themas eine Rolle spielen. In Wirklichkeit *begleiten* sie die Arbeit auch danach und werden schließlich zu einem *integralen* Bestandteil des autonomen Lernens, ja des wissenschaftlichen Studiums überhaupt. Dazu sind bestimmte Einstellungen, Strategien und Arbeitsweisen erforderlich, die erworben sein müssen, als eine Art Forschungspropädeutik. Das ständige sondierende und explorierende Sortieren großer Informationsmassen muß den Lernenden zur zweiten Natur werden. Genau genommen, können diese Aktivitäten selbst als Lernprozeß interpretiert werden. Erstens werden dabei nämlich gesuchte und nicht gesuchte *(serendipity effect)* Informationen eigener Art aufgenommen und assimiliert, und zweitens ist das vergleichende Beurteilen dieser Informationen im Hinblick auf die eigenen Lernintentionen, ihre kalkulierte Auswahl und strategische Anwendung bereits ein anspruchsvoller kognitiver Prozeß. Kommt es doch darauf an, die neutrale *Information* in den eigenen Arbeits- und Lernzusammenhang zu bringen und zugleich in den gegebenen sozialen und örtlich-zeitlichen Kontext einzuordnen, um sie recht eigentlich erst in *Wissen* zu verwandeln. Kognition muß also dabei immer wieder von Metakognition begleitet sein, bei der u.a. die Präferenz-, Prioritäts- und Selektionskriterien begründet ins Gleichgewicht gebracht werden müssen (vgl. Döring 1997).

Wenn man den unabhängig arbeitenden Forscher als anzustrebendes Modell für die Entwicklung autonomen Lernens nimmt, wird sofort klar, welch große Bedeutung dabei das versierte Bewegen im *Informationsraum* hat.

2.5 Lernen durch Kommunikation

Das Gespräch, die Diskussion, der Diskurs und auch der schriftlicher Austauch von Mitteilungen als solche sind natürlich noch keine Innovation. Sind sie doch traditioneller Bestandteil vieler Formen des akademischen und schulischen Lernens und Lehrens. Während sie dort allerdings infolge der Dominanz der darbietenden Lehre – gesprochen und gedruckt – mehr und mehr zurückgedrängt worden sind, bieten sich in der digitalen Lernumgebung im *Kommunikationsraum* für sie mehrere interessante Realisierungschancen, die zudem noch schnell und ohne großen Aufwand zur Verfügung stehen. Anders als an traditionellen Lernorten ist hier mit Hilfe der Vernetzung die Verbindung zu Kommunikationspartnern, technisch gesehen, überall und zu jeder Zeit gegeben. Die Arbeit im Netz wird dadurch zu einer gewichtigen Lernaktivität. Dabei haben sich folgende Formen herausgebildet: Elektronische Post, elektronisches Schwarzes Brett, *Newslist*, Computer-Konferenz und die *Multi User Domain (MUD)*. Mit Zusatzgeräten sind auch parallel angebotene Audio-Konferenzen, audiographische Konferenzen und Video-Konferenzen

Ein didaktisches Modell

möglich, wie z. B. das kanadische *Project North* zeigt (vgl. Peters 1997, 301).

Mit der *elektronischen Post (Email)* lassen sich überraschend einfach und in Sekundenschnelle Texte an Mitlernende, Lehrende und andere am Lern-Lehrprozeß Beteiligte übermitteln. Normalerweise werden so *Botschaften* zwischen zwei oder mehr Personen ausgetauscht. Auf diese Weise kommen schriftliche *Gespräche* oder *Diskussionen* und das beliebte *Chatten* zustande, das auch in extra dafür eingerichteten *chatrooms* oder *Cafeterias* stattfinden kann, die dadurch zu Brennpunkten der sozialen Integration werden können. Dies sind neue Formen der Kommunikation, die in unterschiedlichen virtuellen Räumen sehr unterschiedliche didaktische Funktionen ausüben.

Das *elektronische Schwarze Brett (bulletin board, news group)* ist ein frei zugängliches Diskussionsforum. Dort kann jeder seine Informationen bekanntmachen oder wie auf einer Leserbriefseite Gelesenes schriftlich bezweifeln, kommentieren oder kritisieren. Die Lernenden können ferner die dort gespeicherten Diskussionsbeiträge und Artikel abrufen, downloaden, und im Zusammenhang mit ihrem Lernprozeß verarbeiten. Diese besondere Form der Kommunikation sollte keineswegs als beiläufig oder gar trivial angesehen werden. Studierende, die sich auf ein bestimmtes Gebiet spezialisiert haben, können sich beispielsweise mit Studierenden der gleichen Fachrichtung an anderen Hochschulen darüber austauschen. Spezialisierte Fachleute haben sich bereits auf diese Art zu *knowlege building communities* zusammengeschlossen, auch in der Forschung. Das elektronische Schwarze Brett wird so zur „main source of professional growth" (Collis 1996, 67).

Die *Computer-Konferenzen* bieten einen Rahmen für längere und vertiefte Diskussionen über bestimmte Aspekte des Lerngegenstands. Hier kann sich jeder Teilnehmer und jede Teilnehmerin jederzeit zu Wort melden, auf die eingegebenen Beiträge antworten, aus eigener Erfahrung etwas berichten. Diese Diskussionen sind besonders interessant, aber auch schwierig, wenn die Mitglieder der Seminargruppe aus verschiedenen kulturellen Kontexten heraus argumentieren (vgl. Bernath/Rubin 1998, 1999).

Bei all diesen Formen der wissenschaftlichen Kommunikation, das liegt auf der Hand, bleiben die Lernenden auf Grund der Eigenart des virtuellen Lernraums unsichtbar. Ihr Lernverhalten äußert sich nur in der Art und Weise ihrer schriftlichen Beteiligung. Deshalb müssen sie mit Hilfe von Photos und biographischen Skizzen vorgestellt werden, damit sich jeder von seinen Gesprächspartnern, *ein Bild machen* kann. Auf diese Weise wird der zunächst diffuse digitale Lernraum strukturiert. Dabei entstehen zwei Vorstellungsebenen: Einmal kommuniziert man mit nach und nach deutlicher werdenden Personen, die etwa in Melbourne, Kobe, Manila, Dubrovnik, Oldenburg, Vancouver und Mexico-City wohnen, und zum anderen stellt man sich unter dem Einfluß der Metapher *Seminar* alle Teilnehmenden zusammen in einem Raum vor und verwandelt noch dazu in Gedanken ihre asynchronen Beiträge in synchrone, wobei man, wie in einem *face-to-face* Seminar, durchaus besonders dominante, eifrige, bedächtige, vorsichtige, schüchterne, gehemmte und schweigende Personen zu unterscheiden meint.

Zugleich wird der virtuelle Lernraum durch spezifische *soziale Arrangements* strukturiert. Während bei Präsenzverantaltungen die soziale Struktur der lernenden Gruppe infolge der Verknüpfung von Ort und Zeit sowie durch Umständlichkeiten ihrer Änderung traditionell relativ stabil ist, kann sie beim Lernen im Internet bei Bedarf leicht und häufig geändert werden. Infolgedessen sind im virtuellen Lernraum mehrere Konstellationen möglich, die von Morten Flate Paulsen (1997, 121) folgendermaßen geordnet und bezeichnet wurden:

- eine Person kommuniziert mit einer anderen Person (Paradigma: Email),
- eine Person kommuniziert mit vielen Personen (Paradigma: Schwarzes Brett)
- mehrere Personen kommunizieren mit mehreren Personen (Paradigma: virtuelle Konferenz).

Die entscheidende Frage, die sich dem Didaktiker hier stellt, lautet: Wie entwickeln sich die Lernprozesse, wenn kommunikative Handlungen der aufgezeigten Art leicht und kurzfristig konsekutiv und simultan sowie auch im raschen Wechsel zur Verfügung stehen? Daraus ergeben sich weitere Fragen: Welche Lernfunktionen werden den drei sozialen Konfigurationen und ihren entsprechenden Lernaktivitäten gemäß sein? Werden die Lernenden und Lehrenden mit diesen drei Formen der Kommunikation souverän umgehen? Müssen dafür Orientierungsmodelle bereitgestellt werden? Die Bearbeitung solcher Forschungsfragen könnte den Weg zu einer Didaktik des kommunikativen Handelns im virtuellen Raum führen.

Ein didaktisches Modell 171

Alle hier aufgezeigten Formen haben das Ziel, den Lernenden in der digitalen Lernumgebung das Gefühl zu geben, nicht allein zu sein (obwohl sie es normalerweise tatsächlich sind). Vielmehr sollen sie sich ihrer *Verbundenheit* mit anderen Lernenden sowie auch mit Tutoren und Lehrenden immer wieder versichern können. *Connectivity* ist in diesem Zusammenhang zu einem didaktischen Schlüsselwort geworden.

Die hier erörterten Innovationen gehen weit über die Kommunikationsformen des traditionellen Studierens hinaus. Ihre Bedeutung für die didaktische Struktur des digital ermöglichten Lernens muß hoch eingeschätzt werden.

2.6 Lernen durch Kollaboration

Der Begriff Kollaboration kommt in der deutschen didaktischen Fachsprache nicht vor. Im Englischen versteht man darunter die Zusammenarbeit besonders „in writing and study" (Webster 1953, 524). Was damit gemeint ist, wird allerdings in unserem Lande traditionell im Zusammenhang mit der *Gruppenerziehung* und dem *Gruppenunterricht* abgehandelt. Dabei werden die sozialen Beziehungen der Gruppenmitglieder zum Medium erzieherischer und didaktischer Prozesse gemacht, was naturgemäß das Kollaborieren mit einschließt. Aus pädagogischer Sicht verfolgt man damit Ziele wie die individuelle Entwicklung und Reifung der beteiligten Personen, ihre soziale Integration, soziale Mitverantwortung, ihre Selbstverwirklichung durch Interaktionen in einem relativ herrschaftsfreien Raum sowie Hilfe bei der Daseinsbewältigung. Didaktisch gesehen, bemüht man sich darum, Vorteile der Gruppenarbeit und der gegenseitigen Hilfe für das Lernen zu nutzen, z. B. beim Lösen von Problemen und bei der Vermittlung von Werten und Normen. Häufig wurde der Gruppenunterricht auch betont und gefordert, um den Blockunterricht (in Klassen), die Vorlesung und die Einzelarbeit (das Selbststudium) zu relativieren. Am stärksten haben sich dabei die Partnerarbeit sowie das Lernen in der Kleingruppe und der Projektgruppe profiliert.

In der digitalen Lernumgebung werden Prozesse, die den genannten Zielen dienen, vorwiegend als *collaborative learning* bezeichnet *(Kollaborationsraum)*. Damit wird ähnlich wie in der traditionellen Didaktik allgemein das „individual learning occuring as a result of group processes" (Kaye 1992, 2) verstanden. Natürlich handelt es sich dabei um *virtuelle*

Zusammenarbeit, weshalb sie auch paradoxerweise als „learning together apart" bezeichnet worden ist (Kaye 1992, 1). Im Zusammenhang dieser Darstellung ist die Öffnung neuer Arbeits- und Lern*räume* wichtig, für Partnerarbeit, für die Arbeit in kleinen Gruppen, aber auch in extrem großen Gruppen, wodurch völlig neue Sozialformen des Lernens möglich werden (z. B. bei den *inhouse systems* von IBM).

Im Mittelpunkt des kollaborativen Lernens stehen die *Computer-Konferenzen*, auf deren Grundlage sich folgende Formen der Zusammenarbeit entwickelt haben: das virtuelle Seminar, das online-Klassenzimmer, die online-Spiele und Simulationen und natürlich gemeinsame Lern- und Arbeitsprojekte wie z. B. die *Wissensgemeinschaften (knowledge building communities)*. Des weiteren ist die *Partnerarbeit* zu erwähnen, bei der es sich um die spontane Lösung von speziellen Problemen, aber auch um das gemeinsam geplante und realisierte Absolvieren eines Kurses handeln kann.

2.7 Lernen durch Speichern und Informationsmanagement

Lernen war ursprünglich Auswendiglernen. Es bestand im wesentlichen aus der Aufnahme, dem Behalten und dem willkürlichen Erinnern des zu lernenden Inhalts. Es kam dabei darauf an, Wissen und Erfahrungen im Gedächtnis zu *speichern* und eine besondere Fähigkeit darin zu entwickeln, dieses Gelernte zum rechten Zeitpunkt abzurufen und zu reproduzieren. Dies sei vorweggeschickt, um der Meinung entgegenzutreten, das Speichern und Zurückrufen von Informationen sei lediglich ein technischer Vorgang im Computer, und um anzudeuten, wie stark beides mit dem Lernen selbst verknüpft ist. Dies enge Aufeinander-Bezogensein der beiden Elemente wurde durch die Schriftlichkeit und den Buchdruck stark verändert. Für ein halbes Jahrtausend beruhte das Lernen – ebenso wie die wissenschaftliche Arbeit – auf dem Zusammenwirken des Gedächtnisses mit technisch ermöglichten externen Wissensspeichern. Das Gedächtnis wurde dabei entlastet, wodurch ein Freiraum für andere kognitive Operationen entstand. Im digitalen Zeitalter verschärft sich diese Veränderung in qualitativer und quantitativer Hinsicht in kaum vorstellbarem Maße, weil Informationen und Wissen auf der Festplatte, der Diskette und auf CD-ROM ohne Mühe und im Nu gespeichert und von dort zurückgewonnen werden können. Das Volumen des externen Speichers wird darüber hinaus noch drastisch erweitert durch die Entwicklung spezieller Datenbanken, die über das Netz auch aus der Ferne erreichbar sind und didaktisch genutzt werden können.

Dieser Sachverhalt versetzt die Lernenden in digitalen Lernumgebungen in in eine neue Situation. Sie müssen die stark veränderte Gewichtung von internem Wissensspeicher und externen Wissensspeichern verinnerlichen und für ihre Lernprozesse optimal nutzen. Es kommt darauf an, für diese Lernaktivitäten spezifische Strategien und Routinen zu entwickeln und zu optimieren. Denn: „Education increasingly means a symbiosis of biological and artificial memories" (Tiffin/Rajasingham 1995, 43).

Ist das Zusammenspiel des menschlichen Gedächtnisses mit dem externen Informationsspeicher erreicht, so können die Lernenden während des Lernens zum Zwecke des Übens, Einprägens, Behaltens und Anwendens im Handumdrehen ausgewählte Informationen speichern und sie zu jedem gewünschten Zeitpunkt in Sekundenschnelle wieder abrufen und sich erneut vor Augen führen. Sie können sich so mit Leichtigkeit eine persönliche und auf den Lerngegenstand bezogene Datei anlegen und sie immer wieder ergänzen. Die Arbeit der Wissenschaftler und Wissenschaftlerinnen mit ihren Karteien – ihr Umgang mit für wichtig gehaltenen Informationen, das dazu erforderliche Suchen und Finden, das Erinnern und Überprüfen, das Vergleichen und In-Beziehung-Setzen – gewinnt hier an Bedeutung und wird in den Lernprozeß integriert. Auf diese Weise werden *aktivierende* Lerntechniken eingeübt, die bei den Lehrveranstaltungen des Präsenzstudiums und beim Fernstudium der ersten Generation so und vor allen Dingen nicht so leicht handhabbar vorkommen. Das Speichern kann dabei zu einem regelrechten *Informations- und Wissensmanagement* (vgl. Erlach; Reinmann-Rothmeier/Mandl 1999) weiterentwickelt werden.

Auf den Vorteil der Verschränkung einer Forschungs- und Lerntechnik und ihre Bedeutung für die Entwicklung eines autonomen Lernens sei ausdrücklich hingewiesen.

2.8 Lernen durch Darstellen und Simulieren

Beim traditionellen Lernen und Lehren wird Erlerntes gewöhnlich mündlich oder schriftlich wiedergegeben, in Referaten, Prüfungsarbeiten, Niederschriften, Aufsätzen, Berichten und Artikeln. Dabei wirken sich Lerneffekte aus, die oft entstehen, wenn Lernende etwa einen gelernten Sachverhalt *beschreiben*, ein Problem erneut formulieren, eine gefundene Lösung wiederholt begründen und diskutieren oder einen komplexen Befund anderen durchschaubar machen. Didaktisch gesehen, kann es sich dabei um Wiederholungs-, Übungs-, Anwendungsaktivitäten handeln. Zugleich können solche Darstellungen des Gelernten auch zu kreativen Einfällen, zur Problematisierung einer gefundenen Lösung oder gar zu metakognitiven Erwägungen führen.

In der digitalen Lernumgebung entspricht diesen didaktischen Aktivitäten die Bemühung, Erlerntes für sich oder andere neu zu formulieren und darzustellen, hier nun allerdings mit den Mitteln der Textverarbeitung einschließlich besonderer Grafik- und Präsentationsprogramme und Multimedia *(Darstellungsraum, Textverarbeitungsraum, Multimediaraum)*. Dadurch ergeben sich viele neue Möglichkeiten. Insbesondere ist hier auf die *Multimodalität* von Multimedia hinzuweisen, worunter Paul Klimsa (1997, 8) die Informationsaufnahme über mehrere Sinneskanäle sowie die dabei mögliche Parallelität und Interaktivität versteht.

Für die autonom Lernenden erhalten die für das konventionelle Lernen genannten didaktischen Effekte dadurch erhöhte Bedeutung. Man sollte sich auch in der digitalen Lernumgebung um sie bemühen. Zugleich ändert sich aber ihre didaktische Funktion. Man sollte hier nicht länger das Darstellen des Gelernten lediglich als Abschluß von Lernprozessen auffassen, sondern als ihren integralen Bestandteil. Nicola Döring (1997, 324) hat dafür einige treffende Beispiele angeführt. Wenn es darum geht, ein Problem aufzufassen und zu verstehen, kann die Darstellung der *expliziten Wissensstruktur* hilfreich sein, „die einem selbst plausibel erscheint und von anderen verstanden und akzeptiert wird". Bei der Lösung von Problemen ist „eine Organisation und Reorganisation verfügbarer Informationsrepräsentationen im Wechselspiel mit Reorganisation der eigenen kognitiven Konstrukte" anzustreben. Wenn die Lernenden visualisieren oder simulieren wollen, sind sie gezwungen, sich über ihr eigenes Denken im Hinblick auf den darzustellenen Gegenstand klarzuwerden und es modellhaft und detailliert auszuarbeiten. Solche Darbietungen befördern nicht nur das Lernen und führen nicht nur zu neuem Wissen, sondern können auch den erzielten Lernerfolg demonstrieren, was wiederum auf die Lernmotivation zurückwirken kann.

Ist das Produkt ein Referat, ein Artikel, eine Web-Seite, ein Posting oder auch nur eine Mitteilung, so erhält das Dargestellte in der digitalen Lernumgebung insofern noch eine besondere Bedeutung, als es von einem Partner, von mehreren Mitgliedern einer lernenden Gruppe oder von jedermann empfangen und gegebenenfalls auch bearbeitet werden kann. Die Chance, nicht für die Schublade arbeiten zu müssen, erhöht sich dabei naturgemäß. Die Darstellung des Gelernten wird so zu einem Instrument der Kommunikation und Kooperation. Der Erfolg des gemeinsamen forschenden Lernens in einer *knowledge building community* (Scardemalia/Bereiter 1992) ist nur möglich, wenn alle Mitglieder das von ihnen Gedachte und Erarbeitete den anderen mitteilen, damit eben das *gemeinsame Wissen* solcher Gruppen in einer zentralen Datenbank zur jederzeitigen Nutzung bereitgehalten werden kann.

Dementsprechend muß man sich die autonom Lernenden als Personen vorstellen, die immer auch an die *Darstellung* des Gelernten denken, sich darin einüben und besondere Fertigkeiten erlangen, indem sie Texte eingeben, ausarbeiten, überzeugend graphisch gestalten, Schaubilder entwickeln und Simulationen konstruieren. Sie nehmen nicht – relativ passiv – Informationen auf, sondern arbeiten mit ihnen und stellen die Ergebnisse ihrer Arbeit dar. Dies geschieht mit allen technischen Hilfsmitteln, die die digitale Lernumgebung bereithält. *PowerPoint* stellt nur eine Dimension ihrer vielfältigen Möglichkeiten dar. Zahlen werden in farbige Diagramme verwandelt, komplexe Sachverhalte in Form von dreidimensionalen Netzen und Oberflächendiagrammen dargestellt, animierte mathematische Modelle werden zur Simulation von Vorgängen entwickelt.

Eine Gefahr der leichten Visualisierung von Sachverhalten und Lernergebnissen besteht allerdings immer dann, wenn sie nicht in erster Linie der Erreichung didaktischer Ziele dient, sondern zum Selbstzweck wird. Auch hier wäre immer zu fragen, ob die gewählte Darstellung einen didaktischen „Mehrwert" (Kuhlen 1991, 212) erzielt.

So neuartig die Formen und Funktionen der Darstellung angeeigneten Wissens auch sind, so fehlt es nicht an früheren einschlägigen didaktischen Bestrebungen. Hier wäre vor allem die *Structural Communication* (Hogdson 1974, Egan 1976) zu erwähnen. Es handelt sich dabei um einen „cognitive approach to self-instruction" (Romiszowski 1986, 181). Sie basieren auf Erkenntnissen der kognitiven Psychologie und der Feldtheorie.

2.9 Interpretation

Alle beispielhaft aufgeführten und skizzierten Lernarten haben starke innovative Tendenzen. Sie verändern das konventionelle Lernen und Lehren und passen es an Erfordernisse und Gegebenheiten der post-industriellen Informationsgesellschaft an. Ob einzelne dieser Lernarten gesondert praktiziert werden oder ob Vorgehensweisen konstruierbar sind, in denen mehrere von ihnen oder alle zusammen vorkommen, muß aus den jeweiligen Lernsituationen heraus und im Hinblick auf gegebene curriculare Einbindungen entschieden werden. Der mögliche didaktische Gewinn ist heute schon absehbar: Das Lernen wird flexibler, variabler, anpassungsfähiger, disponibler und leichter zugänglich. Nach Heinz Mandl, Hans Gruber und Alexander Renkl (1997, 439) gewinnt es zudem an „Realitätsnähe", „Problemorientierung", „Lerneraktivität, und „adaptive(r) instruktionelle(r) Unterstützung". Von dem, was in den neuen Lernräumen geschieht oder geschehen kann, gehen jedenfalls Impulse aus, die das Lernen und Lehren neu strukturieren. Manches deutet in diesem Zusammenhang sogar auf einen didaktischen Epochenwechsel hin. Konnte man das Lernen der *Moderne* als linear, kausal, logisch, hierarchisch, systematisch, konzentriert, loziert und curricular geschlossen bezeichnen, so entwickelt es sich in den virtuellen Räumen in wesentlichen Bezügen in einer Weise, die demgegenüber geradezu als *postmodern* anzusehen ist: Es ist in vielen Bezügen nicht-linear, nicht-kausal und und nicht logisch konstruiert, sondern eher assoziativ, zufällig, dezentriert, fließend und unbestimmt (opak), disloziert, distributiv und curricular geöffnet. Versucht man, sich die didaktische Struktur des Lernens in den neuen Räumen vorzustellen, so fallen insbesondere folgende Dimensionen der Veränderung ins Auge:

– *Methodisch:* Das Lernen und Lehren findet schwerpunktmäßig nicht mehr in der Gruppe, sondern in Form der Einzelarbeit statt.

Ein didaktisches Modell 177

- *Didaktisch:* Die Funktion des Lernens selbst wandelt sich: Erwarb man in der Industriegesellschaft Wissen und Können im wesentlichen auf Vorrat, um es künftig im Beruf und Leben anwenden zu können, so setzt sich in der postindustriellen Informationsgesellschaft immer mehr das Lernen *on demand* (Schönwald 1999, 54) durch, was zu einer stärkeren Integration des Lernens in diese beiden Bereiche führen mag. Erst die neuen Lernräume ermöglichen und erleichtern dies.
- *Logistisch:* Infolge der Löschung von Entfernungen und Zeiten kommt es zu enormen Verdichtungen der Medien und der von ihnen ableitbaren Methoden.
- *Institutionell:* Mit der Etablierung des distributiven Lernens werden die Einwirkungen von Hochschulen und Schulen geschwächt. Es finden gravierende „Entgrenzungs- und Entstrukturierungsprozesse" (Kade 1989) statt.

Kann man sich schwerwiegendere und folgenreichere Veränderungen des Lernens und Lehrens vorstellen? Didaktiker werden in Zukunft mit *zwei* distinkten Systemen zu tun haben: mit dem Lernen und Lehren in *realen* und in *virtuellen* Lernräumen.

3. Konsequenzen

3.1 Gewandeltes Lern- und Lehrverhalten

Die wohl stärkste Innovationswirkung läßt sich nachweisen, wenn man anlysiert, in welch starkem Maße sich in den neuen Lernräumen das Lern- und Lehrverhalten verändert. Von den *Lernenden* werden wir uns schon bald ein anderes Bild machen müssen. Nach Franz-Theo Gottwald und K. Peter Sprinkart (1998, 59) müssen sie über *fünf Kompetenzen* verfügen, um in virtuellen Lernumwelten studieren zu können. Demnach müssen sie fähig sein zur Selbstbestimmung und Orientierung, zur Selektion und Entscheidung, zur instrumentell-qualifikatorischen Aneignung, zur konstruktiv-qualifikatorischen Aneignung sowie zum Lernen und Gestalten (vgl. dazu Lange/Hillebrand 1996).

Dies bedeutet: Es muß bei ihnen die Bereitschaft und Fähigkeit vorhanden sein, auf Grund von Veränderungen in der Lebens- und Arbeitswelt aktuelle Lernziele und Lernmöglichkeiten zu erkennen, ihr Lernen selbständig zu planen und zu gestalten und es weitgehend unabhänig von Lehrenden aufzunehmen und zu organisieren. Angesichts der unübersehbaren Fülle und Differenziertheit der nunmehr verfügbaren Informationen in allen zugänglichen Datenbanken dürfte die Fähigkeit, die für das eigene Lernen wichtigen Informationen zu suchen, zu finden und zu bewerten eine schwierige und ungewohnte Aufgabe sein. Am schwierigsten ist es aber, Inhalte und Betreuungsangebote im Hinblick auf die selbst intendierten Lernprozesse einzuschätzen, weil dies metakognitive Erfahrungen und erhebliche didaktische Einsichten voraussetzt. Schließlich müssen die Lernenden naturgemäß mit der technischen Ausstattung der digitalen Lernumgebung routiniert und kreativ umgehen können. Dies alles muß getragen sein von einer wachen, aufmerksam kalkulierenden, navigierenden, explorierenden, kommunikativen und kollaborierenden Vorgehensweise.

Kritiker werden einwenden, diese fünf Qualifikationen seien im Grunde doch nichts Neues, weil sie auch im *traditionellen Präsenzstudium* erforderlich sind. Auch dort gebe es selbstbestimmte Lernaktivitäten (z. B. bei Seminararbeiten, Hausarbeiten etc), werden Informationen gesucht und gefunden (z. B. bei Literaturrecherchen), muß aus der Fülle des gesamten Lehrangebots selegiert werden, werden Entscheidungen getroffen (z. B. für und gegen Seminare, Vorlesungen, Lernmodule oder Lehrende etc.), muß der Umgang mit Medien eingeübt werden (z. B. mit geliehenen und gekauften Büchern, Tageslichtschreibern, Audio- und Videorecordern etc.), muß der Lernweg bis zum Examen umsichtig und strategisch richtig geplant und müssen spezifische Lerntechniken erworben und eingeübt werden.

Dies ist natürlich richtig. Alle diese Aktivitäten, das wird allerdings dabei verkannt, sind jedoch dort im Grunde nur in Ansätzen ausgebildet. Beim Lernen im virtuellen Raum kommt ihnen hingegen eine weitaus größere Bedeutung zu, weil die Lernenden die meisten Funktionen der Lehrenden übernommen haben. Dadurch entsteht ein strukturell von Grund auf neues Lernverhalten. Für selbständig Lernende, die auch die Verantwortung für ihr eigenens Lernen zu tragen haben, stellen sich die fünf genannten Kompetenzen anders dar, weil sie viel ausgeprägter sein

Ein didaktisches Modell 179

müssen. Die autonom Lernenden sind somit auch in dieser Hinsicht ein wichtiges Resultat der Digitalisierung des Lernens.

Auch die *Lehrenden* werden von den tiefgreifenden strukturellen Änderungen erfaßt. Das *Lehrverhalten* wird durch eine Schwergewichtsverlagerung bestimmt – weg vom Darbieten und hin zum Beraten und zur tutoriellen Betreuung der autonom Lernenden – sowie durch die Entwicklung nicht-linearer Lernsysteme, in denen einerseits die Komplexität wissenschaftlicher Sachverhalte zum Ausdruck kommt und andererseits explorierendes und entdeckendes Lernen ermöglicht und gefördert wird.

3.2 Neue kategoriale Akzente

Wie stark sich das Lernen in den virtuellen Lernräumen verändert hat, ist auch aus theoretischer Sicht zu erkennen. Ins Auge fällt insbesondere die gegenüber dem traditionellen Lernen veränderte Gewichtung einiger didaktischer Prinzipien. Dazu einige Beispiele:

Als charakteristische Innovation werden die *Multimedialität* und die *Multimodalität* (also die Aufnahme von Informationen über mehrere Sinneskanäle) immer wieder betont. Die *Aktivierung* der Lernenden erhält einen hohen Stellenwert, vor allem sowohl bei der Arbeit mit dem Hypertext als auch beim entdeckenden Lernen. Die quantititiv und qualitativ verbesserte *Interaktivität* der Lernenden spielt eine weitaus größere Rolle als beim traditionellen Lernen und wird von den Protagonisten der digitalen Lernumgebung am stärksten als Vorteil dargestellt (vgl. dazu vor allem Haack 1997). Sie ist aber im Grunde kein didaktisches Ziel an sich, höchstens im Sinne formaler Bildung, sondern ein Mittel zur Erreichung bestimmter Lernziele, von denen her ihre Art und Dauer jeweils zu bestimmen ist.

Die *Adaptivität* von Lehrprogrammen an die individuellen Bedürfnisse der Lernenden und gesellschaftlichen Veränderungen kann, z. B. in Hypertexten sowie beim autonomen Lernen, stark ausgeprägt sein. Die *Konnektivität (connectivity)* ist spezifisch für die Arbeit in der digitalen Lernumgebung, weil sie auf den leicht herstellbaren und Raum und Zeit sehr schnell überbrückenden Verbindungen zu anderen Lehrenden und Lernenden beruht. Sie ist ein Gegengewicht zu der Isolation der Lernenden in der digitalen Lernumgebung. Hier handelt es sich um eine für die Didaktik neue Kategorie. Der *Individualisierung* des Lernens bieten sich vermehrte und neue Chancen. Die *Kommunikation* und *Kollaboration* sind leichter als in traditionellen Lehrveranstaltungen herbeizuführen und zu realisieren und gelangen dadurch in den Vordergrund didaktischer Überlegungen. Vor allen Dingen bleibt aber das Leitbild der *autonom Lernenden* nicht länger eine Schimäre, sondern hat deutlich verbesserte Realisierungschancen.

Dagegen verdient die häufig für das Lernen im Multimedia-Bereich als Charakteristikum herausgestellte *Asynchronität* (z. B. Issing/Klimsa 1997, 1) die ihr entgegengebrachte große Aufmerksamkeit nicht, weil sie nicht nur für diese Art des Lernens allein spezifisch ist. Zeitversetzt wurde das Lernen schon bald nach der Nutzung der Schrift und des Buchdrucks. Diese Kategorie spielte vermehrt bereits beim Anfertigen von *Schularbeiten* sowie bei allen Systemen des Fernunterrichts und Fernstudiums eine große Rolle.

Generell zwingt die Invasion und Übernahme vieler neuer *termini technici* aus der Informations- und Kommunikationswissenschaft dazu, sie didaktisch zu interpretieren und mit didaktischen Kategorien in Verbindung zu bringen oder zu füllen. Dabei kommt es zu Verschiebungen von Schwerpunkten. Vermutlich werden hier auch bisher nicht genutzte didaktische Muster eine Rolle spielen, wie z. B. das der *cognitive apprenticeship*, der *communities of practice*, des *reciprocal teaching* sowie der *knowledge building communities* (vgl. Schulmeister 1997, 78).

3.3 Verlust an didaktischer Substanz

Den großen Chancen für eine strukturelle Erneuerung und Modernisierung des Lernens und Lehrens stehen aber, das soll nicht verschwiegen werden, erhebliche Einbußen gegenüber, die didaktisch und pädagogisch relevant sind. Zusammengefaßt handelt es sich vor allem um folgende Defizite:

– Die spezifischen Einwirkungen realer Lernräume gehen verloren. Deshalb entwickelt man keine positiven, negativen oder neutralen Gefühle für sie. Man kann sich nicht in sie *eingewöhnen* oder an sie gewöhnen. Ein *Raumgefühl*, *Raumbewußtsein* oder gar ein Gefühl der der *Hingehörigkeit* und *Geborgenheit* kann nicht aufkommen. Der

Lernraum wird nicht zum *Schauplatz* der Erfolge oder Mißerfolge didaktischer Aktivitäten. Die „Fülle der in ihm erlebten Bedeutsamkeiten" (Dürckheim 1932, 389) kann nicht wahrgenommen werden. Die Erinnerung an erworbenes Wissen ist nicht mehr, wie in früheren Generationen, mit Vorstellungen von bestimmten Personen in bestimmten Gebäuden und an bestimmten Orten verknüpft.

– Die Interdependenz aller „gleichzeitigen Tatsachen" im Lernfeld (Lewin 1982), die „Faktorenkomplexion im pädagogischen Feld" (Winnefeld 1971) und die „dynamischen Interaktionsprozessen von strenger gegenseitiger Bezogenheit" im „didaktische Bezugsfeld" (Heimann 1962) sind durch das Zueinander von realen Lernorten und virtuellen Räumen geteilt, gehemmt, durch Ungleichzeitigkeit geschwächt. Insbesondere fehlt fast ganz die historische Dimension, wie sie sich im traditionellen Lern- und Lehrgeschehen bisher immer ausgewirkt hat.

– Da es keinen realen Lernraum gibt, kommen auch keine physikalisch-realen Mitlernenden und Lehrenden vor. Damit reduziert sich der ganze Bereich der non-verbalen Kommunikation, der Umgang mit Personen von Fleisch und Blut, die das gleiche Ziel verfolgen, die Dynamik in lernenden Gruppen und, dadurch bewirkt, ein erheblicher Teil der durch den direkten persönlichen Umgang erzielten Sozialisationseffekte. Die Lernenden in der digitalen Lernumgebung müssen separiert und isoliert arbeiten. Glaubt wirklich jemand, dieser Verlust könne durch *virtuelle* Kommunikation und *virtuelle* Lerngruppen kompensiert werden? Ist „es wirklich vernünftig anzunehmen, wir könnten den Gemeinschaftsgedanken dadurch neues Leben einhauchen, daß wir allein in unseren Zimmern sitzen, Botschaften in unsere vernetzten Computer eingeben und unser Leben mit virtuellen Freunden füllen?" (Turkle 1998, 382).

– Wenn es zu wiederholten virtuellen Sozialkontakten kommt, so haben diese nach meiner Erfahrung einen merkwürdig sterilen, künstlichen Charakter. Dies ist vor allem bei den asynchronen Computer-Konferenzen der Fall, aber auch bei synchronen Interaktionen mit Bild und Ton. Der Kommunikation fehlt es an Zielgerichtetheit, Spontanität und Tiefe. Sie ist störanfällig. Der Fluß des subjektiven Empfindens wird verdünnt und unterbrochen. Dies alles kann durchaus

auch dann der Fall sein, wenn die Teilnehmenden diese Form des Umgangs angeblich mögen und gutheißen.
- Das Lernen und Lehren wird nicht mehr global als Einheit von Raum, Zeit und ritualisierter sozialer Interaktion *erlebt*. Deshalb lassen sich die Lernerfahrungen nicht *verorten* und schweben sozusagen im Unbestimmten. Die für das Lernen wichtige räumliche und zeitliche Kontextualisierung geht so leicht verloren. Die vielzitierte Formel „lost in hyperspace" (z. B. Klimsa 1997, 15; Tergan 1997, 133; Haack 1997, 155) bezieht sich darauf.
- Es kommt nicht zum Erlebnis des *Originalen* und *Authentischen*. Menschen, Gegenstände und oft auch Situationen sind lediglich kopierte Abbilder, die sich oft wiederholen lassen. Mit ihrer Hilfe kann nur eine sekundäre, abgeleitete Lern- und Lehrwirklichkeit konstruiert werden. Wie beim technisch reproduzierten Kunstwerk geht die *Aura* verloren.

Solche Verluste sind gravierend. Werden doch durch sie prägende Lebenserfahrungen in der Schul- und Studienzeit reduziert, zerniert, parzelliert und ge- oder zerstört. Deshalb, so kann gefolgert werden, wird das Lernen in virtuellen Räumen das Lehren in realen Räumen niemals insgesamt ersetzen können. Vielmehr werden Systeme des Lernens und Lehrens konstruiert werden müssen, bei denen sich beide ergänzen und gegenseitig bedingen. Dabei müßten sich allerdings die Formen des Lernens und Lehrens in realen Räumen zwangläufig im Sinne einer vermehrten direkten und persönlichen Kommunikation und Kollaboration bei verminderter Präsentation von Inhalten verändern. Zudem müßte an den realen Lernorten besonderer Wert auf die Pflege des „geselligen Umgangs" (Casper 1996, 25) gelegt werden.

Verluste der erwähnten Art werden wohl von den meisten Menschen bedauert, insbesondere von denen, die noch mehr oder weniger in der Wertewelt der bürgerlichen Kultur unseres Industriezeitalters verhaftet sind. Wir befinden uns aber in einer Zeitenwende: „The world is going digital" (Keegan 1995, 16). Die Menschen des heraufziehenden Informationszeitalters werden sich von den Menschen des Industriezeitalters ebenso unterscheiden wie diese von den Menschen des Agrarepoche. Paradigmenwechsel, Wertewandel und völlig neue Erfahrungen werden zu neuen Einsichten, Einstellungen und Handlungsgewohnheiten führen. Bei ihnen werden viele lebenswichtige Aktivitäten ohnehin vermehrt in virtuellen Räumen stattfinden, darunter auch das Lernen in Ausbildung und Weiterbildung. Solche Menschen mögen deshalb über die genannten Verluste vermutlich anders denken als wir heute.

3.4 Gewinn an pädagogischer Substanz

Wenn die Lernenden in die digitale Welt hineinwachsen, wird sich ihnen beim Lernen, Spielen, Arbeiten und beim Umgang mit vielen anderen – auch unbekannten – Personen eine neue Welt erschließen, wie sie zuletzt Sherry Turkle (1998) eindringlich beschrieben hat. Sie lernen und leben dann abwechselnd in realen und virtuellen Räumen. Beide wirken sich auf die Herausbildung, Änderung und Sicherung ihrer Identität durchaus unterschiedlich aus. Bieten doch die virtuellen Räume Möglichkeiten, über die reale Räume nicht verfügen. Nach Winfried Marotzki (1998) werden wir es hier mit Phänomenen wie der „Disinhibition", des spielerischen Umgangs mit den Geschlechterrollen *(gender swapping)*, der Entwicklung von „multiplen Identitäten" und mit einer experimentellen „Konstruktion und Rekonstruktion des Selbst" zu tun haben. Bisher unerforschte Dimensionen der Entwicklung der Person werden sich dabei auftun. Welche kulturhistorische Bedeutung diese völlig neuen Phänomene haben können, geht aus seiner Einschätzung hervor, nach der das in der Postmodernediskussion gelegentlich bemühte Bild des *Patchworks der eigenen Identität* in den neuen Räumen *(virtuelle) Realität* geworden ist. Ohne Zweifel haben wir es hier mit wichtigen Aspekten der neuen Lernräume zu tun.

Generell beurteilt, könnten die gegenwärtig überall auf der Welt vorangetriebenen Versuche, Erfahrungen in den neuen virtuellen Lernräumen zu machen, als Beitrag zur Vorbereitung auf die Lebensbewältigung in der globalen großtechnischen Zivilisation des Informationszeitalters gesehen werden. Dies wäre dann allerdings ein hoch zu veranschlagender genuiner pädagogischer Gewinn, der dem skizzierten didaktischen Substanzverlust gegenüberstände.

4 Bewertung

Obwohl der Prozeß der Digitalisierung didaktischer Handlungen bereits mehrere Jahre lang andauert, muß man, aufs ganze der Entwicklung der Didaktik gesehen, von einem *Einbruch* in die traditionelle Praxis des Lernens und Lehrens sprechen. Was hier in kurzer Zeit geschehen ist, erstaunt in hohem Maße, vor allem wenn man bedenkt, wie langsam, langwierig und mühselig vergleichsweise geringfügige reformerische Veränderungen des Lernens und Lehrens in der Vergangenheit gewesen sind. Hier ging alles ganz schnell, weil die Fortschritte in der Informations- und Kommunikationstechnologie sich geradezu überschlagen und nicht nur im Bildungswesen, zumal in der beruflichen Weiterbildung, in raschem Tempo Eingang finden, sondern zugleich auch in Politik, Kultur, Gesellschaft und vor allem im Arbeitsleben, und zwar weltweit. Einen Einbruch dieser Größenordnung hat es in der Geschichte des Lernens und Lehrens noch nie gegeben, – auch nicht nach der Erfindung und Verwendung der Schrift, des Buchdrucks oder der audio-visuellen Medien Funk, Film und Fernsehen.

Der Wechsel von realen Lernräumen zu virtuellen Lernräumen hat diesen Einbruch verursacht. Er wurde von keinem Didaktiker vorausgesehen, geschweige denn herbeigewünscht oder angestrebt. Unversehens sehen sich Lernende und Lehrende durch ihn einer Situation ausgesetzt, die strukturell eine ganz andere ist und eine Vielzahl neuer Möglichkeiten bietet. Auf diese Situation müssen wir uns erst einstellen, ein Prozeß, der Jahre, wenn nicht Jahrzehnte, in Anspruch nehmen und vielleicht unabschließbar bleiben wird.

Dabei darf allein das Vorhandensein der virtuellen Lernräume noch nicht bereits als Innovation oder Reform des Lernens und Lehrens aufgefaßt werden, und sei die Ausstattung mit entsprechenden technischen Geräten, mit deren Hilfe sie konstruiert werden können, noch so üppig. Erst, wenn diese neuen Lernräume, jeder für sich und in Verbindung zueinander, *didaktisch* erschlossen und genutzt werden, befinden wir uns auf dem Wege zu einer solchen Innovation und Reform. Es bedarf der Initiative, Klugheit, Phantasie und Kreativität aller daran Beteiligten, der Lernenden und Lehrenden, der *instructional designer* ebenso wie der didaktischen und lernpsychologischen Forscher.

Manche sehen in der zunehmenden Nutzung virtueller Lernräume eine „kopernikanische Wende" (z. B. Kleinschroth 1996, 8), andere sogar eine revolutionäre Entwicklung (z. B. Perelman 1992, 24). Ich halte sie für *das didaktische Fundamentalereignis der Gegenwart,* dem kulturgeschichtliche Bedeutung beigemessen werden muß.

Literatur

Ausubel, D. P. (1968): The Psychology of Meaningful Verbal Learning. New York (Grune/Stratton).
Ausubel, D. P. (1980): Psychologie des Unterrichts, Band 1, S. 148, Band 2, S. 90. Weinheim (Beltz).
Bates, A. W. (1995): Technology, Open Learning and Distance Education. London (Routledge).
Bernath, U.; Rubin, E. (eds.) (1999): Final Report and Documetation of the Virtual Seminar for Professional Development in Distance Education. Oldenburg. Bibliotheks- und Inforamtionssystem der Universität Oldenburg.
Bernath, U.; Rubin, E. (eds.) (1998): A Virtual Seminar for International Professional Development in Distance Education. In: Informatik Forum, vol 12, No. 1 (March).
Bloom, B. S. (1968): Learning for mastery. In: Valuation Comment 1, S. 2. University College of Los Angeles (UCLA).
Bruner, J. S. (1961): The act of discovery. In: Harvard Educational Review, 31, S. 21-32.
Casper, G. (1996): Eine Welt ohne Universitäten? Werner Heisenberg Vorlesung. Bayerische Akademie der Wissenschaften und Carl Friedrich von Siemens Stiftung. München, 3. Juli 1996. Zitiert nach einem Sendemanuskript der Tele-Akademie des Südwestfunks vom 26. 1. 1997.
Collis, B. (1996): Tele-Learning in a Digital World. London (International Thomson Computer Press).
Döring, N. (1997): Lernen mit dem Internet. In: Issing, L. J.; Klimsa, P. (Hrsg.): Information und Lernen mit Multimedia. Weinheim (Beltz). S. 305-336.
Dürckheim, Graf K. (1932): Untersuchungen zum gelebten Raum. In: Neue psychologische Studien, Band 6, München. S. 383.
Egan, K. (1976): Structural Communication. Belmont, California (Fearon Publishers).
Erlach, Ch.; Reinmann, G.; Mandl, H. (1999): Wissensmanagement in der Weiterbildung. Ludwig-Maximilians-Universität Münschen, Institut für Pädagogische Psychologie und Empirische Pädagogik. Praxisbericht Nr. 13.
Friedrich, H.F.; Mandl, H. (1997): Analyse und Förderung des selbstgesteuerten Lernens. In: Weinert, F. E.; Mandl, H. (Hrsg.): Psychologie der Weiterbildung. (Enzyklopädie der Psychologie, Serie I, Band 4). S. 237-293.
Gottwald, F.-T.; Sprinkart, K. P. (1998): Multi-Media Campus. Die Zukunft der Bildung. Düsseldorf (Metropolitan Verlag).

Haack, J. (1997): Interaktivität als Kennzeichen von Multimedia und Hypermedia. In: Issing, L. J.; Klimsa, P. (Hrsg.): Information und Lernen mit Multimedia. Weinheim (Beltz). S. 151-166.

Heimann, P. (1962): Didaktik als Theorie und Lehre. In: Reich, K.; Thomas, H. (Hrsg.) (1976): Paul Heimann: Didaktik als Unterrichtswissenschaft. Stuttgart (Klett). S. 142-168.

Hogdson, A. M. (1974/75): Structural communication in practice. In: Romiszowski, A. M. (ed.): APLET Yearbook of Educational and Instructional Technology (1974/75). London (Kogan Page).

Issing, L. J.; Klimsa, P. (Hrsg.) (1997): Information und Lernen mit Multimedia. Weinheim (Beltz).

Issing, L. J. (1997): Instruktionsdesign für Multimedia. In: Issing, L. J.; Klimsa, P. (Hrsg.): Information und Lernen mit Multimedia. Weinheim (Beltz). S. 195-220.

Joyce, M. (1989): Interview. Discover. In: The World of Science, November 1989. Mitgeteilt von R. Kuhlen (1991).

Kade, J. (1989): Universalisierung und Individualisierung der Erwachsenenbildung. In: Zeitschrift für Pädagogik 35, 6. S. 789-808.

Kaye, A. R. (1992): Learning Together Apart. In: Kaye, A. R. (ed.): Collaborative Learning through Computer Conferencing. NATO ASI Series. Berlin (Springer).

Keegan, D. (1995): Distance Education Technology for the New Millennium: Compressed Video Teaching. ZIFF-Papiere 101, Hagen (Fernuniversität-Gesamthochschule, Zentrales Institut für Fernstudienforschung).

Kleinschroth, R. (1996): Neues Lernen mit dem Computer. Reinbek (Rowohlt).

Klimsa, P. (1997): Multimedia aus psychologischer und didaktischer Sicht. In: Issing, L. J.; Klimsa, P. (Hrsg.): Information und Lernen mit Multimedia. Weinheim (Beltz). S. 7-24.

Kuhlen, R. (1991): Hypertext. Ein nicht-lineares Medium zwischen Buch und Wissensbank. Berlin (Springer-Verlag).

Lange, B.-P.; Hillebrand, A. (1996): Medienkompetenz: die neue Herausforderung der Informationsgesellschaft. In: Spektrum der Wissenschaft, Heft 8. S. 38.

Lewin, K. (1982) Feldtheorie des Lernens. In: Graumann, F. C. (Hrsg.): Kurt-Lewin-Werkausgabe, Band 4, 154. Bern (Huber).

Mandl, H.; Gruber, H.; Renkl, A. (1997): Lernen und Lehren mit dem Computer. In: Weinert, F. E.; Mandl, H. (Hrsg.): Enzyklopädie der Psychologie, Band 4: Psychologie der Erwachsenenbildung. S. 437-467.

Marotzki, W. (1998): Virtuelle Realität, ubiquäres Wissen. – Eine bildungstheoretische Herausforderung. Arbeitspapier. Magdeburg: Otto-von-Guericke-Universität, Lehrstuhl Allgemeine Pädagogik.

Paulsen, M. F. (1997): Teaching methods and techniques for computer mediated communication. In: The 18th ICDE World Conference: The New Learning Environment. A Global Perspective. International Council for Distance Education. The Pennsylvania State University. Abstracts. S. 120.

Perelman, L. J. (1992): School's out. A Radical New Formula for the Revitalization of America's Educational System. New York (Avon Books).

Peters, O. (1997): Didaktik des Fernstudiums. Erfahrungen und Diskussionsstand in nationaler und internationaler Sicht. Neuwied (Luchterhand).

Peters, O. (1999): Neue Lernräume. In: Grundlagen der Weiterbildung: Praxishilfen, Kapitel 5. 150 Neuwied (Luchterhand). S. 1-29.
Piaget, J. (1954): The construction of reality in the child. New York (Basic Books).
Piaget, J. (1973): Einführung in die genetische Erkenntnistheorie. Frankfurt am Main (Suhrkamp).
Reinmann-Rothmeier, G.; Mandl, H. (1997): Auffassungen vom Lehren und Lernen, Prinzipien und Methoden. In: Weinert, F. E.; Mandl, H. (Hrsg.): Enzyklopädie der Psychologie, Band 4: Psychologie der Erwachsenenbildung. S. 355 - 403.
Romiszowski, A. J. (1986): Developing Auto-Instructional Materials. London (Kogan Page).
Romiszowski, A. J. (1990): Designing Instructional Systems. London (Kogan Page).
Scardemalia, M.; Bereiter, C. (1992): An architecture for collaborative knowledge building. In: DeCorte, E.; Linn, M. C.; Mandl, H.; Verschaffel, L.: Computer-Based Learning Environments and Problem Solving. Berlin (Springer). S. 41-66.
Schönwald, O. (1999): Modernes Lernen mit Multimedia und Internet. In: Hagener Universitätsreden 25. Hagen (Fernuniversität Gesamthochschule). S. 51-74.
Schulmeister, R. (1997): Grundlagen hypermedialer Lernsysteme. München (Oldenbourg).
Stangl, W. (1985): Das neue Paradigma der Psychologie. Die Psychologie im Diskurs des Radikalen Strukturalismus. Braunschweig (Vieweg).
Tergan, O.-S. (1997): Hypertext und Hypermedia: Konzeptionen, Lernmöglichkeiten, Lernprobleme. In: Issing, M. J.; Klimsa, P. (Hrsg.): Information und Lernen mit Multimedia. Weinheim (Beltz). S. 123-138.
Tiffin, J.; Rajasingham, L. (1995): In Search of the Virtual Class. London (Routledge).
Turkle, S. (1998): Leben im Netz (*Life on the Screen*). Reinbek (Rowohlt).
Watzlawick, P. (Hrsg.) (1994): Die erfundene Wirklichkeit. Wie wissen wir, was wir zu wissen glauben? Beiträge zum Konstruktivismus. München (Pieper).
Webster, N. (1953): The New International Dictionary of the English Language. Springfield, Mass. (Merriam).
Winnefeld, F. (1971): Pädagogischer Kontakt und Pädagogisches Feld. Beiträge zur Pädagogischen Psychologie. München (Reinhardt).

Claus J. Tully

Jugendliche Netzkompetenz: *just do it* – Surfen im Cyberspace als informelle Kontextualisierung

In diesem Beitrag geht es darum, wie die neue Technik vor allem von Jugendlichen aufgegriffen wird, nur am Rande geht es um curriculare Empfehlungen. Der Umgang mit dem Internet ist als habitualisiertes Tun zu betrachten, ein systematischer Kompetenzerwerb für das Surfen im Netz dürfte die Ausnahme sein. Ferner sollen die sozialen Folgen aufgezeigt und Empfehlungen aus medienpädagogischer Sicht formuliert werden. Im Mittelpunkt stehen also die Konsequenzen für Jugendliche, die sich daraus ergeben, in einer mit moderner Kommunikationstechnik ausgestatteten Welt aufzuwachsen. Gezeigt wird:

1. Die *Netztechnik* verbreitet sich hoch dynamisch in der Gesellschaft, und der Umgang mit ihr ist *für Jugendliche heute selbstverständlich*.
2. Netztechnik zeichnet sich durch große Gestaltbarkeit aus. Wichtig ist demnach, welchen *Umgang* Kinder und Jugendliche *inner- und außerhalb von Bildungsinstitutionen* pflegen und wie Erwachsene, Arbeitslose, Bildungsengagierte etc. die qua Netz gesellschaftlich verfügbaren technischen Optionen aufgreifen und in ihren Alltag einbauen.
3. Es kommt damit auf die Kontextualisierung des *Webs* und seiner Optionen an. Denn die Kontextualisierung bestimmt, was aus den Optionen der Software und Internetangebote wird, es geht um die *Einbettung* als eine spezifische, subjektive Leistung. In bisher nicht gekanntem Ausmaß wird die Benutzung virtueller Welten motivational gesteuert, denn es kommt in ganz besonderem Maße auf das individuelle Interesse an, das der Nutzung der Multimedia-Welt vorausgeht. Jugendliche greifen die Offerte zum Surfen auf den superschnellen Datenhighways in spielerischer Weise auf, Ältere versuchen die gleichen Angebote in ihre bereits erprobten Handlungssysteme einzubauen. Von daher sind generationsspezifische Umgangsstile zu erwarten.

Die klassische, von der Sorge um die Technikakzeptanz getragenen Frage, ob Jugendliche in der Lage und motiviert seien, die gesellschaftlich verfügbaren Neuerungen moderner Computer und das Internet aufzugreifen, erweist sich als überholt.

4. Abschließend werden Überlegungen angestellt, die die soziale Formung, die mit der Techniknutzung einhergeht, betreffen. Vor allem sollen darauf aufbauend mögliche Effekte sozialer Ungleichheit (Überforderung, Ausgrenzung etc.) angesprochen werden.

1. „Surfen im Netz" – für viele Jugendliche selbstverständlich

Was zeichnet die moderne, von virtuellen Welten und entfalteten Kommunikationstechnologien geprägte Welt aus? Zunächst ist es eine Moderne (vgl. Loo/van Reijen 1992), in der Differenzierung und Integration und damit Kommunikation und Mobilität außerordentlich bedeutsam sind (Bonß/Kesselring 1999; Rammler 1999). Jugendliche Lebensstile sind kommunikativ und hochmobil (vgl. Tully 1998, 86 ff; Tully/Schulz 1999); vor allem geben Jugendliche viel Geld für moderne Kommunikationshilfen, z. B. Handy[1] oder Internet, aus (vgl. Opaschowski 1999). Wie sieht diese Welt aus und wie das Aufwachsen unter diesen Bedingungen?

An Typisierungen der modernen Gesellschaft fehlt es nicht: Sie gilt als informationsgestützt und als globalisiert oder – wenn wachsende Informations- und Datenmengen zu Wissensangeboten umgedeutet werden – auch als Wissensgesellschaft. Eine bildliche Vorstellung dieser Welt läßt sich mit dem Film *Enthüllungen* (Original: *Disclosure* 1994, USA, mit Demi Moore und Michael Douglas alias *Tom Sanders*) geben. Er zeigt sehr gut, was es heißt, in einer modernen Welt *aufzuwachsen* und zu *leben*: Tom Sanders kleine Tochter spielt am Computer in einem eminent großen amerikanischem Wohn-Eingangsraum. Am Bildschirm wird die Ankunft einer Email symbolisiert, daraufhin ruft die Tochter ihrem Vater zu, „there is a mail for you". In der modernen, von Medien dominierten

---

[1] Laut Angaben der Regulierungsbehörde für Telekommunikation gab es im April 1999 16 Mio. *Mobilfunkteilnehmer*, bis Ende 1999 sollen es 21 Mio. sein; schätzungsweise rd. ein Drittel wird von Jugendlichen benutzt. Inzwischen gibt es Handies für Kids (mit Zifferntaste können im Direktrufsystem bis zu sechs unterschiedliche Teilnehmer anwählt werden).

Welt nutzen die Kids, so die diesem Film-Skript zugrundeliegende Message, Computer fraglos. Die Kinder spielen nicht nur am PC, sondern auch im Auto sowie auf dem Weg zur Arbeit/Schule mit ihren *hand-held-game-boys*. Die Kids gehen, so läßt sich zusammenfassend feststellen, souverän mit den technischen Gadgets (wörtlich: Dingsda) um und bewegen sich fraglos in der modernen Welt. Wie aber sieht diese aus? Auffällig ist: Es wird beständig kommuniziert, selten allerdings mit den unmittelbar anwesenden Personen. Damit läßt sich eine beständige Bemühung um *kommunikative Einbettung* diagnostizieren, auch oder gerade weil Kommunikation immer seltener als konkrete Interaktion zwischen Personen stattfindet und die face-to-face-Kommunikation vielfach bereits eine Sonderform darstellt. Was Anthony Giddens mit dem von ihm benutzten Begriff der *Entbettung* meint, wird exemplarisch an dem modernen Arbeitsplatz des Tom Sanders kenntlich. Er ist in der technisierten, nüchternen Architektur eines renovierten Fabrikgebäudes eingerichtet. Die Arbeitszusammenhänge sind global (die Produktentwicklung erfolgt in Malaysia), Inter- und Intranet sind Standard, und die PCs (einschließlich Cyberspace) fungieren als zentrale Informations-, Arbeits- und Kommunikationsobjekte.

Zur Kommunikation gehörten – traditionellem Verständnis folgend – Sprechende und konkrete Räume. Mit den modernen Kommunkationsmedien wie Internet und Handy verschwinden jedoch Orte, da sie für direkte persönliche Kontakte an Bedeutung verlieren: Die telekommunikative Präsenz überholt den konkreten Ort (Mitchell 1996, 1997) mit der Folge, daß Anhaltspunkte für die Lokalität verschwinden. Kein Ortsname, keine Vorwahlziffer und keine Postleitzahl geben darüber Aufschluß, ob ein Gesprächs- bzw. Kommunikationspartner nebenan sitzt oder sich hunderte von Kilometern entfernt aufhält, ob aus dem Flugzeug, dem Auto oder von zu Hause angerufen wird. Wenn Tom Sanders in seiner Funktion als Leiter der Entwicklungsabteilung mit Menschen aus der Fertigungsabteilung spricht oder per Internet Daten austauscht, dann sieht man diese Menschen nicht, da sie weit entfernt agieren. Soziologisch gesprochen wird über große Distanzen hinweg gehandelt und gelebt. Gemeinschaft stellt sich hier ohne konkreten Ort her (vgl. Albrow 1997). Die lokale *Entbettung* wird durch den Gebrauch des persönlichen Handys symbolisiert[2]. Das Verschwinden konkreter Orte wird zum durchgängigen Phänomen der Moderne, und die bewältigten tatsächlichen Ortswechsel werden unbemerkt zu Nischen verbaler Kommunikation. Kaum sind der PC aus und das Netz abgeschaltet, wird auf dem Weg per Handy kommuniziert, wird gesprächsweise, eine Einbettung gesucht. Es drängt sich der Verdacht auf, die Drehbuchautoren des erwähnten Films *Enthüllungen* hätten zum Schreiben des Skripts in den Werken der Soziologen Habermas und Luhmann nachgeschlagen, denn wie bei den beiden genannten Vertretern der modernen Soziologie wird auch im Film alles Handeln zu kommunikativen Akten, egal ob es um Arbeit, Geschäfte, Produktion, Korruption oder Intrigen geht. Klar, all dies geschieht unter Einschluß modernster technischer Hilfen, die das *allseitig präsente kommunikative Handeln* ermöglichen sollen. Und in der Tat, den Blick zurück in den Alltag auf die Menschen in und außerhalb der Welt des Kinos gerichtet, ist zu bemerken, daß das Handy nicht nur von Geschäftsleuten, sondern (nach Scall und Pagern) in großer Zahl von jungen Leuten verwendet wird.

Was heißt das für die Heranwachsenden? Kinder und Jugendliche wachsen abhängig vom sozialen Setting (Lebensstil der Familie, soziale Einbettung) mit jenen Technologien auf, die es in ihrem unmittelbaren Umfeld gibt. Und in der Welt der reflexiven Moderne werden somit auch Technologien zum festen Bestandteil ihres Lebens. Für die Kids und Jugendlichen von heute sind Computer und Internet letztlich so normal, wie es für die vorangegangene Generation der Plattenspieler war oder das Radio und der Kühlschrank, das Kassettengerät, der Videoapparat und die Fernbedienung. Da jedoch die modernsten Technologien immer teurer sind, existieren technisch neu entwickelte Objekte, abhängig von der sozialen Schicht, für die einen früher und für die anderen später, nicht aber für alle in gleicher Weise. Gleichheit und Ungleichheit, Inklusion und Exklusion funktionieren damit fortschreitend nicht mehr allein über Geld, sondern auch auf Basis der Verfügbarkeit über neue Technik. Jugendliche, die 1999 bereits über leistungsfähige Rechner, ein schnelles Modem, einen CD-Brenner etc. verfügen, sind in der Lage nicht nur Emails zu verschicken und zu empfangen, Spiele und Treiber *herunter zu laden*, sondern auch dazu, sich übers Netz *kostenfrei* neueste Musiktitel zu beschaffen und diese entsprechend in digitaler Weise zu speichern (z. B. mit einem MP3-Player).

---

2 Michael Douglas alias Tom Sanders, hat – so wie es uns die Kommunikationsanbieter für die nächsten Jahre versprechen – eine universelle individuelle Telefonnummer und nur ein persönliches Telefon. Der Tischapparat ist abgeschafft.

2. Jugendliche – Aufwachsen mit Computer- und Netztechnik

Was die hochmodernen Technologien der schnellen Netze betrifft, so beziehen sich diese auf *Verfahren und Mittel der Informationserfassung, -verarbeitung und -übermittlung* (Glasfasertechnik, Kabelfernsehen, Pay-TV, PCs) ebenso wie auf neue elektronische Kommunikationsformen (Mobilfunk, Internet und Email). Der Sache nach zeichnen sie sich dadurch aus, daß mit ihnen eine Vielfalt an Optionen ausgeübt werden kann (Multioptionalität). Dies unterscheidet sie von den Apparat-Entwicklungen (sie waren über die mit ihnen ausübbaren Funktionen definiert). Mit anderen Worten, Technik war traditionell über die mit ihr verrichtbaren Funktionen charakterisiert, und die historisch vorgängigen Produktions- und Gesellschaftsstrukturen spiegeln die jeweils vorherrschende gesellschaftlich angewandte Technik. Deshalb konnte Marx (1962) auch davon sprechen, die Handmühle stünde für die Feudalgesellschaft und die Dampfmühle für eine Gesellschaft mit industriellen Kapitalisten. Multioptionalität, die Vielfalt an möglichen Kommunikations- und Informationsbezügen steht für die moderne Welt des 21. Jahrhunderts. Zu den Basisannahmen über die neuen Kommunikationsmedien gehört, daß mit ihnen die ganze Welt vernetzt würde. Läßt man einmal außer acht, daß es sprachliche Hürden und Verständnisprobleme gibt, die Grenzen für Ideen und Botschaften bilden, so zeigt sich, daß ein breites Angebot von unspezifischen Informationsinhalten irgendwo an irgend jemanden adressiert wird und zugleich überall zur Verfügung steht. Daten und Mitteilungen, die irgendwo auf dieser Welt entstehen, stehen zur Disposition, um jederzeit an fast allen Orten abgerufen zu werden. Für eine Vielzahl von Informationen ist dies sicher ein beachtlicher Vorteil[3].

Das Verhältnis von Jugend und Technik ist, nicht erst seit es Computer und Internet gibt, durchgängiges Thema in repräsentativen Studien (Shell, IBM, Allensbach) und wird über die Jahre hinweg beobachtet. Nachdem noch in den 80er Jahren ein weit verbreitetes distanziertes Verhältnis Jugendlicher gegenüber der Computer-Technik diagnostiziert wurde,[4]

---

3 Die Kehrseite aber ist, da Medien und Nachrichten, Daten und Informationen prägend wirken, daß so frei von Filtern auf Vorstellungen Einfluß genommen wird, zudem werden diese Informationen immer mehr mit den Bildern transportiert, womit eine Wahrnehmung aktiviert ist, für die das Wissen – bislang jedenfalls – wesentlich bei den Werbefachleuten liegt. Dieser beständig wachsenden Bilderflut in den Netzen steht nur geringes Wissen zu ihrer Bewältigung aus eigener Erfahrung gegenüber.

wird das derzeitige Interesse an Computer und Netz auch als Wende beim Technikinteresse gedeutet.[5] Das große Interesse auf Seite der Jugendlichen an den Spielen, die mit der digitalen Technik zugänglich gemacht wurden, hat sicher deren rasche Verbreitung gefördert.

Waren es früher vor allem Spiele, so sind es heute die "Chats", das Herunterladen von Treibern, Musik, Infos, Flyern etc., die das Interesse der Jugendlichen wecken. Was den erreichten Stand der gesellschaftlichen Verbreitung und Veralltäglichung der neuen medialen Welten betrifft, so wissen wir, daß in gut vier von zehn Haushalten in Deutschland ein PC steht. Weiter ist bekannt, daß etwa alle 18 Monate neue Speichertechnologien auf den Markt kommen, was einen Prozeß kontinuierlicher Neuentwicklung seitens der Software anstößt, die die Leistungsfähigkeit der verbesserten Speichertechnik nutzt. Beim Internet werden derzeit jährliche Wachstumsraten von gut 30 bis 40% verzeichnet. Weltweit gab es 1998 – je nach Schätzung – 80 bis 100 Millionen Haushalte mit Internetzugang, mit deutlich steigender Tendenz. Was die Verbreitung des Internet in Deutschland betrifft, so steigt die Zahl der Internet-Adressen kontinuierlich, wobei die Altersgruppe der bis 30-jährigen fast zwei Drittel der User ausmacht (bis 30 Jahre alt sind rd. 60% der Nutzer, 30 - 40 Jahre: 30%, über 40 Jahre: 10%). 1996 gab es hierzulande rd. 1,5 Mio. (kommerzielle und nicht kommerzielle) Online-Dienstbenutzer. Im Februar 1997 waren es schon 2,3 Mio. Der Zuwachs gegenüber dem Vorjahr beträgt außerordentliche 42%. Im Jahr 1998 verfügten rd. 8% der Haushalte (das sind ca. 3 Mio.) über einen Netzzugang. Mitte 1999 berichtet t-online bereits von 3,3 Mio. Abonnenten für das eigene Netz, auf

---

4 Insofern muß der Meinungsumschwung an der Einstellung gegenüber Computern nicht überraschen. „Waren 1986 nur wenige davon überzeugt, daß der Computer mehr Vor- als Nachteile bringt, teilt heute eine große Mehrheit diese Meinung" (IfEP 1995, 38).

5 Was nicht ganz zutrifft, denn was die Vorbehalte betrifft, so bezogen sie sich nur auf bestimmte Formen der Technikanwendung (Kernkraft, Großtechnologie, Wiederaufbereitungstechnologie, Waffentechnologien). Ausgangspunkt der gesellschaftlich vorgetragenen Sorge um das Verhältnis der Jugend zur Technik waren die Proteste der 80er Jahre gegen Atomkraft und Rüstung, die damals von Elisabeth Noelle-Neumann als „Technikfeindlichkeit der Jugend" bezeichnet wurden, und dieses kritische Verhalten der Jugend gegenüber der Technik wurde in den 80er Jahren ausgiebig thematisiert (zum Überblick vgl. Tully/Wahler 1991).

die diversen Internet- und Onlinedienste in Deutschland bezogen, wird für Ende 1999 mit 9 Mio. Benutzern gerechnet.

Jugendliche erweisen sich als die *Promotoren* der virtuellen Realitäten. Die Netzsurfer sind jung, bevorzugt männlich und verfügen über gehobene Bildungsbiographien. Ablesbar ist dies an der Freizeitbeschäftigung männlicher Jugendlicher, in der der Computer einen festen Platz hat: 49% der männlichen Jugendlichen zwischen 12 und 24 Jahren geben an, in ihrer Freizeit oft oder sehr oft am Computer zu spielen (vgl. Jugendwerk der Deutschen Shell 1997, 344). Da Jüngere neue Technologien rascher aufgreifen, kommt es zu generationsspezifischen Einführungsgeschwindigkeiten und Einschätzungen bezüglich der anstehenden technischen Neuerungen.[6] Die Computerfans sind jung. Sie sind zwischen 12-14 bzw. 15-17 Jahre alt und sie genießen ein hohes Sozialprestige vor allem in ihrer eigenen Altersgruppe (vgl. 370).[7] „Die Hälfte 12-24jährigen männlichen Jugendlichen (52% zwischen 12-24) schreibt sich ein sehr starkes oder ziemlich starkes Interesse an Technik zu, bei den Mädchen und jungen Frauen ist es nicht einmal ein Zehntel", das heißt es gibt eine deutliche Differenz bei der Beurteilung von Technik, abhängig davon, ob von Männern oder Frauen die Rede ist[8]. Auf die Frage: „Glauben Sie, daß der Fortschritt der Technik das Leben für die Menschen immer einfacher oder immer schwieriger macht?" antworten rund 43% „immer einfacher" und ein Drittel (33%) „immer schwieriger". Sichtet man die Antworten nach dem Geschlecht, so zeigt sich, daß Frauen weniger oft

---

6 Vgl. Sackmann/Weymann 1994, S. 183. In Bezug auf Technik als Erfahrungsobjekt lassen sich eine *Vorkriegsgeneration* (1895 bis 1933), die *Nachkriegsgeneration* und die *Umweltgeneration* gegeneinander abgrenzen und zeigen, daß die Generationen, denen ein Aufwachsen mit bestimmten technischen Innovationen gemeinsam ist, typische Erfahrungen im Technikumgang teilen. Deshalb bewerten Jüngere Neue Technik bevorzugt positiv und sehen etwa den Computer als Gerät zur Arbeitsvereinfachung, das dabei hilft, gesundheitsschädigende Arbeiten zu ersetzen, und das zudem den Freizeitgewinn erhöht.

7 Auch die B.A.T. Technikuntersuchung von 1996 sagt, daß die Computerfans bevorzugt zwischen 14-19 (31%, 20 – 24 16%) Jahren alt sind.

8 Zum Verhältnis von Frauen zur Technik siehe die systematische Beschäftigung bei Wajcman 1994, Metz-Göckl. u.a. 1991, Ritter 1994, Waibel 1992, Dippelhofer-Stiem 1994, Heppner u.a. 1990, Collmer 1997.

als Männer davon ausgehen, daß Fortschritte der Technik das Leben einfacher machen.

„Die Repräsentativerhebungen (...) dokumentieren die Geschlechtsspezifität des technischen Interesses, das bei Frauen deutlich geringer ausgebildet ist als bei Männern. Nur jede vierte Frau möchte wissen, wie die technischen Dinge funktionieren, bei Männern sind es immerhin 56%. Frauen scheinen eher am Gebrauchswert der Sache interessiert zu sein, was darin zum Ausdruck kommt, daß sie zufrieden sind, wenn das Ding funktioniert (69% der Frauen, nicht aber so die Männer: 35%)" (Allensbacher Jahrbuch 1998, 1029).

Wenn es um Computer geht, dann zeigt sich jedoch im Zeitvergleich ein wachsendes Interesse an technischen Gadgets nicht nur auf Seiten der männlichen Jugendlichen (Jugendwerk der Deutschen Shell 1997, 354, 344), sondern auch bei den jungen Frauen, wenn es um Terminal, Modem, Netzzugang geht.

Beim Internet ist es wie früher, als es um Home-Computer und PCs ging und sich die männliche Klientel Jugendlicher zuerst diese modernen Apparate angeeignet hat. Ganz generell lassen sich Mädchen nicht so leicht für technischen Firlefanz begeistern wie Jungen, sie pflegen insofern einen rationaleren Umgang mit Technik. Wenn schließlich technische Neuerungen nicht mehr vorrangig von Männern aufgegriffen werden, sondern wenn sich in steigendem Maße auch Frauen den technischen Geräten zuwenden, dann ist dies ein wichtiger Indikator für die Veralltäglichung der Chiptechnik. In der Allensbacher Repräsentativ-Befragung zur Computerverbreitung wird ermittelt, daß der Anteil der Frauen, die einen Computer kaufen und nutzen wollen, kontinuierlich ansteigt (1990 waren 35% der Computer-User Frauen, 1997: 44%).

Jugendliche gelten generell als wichtige Akteure gesellschaftlicher Modernisierung, und wie sich zeigt, benutzen sie Computer gerade nicht einfach zum Rechnen, Schreiben oder Organisieren, sondern bauen dieses moderne Artefakt (ähnlich wie auch Musik, Moden und Mobilität) in identitätsstiftender Absicht in ihren Alltag ein. Jugendlichen geht es um die Ablösung von den primären (Familie, Schule) und die Orientierung hin zu den sekundären Sozialisationsinstanzen (Peers, Partnerschaft, Beruf). In diesen Prozessen der Ablösung und Verselbständigung werden unterschiedliche gesellschaftliche Angebote auf ihren identitätsstiftenden Beitrag hin beurteilt (vgl. Ferchoff 1997, Tully 1996), was ebenso für Musikstile wie für technische Artefakte (Fahrzeuge, Computer, Internet etc.) gilt. Erwachsene wählen hierbei typischerweise eine instrumentelle Zugangsweise, indem sie bei den Neuen Technologien deren werkzeugmäßigen Einsatz bedenken. Jugendliche wählen dagegen andere Zugänge. Sie prüfen, was jenseits klarer Zweckhaftigkeit sonst noch mit den Artefakten angefangen werden kann. Offene, gestaltbare Technologien wie Internet und Computer haben deshalb auch immer eine jugendkulturelle Grundfarbe. Es geht darum, sich in unernster Weise gesellschaftlich verfügbare Dinge anzueignen und sie zur Kultivierung individueller Stile in den eigenen Alltag einzubauen.

3. Kontextualisierung als Kern des Umgangs mit neuen Technologien

Neue Technologien sind *multifunktional* und in ihren Verwendungen *optional*, d.h. sie sind frei von bestimmten Zwecken. Notwendig kommt damit ihrer Aneignung durch die Subjekte besonderes Augenmerk zu, da bei unterschiedlichem individuellem Interesse und entsprechender angewandter Kompetenz bei gleichen Ausgangskonfigurationen verschiedene Ergebnisse realisiert werden. Was bedeutet das konkret? Nun, der Computer kann als Spielgerät fungieren oder als Terminal im Netz (Informationsmaschine), als Fotoarchiv oder Musikgerät, aber auch als eine Rechen- oder Schreibmaschine usw. Unübersehbar kommt der Kontextualisierung, also dem individuellen kreativen Akt der Aneignung von Technik besonderer Einfluß zu, ablesbar ist daran auch, daß Computer im steigenden Maße internet- und multimediafähig gemacht worden sind.

Der Zuwachs an Optionen macht spielerisches Aufgreifen erforderlich

Während früher Technologien mit definierten Funktionen ausgestattet (Drehbank zum Drehen und Bohren) waren und eingesetzt wurden, um spezifische Zwecke zu realisieren, deren Benutzung bewußtseinspflichtig war und auf rationellen Abwägungen basierte, wobei entsprechende Zweck- und Mittelabwägungen angestellt wurden, tritt bei moderner Technik der Zusammenhang von Handlungsabsicht und Handlungsfolgen in den Hintergrund, die Bewältigung von Verrichtungen gerät jedoch fortschreitend aus dem Blickpunkt. Anstelle von *Rationalität* geht es um *Effekte*; bezieht sich Rationalität auf die Handlung, so erweist sich der *Effekt* von spezifischen Absichten gesteuert und letztlich als adressatenabhängig. Es geht um eine Handlungsintention, nicht um kühle Zweck- und Mittelkalkulation. Damit verändern sich die Bezugsbegriffe der Rationalität grundlegend. Es verändert sich, „zumeist unbemerkt – das, was man unter *rational* versteht und damit das, was der Mensch in seinen höchsten Möglichkeiten von sich selbst erwartet" (Luhmann 1972, 15). Mit dem Multifunktionsapparat *Computer* wird die Rationalität als Zweck-Mittel-Bezug nachrangig. Im Netz, beim Leben in virtuellen Welten fehlen in der Regel klare Zwecke, an ihre Stelle treten Motive. Diese Ablösung von Zweck und Funktionalität ist im Begriff der *Benutzerlogik* anschaulich erkennbar. Bei wachsender Optionalität kann es keine eindeutigen Zwecke mehr geben. Der *spielerische* Umgang mit Technik wird deshalb zum vorherrschenden Umgangsstil. Surfen beschreibt ein offenes und spielerisches Verhältnis, das zur Welt des Computers eingenommen wird. Die lockere Suche im Internet ist somit keine zufällige, sondern eine notwendige Begleiterscheinung, um auch unter der Bedingung von Dynamik und Vielfalt der Möglichkeiten agieren und reagieren zu können. Die Entfaltung der Computertechnik geht mit einem Zuwachs an Möglichkeiten und zugleich mit einer Veränderung des Verhältnisses, das ihre Benutzung kennzeichnet, einher. Bekanntlich waren die zentralen Rechner der ersten Generationen nur unter Beachtung strenger Formalismen der in dieser Zeit verfügbaren Befehlssprachen (Assembler, Fortran, Cobol) beherrschbar. Erst die Personal Computer machten eine *unsystematische, unernste und spielerische Umgangsweise* möglich, ihre Anwendung basiert auf *intuitiver* Nutzung. Aufgrund der enorm vielen Verwendungsbezüge kann *Computern*, und *Surfen* auch nicht mehr auf Vorrat angeeignet werden. Was künftig relevante Fähigkeiten und Fertigkeiten beim Umgang mit Technik sein werden, ist deshalb nur schwer antizipierbar, weshalb die Einbeziehung des Netzes in den schulischen Fächerkanon durchaus komplikationsreich sein wird.

Ein weiterer Aspekt der veränderten Motivlage hinsichtlich der Nutzung der Neuen Technologien läßt sich ebenso beim Internet aufzeigen. Es geht um emotionale Qualität, d.h. Technik und Medien werden immer weniger als Werkzeug erlebt, deren Benutzung erlernt werden muß, sondern ihre Anwendung selbst besitzt emotional positive oder negativ besetzte Qualität. Wenn es, wie dies für die Mediennutzung üblich geworden ist, vorrangig um Wirkungen, also um die Erzeugung von Effekten geht, dann geht damit auch die Sensibilität für einen zweckrationalen Umgang verloren. Wie die Computer im Netz unseren Alltag formen, wie sich unser Denken und Kommunikationsverhalten entwickeln, wird kaum bemerkt, da mit der intuitiven Benutzung die Veränderungen schleichender Art sind. Es geht nicht um systematische Aneignung, nicht um systematisches Lernen, sondern die Aneignung erfolgt auf spielerische, freak- bzw. bricolagehafte Weise, selbst in der Arbeit (also nicht nur bei den Kids und den Jugendlichen) wird die Benutzung und Nutzungsabsicht nicht mehr durchgängig systematisch abgeprüft. Als Leitlinie der Softwarehersteller gilt, Computer und Netze sollen so fraglos benutzt werden wie vormals die Fernbedienung zum TV-Gerät (vgl. Gates 1997 und Negroponte 1997), also wird sich das Zappen nicht auf den traditionellen Medienkonsum beschränken.

Dennoch wird seitens der Subjekte ein lernender Umgang mit den Dingen praktiziert werden müssen, da die neuen Welten kontextualisiert werden müssen (vgl. dazu den Beitrag von Marotzki 1997, der vor allem auf Bateson verweist). Mit Bateson und Jean Piaget kann der stattfindende Austausch von Subjekten und Kontext bzw. Objekt entsprechend analysiert werden. Der Analyse Piagets ist zu entnehmen, daß die Objekte immer nur als durch die Subjekte wahrgenommen existieren. Sie sind folglich nicht einfach, was sie sind, sondern werden vom Subjekt sinnlich erfahren, wahrgenommen, interpretiert, gedeutet und stufenförmig angeeignet. Bei Bateson werden Formen des Lernens von einfachen Stimulus-Respons bis hin zum Umgang mit unstrukturierter Umwelt unterschieden, woraufhin entsprechende Handlungs- und Kontextbezüge entfaltet werden. *Vieldeutigkeit* tritt an die Stelle von *Eindeutigkeit*, dies gilt auch für Identitätsentwürfe. Die starre Bindung an Kontexte weicht einem „mehr oder minder freien Spiel" (vgl. Marotzki 1997, 186f.). Gerade für das Datenknäuel in der modernen Welt gilt: Technik ist nicht mehr fix und fertig und in abzählbaren Funktionen vorhanden, sondern aus dem Bündel von Optionen müssen von den Subjekten für sie relevante Muster ausgewählt und auf ihre individuelle Benutzung hin konfiguriert werden.

Insofern kommt es immer mehr darauf an, wer sich mit der Technik in welcher Weise befaßt.

Individualisierung und Pluralisierung als gesellschaftliche Trends der Moderne werden hiermit bestätigt (vgl. Beck 1997), schließlich gehört eine Vielzahl von Wahlmöglichkeiten (Groß 1994) zu den Grundzügen der modernen Gesellschaft. Für Erwachsene kann sich die Ausübung von Optionen angesichts fehlender Eindeutigkeit von Zwecken und angebbaren Funktionen der Dinge durchaus als mühsam erweisen. Moderne Kommunikationstechnologien räumen den Individuen neue Wahlchancen ein, deshalb müssen sie lernen, mit einer großen Zahl von Optionen umzugehen. Wenn die sinnstiftenden Koordinaten fehlen, erweisen sich Optionen als „leere Wahlchancen" (Dahrendorf 1983), und die Aufforderung, aus der Vielzahl der Möglichkeiten *passende* auszuwählen, kann dabei durchaus zum Dilemma werden. Insbesondere Erwachsene sind mit dieser für sie ungewohnten Vielfalt an Optionen gelegentlich überfordert. Jugendliche haben da in der Regel weniger Probleme und gehen spielerisch mit den angebotenen technischen Neuerungen um und empfinden sie möglicherweise deshalb als Bereicherung. In der Regel präsentiert sich das Netz ja auch als Ansammlung eines großen Warenhauskatalogs, mit vielen Bildern und Links, die auf weitere interessante Dinge verweisen. Es entsteht der Eindruck, es bedürfe nur des geschickten Umgangs mit den Netzangeboten, um sparsam die individuelle Nutzenmaximierung betreiben zu können.

Wozu werden Online-Dienste und Internet genutzt? Wichtig ist es vor allem, Emails zu verschicken und erhalten zu können, aber auch dazu, sich über Alltägliches zu informieren. Was gibt es, wo ist was los? Was kommt im Kino, gibt es irgendwelche Events? Gibt es was Neues aus der Fun-Ecke? Was ist musikmäßig verfügbar usw. Die Angebote sind vielfältig. An zweiter Stelle steht die Möglichkeit, Informationen abzurufen, d.h. es geht darum zu wissen, was kostet ein Last-Minute-Flug, welche Angebote gibt es am gewünschten Urlaubsort, selten geht es um Einkaufen per Netz etc. Zwar steigt der Anteil derer, die sich vorstellen könnten, per Internet shoppen zu gehen, aber über Jahre hinweg ist die Zahl derer, die wirklich ihr Einkaufsverhalten radikal umgestellt haben, gering. Ein Bereich, der bislang noch wenig ins Gewicht fällt, ist der Handel per Internet. Künftig eine wachsende Bedeutung dürften Reisebuchungen per Internet haben, zumindest haben Last-Minute-Angebote im

Netz schon jetzt eine bemerkenswerte Attraktivität. Ein anderer wesentlicher Punkt ist sicher der Spaß am Surfen selbst, d.h. die Freude ist nur abhängig von der eigenen Disposition, am Wühltisch der bunten Datenwelt zugreifen zu können. In Datenbanken zu recherchieren und Bankgeschäfte erledigen sind weitere Formen der bedeutsamen Beschäftigung. Ebenso werden Hobbys wie Schachspielen oder der Tausch und Kauf von Briefmarken bislang noch nicht explizit per Netz, wohl aber auch unter Einschluß des Netzes verfolgt. Was die Bereiche Schule, Ausbildung und Beruf betrifft, so sind diese von wachsender Bedeutung, denn über das Netz können Informationen zu Weiterbildungsangeboten und Jobs, Stellenanzeigen diverser Zeitungen oder des Arbeitsamtes eingeholt werden. Vor allem für Studierende ist es wichtig, die regelmäßigen Veranstaltungen, die Semesterveranstaltungen an der eigenen Universität, die damit verbundenen Stundenpläne usw. über das Internet zu recherchieren, aber auch für eigene Seminararbeiten nachschlagen zu können, welche Literatur an anderen Instituten und Universitäten empfohlen wird. Bei Opaschowski (1999) wurden 3000 Personen ab 14 Jahren befragt, was sie auf den Datennetzen suchen, er berichtet auf Basis dieser Befragung folgende Nutzungspräferenzen: Behördenkontakte (48%), Arbeitsplatzangebote (38%), Fortbildungsmöglichkeiten (38%), Gesundheitsberatung (29%), Elektronische Post (28%), Diskussion mit Politikern (21%) (Opaschowski 1999, 122).

4. Informalisierung und Soziale Strukturierung

4.1 Zum Verhältnis der Generationen

Von Sennet (1998, 124) wird darauf aufmerksam gemacht, daß heute vor allem Jüngere als leistungsfähig und dynamisch gelten, Alter jedoch wesentlich mit *starr* und wenig flexibel angesetzt wird. Erfahrung spielt kaum mehr ein Rolle, wichtiger wird es, den Zeitgeschmack zu treffen und den tagesaktuellen Anforderungen gerecht zu werden. Dies ist gerade angesichts sich rasch ändernder technischer Neuerungen und des Umgangs mit unstrukturierten Wissensangeboten, wie z. B. dem Internet, von herausragender Bedeutung. Absehbar ändert sich mit dem veränderten Umgang mit den Dingen und Problemen das Verhältnis der Generationen. Generationen zeichnen und unterscheiden sich, so sagt Karl Mannheim (1928), in ihren Deutungen und Umgangsstilen der Dinge, d.h. gleiche Ereignisse werden von Jüngeren und Älteren in unterschiedlicher Weise bearbeitet, die Bearbeitungsformen wiederum sind abhängig von den vorangegangenen Erfahrungen. Heute an der Schwelle zu den virtuellen Welten wird bemerkbar,

> „daß gerade jene Generation, welche gegenwärtig aufwächst, das Verhältnis zwischen *realen* und *künstlichen* Welten für sich neu zu definieren hat – als eines, daß anerkennt, daß es keine starren Grenzen zwischen ihnen mehr gibt" (Moser 1997, 11).

Die unterschiedlichen Herangehensweisen an die Neuen Technologien gehen auf generationsspezifische Umgangsstile mit der zunehmenden Vielfalt an Optionen in der modernen Welt zurück, und weil moderne Kommunikationstechnologien den Individuen enorm viele Wahlchancen einräumen, bedeutet dies zu lernen mit einer großen Zahl an Optionen zu jonglieren und aus dem Bündel der vielen Möglichkeiten persönlich bedeutsame Features auszuwählen, um diese dann auf die individuelle Bedeutsamkeit und Benutzung hin zu organisieren. Nicht immer fällt es leicht, *Passendes auszuwählen*, vor allem gehen Erwachsene und Jugendliche mit diesen *Angeboten* in unterschiedlicher Weise um. Jugendliche bevorzugen einen unernsten spielerischen Umgang mit den Dingen, sie suchen dabei auch keine dauerhaften Lösungen und sind damit immunisiert gegenüber einer Entwertung erprobter Umgangsweisen. Nur wer mit einem routinierten Handlungswissen an seine täglichen Verrichtungen herangeht, kann erleben, wie dies durch neue Offerten (PC, Netz, Datenbanken) entwertet zu werden droht. Was zunächst nur die Art der Benutzung der neuen virtuellen Welten betrifft, bekommt unter den Bedingungen von dynamischer Entwicklung und Vielfalt der Verwendungsbezüge eine eigene Qualität, und Jugendliche sind in besonderer Weise in der Lage, mit diesen Vorgaben umzugehen. Dynamik, die beständige Suche und Neuorientierung sind schließlich ohnehin die gängigen Bausteine jugendlicher Identitätssuche und -ausbildung. Optionalität wird in diesem Prozeß als Chance begriffen, den eigenen Präferenzen als Heranwachsender Ausdruck geben zu können. Netz und virtuelle Realität werden als neue jugendgemäße Freiheitsgrade erkannt und produktiv in den eigenen Alltag integriert. All dies paßt zu den Grundzügen des Jugendalters als Lebensphase der Ablösung, innerhalb derer es weniger auf (Verfahrens-) Wissen als auf das Ausprobieren ankommt. Nur bei Erwachsenen steht entfaltete Habitualisierung im Konflikt mit Dynamik und der mit ihr erzeugten Entstrukturierung von vertrauten Bezügen, nur für Erwachsene fällt mit fortschreitendem Alter die Aneignung von neuen *Features* mit einem notwendigen Verlernen von vormals funktionsfähigen Stilen und Routinen zusammen, erst im Alter wird die Benutzung erprobter Handlungsschemata[9] wichtiger, weil das Verlernen bewährter Verfahrensweisen schwieriger wird.

Jugendstile und Routinen

Während also Erwachsene auf Erfahrung setzen und auf diese aufbauen, verfügen Heranwachsende noch über keine entfaltete *Technik-Biographie*. Allerdings verfügen sie über eine hohe Medienkompetenz im digitalen Bereich. Über die Benutzung von Spielcomputern und Kommunikationsmedien (Gameboy, Computerspiele, PC, Video, Pager, Skyper, Email, Internet etc.) werden Interpretations- und Wahrnehmungsschemata ausgebildet. Jugendliche können sich rascher auf Bildschirmen orientieren, sie verfügen über ein fundiertes Basiswissen der digitalen Befehlseingabe, und sie können besser als Ältere die Vielzahl von Bildsymbolen parallel wahrnehmen und verarbeiten. Diese *Medienkompetenz der digitalen Art*[10] basiert auf der vom Kindergartenalter an absolvierten Mediensozialisation, sie schließt den routinisierten Umgang mit digitalen Denkschemata ein (*weniger-mehr, schneller-langsamer, heller-dunkler, lauter-leiser, oben-unten* u.a.m.). Dies sind gänzlich andere Fähigkeiten als jene, die die vorangegangene Generation (männlicher) Jugendlicher beim Spiel mit technischen Geräten (Eisenbahn, Fischerbaukasten etc.) erwarb, vormals ging es um die Aneig-

---

9 In diesem Sinne kalkulieren Banken mit ihrer älter werdenden Kundschaft. Auch wenn Geldautomaten und Online- sowie Telefonzugänge die Arbeitswelt in den Kreditinstituten radikal verändern, in München beispielsweise wurden binnen Jahresfrist 20% weniger Stellen in diesem Bereich verzeichnet, vertraut die zuständige Gewerkschaft (Handel, Banken und Versicherungen) auf Verzögerungen beim Filialensterben der Banken, denn im Durchschnitt wird die Bevölkerung immer älter, Ältere „nutzen den Computer nicht wie die Jungen – auch nicht für Bankgeschäfte" („Die Filialen sterben langsam, aber sicher", Süddeutsche Zeitung vom 3.7.99, 57).

10 Diese *Medienkompetenz der digitalen Art* fehlt Älteren. Rasche Wechsel der Bildfolgen sind für jüngere Zuschauer hoch attraktiv und deshalb im Fernsehen zum Stilmittel avanciert, Ältere werden davon irritiert.

nung von Funktionsbezügen, jetzt um den Erwerb von Bedienungsgeschicklichkeit. Die Generation der jungen Erwachsenen hat im Zuge ihrer kindlich-jugendlichen Mediensozialisation diverse Neuerungen bewältigt (Apple II, Apple III, Commodore, *Kompatible* und Windows usw.), sie hat verschiedene Änderungen in der digitalen Welt kennengelernt, dafür wurden Zeit, Energie und Mühe investiert und nebenbei wurde erfahren, die Mühen und Kosten für die so erworbenen Fertigkeiten können nicht mehr über einen längeren Gebrauch amortisiert werden. Wer diese Mühen beständiger Aktualisierung nicht auf sich nimmt *fällt ab*, läuft Gefahr sich auszugrenzen, weil kompatibel zu bleiben keine Entscheidung mehr ist, die von den Benutzern der neuen Technik getroffen wird, vielmehr ist es so, wer sich nicht dafür entscheidet, organisiert seine eigene Exklusion.

4.2 Informalisierung – wachsende Eigenverantwortlichkeit

Je dynamischer die gesellschaftliche Entfaltung verläuft, desto weniger können Menschen auf vertraute Strukturmuster aufbauen, damit folgt, wenn vertraute Strukturen fehlen, müssen sich Individuen die notwendige Orientierung selbst konstruieren und im umfassenden Sinne eigenverantwortlich handeln. Ein strategisches Verhalten gegenüber den gesellschaftlichen Anforderungen wird fortschreitend schwieriger, wenn nicht gar unmöglich, da Handlungsbezüge in immer geringerem Maße antizipierbar sind.

Informalisierung

Was von Urlaubsreisen bekannt ist, trifft den eigenen Alltag. Informalisierung ist ein Prozeß, in dem wir vertrauter und als verläßlich unterstellter Bezüge verlustig gehen. Bei Urlaubsreisen in andere Ländern ist beispielsweise zu bemerken, daß die Symbole, die den Alltag ordnen, anders gestaltet sind, und es bedarf einer gewissen Mühe, sich damit zu arrangieren. Brechen vertraute Bezüge weg, so werden Irritationen, wie sie aus Charly-Chaplin- und Woody-Allen-Filmen bekannt sind (es wird in die Leere hinein gehandelt), real, für die alltägliche Organisation des Lebens bedeutet dies jedoch, daß sich Individuen die fehlenden Bezüge selbst besorgen müssen (vgl. Beck 1993, 151). Es lassen sich unterschiedliche Be-

Jugendliche Netzkompetenz 205

deutungsräume für Informalisierung anführen und gegeneinander abgrenzen, zu nennen sind vor allem: informelle Muster im alltäglichem Handlungsgefüge und als Ausdruck zivilisatorischer Entwicklung, informelle Bezüge aus organisationssoziologischer Sicht, weiter wird aus wirtschaftspolitischer Perspektive von informeller Ökonomie (Schattenwirtschaft) gesprochen, und schließlich gibt es seit längerem in der Erziehungswissenschaft eine Beschäftigung mit informellen Bildungsformen. Im folgenden gehen wir vor allem auf die Auseinandersetzung mit dem zivilisationstheortischen Begriff ein. Was den in diesem Beitrag verwandten Begriff der Informalisierung betrifft, so bezieht er sich darauf, daß Handeln in der Gesellschaft, in bestimmten Institutionen und Organisationen in unterschiedlichem Grade reguliert ist.

„Während Institutionen wohl am besten auf dem Boden traditioneller Gesellschaften und Lebensweisen gedeihen, sind Organisationen Formen geregelter Kooperation (...). (Der – C. J. T.) sachlich gliedernde und planende Verstand, der bewußt bestimmte Mittel für bestimmte Zwecke ordnete, ist charakteristisch für (ein organisiertes gedankliches und soziales Umfeld – C. J. T.)" (Gukenbiehl 1992, 104).

Nun wissen wir, daß Institutionen die Aufgabe zufällt, die Herstellung gesellschaftlichen Konsenses zu verbessern (vgl. Luhmann, 1970, 30), diese Aufgabe gestaltet sich allerdings im Zuge der gesellschaftlichen Differenzierung und Deinstitutionalisierung als immer schwieriger (vgl. ebda. 37). Mit steigender gesellschaftlicher Differenzierung gehen insofern auch neue Anforderungen einher, die dem gesellschaftlichen Stand der Entwicklung gemäß immer weniger absehbar sind (vgl. ebda. 40, Beck 1993, 90). Mit der reflexiven Modernisierung, so Beck „verschiebt sich das gesellschaftliche Gefüge ins informelle" (Beck 1993, 65).

Während also die Durchsetzung der Industriegesellschaft auf Standardisierung und Formalisierung setzt, läßt sich zeigen, daß die Modernisierung der Informationsgesellschaft auf informellen, individualisierten Anstrengungen aufbaut, diese Tendenz läßt sich aus soziologischer Sicht als Informalisierung bezeichnen. Wouters (1979, 1986) und Elias (1986) diagnostizieren einen Trend zur Informalisierung, wobei Wouters diesen Trend auf Veränderungen im Kräftespiel der sozialen Klassen und Generationen zurückführt, bei Elias ist diese Diagnose Baustein seiner Zivilisationstheorie. Die Informalisierung, so seine These, ist Spiegel der Intensivierung des Zivilisierungsprozesses, da sie mit einer „Zunahme des gesellschaftlichen Druckes zur Selbstregulierung einhergeht" (Elias 1989, 60). Bei Breuer (1995) wird dieser Sachverhalt zurecht als gesellschaftliche Entstrukturierung und eben nicht als Befreiung des Subjekts gedeutet. Dies entspricht auch dem Verständnis von Informalisierung in diesem Beitrag. Schließlich geht es um die gesellschaftliche Diffusion von Technik und die damit einhergehenden entstrukturierenden Effekte. Wie sich zeigt, entläßt die Anwendung hochmoderner Technik die Subjekte aus engen Bezugsvorgaben, und erfolgreiches Handeln setzt engagiertes Tun voraus. Bei Breuer wird gegen Elias argumentiert, der in der Informalisierung den Beleg für die Intensivierung des Zivilisierungsprozesse gesehen hat, richtig sei allerdings, wenn Elias und Wouters Informalisierung nicht einfach als einen Übergang ins Chaos und die Regellosigkeit sehen wollten[11]. Anders als die Zivilisationstheoretiker unterstellten, ginge es um wachsende Souveränität der Subjekte, die es ihnen erlaubte, rigide Kontrollen in bestimmten Bereichen zu lockern. Das Subjekt scheint eher zum Zerfall zu tendieren:

„Spaltung in ein uneigentliches Selbst, das sich den externen Funktionsimperativen der organisierten Sozialsysteme anpaßt und in ein eigentliches Selbst, das sich in den Intermundien dieser Systeme entfaltet und überall dort, wo es auf keine Schranken mehr stößt, den Impulsen seiner jeweiligen emotionalen Befindlichkeit folgt" (cit. Gerhards. In: Breuer 1995, 41f.).

Die größere Verantwortung, die den Subjekten zufällt, geht mit *typischen Risiken* einher, sie sind auch technisch, d.h. *über die Benutzung neuer Medien vermittelt*, es sind dies u.a. solche der *sozialen Ausgrenzung* und solche, die aus der *Verwechslung von Artefakt und Sozialem* resultieren.

---

11 Selbstverständlich seien moderne Gesellschaften "bei aller Lockerung von Konventionen und Standards, durch ein sehr hohes Maß an Regulierung gekennzeichnet. Nur: Diese Regulierung ist ein Effekt der organisierten Sozialsysteme, die strukturell in keiner Beziehung zu den Interaktionssystemen der höfischen Gesellschaft stehen. Der in ihnen endemische Rationalisierungszwang dürfte weit mehr als alle Veränderungen in den Machtbalancen zwischen verschiedenen sozialen Gruppen dazu beigetragen haben, daß die überkommenen Interaktionsrituale nach und nach über Bord geworfen wurden. Zweitens aber kann die Informalisierung auch deswegen keine Intensivierung des Zivilisationsprozesses sein, weil die partielle Entstrukturierung der äußeren Beziehungen mitnichten durch Strukturgewinne im Innern der Subjekte kompensiert wird. Die *vorzeitige* Sozialisation, so haben wir im vorigen Abschnitt gesehen, führt gerade nicht auf eine ‚höhere Ebene des Bewußtseins und wahrscheinlich auch eine höhere Ebene der Selbststeuerung' (Wouters 1979, 294), sondern zu einer Schwächung des Ichs und einer Entstrukturierung des Über-Ichs" (Breuer 1995, 41).

Soziale Ausgrenzung

Surfen ist nicht umsonst – wenn nicht der Anschluß der Unis oder der Schule benutzt werden kann – und vor allem kosten gute Dienste richtig Geld. Wer gesellschaftliche Exklusion abwehren will, muß hierzulande über die modernen Gadgets disponieren können. Dies kann nicht für alle vorausgesetzt werden.[12] Bekannt ist weiter: Mediennutzung macht die Menschen nicht gleich, sondern wirkt differenzierend. Bekannt ist dies aus der Zeit, als das Fernsehen vor seiner massenhaften Durchsetzung stand und eine Wissenskluft-These (vgl. für den deutschen Sprachraum Bonfadelli 1980) formuliert wurde. Verkürzt dargestellt, besagt diese, daß *Ob* und *Wie* die Nutzung eines gegebenen Wissensangebots aussieht, von der sozialen Einbindung abhängt. Menschen aus den oberen Schichten bzw. mit höherer Bildung nutzen Medien zur Informationssuche, alle anderen eher zur Unterhaltung. *Mehr* Fernsehen macht nicht alle klüger, und dies trifft analog auch für das Internet zu. Absehbar steigt die gesellschaftliche Bedeutung Neuer Technologien, insbesondere nehmen mit dem Internet die Möglichkeiten zur Informationsgewinnung, -verarbeitung und -speicherung, aber auch die zur Unterhaltung beständig zu, weshalb der Sicherung von Zugangsmöglichkeiten hohe Bedeutsamkeit zukommt. Insofern Kommunikationstechnologie als Basistechnologie etabliert wird, ist diese Entwicklung im Hinblick auf *access* und *use* zu hinterfragen. Des weiteren kommt auf die Pädagogik die Aufgabe zu, den Diffusionsprozeß der neuen Technik im Hinblick auf *access* und *use* abzusichern.

Neue Medien wirken statusdifferenzierend, denn während es für Studierende in Bogotá oder Bochum einen kostenfreien Zugang zum Internet gibt, existiert ein vergleichbares Angebot für junge Auszubildende und junge Arbeitslose nicht. Das heißt, nur wer in *ordentlichen* Bildungsinstitutionen eingebunden ist, hat auch Zugang zum Netz über die Institutionen, ansonsten entscheidet die soziale Herkunft über die Chance, sich in das *world wide web* einzuklinken. Hier sind öffentliche Bibliotheken, Bildungsanstalten wie Volkshochschulen und die Jugendarbeit gefordert, im Dienste der gleichen Chancen aktiv zu werden. Die vorhan-

---

12 Deutlich wird dies beispielsweise an Stellenanzeigen im Internet: Wenn das Arbeitsamt offene Stellen ins Internet *stellt*, sind es vor allem Ärmere und Schlechtqualifizierte, die weder über die (technische) Ausstattung noch Kompetenz zum Umgang mit dem Internet verfügen.

den Internetcafes können Modellcharakter haben, um Internetnutzung so selbstverständlich werden zu lassen, wie es früher im Rahmen von Jugendarbeit einmal die Bastelwerkstätten fürs Mofa oder die Videowerkstätten waren. Wenn schon die Vermeidung sozialer Exklusion über die Disposition über die neuen Netze entschieden wird, muß deren Zugang auch offengehalten werden.

Verwechslung von Artefakt und Sozialem

Bis in die 70er Jahre hinein war die These vom Sachzwang der Technik durchaus geläufig. Unter Berufung auf Gehlen (1972) sollte die fortschrittliche Welt so beschaffen sein, daß sie sich bestimmter Entwicklungen der Technik ohnehin nicht verschließen konnte, daß also ihre Anwendung in der Produktion sozusagen auf der Hand lag. Im Zuge der kritischen Überprüfung vertrauter Begründungen durch die 68er Generation wurde auch die soziale Gestaltung der Welt durch Technik im Dienste einer Emanzipation der Subjekte einer offenen Debatte ausgesetzt. Statt *Sachzwang* durch die Maschinentechnik auf dem Weg zur Automatisierung wurde auf die soziale Gestaltung der Welt gesetzt, dies hieß auch, daß Technik als soziale und damit gestaltbare Dimension betrachtet wurde, die Rede war deshalb auch von *Technik als endogenem Faktor*. Während damals noch klar sein durfte, was Technik einerseits, was soziale Folgen und Bedingungen andererseits sind, so sind die Grenzen heute weniger deutlich ausweisbar, und das hat unter anderem damit zu tun, daß Technik sich heute auch in anderen Bereichen des Alltags bemerkbar macht. Ließ sich vormals leichter zwischen Artefakt und Sozialem unterscheiden, so ist die Verwechslung beider heute keineswegs nur mehr zufällig. Technik, die nicht mehr zum Anfassen ist, ist schwerer zu verorten.

Prototypisch ist dafür auch das neue elektronische Spielzeug *Tamagotchi*, das uns vor ein paar Jahren erreicht hat und zu dessen Bedienung ein Mädchen ausführt, der Umgang mit dem Ding wäre so etwas wie Erziehung, sowohl was den Apparat als auch was den Umgang mit dem Ding betrifft, es geht damit um Sozialisation durch Technik.[13] Die Grenzen zwischen dinglicher und sozialer Welt fließen also. Auch bei Turkle (1995) wird ein Wechsel der kulturellen Perspektiven behandelt, sie spricht

Jugendliche Netzkompetenz

von einer „Culture" der Simulation und Stimulation, die uns nun erreicht haben soll. Ihre Ausführungen zum virtuellem Sex werfen zurecht die Frage danach auf, wo eigentlich soziale Interaktion endet und die Benutzung von Technik beginnt. Wer auf sein Bike steigt oder mit dem Mofa durch die Welt düst, bemerkt bei jedem faktischem wie auch bei jedem Beinahe-Unfall die Differenz von Gerät und eigener Bewegung, und die benutzte Apparatur wird damit bewußtseinspflichtig, im Cyberspace gibt es Vergleichbares nicht.

Individuell wie auch gesellschaftlich scheint diese Differenzbildung aus dem Bewußtsein verdrängt zu werden. Begeistert von der Dynamik scheint derzeit gesellschaftliche Modernisierung vorrangig in der Fortentwicklung der elektronischen Welten zu bestehen. Die Leitschnur ihrer Entwicklung sind nicht Bedürfnisse, die damit besser befriedigt werden, sondern allein die Marktgängigkeit, für deren Herstellung eine bildreiche multimediale Werbung Sorge trägt. Die damit ausgelösten sozialen Effekte scheinen, mit Ausnahme der wirtschaftlichen Wachstumspotentiale, vernachlässigenswert, und die Risiken der sozialen Ausgrenzung werden in ein technisches Programm, mehr und billigere Geräte herzustellen, übersetzt. Damit werden soziale Folgen zügiger Modernisierung durch neue Netze wenig bedacht, sie werden ausgeblendet, denn es wird darauf gesetzt, der nächste Technisierungsschub würde die Sache schon regeln. Statt über Konsequenzen nachzudenken, werden Voraussetzungen für moderne Technik geschaffen.[14] Die Nicht-Sensibilität für soziale Folgen der modernen Informationstechnologien scheint programmatisch, was nachdenklich stimmen muß, da noch jeder Unfall und Atommüllskandal unabweisbar deutlich machen: Technik kann nicht technisch, sondern wenn, dann kulturell, sozial und politisch kontrolliert werden (Perrow 1992). So wie weggewor-

---

13 Um es zu *unterhalten*, drückt man die Taste *A* oder *B* oder beide in bestimmter Reihenfolge. „Von Zeit zu Zeit piepst es, um mir zu sagen, daß ich mich kümmern soll. Dann prüfe ich, ob es Hunger hat oder spielen will. Manchmal, wie gerade eben zum Beispiel, piepst es aber auch ganz ohne Grund. Damit es zu einem braven Tamagotchi wird, muß ich es per Knopfdruck schimpfen. Das machen Eltern mit ihren Kindern ja auch, das nennt man Erziehung. Erziehung könnte man es nennen, was das Tamagotchi mit mir macht: ich werde (...) selbst erzogen: zu einem verantwortungsbewußten Menschen" (Warten auf das Piepsen. In: jetzt. Heft 26, 23.06.1997, 18f.).

14 Maßnahmen wie *Schulen ans Netz* sind Programme für eine computergerechte Moderne. CD-ROM als Lern- und Nachschlagewerke, Internet als Informationsbasis, leistungsfähige Rechner im Bildungswesen, um in den Schulen auch immer die neuesten Formen multimedialer Kommunikation und Recherche technisch umsetzen zu können, sind nützlich, können aber nicht zugleich als Lösung sozialer Risiken gelten?

fene High-Tech-Geräte von gestern (ausrangierte Modems und PC-Karten, Faxgeräte, Drucker, Telefone, Anrufbeantworter, Handys und Pager) die Umwelt vermüllen, läßt zunehmender Datenmüll selbst die beständig wachsenden Kapazitäten immer begrenzt erscheinen, viel Überschüssiges, auch Fehlerhaftes hängt in den Netzen herum, wird *down geloadet*, gespeichert, möglicherweise auch benutzt. Was aber ist von einem Informationsangebot zu halten, daß zu x% redundant, zu y% fehlerhaft, zu z% überholt ist, wie ist damit umzugehen?

„Die Menschheit hat bis jetzt 10^{15} Bits an Information gespeichert. Bis zum Jahr 2000 wird sich die Menge etwa verdoppeln. Dabei gilt für die Info-Sintflut folgendes: Etwa drei Fünftel sind Unsinn und *vermischter Unsinn*, den ich *Trübkunde* nenne; ein Fünftel ist zwar sinnvoll, aber vergängliche Info, und kaum ein Fünftel besteht aus ernsten Denkfrüchten. Dieses vorhandene Gemisch wird das Internet noch verwässern, Wichtiges weiter mit Unwichtigem vermischen" (Lem 1996, 109).

All dies sind keine Fragen, die mit mehr Computern angemessen zu beantworten sind. Nach welchen Kriterien kann da verfahren werden, wo kommt das Wissen zur Sortierung her?

5. Netzkompetenz – Informelle Kontextualisierung ist nur bedingt planbar

Wie schon ausgeführt, wirkt Mediennutzung differenzierend. Ebenso wurde bereits darauf hingewiesen, daß die spezifische Nutzung von Medien durch verschiedene gesellschaftliche Gruppen beachtet werden muß. Durch Computerprogramme multipliziert sich Verfügbarkeit über Medieninhalte und per Netzzugang kommt ein exponentieller Faktor dazu. Die Existenz von Angeboten, auch von solchen, die Wissen vermitteln, genügt nicht, es kommt auf die Kontextualisierung und die individuellen Interessen an. Hier bietet sich ein Ansatzpunkt für die (Medien-)Pädagogik, es geht um die Vermittlung von Medienkompetenz. Sie kann die Ausbildung eigener Interessen bei den Schülern fördern, so daß diese in die Lage versetzt werden, eigenständig mediale Wissensangebote bewußt wahrzunehmen und gezielt zu nutzen.

Hinzu kommt die *Dynamik* in der Fortentwicklung im Computerbereich. Sie ist beachtlich hoch und es ist kaum zu erwarten, daß bei einer künftigen Berufsausübung jene Software relevant sein wird, die in der Schule gelernt wurde. Computernutzung ist *routiniertes Tun*, d.h. sie basiert auf einem sehr spezifischen Umgangswissen. Mit der *Optionalität* und den wachsenden Freiheitsgraden, die die Apparaturen eröffnen, steigen die Anforderungen an die Beurteilung von Gerät und Programmen. Dynamik und Vielfalt sind mit ein Grund dafür, daß künftig notwendige Fähigkeiten und Fertigkeiten nur schwer antizipierbar und in noch viel geringerem Maße planbar sind, um im Kanon des geordneten Schulwesens vermittelt zu werden.

Unklar bleibt bisher, wie sich das Verhältnis von schulischer zu außerschulischer (informeller) Wissensvermittlung entwickeln wird[15]. Welche Vorlieben Kinder haben und entwickeln, ist bislang kaum erforscht[16]. Viel eher sieht es so aus, daß die technischen Möglichkeiten von Netz und Multimedia den Rahmen für künftige Wissensvermittlung liefern. Technische Möglichkeiten und die Präferenz von Lernenden werden dabei unter der Hand rasch gleichgesetzt, ob *Edutainment* beispielsweise wirklich effektiv ist, ist keineswegs entschieden. Die Folgen für die Wissensvermittlung und Wissensaneignung sowie für die persönliche Interaktion bedürfen einer systematischen Analyse, den Fragen nach den sozialen Folgen technischer Entfaltung sowie den Fragen der Qualitätskontrolle unterschiedlicher Lehrmethoden wird hohe Bedeutung zukommen.

Daneben bekommt die spielerische Aneignung, als dem Idealmodell pädagogischer Unterweisung, mit der multimedialen Technologie eine neue Grundlage. Wissen und Wissensangebote können Teil der Unterhaltung sein, sie werden auf diese Weise transportabler, umgekehrt kann Unterhaltung mit Wissenselementen angereichert werden, um auf diese Weise auch Wissen in anderen Zusammenhängen zu offerieren. Auch dies stellt eine Form des informellen, insistentiellen Lernens (Paín 1992)

---

15 Im Rahmen unserer Untersuchung zum Lernen für und mit dem Computer hatten wir festgestellt, daß sich, wenn es um Computerkompetenzen geht, „Basiswissen" und das „Wissen um soziale Bedingungen und Konsequenzen" recht gut auch im schulischen Kontext vermitteln lassen, während „Wissen und Programmfunktionen" sowie „Wissen, das zur Kombination von Softwareangeboten" nötig ist (vgl. Tully 1996, 36 ff.), notwendig aus den geordneten Welten systematischer Untersuchung hinausweist. Mit der Fortentwicklung der Computertechnik nimmt das Funktionswissen eine schwindende, das Wissen um Kombinatorik und soziale Einbettung eine wachsende Bedeutung ein, mithin bekommen informelle Lernformen ein größeres Gewicht.

16 Am Deutschen Jugendinstitut (DJI) in München ist dazu inzwischen ein Projekt gestartet worden.

dar. Bei der Benutzung der Neuen Technologien wird die Beurteilung der jeweiligen Datenbasis (Wissen über die Datenbasis) wichtig. Beim Umgang mit neuer Technik ändert Lernen seinen Stellenwert. Die Dynamik in der Welt der Netze und globalen Datenhighways macht andere Basisqualifikationen zur Voraussetzung, z. B. sind Routinen im Umgang mit den Suchmaschinen verlangt, auch darüber, in welchen Beständen sie *suchen* und weshalb sie bestimmte Dinge auch nicht finden können. Neuere Untersuchungen besagen, daß ohnehin nur 40% der Inhalte durch die Suchmaschinen entdeckt würden. Gelernt werden muß, nach welchen Kriterien die Vielfalt der Informationen, die uns über das Internet erreichen, sortiert sind. Die Dynamik und der immer mitschwimmende Informationsüberschuß reduziert die Qualität der dargebotenen Information drastisch. Der Zusammenhang zwischen dynamischem und massenhaften Datenhandling und Wissen wird damit auf eine fragile Basis gestellt. Wie läßt sich eine Strukturierung von Information herstellen? Absehbar wird die Trennung von Information und Wissen zum künftigen Hauptproblem des Wissenmanagements. Wenn Entstrukturierung und Informalisierung den Subjekten immer größere Kompetenz abfordern, ist mit einem zügigen Wachstum der Netze und deren Verknüpfung Abhilfe nicht erwartbar.

Zusammenfassend ist deshalb hervorzuheben, daß Information nicht mit Wissen gleichgesetzt werden darf und daß das *Surfen* in Informations-Meeren gesellschaftliche Orientierung ebensowenig substituieren kann wie das konkrete gesellschaftsbezogene Handeln selbst. Dies wissen wir im übrigen schon von Bertholt Brecht, der in seiner Radiotheorie von den *neuen Antennen* spricht, die möglicherweise lediglich *alte Torheiten* transportieren. Also aufgepaßt!

Literatur

Albrow, M. (1997): Auf Reisen jenseits der Heimat. Soziale Landschaften in einer globalen Stadt. In: Beck, U. (Hrsg.): Kinder der Freiheit. Frankfurt am Main (Suhrkamp). S. 282-314.
Allensbacher Jahrbuch der Demoskopie 1943-1997 (1998): Demoskopische Entdeckungen. Hrsg: Noelle-Neumann, E./Köcher, R. Bd. 10. München (Saur).
Bateson, G. (1964/1971): Die logischen Kategorien von Lernen und Kommunikation. In: ders. Ökologie des Geistes. (4. Aufl. 1983). Frankfurt am Main (Suhrkamp).

Beck , U. (1993): Die Erfindung des Politischen. Zu einer Theorie reflexiver Modernisierung. Frankfurt am Main (Suhrkamp).
Beck, U. (Hrsg.) (1997): Kinder der Freiheit. Frankfurt am Main (Suhrkamp).
Bonfadelli, H. (1980): Neue Fragestellung in der Wirkungsforschung: Zur Hypothese der wachsenden Wissenskluft. In: Rundfunk und Fernsehen, 28. S. 173-193.
Bonß, W.; Kesselring, S. (1999): Mobilität und Moderne. Zur gesellschaftstheoretischen Verortung des Mobilitätsbegriffs. In: Tully, C.J. (Hrsg.): Erziehung zur Mobilität. Frankfurt am Main/New York (Campus).
Breuer, S. (1995): Die Gesellschaft des Verschwindens. Von der Selbstzerstörung der technischen Zivilisation. Hamburg (Rotbuch Verlag).
Collmer, S. (1997): Frauen und Männer am Computer. Aspekte geschlechtsspezifischer Technikaneignung. München (Deutscher Uni-Vlg.).
Dahrendorf, R. (1983): Krise als Chance. München (Deutscher Taschenbuch Verlag).
Dippelhofer-Stiem, B.; Odebrett, E. (1994): Computertechnik im Büro. Sichtweisen, Kompetenzen und Weiterbildungserwartungen von Frauen im Schreibdienst. Hannover (Kleine-Verlag).
Elias, N. (1989): Studien über die Deutschen. Hrsg.: M. Schröter. Frankfurt am Main (Suhrkamp).
Ferchhoff, W. (1997): Jugendkulturelle Selbstinszenierung. Lebensentwürfe und normative Orientierung Jugendlicher im Widerspruch zu ökologischen Leitbildern. In: Ökologische Bildung im Spagat zwischen Leitbildern und Lebensstilen. Evangelische Akademie. Loccum. S. 30-74.
Gates, B. (1997): Der Weg nach vorn. Die Zukunft der Informationsgesellschaft. München (Heyne Verlag).
Gehlen, A. (1972): Die Seele im technischen Zeitalter. Sozialpsychologische Probleme in der industriellen Gesellschaft. Hamburg (Rowohlt).
Giddens, A. (1995): Konsequenzen der Moderne. Frankfurt am Main (Suhrkamp).
Groß, P. (1994): Die Multioptionsgesellschaft. Frankfurt am Main (Suhrkamp).
Gukenbiehl, H. L. (1992): Institution und Organisation. In: Korte, H.; Schäfers, B.: Einführung in die Hauptbegriffe der Soziologie. Opladen (Leske + Budrich). S. 95-110.
IfEP (Institut für empirische Psychologie) (Hrsg.) (1992): Die selbstbewußte Jugend. Orientierungen und Perspektiven 2 Jahre nach der Wiedervereinigung. Die IBM-Jugendstudie,92. Köln (Bund-Verlag).
IfEP (Institut für empirische Psychologie) (Hrsg.) (1995): Wir sind o.k.! Stimmungen, Einstellungen, Orientierungen der Jugend in den 90er Jahren. Die IBM-Jugendstudie. Köln (Bund-Verlag).
Jugendwerk der Deutschen Shell (1997): Jugend '97. Zukunftsperspektiven, gesellschaftliches Engagement, politische Orientierungen (12. Shell Jugendstudie). Opladen (Leske + Budrich).
Lem, S. (1996): Zu Tode informiert. Risiken und Nebenwirkungen der globalen Vernetzung. In: Der Spiegel vom 11.03.1996. S. 108-109.
Loo, Van der H.; Reijen, van W. (1992): Modernisierung. Projekt und Paradox. München (Deutscher Taschenbuch Verlag).
Luhmann, N. (1970): Institutionalisierungs-Funktion und Mechanismus in sozialen Systemen der Gesellschaft. In: Schelsky, H. (Hrsg.): Zur Theorie der Institution. Düsseldorf (Bund-Verlag), S. 27-42.
Luhmann, N. (1972): Funktionen und Folgen formaler Organisation. 4. Auflage 1995. Ber-

lin (Duncker&Humblot).

Mannheim, K. (1928): Das Problem der Generationen. In: Mannheim, K.: Wissenssoziologie. Auswahl aus dem Werk. Eingeleitet und herausgegeben von K. H. Wolff. Berlin, Neuwied (Luchterhand). S. 509-565.

Marotzki, W. (1997): Digitalisierte Biographien? Sozialisations- und bildungstheoretische Perspektiven virtueller Welten. In: Lenzen, D.; Luhmann, N. (Hrsg.): Bildung und Weiterbildung im Erziehungssystem. Frankfurt am Main (Suhrkamp).

Marx, K. (1962): Das Elend der Philosophie. Berlin (Dietz-Verlag).

Metz-Göckl, S. u.a. (1991): Mädchen Jungen und Computer. Opladen (Leske + Budrich).

Mitchell, W. J. (1996): City of Bits. Basel (Birkhäuser).

Mitchell, W. J. (1997): Die neue Ökonmomie der Präsenz. In: Münker, S.; Roesler, A. (Hrsg.): Mythos Internet. Frankfurt am Main (Suhrkamp).

Moser, H. (1997): Neue mediale, *virtuelle* Realitäten. Ein pädagogisches Manifest. In: Medien praktisch, Heft 3, S. 10-15.

Negroponte, N. (1997): Total Digital. Die Welt zwischen 0 und 1 oder Die Zukunft der Kommunikation. München (Goldman).

Opaschowski, H. W. (1999): Generation@. Die Mediengeneration entläßt ihre Kinder: Leben im Informationszeitalter. Hamburg (British American Tobacco).

Paín, A. (1992): Educación Informal. El potencial educativo de las situaciones cotidianas. Buenos Aires (Ediciones Nueva Visión).

Rammler, S. (1999): Die Wahlverwandtschaft von Moderne und Mobilität. In: Buhr, R. u.a. (Hrsg.): Bewegende Moderne. Berlin (Edition Sigma).

Perrow, C. (1992): Normale Katastrophen. Die unvermeidbaren Risiken der Großtechnik. 2. Aufl. Frankfurt am Main (Campus).

Ritter, M. (1994): Computer oder Stöckelschuh. Eine empirische Untersuchung über Mädchen am Computer. Frankfurt am Main/New York (Campus).

Sackmann, R.; Weymann, A. (1994): Die Technisierung des Alltags. Generationen und technische Innovationen. Frankfurt am Main/New York (Campus).

Sennet, R. (1998): Der flexible Mensch. Die Kultur des neuen Kapitalismus. Berlin (Berlin Verlag).

Tully, C. J. (1994): Lernen in der Informationsgesellschaft. Informelle Bildung durch Computer und Medien. Wiesbaden (Westdeutscher Verlag).

Tully, C. J. (1996): Informal education by computer – Ways to Computer Know-ledge. In: Computers & Education, Vol. 27, No. 1, S .31- 43.

Tully, C. J. (1998): Rot, cool und was unter der Haube. München (Olzog Verlag).

Tully, C. J.; Schulz, U. (1999): Sozialisation von Jugendlichen zur Mobilität – Unterwegssein als Baustein jugendkulturellen Alltags. In: Tully, C. J. (Hrsg.): Erziehung zur Mobilität. Frankfurt am Main/New York (Campus).

Turkle, S. (1995): Life on the screen. New York (Verlag Simon&Schuster).

Wahler, P.; Tully, C. J. (1991): Young peoples attitudes to technology. In: European Journal of Education. Vol. 26, H. 3, p. 261-272.

Waibel, A. M. (1992): Computerfrauen zwischen Hackerkultur und Technologiekritik. Ergebnisse einer computerunterstützten Befragung von Frauen in qualifizierten Berufen der Informations- und Kommunikationstechnologie. Konstanz (Universitätsverlag).

Wajcman, J. (1994): Technik und Geschlecht. Die feministische Technikdebatte. Frankfurt am Main/New York (Campus).

Wouters, C. (1979): Informalisierung und der Prozeß der Zivilisation. In: Gleichman, P u.a. (Hrsg.): Materialien zu Norbert Elias' Zivilisationstheorie. Frankfurt am Main (Suhrkamp). S. 279-298.
Wouters, C. (1986): Informalisierung und Formalisierung der Geschlechterbeziehungen in den Niederlanden. In: Kölner Zeitschrift für Soziologie und Sozialpsychologie 38, S. 510-528.

Gerald A. Straka

Selbstgesteuertes Lernen – das Survival Kit in der Informationsgesellschaft?

Gesellschaftliche und wirtschaftliche Entwicklungen (als Stichworte seien genannt: Internationalisierung von Wirtschaftsbeziehungen, Globalisierung, Sprengen von Raum und Zeit durch Technik, neue Medien) haben die Möglichkeiten des Zugriffs auf Information und des Aufbaus von Wissen für den einzelnen grundlegend verändert. Gleichzeitig wird aus der Sicht der Unternehmen Wissen zum entscheidenden Produktionsfaktor und als Ressource des 21. Jahrhunderts angesehen (Probs/Raub/Romhardt, 1997).

In diesem Zusammenhang wird dem WWW (World Wide Web) eine bedeutende Rolle zugewiesen. Das WWW wird als einzigartiges Werkzeug betrachtet, um sich Informationen über fast alles zu beschaffen. Insofern ist der Gedanke verführerisch, daß sich viele unserer heutigen Probleme mit dem Bildungs- und Ausbildungssystem durch das WWW lösen ließen. Die Trennung zwischen Lernen und Arbeiten würde verschwinden. Gelernt werden kann überall und zu jeder Zeit. Die Arbeitswelt der Zukunft könnte den Charakter einer permanenten Lernwelt bekommen (Gottwald/Sprinkart,19 1998).

Diese Zukunftsvision setzt allerdings voraus, daß Personen bereit und fähig sind, diese Informationsquelle zu nutzen und mit dem Netz zu lernen. Sicherlich, es macht Spaß, im Netz zu surfen und sich vom Zufall treiben zu lassen, doch Wissen hat letztendlich Struktur. Das WWW ist jedoch meist ein Ort der Strukturlosigkeit, denn die durch Vernetzung (*links*) geschaffenen Strukturen sind größtenteils lediglich Netze aus Querverweisen. Die Aneignung von Wissen setzt insofern mehr voraus als die Beschaffung von Informationen. Eine Person, die mit dem Netz lernen will, muß daher eine Reihe von Lernvoraussetzungen mitbringen, um selbstgesteuert lernen zu können.

1. Selbstgesteuertes Lernen – eine erste Annäherung

Der derzeit weltweiten Diskussion um selbstgesteuertes Lernen liegt keineswegs ein übereinstimmendes theoretisches Verständnis zugrunde (Straka 1996). Beispielsweise machte Philippe Carré (1994) weit über 20 unterschiedliche Bezeichnungen für selbstgesteuertes Lernen ausfindig. Roger Hiemstra (1996) analysierte für das 10. Internationale Symposium über selbstgesteuertes Lernen die bis dahin vorliegenden Konferenzbände. Er ermittelte über 200 Bezeichnungen für diesen Sachverhalt.

Was ist also selbstgesteuertes Lernen, wie läßt es sich beschreiben? Wer eine Antwort darauf sucht, stößt unweigerlich auf Arbeiten von Tough (1971) oder Knowles (1975). Knowles, der entscheidend dazu beitrug, daß diese Form der Selbstbildung in Theorie und Praxis vor allem in der Erwachsenenbildung die ihr gebührende Aufmerksamkeit erfuhr, beschreibt selbstgesteuertes Lernen wie folgt:

„Selbstgesteuertes Lernen ist ein Prozeß, in dem Individuen die Initiative ergreifen, um mit oder ohne Hilfe anderer ihren Lernbedarf festzustellen, ihre Lernziele zu formulieren, menschliche und materielle Lernressourcen zu ermitteln, angemessene Lernstrategien auszuwählen und umzusetzen und ihre Lernergebnisse zu beurteilen" (Knowles 1975, S. 18).

Allerdings erfolgt keine weitergehende theoretische Herleitung oder systematische Beschreibung dessen, was Initiative bedeutet sowie welche Aktivitäten von der Ermittlung des Lernbedarfs bis zur Beurteilung der Lernergebnisse stattfinden können (Straka/Nenniger 1995), wenn von präskriptiven Überlegungen, dem „Lernplan", dem „learning contract" oder Berichten gelungener Umsetzungen (Knowles et al., 1985) dieser Idee einmal abgesehen wird.

2. Lernen

Wie könnte demnach *selbstgesteuertes Lernen* begrifflich gefaßt werden? Wie seine Bezeichnung ausdrückt, handelt es sich dabei zum einem um *Lernen*, das in einer spezifischen Form, nämlich *selbstgesteuert* stattfindet. Um für die folgenden Ausführungen eine Verständigungsgrundlage von

Lernen zu schaffen, soll daher mit einem ersten Schritt beispielhaft auf entsprechende Ausführungen Hubers (1972) zurückgegriffen werden:

„Lernen ist immer Begegnung mit einem Lerngegenstand; (...) Zwischen dem lernenden Schüler und dem zu erfassenden Lerngegenstand findet ein *Wechselverhältnis* statt: Der Schüler interessiert sich für den Gegenstand, er wendet sich ihm zu und vertieft sich in ihn; umgekehrt erregt der Lerngegenstand das Interesse des Schülers, er zieht ihn an, fesselt ihn und hat ihm allerhand zu sagen" (Huber 1972, 28).

Diese Sichtweise steht durchaus im Einklang mit dem lerntheoretischen Verständnis von Lernen, wonach Lernen allgemein die Interaktion eines Individuums mit seinen historisch-gesellschaftlich geprägten Umgebungsbedingungen ist, das mit überdauernden Veränderungen im Individuum einhergeht (Klauer 1973). Unter Bezug zu Knowles und Huber könnte selbstgesteuertes Lernen demnach wie folgt beschrieben werden: Selbstgesteuertes Lernen findet statt, wenn die Beziehung zwischen Lernendem und Gegenstand durch Interesse gekennzeichnet ist, der Lernende gemäß seinen Interessen den Lernbedarf bestimmt, Strategien einsetzt, um sich den Inhalt anzueignen, den Einsatz dieser Strategien kontrolliert und sein erreichtes Lernergebnis einer Evaluation unterzieht (Nenniger et al. 1996; Straka et al. 1996).

3. Konzepte und Konstrukte selbstgesteuerten Lernens

Unter Rückgriff auf Theorien und Befunde verwandter Forschungsfelder soll versucht werden, die Konzepte *Interesse, Strategien, Kontrolle* und *Evaluation* genauer zu bestimmen. Ein erstes Zwischenergebnis sind die folgenden Konstrukte, die – so unsere Annahme – motiviertes selbstgesteuertes Lernen kennzeichnen. Sie werden, wie an anderer Stelle ausgeführt und wie graphisch angedeutet, mit *dimensionalen Skalen* weiter konkretisiert (vgl. Abb. 1).

Wenden wir uns zuerst dem Konstrukt Implementation innerhalb des Konzepts Strategien zu. Seine Differenzierung und empirische Validierung waren und sind ein Schwerpunkt der Lernforschung. Mit Implementationen werden – wie an anderer Stelle ausführlicher dargestellt (Nenniger et al. 1996; Straka et al. 1996) – zum einen Aktivitäten zusammengefaßt, mit denen Informationen verdichtet und geordnet (=Strukturierung) werden. Zum anderen gehören dazu Aktivitäten, bei denen Lernende neue Informationen mit bereits vorhandenem Wissen verknüpfen, sowie die kritische Auseinandersetzung (Brookfield 1989) mit Information (=Elaboration) bis zum Wiederholen zwecks Einprägen des Erlernten.

Beim selbstgesteuerten Lernen erfahren Aktivitäten, die der Implementation vorgelagert sein können, einen höheren Stellenwert. Sie werden mit den Konstrukten Sequenzierung und Ressourcenmanagement zusammengefaßt. Beim Ressourcenmanagement lassen sich Aktivitäten unterscheiden, die der *Informationsbeschaffung*[1], der Gestaltung des Arbeits- bzw. Lernplatzes und der Zusammenarbeit dienen. Der Sequenzierung wird die Planung von Zeit, Lernschritten und Entspannungsphasen zugeordnet. Implementation, Ressourcenmanagement und Sequenzierung sind einer *Kontrolle* der Person unterworfen. Dieses Konzept kann nach kognitiven (Beispiel: Wenn ich lerne, lasse ich mich nicht ablenken), metakognitiven (Beispiel: Ich unterbreche mein Lernen manchmal, um über mein bisheriges Vorgehen nachzudenken) und motivationalen Gesichtspunkten (Beispiel: Für mich ist es wichtig, das Lernziel zu erreichen) differenziert werden.

Das Konzept *Evaluation* besteht aus den Konstrukten Diagnose und Attribution. Die Diagnose bezieht sich auf die abschließende individuelle Einschätzung des Lernergebnisses als Differenz zwischen dem gedanklich vorweggenommenen Ziel und dem erreichten Lernergebnis. Bei der Attribution werden die Gründe für das Zustandekommen des diagnostizierten Lernergebnisses ermittelt.

Die Realisation der bislang beschriebenen Aktivitäten setzt voraus, daß der Lernende sich schon auf Lernen ausgerichtet hat und gewissermaßen „unter Strom" steht. Knowles hat diesen Sachverhalt mit Initiative bezeichnet. Unter Bezug auf die Tradition didaktischen Denkens (beispielsweise Huber 1972) wurde dieser Sachverhalt mit dem Konzept *Interesse* zu fassen versucht. Unter Rückgriff auf interessentheoretische (Deci/Flaste 1995; Prenzel 1986) und leistungsthematische Überlegungen und Befunde (Heckhausen/Rheinberg 1980) wird nach inhaltlichem Interesse und Vorgehensinteresse unterschieden. Beide Arten von Interesse

---

1 Welche Aktivitäten in dieser beim selbstgesteuerten Lernen ablaufen könnten, wird später beschrieben.

Konzepte und Konstrukte motivierten selbstgesteuerten Lernens

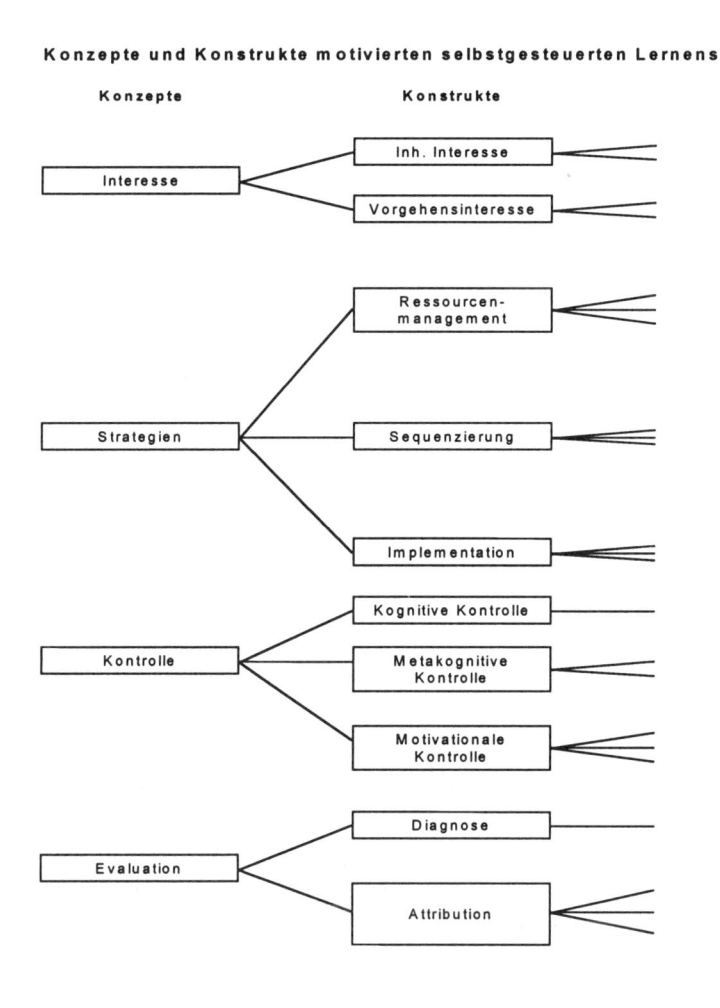

Konzepte	Konstrukte
Interesse	Inh. Interesse
	Vorgehensinteresse
Strategien	Ressourcenmanagement
	Sequenzierung
	Implementation
Kontrolle	Kognitive Kontrolle
	Metakognitive Kontrolle
	Motivationale Kontrolle
Evaluation	Diagnose
	Attribution

Abb. 1: Konzepte und Konstrukte motivierten selbstgesteuerten Lernens

werden auf der Grundlage des Wert-x-Erwartungs-Modells (Atkinson, 1964) definiert.

Beim *inhaltlichen Interesse* bezieht sich die Wertkomponente auf die individuelle Bedeutsamkeit, die dem Lerngegenstand bzw. dem inhaltlichen Aspekt eines Lernziels beigemessen wird. Die Erwartungskomponente hat die individuelle Einschätzung der inhaltlichen Erschließbarkeit dieses antizipierten Lernziels zum Gegenstand (Beispiel: Ich halte es für wichtig, die Zuständigkeiten einzelner Abteilungen zu kennen [=Wert] und: ich traue mir zu, dies zu verstehen [=Erwartung]).

Beim *Vorgehensinteresse* repräsentiert die Wertkomponente die persönliche Bedeutsamkeit, die bestimmtem/n Verhalten bzw. Verhaltensstrategien für das Realisieren des angestrebten Lernziels beigemessen wird. Die Erwartungskomponente des Vorgehensinteresses bezieht sich auf die individuelle Einschätzung der Realisierbarkeit dieses Verhaltens bzw. dieser Verhaltensstrategien. Gegenstand der Interessenerwägungen unter dem Prozeßaspekt bilden vorausschauend die den Konzepten Strategien, Kontrolle und Evaluation zugewiesenen Aktivitäten (Beispiel für Vorgehensinteresse bezogen auf das Ressourcenmanagement: Ich halte es für wichtig, Kollegen bei Bedarf um Auskunft fragen [Wert]; es fällt mir leicht, Kollegen bei Bedarf um Auskunft fragen [Erwartung]). (Nenniger et al. 1996; Straka et al. 1996).

4. Das Zwei-Schalen-Modell motivierten selbstgesteuerten Lernens

Werden die Konzepte angeordnet, erhalten wir das – wie wir es bezeichnen – „Zwei-Schalen-Modell" motivierten selbstgesteuerten Lernens" (Straka et al., 1996; Nenniger et al., 1996). Es unterscheidet gesellschaftlich-historisch geprägte Umgebungsbedingungen, innere Bedingungen (z. B. das zum Zeitpunkt des Lernens ausgebildete deklarative Wissen, Werte etc.) und aktuelle Ereignisse sowie Aktivitäten, die mit den Konzepten Interesse, Lernstrategien, Kontrolle und Evaluation zusammengefaßt sind (vgl. Abb. 2).

Auf der Grundlage dieser Modellvorstellung kann selbstgesteuertes Lernen als Prozeß beschrieben werden, in dem eine Person einem (Lern)Gegenstand inhaltliches Interesse und Vorgehensinteresse entgegenbringt, Strategien des Ressourcenmanagements, der Sequenzierung und Implementation einsetzt, ihren Einsatz kognitiv, metakognitiv und motivational kontrolliert, das erreichte Lernergebnis evaluiert und attribuiert.

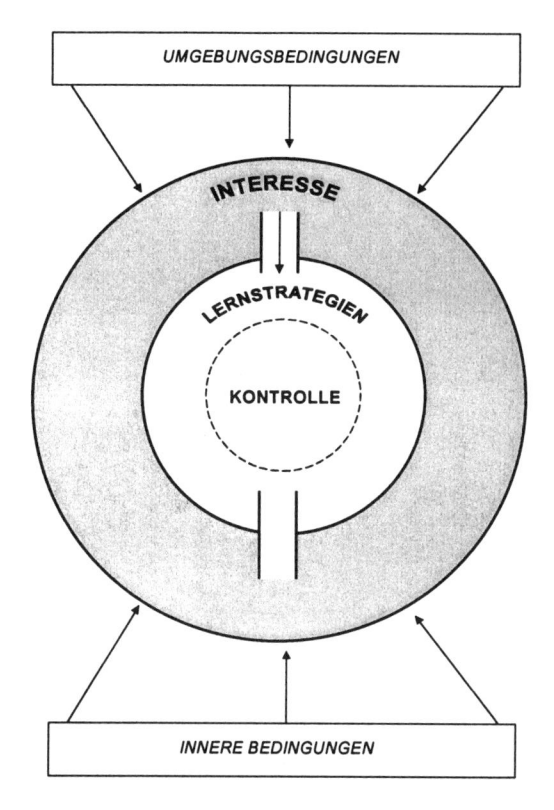

Abb. 2: Zwei-Schalen-Modell motivierten selbstgesteuerten Lernens

5. Information im Netz

Handeln und Lernen können als Interaktion mit gesellschaftlich-historisch geprägten Umgebungsbedingungen betrachtet werden. Im Zuge dieser Interaktion können sich sowohl jene Umgebungsbedingungen, mit denen eine Person interagiert, als auch innere Bedingungen überdauernd verändern. Trat letzteres ein, fand Lernen statt.

Ein kennzeichnendes Merkmal der im Entstehen begriffenen Informationsgesellschaft ist die zunehmende Medialisierung der Umgebungsbedingungen. Diese Entwicklung wird unter Bezeichnungen wie Neue Medien, Multimedia, Hypermedia diskutiert. Werden diese kodierten Informationen ins World Wide Web (WWW) eingespeist, können sie darüber hinaus von jedem, jederzeit an beliebigen Orten genutzt werden.

Was ist das WWW? Vereinfacht ausgedrückt eine im Aufbau befindliche, täglich und derzeit im Prinzip von jedem erweiterbare „Infothek des Weltwissens[2]". Sie enthält jedoch nicht nur optisch-verbal kodierte Information. Die Informationen sind vielmehr in einer Reihe von optisch- und akustisch-verbalen und unterschiedlichen bildlichen Codes in Form von Texten, Zeichnungen, Bildern, Videosequenzen, Prozeßdarstellungen etc. abgebildet. Weiterhin sind diese Informationen nicht-linear verknüpft, so daß auf sie weit schneller als beispielsweise mit herkömmlichem Suchen in Bibliotheken und Blättern in Lexika vom Schreibtisch aus zugegriffen werden kann.

6. Probleme des WWW

Der von jedem Ort jederzeit durch jeden mögliche Zugang und Aufbau der „Infothek des Weltwissens" eröffnet Chancen und zugleich Probleme. Ein Problem ergibt sich daraus, daß im Prinzip jeder sich an ihrer Ausstattung beteiligen kann. Wird von den derzeit öffentlich diskutierten Auswüchsen einmal abgesehen, stellt sich für Nutzer die Frage, wie es um die Gültigkeit der dort abrufbaren Informationen beschaffen ist. Beim Brockhaus oder der Encyclopaedia Britannica – gleichgültig ob elektronisch gespeichert oder in Buchform – kann im großen und ganzen von der Seriosität des dort zu findenden (Welt-)Wissens ausgegangen werden. Dieses Vertrauen kann den Informationen im WWW angesichts der Tatsache, daß sich heute prinzipiell jede Person oder Institution eine Home Page einrichten kann, derzeit nicht geschenkt werden.

Ein weiteres Problem ergibt sich aus dem kaum übersehbaren Angebot an Information. Wird im Brockhaus ein Schlagwort aufgesucht, ist dazu eine verhältnismäßig knappe Ausführung zu erwarten. Wird im WWW mittels einschlägiger *Suchmaschinen* (Yahoo, Altavista, Lycos

---

2 Streng genommen müßte „Infothek des Weltwissen" als „Infothek potentieller Information" bezeichnet werden, denn Wissen ist subjektgebunden und Information ist nach unserem Verständnis – Straka/Macke (1979) – subjektiv konstruiert.

Selbstgesteuertes Lernen 225

etc.) Information zu einem Thema gesucht, können viele Verweise auf Web-Seiten das Ergebnis sein. Beispielsweise ergab eine Suche mit Lycos für die Schlagworte *Kaninchen* 91 und *Qualitätsmanagement* 11.790 Verweise! Dabei wurde nicht nach Wichtigem und Unwichtigem unterschieden, so daß aus einem Informationsdefizit leicht ein Informationsüberangebot werden kann.

Darüber hinaus scheint sich das WWW von einem Forschungsnetz zu einem Werbenetz zu entwickeln mit der Folge, daß nicht nur Information zum gesuchten Thema abzurufen ist, sondern Hinweise auf Dienste, Seiten, Bücher gegeben werden, die käuflich zu erwerben oder gegen Entgelt zu nutzen sind.

Wie kann ein Nutzer des WWW die angeschnitten Probleme lösen? Die Antwort lautet: Ein WWW-Surfer muß über ein klares, stabiles, verknüpftes, breites Allgemein- und Fachwissen verfügen, um nicht durch Fehlinformation unter inhaltlichen Aspekten im Hyperspace verloren zu gehen (vgl. Elshout, Veenman/van Hell 1993). Dieser Gesichtspunkt scheint bei der sich sintflutartig ausbreitenden Diskussion über Methodenkompetenz, Lernstrategien etc. in den Hintergrund getreten zu sein. Dabei scheint außer acht gelassen zu werden, daß Strategien als eine spezifische Form verinnerlichten und/oder entäußerten Verhaltens nicht ohne Bezug zu Information vollzogen werden können. Beispielsweise kann die Operation *Addieren* symbolisiert mit + nicht ohne Bezug zu mindestens zwei Zahlen – beispielsweise 5, 7 ausgeführt werden (Straka, 1986). Daraus folgt, daß bei aller Wichtigkeit menschliches Handeln und Lernen unter Prozeßaspekten zu betrachten ist – gerade angesichts der immer kürzer werdenden Halbwertszeiten des Wissens – und sich der Auftrag des Bildungswesens nicht auf den Aufbau von Methodenkompetenz beschränken kann. Insofern ist für ein Leben in und ein Mitgestalten der sich abzeichnenden Informationsgesellschaft eine allseitig gebildete Person, die also *weiß* und *kann*, nach wie vor gültiges Bildungsziel.

7. *Informationsarbeiter*

Wenden wir uns am Beispiel eines fiktiven Informationsarbeiters der Zukunft auch der prozessualen Dimension des Agierens im Internet zu: Nehmen wir einen Konstruktionsingenieur, der, wie Naisbitt, sich an einem für ihn attraktiven Ort seine Lebens- und Arbeitsstätte eingerichtet hat, die mit seinem Steuerwohnsitz nicht übereinstimmen muß. Die einzige Bedingung ist, daß dort ein Modem installiert ist, bzw. ein ISDN-Anschluß verfügbar ist, über die er sich bei Fachleuten, Kunden, Lieferanten und in die *Infothek des Weltwissens* einklinken kann. Sein Arbeitsplatz ist bezogen auf seine anderen Räumlichkeiten relativ klein. Im Zentrum steht ein PC mit Netzanschluß, kaum Bücher, kaum Papier, kein Briefkasten – die ortsansässigen Briefzustellerdienste kennen ihn nicht, da er papierlos kommuniziert. Von den Lieferdiensten kann das nicht berichtet werden, da er via Internet bestellt und sich Güter nach Hause liefern läßt.

Sobald bei seiner Arbeit eine Frage auftritt, für die er keine Antwort hat, wird er sich im Internet bei entsprechenden Datendiensten informieren sowie mit anderen Nutzern via Email bzw. Videokonferenz kommunizieren. Dazu wird er sich vorher genau überlegen, was, wie, wo und in welcher Abfolge er Information beschaffen wird (=Ressourcenmanagement, Sequenzierung), um (a) nicht im Internet *verloren* zu gehen und (b) Netz- und Servicenutzungszeiten zu begrenzen[3]. Er könnte auch einen ihm bekannten und als fachkundig eingeschätzten Meister ansteuern und fragen, ob das konstruierte Werkstück auch so gefertigt werden kann, oder sich bei seinem Auftraggeber erkundigen, welche Lösung er bevorzugt bzw. ob es aus dessen Sicht noch Änderungsvorschläge gibt. Die beschafften Informationen werden fortwährend mit seinem Wissen in Beziehung gesetzt, reduziert, strukturiert (= Implementation) und so umgeformt, daß sie in die Lücke passen, die ihm bei seiner Konstruktion am Bildschirm nicht weiter kommen ließ. Die Konstruktionszeichnung wird vollendet (Bemaßungsinformation zugefügt, eine Stückliste erstellt, die Zeichnung in ein neutrales Datenformat (z. B. IGES) übergeführt etc.) und seinem irgendwo auf dem Globus befindlichen Auftraggeber, den er persönlich gar nicht kennt, über das Internet zugestellt. Sobald dessen *OK* eingeht, wird er sich über das Netz weltweit nach den günstigsten Fertigungskapazitäten umsehen, die erstellten Teile anschließend, beispielsweise *down under* nach Australien liefern lassen, wo er sie, gegebenenfalls via Videokonferenz audio-visuell überwachend, nach seinen Anweisungen zusammenbauen läßt.

---

3 Hier vgl. Ford/Ford (1992), Glowalla/Hasebrook (1995), Jonassen (1993), Jonassen/Grabinger (1990), Nielsen (1990) und Picking (1994).

Treten Fragen auf, für die eine Person keine Antwort hat, liegt ein Problem vor. Die Person befindet sich dann in einem inneren oder äußeren Zustand, den sie aus irgendwelchen Gründen nicht für wünschenswert hält, aber im Moment nicht über die Mittel verfügt, um die Barriere zu überwinden, die sie behindert, den unerwünschten Zustand in den wünschenswerten Zielzustand zu überführen (Dörner, 1976). In unserem Beispiel hat unser Konstruktionsingenieur mit Rückgriff auf Ressourcen im Internet die Barriere überwunden und sein Problem erfolgreich gelöst. Bleibt von diesem Aktuellen und Flüchtigen etwas in ihm hängen, haben sich also seine inneren Bedingungen – beispielsweise sein deklaratives und prozedurales Wissen – überdauernd verändert, hat Lernen im Prozeß der Arbeit beispielsweise in Form inzidentem bzw. funktionalem Lernen (incidental learning) bzw. „Lernen en passant" (Reischmann, 1988) stattgefunden.

Das Lernen bei der Arbeit erfuhr bislang nicht die ihm gebührende Aufmerksamkeit. Forschungsergebnisse (Kloas, 1988; Straka et al., 1994) deuten aber darauf hin, daß diese Form des Lernens zumindest eine Alternative zum instruktional gestützten Lernen ist. Eine Pilotstudie ergab, daß etwa zwei Drittel der arbeitsplatzbezogenen qualifikatorischen *updating-Bemühungen* der dort Tätigen nach ihrer Einschätzung *auf eigene Faust* erfolgt (Straka et al., 1992). Ein weiteres Ergebnis dieser Studie war, daß den Befragten diese anscheinend nicht unbedeutende Form arbeitslebenbegleitenden Lernens erst durch die Befragung gewahr wurde.

Allerdings muß nicht zwangsläufig alles (arbeits)lebenslanges Lernen in dieser Weise unbewußt erfolgen. Unser fiktiver Informationsarbeiter weiß, daß er seit seinem Hochschulabschluß überwiegend im Prozeß der Arbeit – insbesondere durch seine Interaktion im Internet – gelernt hat. Deswegen reflektiert er fortwährend sein Arbeitshandeln, nicht zuletzt deswegen, weil er Arbeitszeit und Kosten minimieren will. Er setzt also kognitive und metakognitive Strategien der Kontrolle, wie kritisches Prüfen und Regulieren seines Handelns ein. Darüber hinaus versucht er sich neue Strategien, die sich im Vergleich zu früheren besser bewähren, zu merken, indem er diese verinnerlicht – in Gedanken – oder entäußert – laut wiederholend – sinngemäß aufsagt. Er überlegt sich auch phasenweise, beispielsweise wenn er ein Konstruktionsproblem gelöst hat, was die Ursachen für seinen Erfolg bzw. Mißerfolg waren, d. h. er attribuiert. Diese Aktivitäten können – so die These – Rückwirkungen auf sein inhaltliches Interesse und Vorgehensinteresse haben. Sie können sich in einer nächsten Schleife seines arbeitslebenslangen Lernens im Prozeß der Arbeit auswirken, indem er beispielsweise bestimmte Surfstrategien im Internet zum einen für wichtiger hält (=Wertaspekt des Vorgehensinteresses). Zum anderen ist er aufgrund seiner neuen Erfahrungen optimistisch, diese für sich noch zu perfektionieren (=Erwartungsaspekt des Vorgehensinteresses). Unser fiktiver Informationsarbeiter verändert seine Interessen und erwirbt neues Wissen und neue Fähigkeiten durch selbstgesteuertes arbeitslebenslanges Lernen, seinem *Survival Kit* in der Informationsgesellschaft.

Literatur

Atkinson, J. W. (1964): An introduction to motivation. New York (Van Nostrand).
Brookfield, S. D. (1989): Developing Critical Thinkers. San Francisco (Jossey-Bass).
Carré, Ph. (1994): Self-directed learning in french professional education. In: H. Long and associates (Eds.). New Ideas about Self-directed Learning. Oklahoma. S. 139-148.
Deci, E. L.; Flaste, L. (1995): Why we do what we do. The dynamics of personal autonomy. New York (Grosset/Putnam).
Dörner, D. (1976): Problemlösen als Informationsverarbeitung. Stuttgart (Kohlhammer).
Elshout, J. J.; Veenman, M. V. J.; van Hell, J. G. (1993): Using the computer as a help tool during learning by doing. Computers & Education, 21 (1/2). S. 115-122.
Ford, N.; Ford, R. (1992): Learning strategies in an *ideal* computer-based learning environment. British Journal of Educational Technology, 23 (3). S. 195-211.
Glowalla, U.; Hasebrook, J. (1995): An evaluation model based on experimental methods applied to the design of hypermedia user interfaces. In: Schuler, W.; Hannemann, J.; Streitz, N. (Hrsg.): Designing hypermedia user interfaces. Heidelberg (Springer). S. 99-116.
Gottwald, F.-T.; Sprinkart, K.-P. (1998): Multi-Media Campus. Die Zukunft der Bildung. Düsseldorf (Metropolitan).
Heckhausen, H.; Rheinberg, F. (1980): Lernmotivation im Unterricht, erneut betrachtet. Unterrichtswissenschaft, 8. S. 7-47.
Hiemstra, R. (1996): What's in a Word? Changes in Self Directed Learning Language over a Decade (Beitrag zum 10. SDL Symposium), West Palm/FL.
Huber, F. (1972): Allgemeine Unterrichtslehre. Bad Heilbrunn (Klinkhardt).
Jonassen, D. H. (1993): Effects of semantically structured hypertext knowledge bases on users' knowledge structures. In: McKnight, C.; Dillon, A; Richardson, J. (Hrsg.): Hypertext: a psychological perspective. London (Ellis Horwood). S. 153-162.
Jonassen, D. H.; Grabinger, R. S. (1990): Problems and issues in designing hypertext/hypermedia for learning. In: Jonassen, D. H.; Mandl, H. (Hrsg.): Designing hypermedia for learning. Berlin u. a. (Springer). S. 3-25.
Klauer, K. J. (1973): Die Revision des Erziehungsbegriffs. Düsseldorf (Schwann).

Kloas, P.-W. (1988): Lernen nach der Lehre. Die ersten Berufsjahre als Qualifizierungsphase. Berlin/Bonn: Bundesinstitut für Berufliche Bildung.
Knowles, M. S. (1975). Self-directed learning. Chicago (Follett).
Knowles, M. S. et. al. (1985): Andragogy in action. Applying modern principles of adult learning. San Francisco (Jossey-Bass).
Nenniger, P.; Straka, G. A.; Spevacek, G.; Wosnitza, M. (1996): Die Bedeutung motivationaler Einflußfaktoren für selbstgesteuertes Lernen. In: Unterrichtswissenschaft, 3. S. 250-266.
Nielsen, J. (1990): Evaluating hypertext usability. In: Jonassen, D. H.; Mandl, H. (Hrsg.): Designing hypermedia for learning. Berlin (Springer). S. 147-168.
Picking, R. (1994): A comparative study of computer-based document manipulation techniques. In: Hypermedia, 6. S. 87-100.
Prenzel, M. (1986): Die Wirkungsweisen von Interessen. Köln (Westdeutscher Verlag).
Probst, G.; Raub, S.; Romhardt, K. (1997): Wissen managen. Wie Unternehmen ihre wertvollste Ressource optimal nutzen. Wiesbaden (Gabler).
Reischmann, J. (1988): Offenes Lernen von Erwachsenen: Grundlagen und Erprobung im Zeitungskolleg. Bad Heilbrunn/Obb. (Klinkhardt).
Straka, G. A. (1986): Lehr-Lern-Theoretische Didaktik. In: Twellmann, H. (Hrsg.): Handbuch Schule und Unterricht [Band 8.1]. Düsseldorf (Schwann). S. 49-60.
Straka, G. A. (1996): Selbstgesteuertes Lernen. In: Geißler, H. (Hrsg.): Arbeiten, Lernen und Organisation. Ein Handbuch. Weinheim (Deutscher Studienverlag).
Straka, G. A.; Macke, G. (1979): Lehren und Lernen in der Schule. Stuttgart (Kohlhammer).
Straka, G. A., Stöckl, M.; Kleinmann, M. (1992): Selbstorganisiertes Lernen für den Arbeitsplatz (SoLfA). Eine empirische Studie zur beruflichen Selbstqualifikation. Wirtschaft und Berufserziehung 44 (10).
Straka G. A., Kleinmann, M., Stöckl, M.; Will, J. (1994): Selbstorganisiertes Lernen für den Arbeitsplatz. In: J. Abel (Hrsg.): Berufliche Weiterbildung und neue Technologien. Münster (Waxmann).
Straka, G. A., Nenniger, P. (1995): A conceptual framework for self-directed-learning readiness. In: H. B. Long and Associates (Ed.): New dimensions in self-directed learning. Oklahoma (University Press). S. 243-255.
Straka, G. A.; Nenniger, P.; Spevacek, G.; Wosnitza, M. (1996): Motiviertes selbstgesteuertes Lernen in der kaufmännischen Erstausbildung – Entwicklung und Validierung eines Zwei-Schalen-Modells. In: Zeitschrift für Berufs- und Wirtschaftspädagogik, Beiheft 13. S. 150-162.
Tough, A. T. (1971): The adult's learning projects. A fresh approach to theory and practice in adult learning. Toronto: Ontario Institutes for Studies in Education.

Das Internet als Kommunikations-
Partizipations- und Kulturraum

Winfried Marotzki

Zukunftsdimensionen von Bildung im neuen öffentlichen Raum

„We no longer have roots, we have aerials."

Neue Technologien bergen neue Möglichkeiten und neue Chancen für kommunikative Austauschprozesse, die – so die Hoffnung – eine demokratische Grundhaltung befördern. Bertolt Brechts Radiotheorie ist auf diesem Gebiet ein Klassiker, an den ich einleitend kurz erinnern will. Mit Hilfe der technischen Apparate – also mit Hilfe des Radios –, so glaubte Brecht, könne man an wirkliche Ereignisse, an die historischen Prozesse, näher herankommen, indem *Originalereignisse* direkt übertragen werden könnten und der Hörer nicht auf Referate angewiesen sei: Interviews statt Referate, und vor allem Disputationen zwischen den Fachleuten sollten übertragen werden. Liest man heute Brechts Überlegungen aus den Jahren 1927 bis 1932 erneut, so fällt auf, wie sehr er sich eine Entwicklung in eine Richtung wünschte, die wir heute als *Interaktivität der Medien* zu bezeichnen gewohnt sind. Das Verhältnis zwischen Radio und Hörer, so führt Brecht nämlich aus, sei asymmetrisch; ein klassisches Sender-Empfänger-Modell; der Rundfunk sei ein reiner Distributionsapparat, der Informationen und Sendungen bis in den letzten Winkel der Erde verteile. Brecht fordert systematisch, diese Struktur zu überwinden; der Hörer soll aktiviert und zu einem Produzenten gemacht werden: „Der Rundfunk ist aus einem Distributionsapparat in einen Kommunikationsapparat zu verwandeln" (Brecht, 129). Der Rundfunk könnte das großartigste Kommunikationssystem des öffentlichen Lebens werden, wenn er nicht nur senden, sondern auch empfangen; wenn er den Zuschauer nicht isolieren, sondern ihn in Beziehung setzen würde (vgl. Brecht, 129). Brecht hatte, das sollte kurz gezeigt werden, durchaus einen Blick dafür, wie technische Innovationen für demokratische Prozesse genutzt werden können. Auf der anderen Seite war ihm aber auch klar, dass gesellschaftliche Interessengruppen diese Möglichkeiten okkupieren: „Durch immer fortgesetzte, nie aufhörende Vorschläge zur besseren Verwendung der Apparate im Interesse der Allgemeinheit haben wir die gesellschaftliche Basis dieser Apparate zu erschüttern, ihre Verwendung im Interesse der wenigen zu diskutieren" (Brecht, 133). Öffentliche Angelegenheiten sollten in einem öffentlichen Medium verhandelt werden; für Brecht war das eben der Rundfunk. Würde Brecht heute leben, würde er diese Überlegungen mit hoher Wahrscheinlichkeit anhand des Internet anstellen. Es ist auch heute im Prinzip eine analoge Reflexionsfigur zu entfalten: Die Möglichkeiten für Demokratisierungsprozesse des öffentlichen Raumes sind zu sondieren, und andererseits ist ein Blick für die Grenzen und für die interessenbedingten Vereinnahmungen zu entwickeln. Macht, Kampf und Ungleichheit schreiben sich auch in den elektronischen Raum ein.[1]

Im folgenden werde ich *erstens* das Internet als öffentlichen Raum thematisieren und nach der Reichweite und den Wesensdimensionen dieses Mediums fragen. *Zweitens* werde ich kurz einen Blick auf die Sozialisationsqualitäten dieses neuen öffentlichen Raums werfen und mich dann *drittens* mit neuen Sozialitätsformen beschäftigen. Abschließend wird daran erinnert, dass Kritik ein entscheidendes Konstituens von Bildung ist. Eine bildungstheoretisch orientierte Netzkritik leistet einen entscheidenden Beitrag, den neuen öffentlichen Raum Internet zu nutzen.

1. Der Kampf um den neuen öffentlichen Raum

Während in den Jahren zwischen 1969 und 1990 die Vernetzung zwischen Großrechnern der Militärs, innerhalb der Wissenschaft und der Großfirmen stattfand, expandierte die Gruppe der Nutzer bis 1995 stark und bezog vermehrt private Anwender ein. Es war die Zeit, in der Künstler das Internet entdeckten, in der die Thesen Donna Haraways (1985)[2] über den Cyborg als anthropologische Neuschaffung diskutiert, über Netzbewohner und die Konstitution einer neuen virtuellen Klasse (Kroker/Weinstein [1994]) gestritten wurde. Ab 1995 findet eine *Massifizierung* des Netzes statt,

---

1 Dass das Internet maßgeblich von amerikanischen Militärs entwickelt wurde, ist nicht unwesentlich, wenn daraus alleine auch noch kein zwingendes Argument gegen eine demokratische Nutzung gewonnen werden kann.

2 Obwohl die Arbeit also schon relativ früh erschienen war, setzte die breite Rezeption in Amerika später ein, in Deutschland nahezu 10 Jahre später.

Zukunftsdimensionen von Bildung 235

ein exponentielles Wachstum im Zeichen der Kommerzialisierung. Firmen streben ins Netz (1999 ist jede vierte deutsche mittelständische Firma im Netz), Haushalte werden vernetzt (von 1997 bis 1999 verdoppelte sich die Zahl amerikanischer Haushalte mit Internetzugang). In diesen Jahren hat sich die Anzahl der weltweiten Internetzugänge von 17 Millionen auf 179 Millionen (im Juni 1999) verzehnfacht. Insofern verwundert es auch nicht, dass verstärkt versucht wird, das ursprünglich anarchische Medium zu kontrollieren und von ihm Besitz zu ergreifen. Einigen Spuren solcher Machtkonstellationen soll im folgenden anhand einschlägiger Internetmanifeste und der Auseinandersetzung um ihren Inhalt nachgegangen werden.

1.1 Die utopische Haltung: der sogenannte Barlow

Obwohl es zweifelsohne Regulierungs-, Kontroll- und Zensierungsmaßnahmen des Internet gibt, gibt es aber auch immer wieder Versuche, die anarchische Struktur des Netzes zu erhalten und zu verteidigen. John Perry Barlow ist einer von denen, die sich gegen die Zensur im Internet wehren. Barlow ist studierter Theologe, anerkannter Autor zu Themen wie *Virtualisierung der Gesellschaft* und Mitbegründer der „Electronic Frontier Foundation" (EFF), einer Non-Profit-Organisation, die sich u. a. für das Recht auf freie Meinungsäußerung im Internet einsetzt. Am 8. Februar 1996 veröffentlicht John Perry Barlow via Email und auf der Homepage der EFF ein Internetmanifest: „A Declaration of the Independence of Cyberspace". Seine Unabhängigkeitserklärung des Internet wird – wenn auch kontrovers diskutiert – zu einem zentral bedeutsamen Dokument innerhalb der Diskussion um Zensur im Internet. Anlass für Barlows Unabhängigkeitserklärung des Cyberspace ist die Reform des U.S.-amerikanischen Telekommunikationsgesetzes. Barlow sieht durch diese Gesetzesreform nicht nur das verfassungsmäßig garantierte und durch die U.N. Menschenrechtserklärung von 1948 verbürgte Recht auf freie Meinungsäußerung gefährdet, sondern er spricht sowohl der U.S.-amerikanischen als auch jeder anderen Regierung jegliches Recht auf Einflussnahme und Einmischung in den Cyberspace ab. Denn als virtueller Ort sei der Cyberspace an keine territorialen, kulturellen oder irgendwie gearteten Konformitätsgrenzen gebunden.

Um seinem Protest einen – über die *Declaration of the Independence of Cyberspace* hinausgehenden – symbolischen Ausdruck zu geben, begründet Barlow die „Blue Ribbon Campaign for Online Free Speech". Das Blue Ribbon, die blaue Schleife, die inzwischen auf zahlreichen Web-Seiten zu finden ist, reiht sich in eine lange Tradition des öffentlichen Gedenkens ein. Wird die schwarze Schleife in Gedenken an verstorbene Persönlichkeiten getragen, die gelbe Schleife in Gedenken an die Opfer des Golfkriegs und die rote Schleife in Gedenken an Aids-Opfer, so soll die blaue Schleife an den drohenden Verlust der freien Meinungsäußerung im Cyberspace mahnen. John Perry Barlow fasst die mit dem *Communication Decency Act of 1996* beschlossene Reform des Telekommunikationsgesetzes, durch die das Äußern bestimmter Tabuwörter und die öffentliche Diskussion von Themen wie Abtreibung etc. im Internet verboten und unter Strafe gestellt wird, als Kriegserklärung der U.S.-Regierung an den Cyberspace und die ihm immanent freiheitliche Struktur auf, wogegen es sich zu verteidigen gelte. Barlow pariert – im Stiel Thomas Jeffersons und der *Declaration of Independence* von 1776 gegenüber der Britischen Krone – mit der *Declaration of the Independence of Cyberspace*. In direkter Ansprache distanziert er sich von den althergebrachten Staatssystemen. Zwischen ihnen und dem Cyberspace bestehe eine unüberbrückbare Differenz. Der Cyberspace sei die neue Heimat des Geistes und damit die Zukunft. Die Regierungen der industriellen Welt hingegen bezeichnet Barlow als unwillkommene Vertreter der Vergangenheit, für die in der bereits begonnenen Zukunft kein Platz sei und denen dort weder Macht zukomme noch zustehe:

„Governments of the Industrial World, you weary giants of flesh and steel, I come from Cyberspace, the new home of Mind. On behalf of the future, I ask you of the past to leave us alone. You are not welcome among us. You have no sovereignty where we gather." (Barlow 1996)

Barlow baut diese Behauptung der Differenz zwischen den industriellen Staaten als Vertreter einer alten Welt und dem Cyberspace als einer neuen, aufstrebenden Gesellschaft, auf der Grundlage von vier Aspekten aus: (1.) der Natürlichkeit des Cyberspace, (2.) der Virtualität des Ortes des Cyberspace, (3.) der Körperlosigkeit innerhalb dieser virtuellen Welt und (4.) der Definition des Cyberspace als einer Zivilisation des Geistes.

(1) *Natürlichkeit des Cyberspace*. Barlow konstatiert, dass der Cyberspace keine gewählte Regierung besitze und wohl auch nie eine benötigen werde. Möglicherweise notwendige Aushandlungsprozesse würde die Cyberspacegesellschaft nicht nach Gesetzen – und schon gar nicht nach von außen oktroyierten Gesetzen, Rechtssprechungen und Regeln – vollziehen, sondern nach einem Gesellschaftsvertrag, den sie selbst schreiben würde. Dass die Regierungen der alten industriellen Welt die neue Welt des Cyberspace vollkommen missverstehen und sich gleichsam wie Kolonialherren benehmen, bringt Barlow deutlich zum Ausdruck wenn er schreibt: „You claim there are problems among us that you need to solve. You use this claim as an excuse to invade our precincts. Many of these problems don't exist." (Barlow 1996) Die Regierungen der industriellen Welt würden damit nicht nur ihre Unfähigkeit beweisen, die wahren Probleme des Cyberspace zu erkennen, sie hätten auch kein Recht und kein Mandat, auf dieses natürliche Gebilde Cyberspace, das aus den kollektiven Handlungen seiner Mitglieder gewachsen sei, Einfluss zu nehmen, denn „Governments derive their just powers from the consent of the governed. You (Governments of the Industrial World – W. M.) have neither solicited nor received ours" (Barlow 1996). Diese Aussage weist deutliche Parallelen zu der *Declaration of Independence* von 1776 auf. Auch die Absage an die Britische Krone an einer späteren Stelle der *Declaration of Independence* von 1776 schwingt mit in Barlows Ausschluss der Regierungen der industriellen Welt aus der neuen Welt des Cyberspace:

„We, therefore, the Representatives of the United States of America, in General Congress, Assembled, appealing to the Supreme Judge of the world for the rectitude of our intentions, do, in the Name, and by Authority of the good People of these Colonies, solemnly publish and declare, that these United Colonies are, and of Right ought to be Free and Independent States; that they are Absolved from all Allegiance to the British Crown, and that all political connection between them and the State of Great Britain, is and ought to be totally dissolved; and that as Free and Independent States, they have full Power to levy War, conclude Peace, contract Alliances, establish Commerce, and to do all other Acts and Things which Independent States may of right do." (Barlow 1996)

Man muss hier lediglich die „United States of America" durch „Cyberspace" und „the British Crown" durch die „Governments of the Industrial World" ersetzen. Barlow schreibt:

„I declare the global social space we are building (i.e. Cyberspace – W.M.) to be naturally independent of the tyrannies you (Governments of the Industrial World – W.M.) seek to impose on us. You have no moral right to rule us nor do you possess any methods of enforcement we have true reason to fear." (Barlow 1996)

(2) Die Virtualität des Ortes des Cyberspace. Der zweite zentrale Aspekt in John Perry Barlows Argumentation, dass die Regierungen der industriellen Welt kein Anrecht auf eine Einflussnahme im Cyberspace hätten und damit auch dort, wo die Netzbewohner sich versammelten, keine Macht mehr hätten, liegt in der Nicht-Fassbarkeit bzw. Virtualität des Ortes des Cyberspace begründet: „Cyberspace does not lie within your borders". Der Cyberspace habe sich zu einem weltumspannenden Netz entwickelt, das nicht vollständig überwacht werden könne. Barlow prophezeit seinen *Kriegsgegnern*, dass sie in ihren Versuchen, die Netzkommunikation partiell zu überwachen oder einzudämmen, im Moment vielleicht Erfolge erzielen könnten. Sie würden aber ohnmächtig sein einer Welt gegenüber, die in naher Zukunft von digitalen Medien umspannt sein werde. Aus dem Virus der Freiheit, den die Bewohner des Cyberspace freisetzten, werde eine um sich greifende Seuche werden. Barlow geht zum Gegenangriff über: „They (the Government of the Industrial World – W. M.) have declared war on Cyberspace. Let us show them how cunning, baffing, and powerful we can be in our own defense." (Barlow 1996)

(3) Körperlosigkeit im Cyberspace. Mit der Virtualität des Ortes des Cyberspace geht die Körperlosigkeit einher. Hat er durch seine Auslegung der Virtualität des Ortes des Cyberspace damit gedroht, dass die Wachposten[3] an den Grenzen des Cyberspace bei einem sich ausdehnenden Netz nur noch für geraume Zeit die Stellung werden halten können, so desillusioniert Barlow die Governments of the Industrial World in ihrem Bestreben, Einfluss auf das Netz nehmen zu können, mit seinem Hinweis auf die Körperlosigkeit ein wei-

---

3 Unter den „guard posts" (Wachposten) können beispielsweise Abhörmöglichkeiten an den zentralen Glasfaserkabeln, durch die die Datenströme fließen, verstanden werden, oder auch staatlich regulierte Zugangsbeschränkungen zum Internet, die Auflage an die Surfer, die vollzogenen Wege im Netz zu dokumentieren etc.

Zukunftsdimensionen von Bildung

teres mal: „Cyberspace consists of transactions, relationships, and thought itself, arranged like a standing wave in the web of our communications. Ours is a world that is both everywhere and nowhere, but it is not where bodies live." (Barlow 1996) Die klassischen Rechtsvorstellungen der Governments of the Industrial World hingegen basierten vollständig auf der Gegenständlichkeit einer materiellen Welt. Dieser Abgesang an Materie birgt seitens der Cyberspacegesellschaft ein weiteres Element. Wenn es so ist, dass Materie für sie nicht zählt, dann erscheinen auch materielle oder körperliche Sanktionsmaßnahmen der Regierung obsolet. Zum besseren Verständnis muss der vierte zentrale Argumentationspunkt Barlows hinzugezogen werden, das Modell des Cyberspace als eine Zivilisation des Geistes.

(4) *Cyberspace als Zivilisation des Geistes.* Gleich zu Beginn seiner *Declaration of the Independence of Cyberspace* hat Barlow seinen Herkunftsort, den Cyberspace, als die neue Heimat des Geistes bezeichnet: „I come from Cyberspace, the new home of Mind." Und er beschließt seine Declaration ebenfalls mit der Schwerpunktlegung auf den Geist: „We will create a civilization of the Mind in Cyberspace. May it be more human and fair than the world your governments have made before." Das einzige, was Barlow zu benötigen veranschlagt, um es besser machen zu können, ist die freie Rede, das Recht auf eine unreglementierte Meinungsäusserung: „We are creating a world where anyone, anywhere may express his or her beliefs, no matter how singular, without fear of being coerced into silence or conformity." (Barlow 1996) Der Cyberspace bestehe aus Denken und Kommunikation, nur hierdurch könne er weiterbestehen und sich entwickeln. Wenn die Regierung nun jedoch versuche, durch ein Gesetz, durch den *Communication Decency Act,* die Rede als Besitz zu deklarieren, entstehe nur ein weiteres industrielles Produkt wie viele andere. Aber die Welt des Cyberspace sei eine andere als die der industriellen Staaten: „In our world, what ever the human mind may create can be reproduced and distributed infinitely at no cost. The global conveyance of thought no longer requires your factories to accomplish." (Barlow 1996) Die Bewohner des Cyberspace distanzieren sich damit deutlich von den Fabriken der Gedankendistribution, die sich geradezu als hinderlich erweisen, lebendige, neue und nicht-konforme Gedanken zu produzieren.

Zusammenfassend kann gesagt werden, dass John Perry Barlow sich als Pionier einer sich neu gründenden Welt sieht. In dieser neuen Welt bedarf es anderer Gesetze als in der alten. „We are forming our own Social Contract. This governance will arise according to the conditions of our world, not yours. Our world is different." (Barlow 1996) Die ideale Regierung bzw. das Überflüssigwerden jeglicher Staatsmacht an einem virtuellen Ort des friedlichen Zusammenlebens erinnert an Thomas Morus' Utopia. Barlow und die anderen Bewohner des Cyberspace sehen sich in eine neue Welt hineingeboren, in der die Elterngeneration immer Fremde bleiben würden.

„You are terrified of your own children, since they are natives in a world where you will always be immigrants. Because you fear them, you entrust your bureaucracies with the parental responsibilities you are too cowardly to confront yourselves" (Barlow 1996).

1.2 Kritik der utopischen Haltung: Der sogenannte Anti-Barlow

Wie oben erwähnt, hat Barlows Internetmanifest nicht nur Zustimmung gefunden, sondern ist teilweise äußerst kontrovers diskutiert worden. Einen der exponiertesten Beiträge bildet in diesem Kontext der sogenannte *Anti-Barlow* (Lovink/Schultz 1998). Sie sehen in John Perry Barlows *Declaration of the Independence of Cyberspace* „einen neuen Stand der Wunschökonomie der Netze" artikuliert. Erkennt man an, dass sich im Cyberspace ein Generationswechsel vollzieht, dass zunehmend seriöse Institutionen, staatliche Einrichtungen und Wirtschaftszweige den Nutzen des Cyberspace für sich erkennen und das Internet gleichzeitig eine Popularisierung erfährt, so verspürt mancher Nutzer der ersten Stunde, der sich vormals als Hacker durch das Netz bewegte und es sich zu eigen gemacht hat, dass sein Mythos eines anarchischen Netzdaseins verlorenzugehen droht. Insofern sei das Manifest von Barlow gleichsam ein melancholischer Affekt.

Wie Barlow kritisieren auch Lovink und Schultz den *Communication Decency Act*. Allerdings verstehen sie diesen „betrübliche(n) Zensurversuch" weniger als einen Angriff oder gar eine Kriegserklärung an die scheinbar freiheitlich-anarchische Struktur des Cyberspace, sondern sie werten diesen Gesetzesentwurf als einen von vornherein zum Scheitern verurteilten *Testballon*. Die staatlichen Gewalten hätten nicht wirklich intendiert, den Cyberspace umfassend zu zensieren. Ihr Ziel sei es vielmehr gewesen, auf der Basis der durch den *Communication Decency Act* ausgelösten Reaktionen und Widerstände ein Stimmungsbild der Internetgemeinde zu erstellen. Die *merkwürdige Autonomiebewegung* der Cyber-Separatisten, die den Cyberspace als ihr persönliches freiheitlich-anarchisches Ausdrucksmedium beanspruchen und für die Barlow mit seiner Unabhängigkeitserklärung des Cyberspace das Sprachrohr darstellt, diese Cyber-Separatisten hätten mit dem Cyberspace ein „schwereloses Territorium" gefunden, in dem sie sich frei von äußeren Zwängen bewegen können, keiner staatlichen Regulierung unterliegen etc. Lovink und Schultz heben den infantilen Charakter dieser Idealvorstellung einer vollständig von Bevormundung befreiten Parallelwelt hervor: „Gleich einem Baumhaus zieht man sich vom harten Leben der materialistischen Erwachsenenwelt in die ewige virtuelle Kindheit zurück." (Lovink/Schultz 1998)

In ihrem Ruf nach der Freiheit des Cyberspace bleiben die Cyber-Separatisten aber nicht allein, sondern sie können sich auf Dokumente von U.S.-amerikanischen Republikanern und deren „neoliberalen patriotischen Ideologie einer deregulierten globalisierten Info-Ökonomie" stützen. Beschrieben ist diese Vision in der *Magna Charta for the Knowledge Age (1994)*, die sich sechs zentralen Fragestellungen widmet, welche mit dem Wandel hin zur Informationsgesellschaft bzw. Wissensgesellschaft (Knowledge-Age) neu ausgehandelt werden müssten: (1.) The Nature of Cyberspace, (2.) The Nature of Ownership and Property, (3.) The Nature of the Marketplace, (4.) The Nature of Freedom, (5.) The Essence of Community und (6.) The Role of Government.

Für meinen Zusammenhang ist die Fragestellung nach der *Nature of Freedom* von zentraler Bedeutung. Die *Magna Charta for the Knowledge Age* widmet sich in diesem Kontext dem „American phenomenon of the hacker" – also gleichsam den Cyber-Separatisten, für die John Perry Barlow in seinem Internetmanifest das Recht auf Freiheit einfordert. „The hacker became a technician, an inventor and, in case after case, a creator of new wealth in the form of the baby businesses that have given America the lead in cyberspatial exploration and settlement" konstatiert die Magna Charta. Die Hacker hätten damit wesentlich zum ökonomischen Wachstum der USA und ihrer Führungsrolle im Cyberspace beigetragen. Möglich sei dies nur deshalb gewesen, weil „Americans still celebrate individuality over conformity, reward achievement over consensus and militantly protect the right to be different." Mit dem Cyberspace sei nun aber zugleich eine neue Welt geschaffen worden, für die bisher keine Gesetze bestünden, ähnlich wie bei der Besiedlung Nordamerikas. Die *Magna Charta for the Knowledge Age* versteht zu einer Zeit des Wandels von einer Industriegesellschaft (Second Wave world) hin zur Wissens-Gesellschaft (Third Wave civilization), zu dem Zeitpunkt der Besiedlung der neuen Welt des Cyberspace, genau dieses als ihre Aufgabe, nämlich die Grundrechte für diese neue Welt festzuschreiben, und sie kommt zu folgendem Ergebnis: „Demassification, customization, individuality, freedom – these are the keys to success for Third Wave civilization."

Nach dem faktischen Scheitern des *Communication Decency Act*, der zwar weiter als Gesetz Bestand hat, sich jedoch in eine Riege anderer, ebenso wenig erfolgreicher Versuche einer Überwachung des Cyberspace einreiht, habe sich die Internetgemeinde auf den kleinsten gemeinsamen Nenner geeinigt – die *Blue Ribbon Campaign for Internet Free Speech*. Damit einher geht allerdings die Selbstverpflichtung der Betreiber von Internetseiten, Besucher gegebenenfalls vor anstößigen Inhalten auf ihren Seiten zu warnen und auf Altersbeschränkungen hinzuweisen. Die Frage, der sich Lovink und Schultz in diesem Kontext widmen, lautet: „Was aber soll nun freie Rede heißen?" Welches sind die Folgen von Barlows *Declaration of the Independence of Cyberspace* und die Forderung nach freier Meinungsäußerung, die mit der groß angelegten *Blue Ribbon Campaign for Online Free Speech* propagiert wurde? Barlows Manifest sei zwar weitergereicht worden, und das Blue Ribbon prangt auf zahlreichen Web-Seiten. Lovink und Schultz weisen jedoch darauf hin, dass allein die Affirmation von Barlows Manifest nicht ausreichend sei. Eine intensive Diskussion der Freiheits-Thematik im Cyberspace scheint mit dem Wegfall der akuten Bedrohung einer freien Meinungsäußerung durch Sanktionsmaßnahmen abgeebbt zu sein. Unter der Zwischenüberschrift „Kleine Philosophie der virtuellen Freiheit" widerlegen Lovink und Schultz dann auch zahlreiche der Internetmanifest-Thesen Barlows in Form von sechs Punkten.

(1) *Die Illusion des Zusammenhangs der Abwesenheit von Zwang und einer daraus folgenden freien Entfaltung des Willens*. Die Forderung nach freier Meinungsäußerung stellt das zentrale Element von John Perry Barlows *Declaration of the Independence of Cyberspace* dar. Die Abwesenheit des Zwangs und der Zensur bildet für Barlow den Garanten für eine freie Willensentfaltung im Cyberspace. Lovink und Schultz bezweifeln jedoch

eine notwendige kausale Verknüpfung dieser Aspekte. Die Abwesenheit von Zwang führt ihrer Meinung nach nicht notwendig zu einer freien Entfaltung des Willens, wenn dieser sich als fatalistischer Wille zur Unterwerfung entpuppe und sich kollektiv zum *Willen zur Virtualität* vereinige.

(2) *Die Illusion der dualistischen Trennung von Freiheit des Cyberspace und materiellen Gütern.* Der Behauptung Barlows, dass es im Cyberspace keine Materie gebe und dementsprechend die auf Materie basierenden Rechtsvorstellungen der industriellen Regierungen von Besitz, Identität und Redefreiheit etc. keine Berechtigung hätten, widersprechen Lovink und Schultz mit dem Hinweis darauf, dass mehr und mehr Personen am Bildschirm ihr Geld verdienen müssten. Der Cyberspace kann nicht mehr frei von ökonomischen Fragestellungen gesehen werden, er bildet vielmehr einen zentralen Faktor innerhalb nationaler und globaler Wirtschaftssysteme.

(3) *Die Illusion von der aus der Körperlosigkeit des und im Cyberspace folgenden Irrelevanz körperlicher Sanktionsmaßnahmen.* Barlow behauptet in seinem Internetmanifest, dass die persönlichen Identitäten der Bewohner des Cyberspace keine Körper hätten und sie dementsprechend keine physischen Reglementierungen oder im *Communication Decency Act* angedrohten Sanktionsmaßnahmen zu befürchten hätten: „Our identities have no bodies, so, unlike you, we cannot obtain order by physical coercion." Tatsächlich lassen sich auch zunehmend politische Protestbewegungen und Aktionen im Cyberspace beobachten. So hat z. B. der während des Jugoslawien-Kriegs von der serbischen Regierung verbotene Radiosender B 52 nach der gewaltsamen Schließung seiner Senderäume weiter über das Internet agiert. Weitere bekannte Protestmittel sind etwa, den Server einer Organisation durch massenhaftes Anwählen seiner Web-Seiten lahmzulegen, weil der Server überlastet wird, oder einen Betrieb so mit Emails zu bombardieren, dass er nicht mit der Arbeit nachkommt, die seriösen Mails aus den Protestmails herauszufiltern. Außerhalb der elektronischen Einschließungen jedoch beobachten Lovink und Schultz unter Verweis z. B. auf die *Rassenunruhen* in Los Angeles im Sommer 1998 ein „wachsendes körperbezogenes und materialistisches Bedrohungspotential". „Wie zuletzt durch die Unruhen in L.A. oder in London offenbar wurde, greift man im Gegenzug zur Virtualisierung auf die altbewährten Mittel der Disziplinargesellschaft – Polizeiknüppel, Tränen-

gas, Helikopter, mitunter auch die Armee – zurück." (Lovink/Schultz 1998)

(4) *Die Illusion von der Virtualität des Ortes in digitalen Technologien.* Die Welt des Cyberspace sei überall und nirgends, nur nicht dort, wo Körper lebten, behauptet Barlow. Lovink und Schultz zeigen, dass diese Trennung von virtuellem und realem Raum nicht so sauber gezogen werden kann. Gerade für militärische Interventionen lasse sich die Technologie des Cyberspace in einer Weise instrumentalisieren – beispielsweise zur Erstellung Hilfe satellitengestützter Landsimulationen – die schließlich durchaus Auswirkungen auf eine körperliche Welt zeitigen.

(5) *Die Illusion von der Natürlichkeit des Cyberspace.* Barlows These ist, dass die Cyberspace-Gesellschaft sich keine Gesetze oktroyieren lasse, sondern dass sie einzig nach *Goldenen Regeln* funktioniere, dass es sich um ein natürliches Gebilde handele, das – wo nötig – seinen eigenen Gesellschaftsvertrag schreibe. Barlows Beschwörung der individuellen Freiheit im Cyberspace erinnere an den Wilden Westen. Der echte Cyberspace-Bewohner gebe sich zudem keinen Standards wie Windows 95 und anderen Massenprodukten hin. Der Hacker nehme vielmehr die Rolle eines lonely cowboy ein, der – so Lovink/Schultz – einen Grad an Technikverbundenheit erreiche, der es ihm ermögliche, so mit den Datenströmen zu reden, wie der Indianer mit den Flüssen und Bäumen. Barlow scheint die Bildung eines Freistaates Internet zu intendieren, und Lovink/Schultz gestehen ein: „Für eine Nationenbildung ist die Berufung auf ein unhinterfragbares Naturrecht sinnvoll." (Lovink/Schultz 1998)

(6) *Die Illusion von einer reinen Geistesgesellschaft.* Barlow leitet sein Internetmanifest mit der Aussage ein, dass er aus dem Cyberspace komme, der neuen Heimat des Geistes. Lovink und Schultz stehen dieser Vision, dass sich im Cyberspace eine neue digitale Lebensform bilde, mit Skepsis gegenüber. Dieser „verbreiteten Version von Netzwahn" einiger Cyberspace-Bewohner unterstellen sie, den Blick dafür verloren zu haben, dass es sich bei ihrer Welt um eine Metapher handele. Das Ziel der Bewohner des Cyberspace, ihre Körper verlassen zu können und zum reinen Geisteswesen zu mutieren, interpretieren Lovink und Schultz als „Abart des Vitalismus, der im technischen Fortschritt ein Naturprinzip walten sieht" (Lovink/Schultz 1998).

Geert Lovink und Pit Schultz sehen in Barlows Unabhängigkeitserklärung des Cyberspace eine Art Techno-Ideologie, die an niedere Instinkte

Zukunftsdimensionen von Bildung 245

appelliert und ein neues diffuses Gemeinschaftsgefühl anspricht. Barlow mache die Netzbewohner durch sein Manifest glauben, dass sie Pioniere in einer neuen Welt seien, dass sie sogar ihre eigene virtuelle Welt erschaffen würden, in der sie vollkommen unabhängig und unangreifbar seien, in der sie eine Republik der Intellektuellen bildeten, die glaube, die Welt zu regieren. Hierdurch verdecke Barlow den Blick darauf, dass Menschen an der Gestaltung eines virtuellen Raumes beteiligt seien, der – wie die heutigen Industriegesellschaften – alsbald dem gnadenlosen Wettbewerb der Wirtschaftsmächte unterliegen werde, eines Raumes, in dem sich zukünftige Generationen werden abrackern müssen. Die Erklärung des Netzes als Naturzustand, wie Barlow sie vornimmt, verdecke nur mangelhaft, dass man sich tatsächlich einem Reproduktionsapparat unterwerfe.

Ich habe diese Kontroverse angeführt, weil sie beispielhaft die unterschiedlichen Hoffnungen und Erwartungen zum Ausdruck bringt, die man mit dem neuen Medium verbindet. Wie auch immer die Entwicklung weitergehen wird und welche der beiden Positionen recht haben wird, klar ist schon heute, dass sich immer mehr Menschen im Internet bewegen werden. Damit avanciert das Medium zu einem zentralen Sozialisationsmedium (vgl. Marotzki 1997). Darauf möchte ich im nächsten Schritt kurz eingehen, bevor ich einige Beispiele neuer Sozialformen im Internet erörtere.

2. Einige Aspekte und Effekte der neuen Virtualitätslagerung

Die von mir favorisierte bildungstheoretische Perspektive fokussiert das, was ich als *Virtualitätslagerung* bezeichne. Unter diesem Begriff verstehe ich, daß Menschen offline ein Leben in sozialen Räumen organisieren und viabel gestalten *und* daß sie parallel dazu beginnen, ein Leben online in digitalen Welten zu gestalten[4]. Gemeint ist der Möglichkeitsraum, wie Menschen online Erfahrungen machen, ihre Identität entwerfen und damit ihr Offline-Leben erweitern.

---

4 1999 verkündete die rot-grüne Regierungskoalition, dass sie mit einem Masterplan den Anteil der Internetnutzer von 9 auf über 40 Prozent der Gesamtbevölkerung steigern will (www.iid.de/aktionen/aktionsprogramm [5.12.1999]).

Es ist viel über die Auswirkungen des Internet auf die sozialen Beziehungen der Menschen in der *wirklichen* Welt diskutiert worden und viel darüber, welche neuen sozialen Beziehungen etabliert werden (Rheingold 1993; Stoll 1996; Turkle 1995, Walther 1996). Dabei ist nicht strittig, daß es Unterschiede zwischen online und offline Beziehungen gibt, strittig ist vielmehr, wie gravierend diese Unterschiede sind und was daraus folgt. Pädagogisch besorgte Fragen, die sich auf das Verhältnis von sozialen und digitalen Welten beziehen, ob also z.B. der vermehrte Aufenthalt in digitalen Welten dazu führe, reale lebensweltlich verankerte soziale Gruppen zu vernachlässigen, so daß letztlich soziale Isolation auftrete, sind durch vorliegende Studien relativiert (z.b. Wetzstein u.a. 1995, 119)[5]. Auch Befürchtungen, wonach computergestützte Kommunikation zur Verarmung unseres kommunikativen Haushalts, zur Austrocknung von kommunikativer Vielfalt führe, kann vor dem Hintergrund vorliegender Studien nicht bestätigt werden. Im Gegenteil: Es lassen sich andere, positive Effekte zeigen, die durchaus als Strukturelemente für das herangezogen werden können, was als Bildungswert des Internet bezeichnet werden kann. Da ich mich in dieser Arbeit mehr auf neue Sozialformen konzentrieren will, nenne und erläutere ich diese Aspekte im folgenden lediglich kursorisch.

a) Polyvokalität und -perspektivität

Der Sachverhalt der Virtualitätslagerung bezieht sich also auf das Ausmaß, in dem das Selbst dezentriert ist, inwieweit es in vielen verschiedenen Welten existiert und zur selben Zeit verschiedene Rollen spielt, inwieweit es gleichsam verschiedene Leben parallel lebt. Die Differenz von on-screen- und off-screen-life ist keine relevante Differenz mehr. Polyvokalität ist Netzalltag. Das Internet eröffnet die Möglichkeit, daß neben Offline- auch Online-Selbstpräsentationen realisiert werden können. Diese selbstentwerfende Funktion digitaler Welten hat Howard Rheingold in seinen Werken *Virtual Reality* (1991) und *Virtual Communities* (1993) in klassischer Weise beschrieben. Computernetze setzen Pluralisierungs- und Differenzierungsprozesse fort, wie sie für die heutige Ge-

---

5 Netzabeit, so ein zentrales Resultat der Studie von Wetzstein u.a., mache persönliche Kontakte nicht überflüssig. Die „Annahme einer Verdrängung von persönlich-direkter Kommunikation durch Netze [ist – W. M.] eine unsinnige Vermutung" (Wetzstein u.a. 1995, 296).

sellschaft typisch sind. Im Internet ist zu nahezu jedem Zeitpunkt zu nahezu jedem Gegenstand eine Vielzahl von Perspektiven, Informationen, Meinungen und Urteilen vorzufinden.

b) Reflexivitätssteigerung

Daten sind kontextlos und unorganisiert; zu Informationen werden sie, wenn sie organisiert werden (z.B. bezogen auf eine Problemstellung oder einen Kontext): Zu Wissen werden Informationen, wenn die implizierten Werte (die Wertigkeit) reflektiert und eine Relationierung zu anderen Informationen hergestellt wird. Das, was im Netz gesehen und gefunden wird, muß nicht notwendigerweise wahr sein. Quellenkritik, und damit kritisches Denken, als ein Modus von Reflexivität ist gefordert. Reflexivitätssteigerung hat aber auch noch eine andere Dimension, die ich hier nur andeuten will. In modernitätstheoretischen Kontexten wird beispielsweise von Anthony Giddens (1991; 1996) die These der reflexiven Moderne entfaltet, eine These, die im Kern auf makrosozialer Ebene besagt, daß moderne Gesellschaften in hohem Maße mit Problemen konfrontiert werden, die sie selbst verursacht haben, die auf mikrosozialer Ebene besagt, dass aufgrund der in modernen Gesellschaften zu verzeichnenden Kontingenzsteigerung Menschen verstärkt Prozesse der Biographisierung des eigenen Lebens reflexiv begleiten und ständig mit Optionen deliberativ umgehen müssen. Dieser erhöhte Reflexionsdruck könnte durch virtuelle Welten nochmals eine andere Dimension bekommen, wie Sherry Turkle (1995; 1997; vgl. auch Marotzki 1998) ausführt: „The Internet has become a significant social laboratory for experimenting with the constructions and reconstructions of self that characterisize postmodern life. In its virtual reality, we self-fashion and self-create" (Turkle 1995, 180).

Aufgrund der beschriebenen Virtualitätslagerung wird Reflexivität vieldimensionaler, weil mindestens das Verhältnis von Offline- und Online-Konstitution neue Bereiche menschlicher Existenz eröffnet. Im Sinne Alfred Schütz' Theorie der mannigfaltigen Wirklichkeiten (Schütz 1945) kommt gleichsam eine neue Welt zum Ensemble der bisherigen Welten hinzu.

c) Plurale Konstruktionen von Welten und Transformationen von Sozialität

Dass die Verankerung in lebensweltlichen Bezügen durch den Aufenthalt in virtuellen Welten nicht im Sinne einer Weltfremdheit gelockert wird, habe ich dargelegt. Gleichwohl wird man auf der anderen Seite elementare Transformationen von Sozialität, die stattfinden, nicht abstreiten können. Internet Kommunikation und face-to-face-Kommunikation weisen bekanntlich entscheidende Unterschiede auf: Fehlen von Gestik und Mimik, Stimmkontur, leiblicher Präsenz incl. Kleidung sowie Kontextinformationen. Diese werden – wie bekannt – durch über 100 Smileys und durch Acronyme überbrückt. Aber bereits Sherry Turkle (1995) weist darauf hin, daß diese fehlende leibliche Präsenz nicht nur Nachteile hat: „They don't look at your body and make assumptions." (Turkle 1995, 185) und bei Tapscott: „People don't judge you based on what you look like" (Tapscott 1998, 91).

Weil wir also andere Formen von Sozialität vorfinden, weil wir wahrscheinlich berechtigt sind, von einer Transformation von Sozialität zu sprechen, möchte ich im nächsten Schritt einige ausgewählte Beispiele von Online-Communities diskutieren. Ich wähle dabei das Phänomen der Cyber-Cities.

3. Andere Formen von Sozialität: Das Beispiel der Cyber-Cities

Im Internet stößt man zunehmend auf Online-Angebote, die als virtuelle, digitale oder Online-Städte bezeichnet werden. Im alltäglichen Sprachgebrauch werden diese Bezeichnungen oftmals synonym verwendet. Allerdings verbergen sich hinter diesen Städten im Internet, für die sich als Oberbegriff der Terminus „Cyber-Cities" anbietet, Online-Angebote unterschiedlichen Charakters. Diese Cyber-Cities lassen sich aus meiner Sicht in drei unterschiedliche Kategorien unterteilen.

a) Die Online-Stadt

Um in das Rathaus einer real existierenden Stadt zu gelangen, muß man sich nicht mehr notwendigerweise von seinem Schreibtischstuhl erheben. Oft reicht es aus, in seinem Internetbrowser den Namen der Stadt sowie das entsprechende Landeskürzel einzugeben – also beispielsweise www.magdeburg.de [5.12.1999] oder www.berlin.de [5.12.1999], und schon befindet man sich auf der Homepage der angewählten Stadt. Das entsprechende Angebot an Online-Informationen reicht von Hintergrundinformationen zur Stadtgeschichte, den Geschäftszeiten öffentlicher Einrichtungen und dem aktuellen Kino- und Theaterprogramm bis hin zu Tourismusinformationen mit Stadtplänen, Hinweisen auf Sehenswürdigkeiten der Stadt oder Buchungsmöglichkeiten von Hotelzimmern. Vermehrt gewähren die Internetseiten von Städten und Gemeinden dem Surfer auch einen Einblick in lokalpolitisch relevante Dokumente wie bspw. Magistratsbeschlüsse, Bürgerschaftsanträge oder Abstimmungsergebnisse. In manchen Städte werden darüber hinaus Optionen bereitgestellt, die den Bürgern ermöglichen, bestimmte Amtsgänge vom PC aus zu erledigen – etwa Anträge auf eine Passverlängerung von zu Hause aus stellen zu können, die Steuererklärung online an das Finanzamt einzureichen (möglich in Nürnberg ab Herbst 1999) oder über das Internet die Stimme für Kommunalwahlen abzugeben.

Vorläufer: PEN und Freenet. 1989 richtete die Gemeinde Santa Monica in Kalifornien das erste öffentlich finanzierte, elektronische Bürgernetzwerk ein: PEN, das Public Electronic Network. Es wird heute von vielen tausend Einwohnern frequentiert, die auch von öffentlichen Terminals aus teilnehmen. PEN bietet seinen Bürgern eine virtuelle Stadthalle, ein Gemeindezentrum, Stadtkonferenzen und einen Veranstaltungskalender. Ebenfalls aus Amerika kommt die Idee der Freenets, der elektronischen Kommunen. Sie werden, auf ehrenamtlicher Basis und durch Spenden finanziert, von einer Gemeinde betrieben und bieten freien Netzzugang, Archive, Spiele und lokale Informationen. Alle US-Freenets führen den *Freedom Shrine*, in dem bedeutende Texte der amerikanischen Geschichte abrufbar sind.

Diese erste Kategorie von Cyber-Cities beruht im Prinzip also darauf, dass die Dienstleistungsstruktur einer Kommune oder einer Stadt als Funktionalität ins Internet gegeben wird. Da die Dienstleistungsfunktionalitäten einer Stadt oder einer Kommune für den Bürger aber entscheidend sind, besteht auch die Berechtigung, von einer Online-Stadt zu sprechen. Fast alle virtuellen Communities, wie etwa die Digitale Stadt Amsterdam (DDS) oder THE WELL, haben in ihren Anfängen Dienstleistungsfunktionalitäten und Plattformen zur Verfügung gestellt und dann diese Struktur ausgebaut.

b) Die Online-Einkaufsstadt

Um einen Einkaufsbummel zu unternehmen, muß man sich nicht mehr notwendigerweise ins Auto setzen und in die Gewerbegebiete vor die Tore der Stadt fahren, sich in Einkaufszentren durch Menschenmassen drängen oder von einem Laden in den nächsten laufen, bis man alle Gegenstände auf seinem Einkaufszettel zusammen hat. Stattdessen kann man sich einfach beispielsweise in www.city24.de (5.12.1999) einwählen und rund um die Uhr in der *Schmökerstraße* nach neu erschienenen oder antiquarischen Büchern suchen, in der *Schlemmergasse* Wein und Feinkostlebensmittel bestellen oder sich auf der *Champs Elysée* neu einkleiden oder Schmuck bestellen. In verschiedenen Charäumen kann man sich dann zudem über die neuesten Modekollektionen unterhalten oder Kochrezepte austauschen.

Die *Erlebnisstadt* City 24 bündelt ein breites Angebot von Onlineversandhandlungen mit themenbezogenen Interaktionsmöglichkeiten wie Chats, Newsgroups etc. Die Stadt wird in diesem Zusammenhang als Metapher genutzt. Die Namen der verschiedenen Straßenzüge, in die man sich klicken kann, fungieren als Ordnungskategorien für die angebotenen Waren und Dienstleistungen.

Diese zweite Kategorie von Cyber-Cities beinhaltet also kommerzielle Onlineangebote, die von ihren Betreibern als *Erlebnisstadt* im Internet präsentiert werden. Man kann darüber streiten, ob Online-Einkaufsstädte überhaupt als Kategorie von Cyber-Cities gelten sollen. Sie sind kundenorientiert angelegt wie auch die Online-Städte, dienen jedoch kommerziellen Zwecken. Der Haupteinwand dagegen, sie als Kategorie von Cyber-Cities zu verstehen, ist wahrscheinlich der, dass es hier nicht so sehr um eine digitale Stadt geht, sondern eher um ein digitales Einkaufszentrum. Wie dem auch sei, da der Begriff *Stadt* in diesem Zusammenhang – ob berechtigt oder nicht – immer wieder auftaucht, habe ich Online-Einkaufsstädte hier aufgenommen.

c) Die Virtuelle Stadt im Sinne einer Community

Im Gegensatz zu den eben genannten Kategorien, geht es hier um Menschen, die sich zu einer Gemeinschaft in virtuellen Räumen zusammenschließen. Das Beispiel der Digitalen Stadt Amsterdam (http://

Zukunftsdimensionen von Bildung

www.dds.nl [5.12.1999]; vgl. Lorenz-Meyer 1996) zeigt den Übergang von einer Online-Stadt zu einer Virtuellen Stadt. Offiziell eröffnet wurde „De Digitale Stadt" (DDS) Amsterdam am 15. Januar 1994. Das niederländische Wirtschaftsministerium und die Stadt Amsterdam fördern das Projekt. Es gibt in der DDS ein Archiv der Anne-Frank-Stiftung und das komplette Verzeichnis der Amsterdamer Stadtratsbeschlüsse liegt abrufbereit vor. In der digitalen Stadthalle können die Bürger Informationen zu aktuellen politischen Vorgängen bekommen, auf dem virtuellen Hauptplatz – der nebenbei vollen Zugriff auf alle Internet-Dienste gibt – kann man ein elektronisches Cafe besuchen, einen digitalen Kiosk durchstöbern oder ein virtuelles Kulturhaus besuchen. Inzwischen hat sich die Frequenz auf etwa 4.000 Anrufer täglich eingependelt. Etwa eine Million *Seiten* werden pro Monat abgerufen. Weitere digitale Städte und Gemeinden haben bereits ihre Pforten geöffnet: Groningen, Den Haag, Utrecht, Eindhoven. Die Hauptbetreiber sehen die Hauptaufgabe für die nächste Zeit darin, den Anfechtungen rein kommerzieller Entwicklung zu widerstehen (aber Amsterdamer Mittelständlern durchaus auch Platz für Werbung in der Digitalen Stadt zu geben) und vor allem darin, jene Menschen digital zu *alphabetisieren*, die bisher noch keine Möglichkeiten hatten, an der DDS teilzunehmen.

Bei *The Well* (http://www.well.com [5.12.1999]) handelt es sich um eine Gemeinschaft, deren Mitglieder sich – unabhängig von ihrem realen Standort – online treffen, um an einem virtuellen Ort ihren gemeinsamen Interessen nachzugehen. *The Well* – von Stewart Brand initiiert – begann im Frühjahr 1985. Der Name *The Well* ist die Abkürzung von *The Whole Earth 'Lectronic Link*. *The Well* begann mit Online-Konferenzen zu Computerthemen und allgemeinen Zukunftsfragen, verbreiterte dann allerdings sehr schnell das Spektrum der Themen, u.a.: Ist die sexuelle Revolution tot? Das Credo von Stewart Brand lautete: „Take a group of interesting people, give them the means to stay in continuous communication with one another, stand back, and see what happens" (Hafner 1997). Die Stärke bestand darin, den Mitgliedern eine Plattform für Projekte zu bieten – und das waren und sind überwiegend Online-Konferenzen. Sherry Turkle, die ähnlich wie John Perry Barlow und Howard Rheingold relativ früh beitrat, experimentierte hier Mitte der achtziger Jahre mit elektronischen Identitäten. 1994 hatte The Well 16.000 eingeschriebene Nutzer. Heute finden im Schnitt 260 verschiedene Online-Konferenzen statt.

Click-city (www.click-city.de [5.12.1999] ist ebenso wie Cycosmos (www.Cycosmos.com [5.12.1999])[6] eine deutsche virtuelle Stadt im Sinne einer Online-Community im Internet, in der es verschiedene Gemeinschaften (in Click-City Bezirke genannt) gibt, die sich mit einem bestimmten Thema, z.B. Wirtschaft, Politik, Bücher, Musik, Film oder Reisen beschäftigen. Jeder dieser Stadtteile besitzt in der Regel eine komplette Infrastruktur, d.h. neben Online-Shops und Chats gibt es auch themenspezifische Diskussionsforen, Schwarze Bretter und Informationen. Die Einwohner können sich in einer Wohnung in einem Bezirk ihrer Wahl niederlassen. Die Einwohner haben die Möglichkeit, die Stadt selbst auszubauen. Dazu gibt es die verschiedensten Möglichkeiten: In der einfachsten Form können sie durch Einträge in die Diskussionsforen und Schwarzen Bretter die Stadt bereichern. Mit Vermittlung von Links und deren Abstimmung lassen sich die Inhalte der einzelnen Bezirke gestalten. Durch die Annahme von Jobs können die Einwohner helfen, die Stadt zu verwalten und attraktiver zu machen. Durch Teilnahme an Wahlen, z.B. über Themen, die die ganze Stadt oder nur einen einzelnen Bezirk betreffen, können sie die Entwicklung von Click-City beeinflussen. Da Click-City eine eigene Währung hat, die durch reales Geld gestützt wird, ist es möglich, in Click-City Handel zu treiben. Diese Möglichkeit nutzen auch immer mehr Einwohner, z.B. indem sie eine eigene Firma in Click-City gründen. Schließlich haben die Einwohner am Ende eines Abrechnungszeitraumes die Möglichkeit, sich ihre verdienten City-Cents in realer Währung auszahlen zu lassen. Zur Regelung von Streitigkeiten gibt es ein Gericht, das aus drei jeweils in bestimmten Abständen neu ernannten Personen besteht.

Und ein letztes Beispiel: Unter www.city4all.com (5.12.1999) oder www.activeworlds.de (5.12.1999) läßt sich kostenfrei eine besondere Browsersoftware herunterladen, mit der man die sogenannten „Active Worlds" betreten kann. Nach dem Einwählen über diese Software in das Internet öffnet sich die Simulation einer dreidimensionalen Stadt. In der

---

6 Begrüßungstext bei der Erstanmeldung lautet: „Soeben hat Dein neues Leben im Cyberspace begonnen! Tauche ein in eine völlig neue Dimension der Virtualität und entdecke die innovativen features des cycosmos. (...) Make your way in your new virtual life." (www.cycosmos.com)

Zukunftsdimensionen von Bildung 253

City4all etwa befindet man sich zunächst in einer Art Vorraum. Man kann in seinem Betrachterstandpunkt zwischen der ersten und der dritten Person wechseln, sich einen Namen und ein Geschlecht zuweisen und einen Avatar wählen, d. h. man wählt aus einer Menge von vorgegebenen oder selbstdefinierten Körpern (Menschen, Tieren und verschiedenen Gegenständen) eine eigene Gestalt. Nach dieser Definition der eigenen Person kann man sich frei in der dreidimensionalen virtuellen Stadt bewegen, verschiedene Tätigkeiten ausüben und über Chatfenster mit anderen Teilnehmern kommunizieren. Die Avatare verfügen über verschiedene Bewegungsfunktionalitäten wie Tanzen, Kämpfen, Kriechen etc. sowie über zahlreiche emotionale Ausdrucksgebärden wie Lachen, Schmollen, Weinen, Zürnen usw.

In dieser dritten Kategorie der drei vorgestellten Arten von Cyber-Cities wird dem Interaktionsaspekt am meisten Platz eingeräumt. Im Vordergrund stehen hier spielerisch-dynamische Elemente. Diese Welten stellen die deutlichste Ausprägung einer Virtualisierung von Sozial- und Lebensräumen dar. Die Virtuellen Städte sind offen für neue Teilnehmer, die eigene Ideen einbringen und dadurch an der Gestaltung und dem Gesamtbild eines solchen Sozial- und Lebensraums mitwirken können. Click-City ist ein gutes Beispiel dafür, dass in solchen Gemeinschaften komplexe soziale Prozesse der Argumentation und der Deliberation ablaufen.

Die offiziellen Zahlen der Einwohner sind beeindruckend: in Click-City beispielsweise 55.000 (Stand: Dezember 1999), in Cycosmos wurde im Juni 1999 der 100.000ste Einwohner registriert. Empirische Arbeiten zu den Sozialstrukturen in solchen digitalen Städten liegen zum jetzigen Zeitpunkt (Dezember 1999) noch nicht vor. Sie werden aber mit Sicherheit in den nächsten Jahren erscheinen und ein genaueres Bild über Interaktions- und Partizipationsmöglichkeiten vermitteln. Die hohe Attraktivität läßt die Vision am Horizont erscheinen, dass sie für systematische Lernzwecke – ob im Schul- oder im Weiterbildungsbereich – genutzt werden können.

3. Schlußbemerkung

Die pädagogische Nutzung des Internet – sei es in lern- oder bildungstheoretischer Hinsicht – setzt eine Abschätzung der Reichweite dieses neuen öffentlichen Raums voraus. Eine Sondierung hinsichtlich der Einschätzung, ob es sich um einen herrschaftsfreien Raum handelt oder wie er kolonialisiert wird, ist vonnöten. Aus meiner Sicht ist dies das Programm einer erziehungswissenschaftlich orientierten Internetkritik (vgl. Kluge/Marotzki 1999). Hier will ich nur einige Konturen nachzeichnen.

Zwischen einer uninformierten Ablehnung des Internet in einer bewahrpädagogischen Tradition, die sich oftmals einer kulturkritischen Perspektive bedient, und einer unkritischen Euphorie im Sinne einer Technologie-Affirmation kann das Projekt einer erziehungswissenschaftlich orientierten *Internetkritik* systematisch angesiedelt werden. Dabei muß das Rad nicht neu erfunden werden. Gert Lovink und Pit Schultz haben das Progamm einer Netzkritik entworfen (vgl. z.B. Lovink/Schultz 1997), und in der Mailingliste *Nettime* wird es auf internationaler Ebene auch praktiziert. Es handelt sich um den Typus der immanenten Kritik[7], die – und das ist die Pointe – auf der Höhe der technologischen Entwicklung und der Internet-Literacy artikuliert wird. Um in einem Bild zu sprechen: Der Kritiker steht nicht außerhalb der Vernetzung und reflektiert über die Vor- und Nachteile der Vernetzung und darüber, ob er sich vernetzen lassen soll, sondern der Kritiker ist bereits der vernetzte Kritiker. Insofern sagen Lovink und Schultz: „Viel eher als um eine Distanzierung vom Netz geht es um eine Entfaltung einer Distanz im Netz" (Lovink/Schultz 1997, 342). Beide, Lovink und Schultz, gehören zur Gruppe *Nettime*, die sich im Juni 1995 in Venedig gründete. Im weitesten Sinne kann man sagen, dass folgende Zeitschriften und Plattformen dazugehören bzw. ähnliche Ziele verfolgen: Die Zeitschrift *Arkzin* in Zagreb, *The Thing BBS network* in Wien/New York/Amsterdam/Basel, *mediafilter.org* von Paul Garrin in New York, *Telepolis* in München, die Zeitschrift *Mute* in London, *21 C.* in Sydney, *Gondolat Jel* in Buda-

---

7 „Anstatt dass man versucht, zu kritisieren, was man nicht kennt, über Erfahrungen zu diskutieren, die man nie gemacht hat, und Dinge zu beschreiben, die man nie gesehen hat, sollte man sich ganz im Gegenteil auf die Ebene der Immanenz einlassen, auf die Pflicht, sich intensiv mit dem Gegenstand der Untersuchung selbst zu beschäftigen – dann wird sich vielleicht vermeiden lassen, dass die Netzkritik zum belanglosen Spiegelkabinett wird" (Loving/Schultz 1997a, 345).

pest, *Strano* in Florenz, *Sinema* in Antwerpen, *Rewired* in San-Francisco, Berlin. Die Aufzählung zeigt, wie verzweigt die Akteure sind, die in verschiedenen Sprachen, Ländern und Kulturen eine Arbeit am Diskurs der Netzkritik verrichten.

Es geht ihnen darum, das Internet nicht nur im Hinblick auf technische Perspektiven zu sehen, sondern es geht um Historisierung und um soziale Situierung. Informationstechnologien werden nicht nur als technische Medien definiert, sondern auch als soziale und gesellschaftliche Medien. Damit werden sie systematisch in gesellschaftliche und kulturelle Kontexte eingebunden. Das bedeutet eine systematische Reflexion darauf, wie sich grundlegend die Begriffe von Menschsein, Wissen, Zeit, Raum und Eigentum verändern, wenn unsere Welt immer mehr zu einer vernetzten wird, wenn unsere soziale Wirklichkeit immer mehr Anteile virtueller Wirklichkeitsräume enthält, in denen wir uns, und vor allem unsere Kinder sich bewegen.

Philosophisch gesprochen: Netzkritik ist die Weiterführung des Projektes Bildung und damit der Negativität mit anderen Mitteln. Das Unbehagen an der allgemeinen und vor allem der eigenen Vernetzung führt zu einem besonderen Typus von Reflexion, der sich nicht dadurch auszeichnet, dass er eine Technologiekritik im Sinne einer konservativen Kulturkritik darstellt, sondern dadurch, dass er die durch das Internet gebotene Möglichkeit, virtuelle Welten zu gestalten, systematisch auf die historisch-soziale Situiertheit von Menschen bezieht und eine Praxis der sozialen Anschlüsse ermöglicht. Netzkritik fragt somit nach den Grenzen der Erzeugung virtueller Welten und virtueller Geschöpfe und danach, wie sie unsere soziale und gesellschaftliche Welt verändern. Der Duktus dieser Reflexion schließt dabei durchaus an den Gedanken der klassischen Ideologiekritik an, wie sie in den siebziger Jahren im Kontext der emanzipatorischen Pädagogik entwickelt wurde (z.B. Mollenhauer 1968): „Zentral für eine Kritik der Netze sind darum die Erzählungen, Mythen und ideologischen Muster, die eine unsichtbare *Herrschaftsrhetorik* reproduzieren, die Machtverhältnisse, die in den Programmen der heutigen Medien eingeschrieben sind" (Loving/Schultz 1997). Insofern kann gesagt werden, dass sich das Projekt der Internetkritik in eine Neuauflage Kritischer Erziehungswissenschaft (vgl. Sünker/Krüger 1999) einreiht; gleichwohl – und das sei nochmals betont – im Duktus der immanenten Kritik:

„Es geht der Netzkritik nicht nur [um – W.M.] eine Kritik der in Technologien *eingeschriebenen* Gesetze und Wahngebilde, nur um sie durch ihren Negativabdruck zu ersetzen, noch geht es um die Durchsetzung eines generalisierten Leitbildes. Nicht um korrektes Verhalten und aufgeklärtes Bewusstsein, nicht um Volksbildung im Sinne der Verbesserung der Menschen, bis hin zur Zähmung des Maschinellen, sondern jenseits der Negativierungen das angebotene Material einzubauen in existierende Strukturen, ohne gleich die *digitale Revolution* predigen zu müssen." (Lovink/Schultz 1997)

Dabei ist diese Position nicht mißzuverstehen als eine Kritik am Neoliberalismus, die verstärkt staatliche Kontrolle der Netze fordert. Vielmehr wird von der Gruppe *Nettime* durchaus gesehen, dass eine solche Kontrolle letztlich auf nationalstaatliche Lösungen bauen würde, die den Tendenzen der globalen Vernetzung nicht gerecht werde. Netzkritik kann nicht als kulturpessimistische Position verstanden werden, sondern fordert im Gegenteil eine weltweite Vernetzung. „Nicht die Klagen über amerikanischen Kulturimperialismus samt ihrer medienökologischen Variante, sondern die Internationalisierung autonomer Netzpraxis sind gefragt." (Lovink/Schultz 1997)

Neue Informationstechnologien führen zum einen das Versprechen mit sich, eine stärkere Transparenz in den public affairs herbeizuführen und damit der Idee von Basisdemokratie zu dienen (Utopie), und zum anderen wecken Sie Begehrlichkeiten von Gruppen, diese öffentliche Plattform für ihre Zwecke zu nutzen und sich somit im öffentlichen Raum auf Kosten anderer durchzusetzen (Herrschaft). Wenn Kritik auf die Abschätzung von Reichweiten und Begrenzungen zielt, dann ist eine Reflexion von Utopie und Herrschaft unabdingbar. Die systematische Reflexion auf den Konstitutionscharakter des Internet hinsichtlich der Selbst- und Weltsicht der Menschen ist die Fortsetzung des Projektes der Bildung mit anderen Mitteln. Das ist in den nächsten Jahren zu leisten.

Literatur

Barlow, J. P. (1996): A Cyberspace Independence Declaration. http://www.eff.org/pub/Publications/John_Perry_Barlow/barlow_0296.declaration, (28.07.1999).

Bildungskommission NRW (1995): Zukunft der Bildung. Schule der Zukunft. Denkschrift der Kommission „Zukunft der Bildung – Schule der Zukunft" beim Ministerpräsidenten des Landes Nordrhein-Westfalen. Neuwied (Luchterhand).
Brecht, B. (1927-1932): Radiotheorie. In: Brecht, B.: Gesammelte Werke in 20 Bänden. Band 18: Schriften zur Literatur und Kunst 1. Frankfurt a. M. (Suhrkamp) 1967.
Bundesministerium für Bildung und Forschung (1999): Innovation und Arbeitsplätze in der Informationsgesellschaft des 21. Jahrhunderts. http://www.iid.de/aktionen / aktionsprogramm/ (5.12.1999).
Brödel, R. (Hrsg.) (1998): Lebenslanges Lernen – lebensbegleitende Bildung. Neuwied (Luchterhand).
Dertouzos, M. (1997): What will be. How the new world of information will change our lives. New York (Haper Collins).
Giddens, A. (1991): Modernity and Self-Identity. Self and Society in the Late Modern Age. Cambridge.
Giddens, A. (1996): Konsequenzen der Moderne. Frankfurt a.M. (Suhrkamp).
Hafner, K. (1997): The Epic Saga of The Well. The World's Most Influential Online Community (And It´s not AOL). In: WIRED, May 1997. http://www.wired.com/wired/ archive/5.05/ff_well_pr.html (23.08.1999).
Haraway, D. (1985): A Manifesto for Cyborgs: Science, Technology, and Socialist Feminism in the 1980s. In: Socialist Review 80. Center for Social Research and Education. Oakland, Calif. 1985. p. 65-107.
Healy, J. A. (1998): Failure to Connect: Why Computers Are Damaging to Our Children's Minds and What We Can Do About It. (Simon/Schuster).
Hentig, H. v. (1996): Bildung. München und Wien (Hanser).
Hentig, H. v. (1998): Jugend im Medienzeitalter. In: Zeitschrift für Erziehungswissenschaft Heft 1/98. S. 23-44.
Kroker, A.; Weinstein, M. (1994): Datenmüll. Die Theorie der virtuellen Klasse (deutsche Übersetzung 1997). Wien (Passagen).
Kubicek, H. u.a. (Hrsg.) (1998): Lernort Multimedia. Jahrbuch Telekommunikation und Gesellschaft 1998. Heidelberg (Decker).
Lenzen, D.; Luhmann, N. (Hrsg.) (1997): Bildung und Weiterbildung im Erziehungssystem. Lebenslauf und Humanontogenese als Medium und Form. Frankfurt a.M. (Suhrkamp).
Lorenz-Meyer, L. (1996): The Digital City (Amsterdam). Virtuelle Urbanität in Amsterdam. In: Der Spiegel. Januar 1996.
Lovink, G.; Schultz, P. (1997): Aufruf zur Netzkritik. Ein Zwischenbericht. In: nettime (Hrsg.): Netzkritik – Materialien zur Internetdebatte, Edition ID-Archiv (Berlin). Internet: http://www.nadir.org/nadir/archiv/netzkritik/aufruf.html (29.7.99).
Lovink, G.; Schultz, P. (1997a): Anmerkungen zur Netzkritik. In: Münker, S.; Roesler, A. (1997) (Hrsg.): Mythos Internet. Frankfurt/M. (Suhrkamp). S. 338-367.
Lovink, G.; Schultz, P. (1998): Der Anti-Barlow. http://www.heise.de/tp/deutsch/inhalt/ te/1030/2.html (28.07.1999).
Marotzki, W. (1997): Digitalisierte Biographien? Sozialisations- und bildungstheoretische Perspektiven virtueller Welten. In: Lenzen, D.; Luhmann, N. (1997) (Hrsg.): S. 175-198.
Marotzki, W. (1998): Zum Problem der Flexibilität im Hinblick auf virtuelle Lern- und Bildungsräume. In: Brödel, R. (Hrsg.) 1998. S. 110-123.

Marotzki, W.; Kluge, P. (1999): Die Fortsetzung des Projektes der Bildung mit anderen Mitteln. Aspekte einer bildungstheoretisch inspirierten Internetkritik in erziehungswissenschaftlicher Absicht. In: Widersprüche Heft 73, 19. Jg. 1999, Nr. 3. S. 49-70.

Mollenhauer, K. (1968): Erziehung und Emanzipation: polemische Skizzen. 7. Aufl. 1977. München (Juventa).

Münker, S.; Roesler, A. (1997) (Hrsg.): Mythos Internet. Frankfurt/M. (Suhrkamp).

Papert, S. (1982): Kinder, Computer und neues Lernen. Basel.

Papert, S. (1994): Revolution des Lernens. Kinder, Computer, Schule in einer digitalen Welt. Hannover (Heise).

Papert, S. (1996): The Connected Family. Bridging the Digital Generation Gap. Atlanta, Gorgia (Longstreet Press).

Perelman, L. (1992): School's Out. A Radical New Formula for the Revitalization of America's Educational System. New York.

Rheingold, H. (1991): Virtual Reality. New York (Touchstone).

Rheingold, H. (1993): The Virtual Community, New York (Addison-Wesley).

Schnoor, D. (1998): Schulentwicklung durch neue Medien. In: Kubicek, H. u.a. (1998) (Hrsg.): Lernort Multimedia. Jahrbuch Telekommunikation und Gesellschaft. Heidelberg (Decker). S. 99-108.

Schütz, A. (1945): Über die mannigfaltigen Wirklichkeiten. In: Schütz, A.: Gesammelte Aufsätze Bd. 1: Das Problem der sozialen Wirklichkeit. Den Haag (M. Nijhoff) 1971. S. 237-298.

Sünker, H.; Krüger, H.-H. (Hrsg.) (1999): Kritische Erziehungswissenschaft am Neubeginn?! Frankfurt a.M. (Suhrkamp).

Stoll, C. (1996): Die Wüste Internet. Geisterfahren auf der Datenautobahn. Frankfurt/M.

Tapscott, D. (1998): Growing up digital. The Rise of the Net Generation. New York u.a. (McGraw-Hill).

Turkle, S. (1995): Life on the Screen. Identity in the Age of the Internet. London (Weidenfeld/Nicolson).

Turkle, S. (1977): Seeing through Computers. Education in a Culture of Simulation. In: The American Prospect 31 (1997). 76-82.

Walther, J. B. (1996): Computer-Mediated communication: Impersonal, interpersonal, and hyperpersonal interaction. In: Communication Research, 23, 1, p. 3-43.

Wetzstein, Th. A. u.a. (1995): Datenreisende. Die Kultur der Computernetze. Opladen (Westdeutscher Verlag).

Burkhard Schäffer

Das Internet: ein Medium kultureller Legitimität in Bildungskontexten?

In einer pädagogischen Perspektive wendet man sich gemeinhin einer Frage wie der nach dem „Bildungswert des Internet" (Marotzki 1998) in einer Form zu, die entweder nach den Chancen und/oder nach den Risiken bei der Implementation dieser neuen Medientechnologie fragt. Im folgenden wird hierauf nicht der Schwerpunkt der Argumentation gelegt. Vielmehr soll ein kultur- bzw. wissenssoziologisch informierter erziehungswissenschaftlicher Blick auf dieses neue Medium in Bildungskontexten geworfen werden. Dieser Blick erfordert m.E. zunächst eine ansatzweise historische Rekonstruktion des Bildungswerts *anderer* – zu ihrer Zeit neuer – Medien, da *das Internet* in Bildungskontexten (und auch etwaige Nachfolger!) ja nicht in einen ahistorischen, gewissermaßen luftleeren (*analogen*) Raum implementiert wird. Bevor ich also zur genuin internetbezogenen Fragestellung vorstoße, ist ein in die Einleitung eingebetteter kleiner Umweg vonnöten. Ohne diesen würde m.E. auch nicht deutlich, was mit dem in der Überschrift angesprochenen Internet als *Medium kultureller Legitimität* gemeint sein soll.

1. Einleitung und zugleich ein historischer Blick auf kulturell „legitime" und „illegitime" Formen der Aneignung von Bildung

„Die Lehrerschaft ist dazu berufen, auf all die Gefahren, die vom schlechten Kino her drohen, aufmerksam zu machen und unsere Jugend davor zu schützen. Die Schule muß aufklärend wirken, damit man innerhalb und außerhalb ihrer Mauern einsieht, eine wie schlechte geistige Nahrung oft auch heute noch (...) in den Kinos geboten wird. Sie muß für Aufklärung sorgen in der Presse, auf Elternabenden und Konferenzen. Sie muß darauf dringen, daß gesetzliche Maßnahmen und polizeiliche Verordnungen erlassen werden, damit unsere Jugend vor all den verderblichen Einflüssen, die durch den Kino (den Kinematograph, B.S.) möglich sind, behütet werden. Sie muß für die Bildung von Kommissionen eintreten, die darauf sehen, daß diese Vorschriften auch wirklich befolgt werden, und daß nicht Kinder in Vorstellungen, die für Erwachsene bestimmt sind, zugelassen werden. Sie muß, wenn möglich, mit der Kinobranche Hand in Hand arbeiten, damit gute Jugendvorstellungen veranstaltet werden".[1]

Wie aus diesem Zitat aus dem Jahre 1913 ersichtlich wird, ist es professionellen Vertretern institutionalisierter Formen von Bildung schon immer daran gelegen gewesen, bei der Einführung Neuer Medien die Grenzen dessen zu bestimmen, was *innerhalb* und was *außerhalb* einer durch sie definierten *legitimen Bildungskultur* zu verorten ist. Dies war beim neuen Medium Kino[2] noch einfacher, da der Kino(matograph) sich auch real *außerhalb* der Schulmauern befand, es also eine klare räumliche Trennung der Sphäre der „schlechten geistigen Nahrung" von derjenigen legitimer Bildungskultur gab. Wie die etwas längere Geschichte pädagogischer und die eher kurze Geschichte medienpädagogischer Bemühungen (vgl. etwa Schorb 1995, 9-56) zeigt, geschah dies über die *partielle Integration bestimmter Ausschnitte* der jeweils neuen Medien in Gestalt sog. „Bildungsmedien" (Schorb 1995, 43): Das gute Buch wurde vom Schundroman getrennt und in die Curricula aufgenommen, der Film wurde zum „Lehr- oder Schulfilm", das „Theater der Schulen" streng getrennt vom „Varieté" oder „Tingeltangel" (Winter/Eckert 1990) und das Fernsehen zum „Schulfernsehen" (Schorb 1995, 45), um nur einige zu nennen. Innerhalb der Institutionen gewannen die neuen Medien in der institutionenspezifisch gerahmten Variante kulturelle Legitimität hinzu. Dagegen verblieben sie außerhalb des institutionell Verwertbaren in ihrem eher illegitimen Status und entfalteten ihre Wirkungen in anderen, oft populärkulturellen und damit (aus Institutionensicht) tendenziell illegitimem Bereichen[3]. Gleichwohl blieben Vorbehalte auch *innerhalb* der Institutionen bestehen: Fast alle neuen Medien hat-

---

1 A. Sellmann (1913): „Kino und Schule". Aus: Dokumente zur Geschichte der Schulfilmbewegung in Deutschland, hrsg. Von Terveen, Emsstetten 1959, Nr. 3, 18ff., zitiert nach Kerstiens 1976, 38.

2 Die Gebrüder Lumiere hatten die ersten Aufführungen mit einem *Cinematographen* gerade mal 18 Jahre vorher (1895), veranstaltet (vgl. Winter/Eckert 1990).

3 Für Jugendsoziologie und außerschulische Medienpädagogik stellt sich das Verhältnis genau umgekehrt dar: Mediale jugendkulturelle Praxen fanden bisher um so mehr Interesse, desto weniger sie pädagogisch gerahmt waren (vgl. exemplarisch Schäffer 1996).

ten es schwer, sich in den von der Kultur des Buchdrucks dominierten Arenen institutionalisierter Pädagogik durchzusetzen. Institutionalisierte Bildung war (und ist!) offensichtlich immer noch in hohem Maße an Schriftlichkeit gebunden (vgl. Sting 1998), die über weite Strecken über das Medium des (Lehr)Buchs vermittelt wurde. In den Binnenöffentlichkeiten der Bildungsinstitutionen wurde dieser Vermittlungsprozeß vom „Menschmedium"[4] LehrerIn/DozentIn dominiert. Bestimmte neue Medien fanden offensichtlich nur deshalb relativ guten Zugang zu Bildungsinstitutionen, weil sie die Stellung des Menschmediums Lehrer bei der Vermittlung von Buch und Schriftlichkeit stärkten, man denke nur an den Overheadprojektor.

Der *Bildungswert* der Medien ermaß sich in der hier skizzierten Perspektive also daran, in welcher Form und mit welchem zugeschriebenem kulturellem Kapital ausgestattet sie in den entsprechenden Bildungsinstitutionen verankert waren. Innerhalb der Bildungsinstitutionen ermaß sich der Wert dann an deren Verankerung in schriftkulturellen Praktiken. Man könnte also vereinfachend formulieren: *Je weiter von institutionalisierten Formen von Bildung und von der Kultur des Buchdrucks entfernt, desto illegitimer werden Formen der Aneignung von Wissen im Sinne klassischer Bildung.*

Wenn meine bisherigen Annahmen zutreffen, daß a) verschiedenen Formen der Aneignung ein verschieden hoher *Wert* im Sinne kultureller Legitimität beigemessen wird und daß b) den verwendeten Medien hierbei in und außerhalb der Institutionen auch eine Funktion als *symbolisches Material* für Distinktion und Vergemeinschaftung zukommt, dann wäre ein Umgang mit „schlechten Medien" (Wittpoth 1998) für Lehrende geradezu „kontaminierend": Die mit dem Medium assoziierte „schlechte geistige Nahrung" (s.o.) färbt gewissermaßen auf den Benutzer des Mediums und auf dessen Renommee ab. Hieran könnte es auch liegen, daß Angehörige von Bildungsinstitutionen neuen Medien gegenüber offensichtlich eine eher reservierte Haltung einnehmen.[5] Diese These möchte ich an dieser Stelle jedoch nicht weiterverfolgen, sondern die Argumenti-

---

4 Zum Begriff des „Menschmediums" vgl. Faulstich 1996-1998a; ders. 1998b.

5 So schätzt Aufenanger in bezug auf die Situation an Schulen, daß „ein Großteil der Lehrerschaft sehr skeptisch den elektronischen Medien insgesamt gegenüber steht und die für eine sinnvolle Nutzung der aufgezeigten Medientechnologien notwendigen Veränderungen nicht besonders unterstützen wird" (Aufenanger 1996, 458). Eine Übertragbarkeit dieser Einschätzung auf außerschulische Bereiche von Bildung ist m.E. eher wahrscheinlich.

onsfigur, die sich auf kulturell legitime/illegitime Formen von Bildung bezieht, noch etwas weiter ausarbeiten:

Den Vermittlungs- und Aneignungsformen an Schule und Universität kommt im Vergleich zu nicht institutionalisierten Formen von Bildung, wie sie typisch sind für die Aneignung von Computerwissen (Wetzstein et.al. 1998), immer noch eine vergleichsweise hohe kulturelle Legitimität zu. Im Gegensatz dazu waren (und sind) autodidaktische, „selbstorganisierte", „selbstgesteuerte" bzw. „informelle" (Tully 1994) Formen der Aneignung und auch deren Apologeten mit dem Stallgeruch des kulturell Illegitimen behaftet. Bourdieu spricht hier von einem „häretischen Erwerbsmodus" des Autodidakten (ders. 1991, 515). Vor bildungsbürgerlich legitimierten Vergleichshorizonten gelten Aneignungsformen dieser Art immer noch eher als *Halbbildung* oder als *infotainmentverdorbene* Varianten der notgedrungen akzeptierten *Popkultur*.

Ungeachtet dessen wurden in den letzten Jahren verstärkt Anstrengungen unternommen, diese Aneignungsformen in Bereiche institutionalisierter Bildung zu integrieren.[6] Hierdurch wurden traditionelle bildungsbürgerliche Grenzziehungen im Sinne von kulturell legitimen und illegitimen Formen des Erwerbs von Bildung natürlich schwieriger. Neue Medien entfalten jedoch m.E. jeweils auch schon *vor ihrer Integration in das Bildungssystem* Wirkungen, die dann die beschriebenen Reaktionen der In- und Exklusion ins Spiel bringen: Mit der Einführung neuer Medientechnologien etablieren sich zumeist *neue Formen des Selbstlernens* bzw. der autodidaktischen Aneignung von (sozialen) Informationen, die zuvor nur auf institutionalisiertem Weg zu erlangen waren (vgl. exemplarisch für das Medium Fernsehen: Meyrowitz 1990). Die *Botschaft* neuer Medien in Bildungszusammenhängen besteht in McLuhanscher Diktion mithin in der Möglichkeit, neue, von institutionalisierter Bildung noch nicht vereinnahmte Formen der Aneignung zu erproben. Handelt es sich um umwälzende Erfindungen wie etwa Schrift, Buchdruck, Film, Fernsehen oder eben auch das *Medium Computer*, so entstehen massenhaft neue Formen der Aneignung, die den zeitgenössischen Trägern der legitimen Kultur meist ein Dorn im Auge sind, da die NutzerInnen neuer Medien zunächst oft den anerkannten Weg des Erwerbs von Bildung umgehen[7]. Da-

---

6 Vgl. für den Bereich der Erwachsenenbildung etwa: Dohmen 1997, Derichs-Kunstmann u.a. 1998.
7 Klassisch: Das Lesen der Bibel in der Lutherschen deutschen Übersetzung als Bedrohung der Definitionsmacht der katholischen Kirche.

Das Internet: ein Medium kultureller Legitimität 263

mit stellen diese „Medienpioniere" durch ihr Handeln, ob intendiert oder nicht intendiert, die kulturelle Legitimität dieses Weges selbst in Frage und werden zur Zielscheibe kritischer Kommentare ihrer älteren Zeitgenossen.[8]

Die Verfechter des jeweils legitimen Weges der Aneignung von Bildung kann man auch hinsichtlich ihrer Zugehörigkeit zu spezifischen Generationen, den „Technikgenerationen" (Sackmann/Weymann 1994) identifizieren. In ihrer Jugend gab es die jeweils neuen Medien noch nicht bzw. die entsprechenden Medien hatten noch keine massenhafte Verbreitung gefunden. Ihnen standen in ihrer Jugend damit auch nicht die spezifischen Möglichkeiten der autodidaktischen Aneignung innerhalb *generationsspezifischer Mediennutzungskulturen* (Schäffer 1998a) zur Verfügung, wie sie nachfolgende Generationen als selbstverständlich erachteten.

Sollte diese sicherlich etwas grobkörnig geratene historische Rekonstruktion zutreffen, so stellen das Internet und speziell die auch für ein Massenpublikum erreichbaren Dienste des World Wide Web eine neuerliche Herausforderung an Bildungsinstitutionen jeglicher Couleur dar. Die spannende Frage lautet nun, inwiefern es institutionalisierter Pädagogik gelingt, auch dieses zur Zeit gerade *neue* Medium in schon bestehende Strukturen von kultureller Legitimität/Illegitimität zu integrieren. Oder aber trifft es zu, daß diesem neuen *Medium Computer* selbst Potentiale innewohnen, die althergebrachte milieu-, geschlechts- und generationsspezifisch verankerte Haltungen und kollektive Orientierungen in bezug auf kulturell legitime und illegitime Formen des Erwerbs von Bildung erschüttern bzw. brüchig werden lassen? Diese Frage möchte ich im Folgenden in vier Schritten spezifizieren.

- Zunächst geht es um einen empirischen Blick auf die Entwicklung und das Entwicklungspotential des Internet selbst. Im Vordergrund der Darstellung steht hier der schnelle Wandel dieses neuen Mediums von einer Experten- zu einer Massenkultur mit einem entsprechenden Wandel der Publika und deren Interessen (1).
- In einem zweiten und dritten Schritt stehen *Kulturen des Internet* im Mittelpunkt der Aufmerksamkeit. Diese werden in zwei Teilschritten exemplarisch rekonstruiert: zum einen anhand eines Artikels in einer

---

8 Vgl. etwa die kritischen Kommentare zur „Lesewut" im ausgehenden 18ten Jahrhundert (Winter/Eckert 1990) oder die wütenden Angriffe der Vorkriegs- auf die Nachkriegsgeneration der sog. *68er* bezüglich ihres Umganges mit „Klassikern" (Göschel 1995).

Internetzeitschrift, der sich in polemischer Art und Weise mit den Verhaltensweisen von *Newbies*, also von Neulingen im Netz auseinandersetzt (2), und zum anderen anhand einer Gruppendiskussion mit computerbegeisterten Schülern, die sich über verschiedene Browsersysteme streiten (3).

- Die Ergebnisse werden dann vor dem Hintergrund der These diskutiert, daß, wenn sich Bildungsinstitutionen dieses neue Medium *ins Haus holen*, sie nicht mehr mit solch einfachen Inklusions-/Exklusionsschemata wie noch die eingangs angeführten *Kinoskeptiker* von 1913 davonkommen: Wie sich empirisch aufweisen läßt, treffen in einem hohen Maße komplex ausdifferenzierte Internetkulturen auf die bestehenden Schul-, Hochschul- oder Weiterbildungskulturen, was zu vielen nicht intendierten Handlungsfolgen führt, die von programmatischen Diskursen tendenziell eher unberücksichtigt bleiben (4).

2. Massenmedium Internet?

Verläßliche und aktuelle Daten über die Nutzung und Ausbreitung des Internet sowie über die Sozialstruktur seiner Nutzer und Nutzerinnen sind, angesichts des extrem hohen Wachstums dieses Mediums[9] und einer entsprechend immer kürzer werdenden Halbwertzeit der Aktualität von Datenmaterial, rar gesät. Es bleibt einem also nichts anderes übrig, als das neue Medium selbst für die Suche nach den aktuellsten Informationen zu nutzen. Und man wird auch fündig: In der Ausgabe vom 14.1.99 berichtete das Online Wired Magazin unter dem Titel „The Net Plays in Peoria"[10] über den Aufstieg des Internet in den USA zu einem *Massenmedium*. Der kurze Artikel bezog sich auf eine repräsentative Surveyuntersuchung des Pew Research Center for the People and the Press und versorgte den/die interessierte Leser/in auch gleich mit den entsprechenden links zum Originalmaterial: Die Studie wurde im wesentlichen im November 1998 in den *gesamten* Vereinigten Staaten auf der Grundlage eines repräsentativen Telefonsamples durchgeführt. Von den Ergebnissen erstaunt sicherlich am wenigsten, daß die Zahlen erwachsener Nut-

---

9 Laut Alexa Internet (http://www.alexa.com/) kommt es zu einer Verdoppelung des content alle 8 Monate, bei einer derzeitigen Gesamtgröße von ca. drei Terabyte (drei Millionen Megabyte).

10 http://www.wired.com/news/news/culture/story/17339.html, 14.1.99.

Das Internet: ein Medium kultureller Legitimität 265

zer und Nutzerinnen rasant im Steigen begriffen sind. Angesichts der beinahe täglich veröffentlichten Berichte über Zuwächse im Bereich der neuen Medientechnologien hätte nur die Nachricht eines starken Rückgangs der NutzerInnenzahlen einen *Nachrichtenwert*. Für EuropäerInnen ist allenfalls der Grad der *Cyberflation* in den USA erstaunlich: So besaßen im Jahr 1995 erst 36% aller Erwachsenen der Vereinigten Staaten einen Computer, 1998 waren es schon 43%. Der Anteil derjenigen, die das Internet benutzen, stieg von 14% im Jahr 1995 auf 41% im Jahr 1998. Hiervon gingen 12% im letzen Jahr (1998) jeden Tag Online (im Vergleich zu 3% im Jahre 1995), 35% benutzen 1998 Email-Dienste (im Vergleich zu 10% im Jahr 1995) und immerhin 13% haben sich via Internet etwas gekauft (im Vergleich zu 1% im Jahr 1995).[11]

Für das hier verfolgte Interesse am *Bildungswert des Internet* sind andere Ergebnisse der Studie jedoch weitaus interessanter: So ist den Autoren zufolge eine mit der *Verbreiterung der demographischen Basis* des Internet einhergehende *Veränderung der inhaltlichen Interessen am Netz* festzustellen: „The Internet audience is not only growing, it is getting decidedly mainstream. Two years ago, when just 23% of Americans were going online, stories about technology were the top news draw. Today, with 41% of adults using the Internet, the weather is the most popular online news attraction."[12] Das Wetter steht hier stellvertretend für eine Orientierung der Mehrzahl der NutzerInnen hin zu Unterhaltungsangeboten. Zwar gäbe es, in absoluten Zahlen gemessen, immer noch enorme Zuwächse beim Informationsbedarf, etwa zu politischen Fragen, aber die Verhältnisse nähern sich eher den Surveydaten zur Fernsehnutzung, bei denen regelmäßig das Programmsegment *Unterhaltung* den ersten Platz bei den Einschaltqoten einnimmt.

Diese Entwicklung wird nun, so das Research Center weiter, massiv von *neuen NutzerInnen* vorangetrieben, solchen also, die erst *ein Jahr oder kürzer das Netz benutzen*. Diese Gruppe stellt 46% *aller* NutzerInnen des Netzes. Deren sozialstrukturelle Daten unterscheiden sich auf signifikante Weise von denen, die schon länger das Netz nutzen: „Fully 40% of those who started going online within the past year never attended college, which is nearly twice the number as among experienced Internet users (22%). Similarly, 23% of new users have household incomes below $30,000 a year, compared to just 16% of those who have been online for more than a year."[13] Es geht also mit dem

---
11 http://www.people-press.org/tech98mor.html, 15.1.99.
12 Ebenda.

Wandel der Interessen am Internet eine starke Verbreitung des NutzerInnenprofils bezogen auf sozialstrukturelle Indikatoren einher. Und dies sind Gruppen der Bevölkerung, die bis dahin – gemessen an ihrem Anteil an der Gesamtbevölkerung – eher unterrepräsentiert waren. Die Autoren der Studie verallgemeinern diesen Befund: „Increasingly people without college training, those with modest incomes, and women are joining the ranks of Internet users, who not long ago were largely well-educated, affluent men."[14]

Der Trend zur Dominanz von gut ausgebildeten, jungen und eher wohlhabenden Männern im Internet scheint in den USA also gebrochen. Gleichwohl verhehlen die AutorInnen nicht, daß, betrachtet man die *Gesamtverteilung* aller InternetnutzerInnen in den USA, der/die durchschnittliche NutzerIn bezüglich Einkommen, Bildung und Alter immer noch vom Durchschnitt der Bevölkerung abweicht:

„Despite these substantial changes in the Internet population, it is still a long way from mirroring the country as a whole. The 74 million Americans who go online remain substantially younger, better-educated and more affluent than the U.S. population at large. Fully 39% of Internet users are college graduates, for example, compared to just 22% of all Americans. Similarly, 80% of Internet users are under age 50, compared to 63% of all Americans."[15]

Für die Bundesrepublik Deutschland liegen ähnlich aktuelle und vor allem repräsentative Nutzerzahlen meines Wissens nur sehr eingeschränkt vor. Zu nennen ist hier etwa der GfK Online Monitor, der Ende Februar 1999 gerade sein drittes repräsentatives Sample zur Online-Nutzung in Deutschland vorstellte. Aus bisher drei Umfragewellen geht hervor, daß der Online-Markt in Deutschland äußerst dynamisch wächst. So gäbe es derzeit etwa 8,4 Millionen NutzerInnen. Am meisten genutzt würde das Netz weiterhin von den 20 bis 39jährigen, der Frauenanteil betrage 30%[16].

Einschlägigen *Internetbefragungen*, wie z. B. die regelmäßig wiederholten W3B Umfragen des Hamburger Marktforschungsinstituts Fittkau & Maaß[17], verweisen ebenfalls auf eine immer noch anhaltende *männliche Dominanz* im

---

13 http://www.people-press.org/tech98mor.html, 15.1.99.
14 Ebenda.
15 Ebenda.
16 Meldung aus der Zeitung *Der Tagesspiegel* vom 24.2.1999, 30 unter Bezugnahme auf eine Pressekonferenz der GfK vom 23.2.1999.

Das Internet: ein Medium kultureller Legitimität 267

Internet (84% der NutzerInnen sind demnach Männer) und auf eine im Verhältnis zur Gesamtbevölkerung betrachtete überproportional gute Ausbildung.[18] Allerdings ist laut dieser Umfrage auch in Deutschland fast ein Viertel der NutzerInnen erst seit einem Jahr im Netz, was auf hohe Steigerungsraten verweist (23% seit einem Jahr, 64% seit 1 bis 4 Jahren und 14% seit mehr als vier Jahren). Darüber hinaus zeichnen sich ähnliche Entwicklungstrends im Sinne eines *going mainstream* in Deutschland ab: „Die neue W3B-Umfrage zeigt, daß sich die wesentlichen Entwicklungstrends im deutschsprachigen Internet fortsetzen, zum Teil sogar rascher voranschreiten als in der Vergangenheit. *Das Internet wird mehr und mehr zu einem Medium für alle.* (Hervorhebung: B.S.)"[19] Es erscheint also zumindest die Vermutung plausibel, daß sich in der Bundesrepublik ein ähnlicher Trend in bezug auf eine Verbreiterung der sozialstrukturellen Basis der NutzerInnenstruktur abzeichnet und daß sich hiermit einhergehend auch Interessenschwerpunkte hin zu Unterhaltungsangeboten ausbilden. Das Internet wird zum *Massenmedium*, allerdings zu einem, das im Vergleich zu herkömmlichen Massenmedien wie Fernsehen, Büchern, Zeitschriften etc. mit diversen Zusatznutzenversprechungen lockt. Dies sind vor allen Dingen natürlich die erweiterten Möglichkeit zur interaktiven und individualisierten Gestaltung von Kommunikationsarenen (Email-Dienste, Chats, MUDs und MOOs, Newsgroups, Online Shopping u.v.m.).

Der sich hier abzeichnende Zusammenhang zwischen sozialstrukturellen Faktoren und dem Interesse an spezifischen Angeboten im Netz ließe sich zunächst einmal als Bestätigung der sog. *Wissenskluflhypothese* interpretieren. Kurz gefaßt besagt diese, daß *bildungsfernere* Gruppen in der Gesellschaft medienvermittelte Bildungsangebote im Verhältnis zu besser Gebildeten auch weniger wahrnehmen. Deshalb nehme der Abstand (*die Kluft*) von Wissen im Laufe der Zeit zwischen Gebildeten und weni-

---

17 Hinsichtlich der methodischen Absicherung und der Repräsentativität der Ergebnisse sind solche Internetbefragungen natürlich nicht mit den zuvor belegten Daten zu vergleichen, obgleich die W3B Umfrage nach eigenen Angaben die „größte, unabhängige, deutschsprachige Meinungsumfrage im Internet" ist (http://www.w3b.de/ vom 12.2.99).

18 „Was die Bildung betrifft, so haben nach W3B fast zwei Drittel der Internet-User Abitur (64%), weitere 23% die Mittlere Reife. Zusammen verfügen damit 87% über ein vergleichsweise hohes Bildungsniveau. Darauf weisen auch die hohen berufsbezogenen Prozentzahlen der Angestellten (44%), Studenten (17%) und Selbständigen (16%) hin." (http://www.w3b.de/ vom 17.1.99).

19 (http://www.w3b.de/ vom 17.1.99).

ger Gebildeten zu (vgl. hierzu etwa Bonfadelli 1994). Von einer Position, die *Bildung* daran festmacht, ob jemand sich *seriöse* Information aus dem Internet beschafft, hat das Internet also für die eh schon besser Gebildeten einen *hohen* Bildungswert und dementsprechend für sog. bildungsfernere Milieus einen *geringeren*. In dieser Logik sinkt jedoch der *Gesamtbildungswert*, da insgesamt betrachtet mehr *Schund und Schmutz* als *seriöse Information* rezipiert wird, um den Sprachgebrauch der eingangs zitierten Kinoskeptiker von 1913 zu strapazieren. Diese These ist allerdings etwas in die Jahre gekommen. Weit interessanter sind m.E. die Folgen des Wandels des Mediums Internet von einer Experten- zu einer Massenkultur.

3. Die Kulturen des Internet

Für die langjährigen NutzerInnen, für die bisher das Internet aufgrund seiner relativen Exklusivität eine Möglichkeit bereit stellte, sich im Rahmen von Spezialkulturen (Winter/Eckert 1990) in ihren technisch vermittelten sozialen Welten recht problemlos zu vergemeinschaften und abzugrenzen gegenüber Nicht-Usern (vgl. etwa Rheingold 1994; Turkle 1995; Wetzstein ct.al. 1995; Höflich 1996), wird dies angesichts des *going mainstream* des Netzes zunehmend mühevoller. So beklagt sich etwa ein Redakteur bei einer Zeitschrift mit dem bezeichnenden Titel *Internet Professionell* wortreich über die völlige Unkenntnis von sog. *Newbies*, also Neulingen im Netz. Zwar hätte er sich als „alteingesessener Netizen" der „Netiquette" bisher verpflichtet gesehen und dementsprechend Neulingen bei den üblichen Problemen geholfen. Aber so langsam gingen die „Horden von Newbies" selbst ihm „gewaltig auf den Keks": „Fast könnte man meinen, AOL, Compuserve, T-Online, Metronet & Co. hätten sich verschworen, nur noch die dümmsten, ignorantesten und unverschämtesten Vertreter der Gattung Mensch mit Probeaccounts und Freistunden auszustatten" (Fichtner 1998, 8). Dabei hätte der Autor nichts dagegen, daß sich das Netz zum *Massenmedium* entwickle und jeder das Recht „auf seine ganz persönliche Portion Ahnungslosigkeit" hätte. Aber, so Fichtner weiter, müsse denn die „Ahnungslosigkeit zum Kult erhoben werden"? Sei denn die „völlige Umnachtung tatsächlich der Normalzustand der Generation @"? (ebd.) Der Autor exemplifiziert seine Vorwürfe dann mit verschiedenen Begebenheiten. So hätte ihm z. B. ein Nutzer geschrieben, sein (also Ficht-

Das Internet: ein Medium kultureller Legitimität 269

ners) „Drecksserver" nehme seine Email-Adresse nicht an. Als er dem Nutzer mitteilte, daß „der Server da durchaus seine Gründe hätte", es gäbe keine Adresse namens „@aol.de", hätte der geantwortet, daß er „Deutscher" sei und „stolz drauf" und die von ihm (Fichtner) vorgeschlagene Adresse (@aol.com) sei ja „wohl nur was für irgendwelche Ausländer" (ebd.).

An solchen und ähnlichen Formen des *User Bashing*, die ursprünglich charakteristisch für Netzadministratoren („Sysops") sind[20], dokumentiert sich m.E. Folgendes: Zunächst einmal sind die in den Netiquetten kodifizierten Verhaltensstandards spezifischer sozialer Internetwelten[21] den Newbies entweder nicht bekannt oder sie werden von ihnen schlichtweg ignoriert. Die eingespielten Muster der Verständigung über Normen, Werte und Regeln der computervermittelten Interaktion (Höflich 1996) solcher Spezialkulturen[22] sind anscheinend angewiesen auf kleinere Nutzerzahlen und nicht auf „Horden". Angesichts der Transformation des Internet vom „Wissenschaftstempel zum Massenmedium"[23] werden sie zunehmend dysfunktional bzw. können ihre Funktionalität für die vom Autor angesprochenen alteingesessenen Netizens nur noch dadurch erhalten, daß sie auf verstärkte Muster der Inklusion/ Exklusion zurückgreifen. In ihren rigiden Abgrenzungsstrategien erinnern sie dabei in prekärer Weise an Muster der Abgrenzung bildungsbürgerlicher Provenienz.[24] Hierfür ist der Artikel ein gutes Beispiel. Den Autor könnte man sich als einen Bürgermeister einer kleinen wohlhabenden Gemeinde mit einem hohen durchschnittlichen Bildungsniveau vorstellen, die

---

20 Laut Forschungsgruppe *Kulturraum Internet* am WZB Berlin ist über diesen Personenkreis in der Kultur des Internet Folgendes zu bemerken: „Mit mehr als nur verbaler Einflußmacht ausgestattete Hüter tradierter Netzwerte und Ordnungen sind an zahlreichen Stellen des Netzes postiert, beispielsweise als *IRC Admin* oder *Channel Op*, als *News Admin* oder Moderator einer Newsgruppe oder Mailingliste oder als Systemverwalter. Internetgemäß ist die Statusposition des Sysop als Primus inter Pares breit gestreut an den Netzknoten des Netzes zu finden. Dort, an den Schalthebeln der Systemmacht, ist der traditionelle Platz des *Bastard Operator from Hell* (BOFH), dessen diabolisches "clickety clickety" seit vielen Jahren die Welt der gewöhnlichen Netznutzer erschauern läßt. Der BOFH ist nicht belehrend und mit pädagogischer Sensibilität erzieherisch tätig, sondern verhält sich arrogant und peinigt die ihm unterstellten dummen User mit Dressurmaßnahmen." (http://duplox.wz-berlin.de/endbericht/sabine.htm, 5.2.99).

21 Vgl. exemplarisch Mandel/Van der Leun 1996; Sandbothe 1996; Endbericht des WZB Berlin: *Kulturraum Internet* dort Kapitel 3: Regeln und Ordnungen (http://duplox.wz-berlin.de/endbericht/sabine.htm).

22 Vgl. etwa Vogelgesang 1994; Wetzstein et.al. 1995.

23 http://duplox.wz-berlin.de/endbericht/ende.htm.

durch eine Industrieansiedlung plötzlich mit Menschen aus *bildungsferneren Schichten* und deren Orientierungen (hier: deutschnational gefärbt) und Umgangsformen („Drecksserver") konfrontiert wird. Seine beißende Ironie bzw. sein Sarkasmus hat in dieser Perspektive zwei Funktionen: zum einen sich abzugrenzen gegenüber denjenigen, die da neu ins Netz strömen und sich um althergebrachte Umgangsformen offensichtlich nicht kümmern. Zum anderen geht es darum, sich der eigenen, in der Netiquette objektivierten kulturellen Legitimität zu versichern und damit auch der kulturellen Legitimität derjenigen, die die Zielgruppe der Zeitschrift ausmachen: erfahrenen Netizens. Daß dies ihn angesichts der zumindest dem Prinzip nach universalistisch und inklusiv ausgerichteten Botschaften der Netiquette (vgl. etwa Mandel/Van der Leun 1996) in ein Dilemma stürzt, dokumentiert sich am Muster der Argumentation, die als Radio Eriwan Methode bezeichnet werden kann: *Im Prinzip* sollte man *nett* sein zu den NeueinsteigerInnen, aber..... und dann folgt die schon w.o. angeführte massive Abgrenzung gegen die Newbies, die sich aus der Perspektive des Autors schlicht und einfach nicht zu benehmen wissen und *keine Kultur haben*.

Fazit: Alteingesessenen NutzerInnen wird die Einlösung ihrer eigenen Utopie (kostengünstiger bzw. freier, nicht zensierter Netzzugang für alle) zum Verhängnis, die Revolution frißt offensichtlich wieder mal ihre Kinder. Und: Die Grenzziehungen werden mit Argumenten vorgetragen, die auf eine Diskreditierung der Bildung derjenigen abheben, die da neu ins Netz drängen (Dummheit, Ignoranz, Unverschämtheit, Umnachtung, Ahnungslosigkeit, um nur einige zu nennen). Damit aber sticht der Autor mitten in das hier zu verhandelnde Thema: Diskussionen um das Internet berühren fast immer zumindest implizit den *Wert* der Bildung im Internet. Sei es den Wert des *contents*, also des Inhalts, oder aber, wie bei

---

24 Oder auch an bildungsbürgerliche Kritiker der Bildungsbürgerlichkeit. Vergleiche etwa Adornos Ausführungen in seinem Aufsatz zum *Fetischcharakter der Musik und der Regression des Hörens*, in dem er sich despektierlich über die musikalische Aktivität von Laien äußert: „Vielmehr ist das zeitgemäße Hören das Regredierter, auf infantiler Stufe Festgehaltener. Die hörenden Subjekte büßen mit der Freiheit der Wahl und der Verantwortung nicht bloß die Fähigkeit zur bewußten Erkenntnis von Musik ein, die von je auf schmale Gruppen beschränkt war, sondern trotzig negieren sie die Möglichkeit solcher Erkenntnis überhaupt. Sie fluktuieren zwischen breitem Vergessen und jähem, sogleich wieder untertauchenden Wiedererkennen; sie hören atomistisch und dissoziieren das Gehörte, entwickeln aber in der Dissoziation gewisse Fähigkeiten, die in traditionell-ästhetischen Begriffen weniger zu fassen sind als in solchen von Fußballspielen und Chauffieren" (Adorno 1972, 29).

Fichtner, die negative Wertschätzung der Bildung spezifischer Nutzerinnen- und Nutzergruppen im Sinne eines bildungsmilieuspezifischen Dünkels nach dem Motto: Die einen haben's halt und die anderen eben nicht. Es diffundiert hier ein *offline* sattsam bekanntes bildungsmilieuspezifisches Distinktionsmuster auch in den Bereich der neuen Medien.

Dieses Muster kann m.E. auch als ein Verarbeitungsmodus eines *Kulturwandels* im Internet gelesen werden: Mit der fortschreitenden Entwicklung des Internet zu einem *Medium für Viele* stehen sich unterschiedliche Nutzungsphilosophien gegenüber. Auf der einen Seite sind die althergebrachten Praxen und Umgangsformen mit diesem neuen Medium zu verorten, die sich etwa in den Usenet-Kulturen in den letzten 20 Jahren herausgebildet haben.[25] Sie geraten unter verstärkten Legitimations- und Abgrenzungsdruck, seitdem in den frühen 90er Jahren mit dem WWW-Dienst im Internet eine Plattform geschaffen wurde, die die aufgezeigten Zuwachsraten ermöglichte und damit die w.o. beschriebenen Veränderungen der Nutzer- und Interessenstruktur hervorbrachte. Es handelt sich dabei gewissermaßen um verschiedene Kulturen mit je spezifisch (dicht) beschreibbaren Formen praktischen und theoretischen Wissens sowie entsprechenden kollektiven Orientierungsmustern.[26] Diese zeigen sich auf den verschiedensten Ebenen: Das beginnt beim Kleidungsstil[27] und endet (natürlich) bei den Betriebssystemen und Browsern: Linux, Unix, OS2, PINE, NETSCAPE COMMUNICATOR, und wie die mehr oder weniger *expertenorientierten* Systeme alle heißen, auf der einen und

---

25 Vgl. zur Geschichte des Usenet den Artikel *Hello Usenet* - Good-bye? im Abschlußbericht der Projektgruppe Kulturraum Internet (http://duplox.wz-berlin.de/endbericht/ute.htm, 17.2.1999).

26 Daß es hierbei fließende Übergänge gibt versteht sich von selbst. Es geht im Folgenden nicht darum, etwa ein naives *Zweikulturenkonzept* des Internet nach dem Motto: *Unix auf der einen und Windows auf der anderen Seite* zu vertreten.

27 Der *typische Unix-Freak* trägt z. B. Jeans, T-Shirt, Sandalen und hat einen Vollbart (vgl. Kulturraum Internet: Kapitel 2.6 Fandom und Unix Kult auf: http://duplox.wz-berlin.de/endbericht/sabine.htm, 17.2.99). Das in der Zeitschrift *Internet Professionell* abgebildete Portrait von Matthias Fichtner entspricht übrigens diesem Klischee: Der Autor ist mit Vollbart abgebildet....

WINDOWS 95/98/NT und INTERNET EXPLORER von der Firma Microsoft für die *normalen Anwender* auf der anderen Seite.

4. Das gefährliche Leben der DAUs oder: „Visit here", eine Falldarstellung

Wendet man sich nun den Orientierungen von jüngeren InternetnutzerInnen zu, so fällt auf, daß sich Auseinandersetzungen genau entlang der eben geschilderten Linien entfalten. Es handelt sich dabei um *Muster von Distinktion und Vergemeinschaftung über medienbezogene Kompetenz*[28], die ich im folgenden empirisch anhand einer Gruppendiskussion[29] mit 15- bis 17jährigen Schülern demonstrieren möchte.

Die Gruppe besucht ein Gymnasium in einer ostdeutschen Stadt mit ca. 250.000 EinwohnerInnen. Der Kontakt wurde über den Informatiklehrer der Schule hergestellt. Sie bilden den Kern einer geschlechtsheterogenen Clique, die sich in ihrer Freizeit regelmäßig nachmittags im Computerkabinett der Schule trifft. Die Diskussionsgruppe besteht aus sechs Jungen im Alter von 15 bis 17 Jahren und trägt den Codenamen ENTE.[30] Im Folgenden soll ein *zusammenhängender Ausschnitt* aus der insgesamt zweistündigen Diskussion dieser Gruppe beleuchtet werden. Die Gespräche kreisten zu einem großen Teil um computer- bzw. internetbezogene Thematiken. Insofern liegt der Verdacht nahe, daß wir es hier mit einer *Focussierungsmetaphorik*

---

28 Die Frage nach Distinktion und Vergemeinschaftung über medienbezogene Kompetenz bildet einen Teilaspekt im Rahmen eines umfangreicheren Forschungsprojekts zu *generationsspezifischen Mediennutzungskulturen*, das ich an anderer Stelle ausführlicher dargestellt habe (Schäffer 1998a und 1998b, siehe auch Wittpoth/Schäffer 1997). Es geht dort um einen Vergleich verschiedener Altersgruppen hinsichtlich ihrer medienkulturellen Praxen und Orientierungen, um auf diesem Wege Zusammenhänge zwischen Generationszugehörigkeit, Formen bzw. Stilen des Umgangs mit Medien und typischen Modi der Vermittlung und Aneignung von *Bildung* herauszuarbeiten.

29 Zur Anlage der Untersuchung vgl. auch Schäffer 1998a und b. Zum Gruppendiskussionsverfahren Bohnsack 1999 sowie Loos/Schäffer 2000.

30 Auf die Mädchengruppe aus der Clique mit dem Namen CHAT-GIRL bin ich an anderer Stelle im Zusammenhang mit generationsspezifischen Mediennutzungskulturen eingegangen (Schäffer 1998b). Alle Angaben über die Gruppen sind anonymisiert. Die Gruppen werden gegen Ende des Interviews aufgefordert, sich selbst einen Namen zu geben. Der etwas befremdliche Name der Jungengruppe verwirrt nur Uneingeweihte: Enten machen *quak quak* und *Quake* ist ein sehr beliebtes, allerdings indiziertes sog. *Ballerspiel* auf dem Computer.

Das Internet: ein Medium kultureller Legitimität

(Bohnsack 1999; Loos/Schäffer 2000) zu tun haben, deren Gehalt es interpretativ auszuloten gilt.

In dem Ausschnitt geht es um die Bewertung von zwei Browsersystemen (Internet Explorer von Microsoft versus Netscape Communicator). Diese Auseinandersetzung entwickelt sich vor dem Hintergrund, daß eines der Mitglieder der Gruppe, nennen wir ihn *Frank*, auf seiner eigenen Homepage einen link hat mit der Aufschrift *visit here*. Wenn dieser Button von jemandem angeklickt wird, der das Programm namens Internet Explorer von Microsoft installiert hat, wird dieses Programm von der Festplatte des Nutzers gelöscht. Von der Gruppe und auch vom Interviewer aufgefordert, etwas genaueres darüber zu erzählen, rahmt Frank dieses Thema mit einer Argumentation gegen den *Softwaregiganten Microsoft* und dessen Vertriebspraktiken. In der sich daran anschließenden kontrovers geführten Diskussion dokumentiert sich das Aufeinandertreffen der verschiedenen Kulturen in anschaulicher Weise (Passage: Der Computer im Tagesablauf, 204-213):

Frank:	Na ja ich weiß ja nich es ja nun mal so daß der Softwaregigant Microsoft zu seinem neuesten Betriebssystem den Internet-Explorer beipackt und der nich ganz sein- äh rein sauber ist, weil der noch viele Fehler enthält
Bernd:	Sagst Du?
Frank:	Ja doch is so
Bernd:	⌊ sagst du (.) sagst du
Mehrere:	⌊ (im Chor:) is so is so is so
Bernd	⌊ (lachend:) jut is so
Mehrere:	(Lachen)
Bernd:	⌊ is Gruppenzwang

Frank argumentiert nicht von einer Position aus, die z. B. den eigenen *Spaß* am Programmieren einer solchen Falle in den Vordergrund stellt, sondern bettet seine Praxis in eine mythologische Konstruktion des *David gegen Goliath* bzw. genauer: gegen den „Giganten" ein. Man könnte zunächst mutmaßen, daß er hiermit gewissermaßen einer Beurteilung seines Handelns nach justiziablen oder moralischen Kriterien vorbeugt. Das tut er implizit natürlich auch. Die Argumentationsfigur ist m.E. jedoch eher ein Dokument dafür, daß Frank sein Handeln an einem Orientierungsmuster ausrichtet, das im Rahmen einer Kultur zu verorten ist, die sich eher an Unix, Linux oder zumindest an

Netscape orientiert. Ansonsten würde es nämlich keinen Sinn machen, den *Explorer* von Microsoft abzuschießen.
In der darauf folgenden Auseinandersetzung mit Bernd dokumentiert sich eine den gesamten Diskursverlauf bestimmende *Rahmeninkongruenz* in bezug auf die Bewertung von Produkten des Hauses Microsoft, die an dieser Stelle durch das Einlenken von Bernd noch überdeckt wird. Der von Bernd angesprochene „Gruppenzwang" besteht hier ganz offensichtlich im *Microsoft-Bashing*, also dem Schimpfen auf Produkte des Hauses Microsoft. Frank fährt nach der kollektiven Versicherung über die Stichhaltigkeit seiner Sachverhaltsdarstellung in seiner Argumentation fort (Passage: Der Computer im Tagesablauf, 214-247):

Frank:	und viele Leute die das Internet nutzen verstehen das nicht so gut und benutzen den vielleicht auch aus Unwissen, vielleicht auch aus Trotz oder aus
Bernd:	⌊ Is jut
Andreas:	Vielleicht hat ihn einer gewonnen
Frank:	ja
Eugen:	Wenn de keene Ahnung hast gehst'e nach Vobis denn haun' die dir dis Ding druff
Frank:	⌊ ja
Eugen:	wird dir keener Netscape anbieten
Bernd:	Ne aber irgendwo ich hab neulich erst wieder wo -
Christoph:	⌊ Letztens war's aber druff
Bernd:	⌊ Ich hab neulich erst wieder
Eugen:	⌊ na ja aber (.) aus Versehen (.) (lachend zu Bernd:) Du darfst
Bernd:	(lacht) Ich darf. Ich hab neulich erst wieder nen' Bericht gesehen im Fernsehen neues- die Computershow von 3-SAT
Mehrere:	(lachen)
Andreas:	damit hat sich's erledigt
Bernd:	Nee da ham se auch mal wieder mal gefragt ob Netscape oder Internet Explorer und ich muß (deine) Meinung unterstützen und zwar der Internetexplorer is wirklich mehr

Das Internet: ein Medium kultureller Legitimität

	L (eine Getränkedose wird mit einem knallenden Geräusch zusammengepreßt)
Bernd:	L
	(bezogen auf das Geräusch:) danke! für die Privatanwender gedacht weil der einfach leichter zu bedienen is und ich meine dewegen sollte man die Leute nicht bestrafen die damit irgendwelche Seiten bes- äh besuchen (.) also drum sag ich mal Netscape is schön und gut aber Internet Explorer is bequemer
Eugen:	Aber der Communicator is jenauso uffjebaut
Frank:	L (sehr betont:) Wenn ein Programm sich aus dem Internet heraus selbst löschen läßt
Bernd:	L aber dis kannst-
Frank:	L (lauter werdend:) denn ist es (.) einfach nur (.) schlecht gemacht und damit ist es nicht für Anwender geeignet verstehst du?
Mehrere:	hey (lachen und klopfen auf den Tisch)
Frank:	Ich mein ich könnte statt dem Internet Explorer an sich auch jedes beliebige andere Programm löschen zum Beispiel das Windows dann würde der Anwender janz dumm
Eugen:	Festplatte formatieren dis ham wa schon jemacht

Anfänglich unterfüttern Frank, Andreas und Eugen die *David gegen Goliath*-Perspektive mit Geschichten über die Vertriebspraktiken von Microsoft im Verbunde mit Großanbietern (Vobis). Schon hier wird deutlich, daß sie selbst sich auf Grund ihres eigenen Wissens nicht als Opfer solcher Verkaufspraktiken sehen. Es sind *andere*, denen sie pauschal „Unwissen" oder „Trotz" unterstellen. Bernd versucht hierbei mehrmals zu Worte zu kommen. Seine ironische Kommentierung der Verteilung der Redebeiträge im Zusammenspiel mit *Eugen* „(Du darfst; ich darf)" verweist erneut auf seine Stellung als Verfechter einer in dieser Gruppe nicht geteilten positiven Orientierung an Microsoft-Produkten. Er wechselt daraufhin die Ebene: In Ermangelung einer entsprechenden kollektiven Übereinstimmung mit der *anwesenden* Gruppe versichert er sich der Übereinstimmung mit einer *medialen Darstellung* des Sachverhalts. In der „Computershow von 3-SAT" wurde die These vertreten, daß der Browser von Microsoft auf Grund seiner Bedienungsfreundlichkeit für „Privatanwender gedacht" ist. Hierbei bezweifelt Bernd nicht die Qualität des Browsers von Netscape, sondern zielt in seiner Argumentation ab auf die Bequemlichkeit des/der UserIn.

Diese Argumentation trifft jedoch, wie wir noch sehen werden, in keinster Weise den kollektiven Orientierungsrahmen der anderen Teilnehmer. Sie entfalten – nachdem sie beiläufig der Sendung in 3-SAT, auf die Bernd rekurriert, die Qualität abgesprochen und seinen Beitrag auch nonverbal gestört haben – eine konträre Position: Wenn ein Programm so schlecht und unsicher sei, daß es sich aus dem Internet heraus löschen lasse, sei es eben *gerade nicht* für Anwender geeignet. Frank bezieht sich hierbei auf die Machart des Programms, *argumentiert also von dessen Struktur* und nicht, wie Bernd, von der (aus seiner Sicht trügerischen) Nutzerfreundlichkeit. In dieser Logik, so könnte man fortfahren, widerfährt dem/der AnwenderIn sogar etwas Gutes, wenn ihm/ihr der Browser von der Festplatte gelöscht und so Schlimmeres verhütet wird.

Wie der weitere Verlauf der Diskussion zeigt, bereitet die von Frank vorgetragene Argumentation jedoch nur den Boden für eine endgültige, *überhebliche* Züge tragende *Abgrenzung gegen den/die uninformierte/n UserIn* vor. Angekündigt hatte sich dies schon in den despektierlichen Überlegungen zu den Gründen, sich den Internet Explorer gewissermaßen *aufschwatzen* zu lassen („Unwissen", „Trotz", „keine Ahnung"). Andreas, der in der Gruppe auf Grund seiner Programmierkenntnisse in Unix und Linux einen Expertenstatus innehat, bezeichnet den normalen User als DAU, also als *(d)ümmsten (a)nzunehmenden (U)ser,* und sieht in der „Sekretärin die da jetzt vorm Computer sitzt und Texte schreibt" eine typische Vertreterin dieser Spezies (Passage: Der Computer im Tagesablauf, 248-271):

Andreas:	L Ich mein denn nenn se nich Anwender sondern (.) öhh ääf hmm
Eugen:	L User
Andreas:	L na ja ähm stinknormale User also DAUs
Mehrere:	(lachen)
Andreas:	Also also die Sekretärin die da jetzt vor
Mehrere:	L (lautes Lachen)
Andreas:	L ihrem Computer sitzt und Texte schreibt und jetzt will se mal (betont:) ins Internet. Na ja denn drückt die da auf Internet und denn geht da halt dis Ding auf

Das Internet: ein Medium kultureller Legitimität

Mehrere: L (lachen)
Andreas: L ob das nu Internet Explorrer (mit doppeltem 'R' ausgesprochen)
Mehrere: (Lachen)
Andreas: L heißt dis glaub ich oder Netscape dis is doch völlig egal für die
Frank: An sich schon aber
Andreas: L ja
Frank: L wenn jetzt irgend-jemand der noch bösartiger ist als ich
Mehrere: L (lachen)
(Bernd):   L das gibt's?
Frank: (lacht) ja das gibt's wirklich. Zum Beispiel ihre Festplatte formatieren läßt im Hintergrund während sie da im Internet rumklickt fleißig
Andreas: L Na ja mein Gott denn ruft sie de Softwarfirma an und denn ham die gleich wieder nen Job und die bezahlen dis kurbelt doch die Wirtschaft an
Mehrere: L (lachen)
Andreas: L ( ) und den deutschen Staat

Neben diesem gewisse überhebliche Züge aufweisenden Grundmuster, das sich homolog auch im Verhältnis zur älteren Generation dokumentiert (vgl. Schäffer 1998b), zeigen sich hier bildungsmilieu- und geschlechtsspezifische Tönungen der Argumentation. Beide sind zusammengezogen im Bild der *Sekretärin*, die zum einen zur geschlechtsspezifischen Abgrenzung herhalten muß, zum anderen aber auch für die *Bildungsferne* des *dümmsten anzunehmenden Users* steht und damit deutliche Parallelen zur Argumentation Fichtners (vgl. w.o.) aufweist. Mit der abschließenden sarkastischen Rahmung durch Andreas – die inkompetente Benutzung des Internet Explorers durch die Sekretärin führt zur *Formatierung*, also zur Löschung der gesamten Festplatte, was nur durch Experten behoben werden kann und dies kurbele „die Wirtschaft", ja sogar „den deutschen Staat" an – mit dieser Rahmung nimmt Andreas stellvertretend für große Teile der Gruppe Fühlung auf mit einer Haltung bzw. einem *Habitus des technischen Spezialisten in einer Welt von Laien*, der es aufgegeben hat, diesen etwas beibringen zu wollen. Im Akronym DAU wird dieses Orientierungsmuster quasi wie in einem Brennglas gebündelt bzw. focussiert.

5. Zusammenfassung

Locker gerahmt vom institutionellen Kontext Schule bearbeiten die Schüler in einer offensichtlich bildungsmilieu- und geschlechtsspezifisch geprägten Art und Weise Spannungsverhältnisse, die sich aus dem Wandel des Internet von einer auf Unix/Linux u.ä. fixierten und basierten Expertenkultur zu einer *Kultur des Mediums für Viele* ergibt. Bernd steht hier für den User neuen Typs, der mehr am zweckrational-instrumentellen, aus seiner Sicht pragmatischen Nutzen der Technik interessiert ist („bequem").[31] Er verweigert sich der von seinen Mitschülern offensichtlich gelebten Expertenkultur und teilt auch nicht deren negativen Gegenhorizont in bezug auf DAUs. Vielmehr verteidigt er standhaft die auf der Windows-Architektur aufbauende, seiner Ansicht nach „bequemere" Variante des Internetzugangs. Und diese „Bequemlichkeit" ist es auch, die ihn – und wahrscheinlich Millionen von „Newbies" mit ihm – so signifikant von der rigiden, in ihrer Unerbittlichkeit geradezu alttestamentarisch anmutenden Formen der Durchsetzung von Regeln unterscheidet. Er ist offensichtlich nicht so sehr daran interessiert, *wie* ein Programm funktioniert, sondern, *daß* es funktioniert und zwar so, daß es die vom „Privatanwender" gesetzten Ziele erreicht.

Seine Mitschüler orientieren sich demgegenüber eher an den Werten der entsprechenden Expertenkulturen. Und diese sind nicht nur – entgegen gängigen Vorurteilen – an instrumentellen Zweck-Mittel-Verhältnissen orientiert, sondern z.T. auch an der inneren Logik, der Eleganz oder gar der Schönheit der Architektur eines Programms. Franks, Andreas' und Eugens mangelnde Wertschätzung bzw. ihre Verachtung für die Programme von Microsoft speisen sich letztendlich aus dieser Quelle. Ihr spielerischer[32], auf Emergenz angelegter, mithin eher dem eines/r KünstlersIn na-

---

[31] Damit steht er den computerinteressierten Mädchen der Gruppe CHAT-Girl näher, als seinen Geschlechtsgenossen. Vgl. zu einer ausführlicheren Beschäftigung mit den Mädchen: Schäffer 1998b.

[32] Vgl. hierzu auch Schachtners Ausführungen über *Spiel-Räume* bei der Tätigkeit des Programmierens in Schachtner 1993, 89ff.

bestehende Habitus, der sich hier mit dem des Experten vereint, wird von zweckrational-instrumentellen Herangehensweisen, wie denjenigen von Bernd tendenziell behindert, wenn nicht bedroht. Hierin liegt m.E. auch der Grund für die Vehemenz und die arrogante Form der Abgrenzung gegenüber Microsoft, den DAUs und – stellvertretend für diese – auch gegenüber Bernd. Es geht ihnen darum, sich ihre eigenen individuellen Freiheiten im Internet zu erhalten. Diese sehen sie gefährdet durch die Marktstrategien der Firma Microsoft, die aus ihrer Sicht auf eine Monopolisierung über die Durchsetzung firmeneigener Standards ausgerichtet sind.

Ohne die Ergebnisse dieser sich noch im explorativen Stadium befindlichen Studie überbewerten zu wollen[33], läßt sich m.E. schon folgendes feststellen: Beim Internet handelt es sich keineswegs um ein *neutrales* technisches Artefakt, das unterrichtstechnologisch im Rahmen einer „funktionalen Medienpädagogik" (Schorb 1998, 14ff.) implementiert werden kann. Erste Berichte aus der Bildungspraxis bestätigen dieses eher nachdenklich stimmende Bild über die konkreten, mit der Technologie verbundenen Möglichkeiten innerhalb von Bildungsinstitutionen.[34] Dem Internet ist eine eigene Geschichte und eine eigene kulturelle Logik zu eigen, die sich m.E. nicht so ohne weiteres unter die bestehenden kulturellen Logiken von Bildungsinstitutionen subsumieren läßt. Mit der Einführung dieser neuen Medientechnologie in Bildungsbereiche werden vielmehr auch die ansatzweise beschriebenen, aus der noch jungen Geschichte dieses Mediums hervorgehenden, kulturellen Brüche *importiert*.

Es ist folglich zu fragen, wie Bildungsinstitutionen mit diesen dem neuen Medium Internet inhärenten Praxen, Deutungsangeboten und kulturellen Schemata umzugehen in der Lage sind. Daß institutionalisierte Bildungsbereiche hierbei auf eigene kulturelle Schemata zurückgreifen, ist wahrscheinlich, versichert man sich etwa einschlägiger Forschung zu „modernisierten Schulkulturen" (Helsper 1995; 1996). Allerdings steht zum Einsatz neuer Medien in Bildungsprozessen noch kaum empirisch gesichertes, systematisches Wissen zur Verfügung. Bisher werden eher (Wunsch-) Logiken des Bildungssystems in programmatischer Weise

---

33 Erst über eine komparative Analyse, also einen intensiven Fallvergleich, lassen sich mehr gesicherte, valide Aussagen über typologische Verortungen der Orientierungen und deren Eingebundenheit in milieu-, geschlechts- und generationsspezifische Orientierungsmuster machen.

34 Vgl. etwa Mandel 1998; Apel 1998; Gräsel/Fischer/Bruhn/Mandl 1997.

auf das Internet projiziert. Die angeführten ersten Ergebnisse aus den Gruppendiskussionen legen nahe, in Zukunft mehr zu berücksichtigen, daß das Netz seine eigene „Logik der Praxis" (Bourdieu 1993, 147ff.) mit- und, wie gesehen, auch massiv einbringt. Diese Logik der Praxis unterscheidet sich in einigen Bereichen ganz offensichtlich von derjenigen, die bisher im Bildungssystem waltete. Hierunter fällt auch die eingangs aufgezeigte mehr oder weniger scharfe Trennung zwischen kulturell legitimen und kulturell illegitimen Medien bzw. Formen der Mediennutzung. Zusammenfassend läßt sich folgendes thesenartig festhalten:

- Durch die Implementierung von Programmen wie etwa *Schulen ans Netz* werden auch neue Arenen der Distinktion und Vergemeinschaftung über medienbezogene Kompetenz geschaffen. Daß es sich hierbei zwar um *neue Arenen*, aber um *alte Kämpfe* handelt, sticht ins Auge: Der eigenen Praxis wird in der vorgestellten Gruppendiskussion die höchste kulturelle Legitimität zugesprochen, die der anderen wird abgewertet und damit ausgegrenzt. Diese Muster erinnern einerseits an schon offline geführte Debatten über die kulturelle Legiti-mität anderer neuer Medien und andererseits, genereller gesprochen, an Praxen milieuspezifischer Distinktion und Vergemeinschaftung über massenmedial vermittelte Stile (vgl. Schäffer 1996; 1997; 1999).

- Innerhalb dieser Arenen eignen sich Usenet bzw. Unix/Linux-orientierte Kulturen von ihrer eher elitären, auf kleinere NutzerInnengruppen begrenzten, an den Idealen der allseitigen Konnektivität, Freiheit der Information und des Datenflusses orientierten Ausrichtung hervorragend für die *Inszenierung kulturell legitimer Bildungsarenen*. Denn genau darum geht es *auch* in den Diskussionen der Jugendlichen: Sie setzen sich darüber auseinander, welcher Browser und damit welche *Weltsicht* die höhere kulturelle Legitimität vor dem Hintergrund eines von der Mehrzahl der Gruppe im Diskurs erprobten Habitus des Experten besitzt. Das eingangs beschriebene Schema der Aufteilung in kulturell legitime und illegitime Medien auf der Seite der *Vermittelnden* im Bildungssystem findet seine Entsprechung also auch auf der Seite der *Aneignenden*.[35]

---

[35] Vgl. zum Verhältnis von Vermitteln und Aneignen im Prozeß der Systembildung des Pädagogischen: Kade 1997.

Das Internet: ein Medium kultureller Legitimität 281

– Andererseits ist auffällig, daß bei den von mir interviewten Schülern und Schülerinnen auch die *nicht* auf formale Bildung abzielenden und damit die kulturell weniger legitimen Bereiche des Internet eine große Faszination ausüben: Spiele, Chatten und auch deviante Formen der *Problemlösung*[36] werden von den SchülerInnen mit Begeisterung diskutiert. Das sollte jetzt jedoch keineswegs als Warnung a la *Kinoskeptiker 1913* mißverstanden werden, sondern als Hinweis, daß sich beim Aufeinandertreffen von Internet- und Bildungskulturen *neue Praxen und (generationsspezifische?) Orientierungen* im Bildungssystem entwickeln, die nicht intendierte Handlungsfolgen zeitigen. Aus einer kultur- und techniksoziologischen Perspektive ist dies nicht weiter verwunderlich: Der Stellen- und damit auch der *Bildungswert* dieses Mediums erwächst erst langsam aus *der gemeinsamen Praxis* vieler SchülerInnen und LehrerInnen sowie von StudentInnen und DozentInnen. Wie Rammert zu Recht bemerkt, vollzieht sich die „Entscheidung" über die Art und Weise der Verwendung einer neuen Technologie nicht am „grünen Tisch", sondern innerhalb „spontane(r) und sich selbst verstärkende(r) soziale(r) und kulturelle(r) Prozesse" (Rammert 1998, 63). Insofern sind die auf den ersten Blick *deviant* erscheinenden Praxen nur ein Anzeichen dafür, daß solche notwendig chaotischen Prozesse auch innerhalb von Bildungsinstitutionen schon ablaufen.
– Allerdings ist dies aus erziehungswissenschaftlicher Sicht eher der Ausgangspunkt der Analyse. Festzustehen scheint, daß mit der Implementation dieses neuen Mediums in Bildungsbereiche neuartige kulturelle Praxen in den Alltag der jeweiligen Institutionen *einsickern*, ohne daß es die meisten Lehrkräfte auch nur wahrnehmen. Insofern sind gerade ältere Lehrende in Bildungsinstitutionen gut beraten, sich zumindest ansatzweise über die neuen Technologien zu informieren. An anderer Stelle habe ich das Bild nachgezeichnet, das sich dieselben Schüler und Schülerinnen von ihren LehrerInnen machen (Schäffer 1998b). Und das ist auf dem Feld der medientechnischen Kompetenz von eben solchen Mustern der Überheblichkeit, ja der Arroganz durchzogen, wie es sich in der obigen Diskussion gegenüber den

---

36 Hierunter fällt auch das von amerikanischen Professoren zunehmend beklagte *cheating*, also das Herunterladen von Haus- bzw. Seminararbeiten von entsprechenden Servern. Vgl. hierzu etwa folgende Adressen: www.cheat.net; www.student.online.net; www.referate.de; www.hausaufgaben.de.

DAUs dokumentiert. Um es überspitzt zu formulieren: Der überwiegende Teil der Lehrenden an Schulen, Hochschulen und Weiterbildungseinrichtungen wird von Schülern und Schülerinnen, die ich interviewt habe, den DAUs zugerechnet. Für das Verständnis der *Soziogenese* solcher *arroganten* Orientierungsmuster bedarf es m.E. verstärkter komparativer Analyseanstrengungen in- und außerhalb des Bildungssystems.

- Ob den ansatzweise herausgearbeiteten generationsspezifischen Mediennutzungskulturen auf lange Sicht das Potential innewohnt, Formen curricular vermittelter Bildung zumindest in Teilbereichen in Frage zu stellen, ist m.E. eine der interessantesten, wenn auch eine der spekulativsten Fragen für die Bildungswertdiskussion (vgl. hierzu auch: Moser 1995, 219ff.). Man muß ja nicht gleich so weit gehen wie Tapscott (1998), der auf recht schmaler empirischer Basis die Entstehung einer sog. *Net-Generation* proklamiert und dieser im Vergleich zur sog. *Babyboomer-Generation* gänzlich neue Formen und Wege der Aneignung von Bildung prophezeit. Wenn man jedoch gedankenexperimentell in Rechnung stellt, daß es sich bei den arroganten Mu-stern der Jugendlichen auch um Reaktionen auf die *Wahrnehmung einer Einengung ihrer individuellen Freiheitsspielräume* handelt, und wenn man weiterhin annimmt, daß sich diese Arroganz in Teilbereichen auf traditionelle Formen der Vermittlung von Bildung überträgt, muß man m.E. eben *auch* weiter fragen, ob hier nicht der Kern einer Arroganz gegenüber curricular aufbereiteten und damit eher zweckrational-instrumentell ausgerichteten Formen der Vermittlung von Wissen in Bildungsinstitutionen angelegt ist. Derartige Formen der Vermittlung sind nun aber, bei allem Wandel des Bildungssy-stems, ein Kennzeichen der kollektivbiographischen Erfahrungen aller vor 1980 Geborenen. Und hier sind die recht eindeutigen Trennungen von kulturell legitimen versus kulturell illegitimen Formen der medialen Aneignung von Bildung als ein zentrales Moment der „kollektiven Erfahrungsaufschichtung" anzusehen, wie sie Mannheim schon 1928 als konstitutiv für Generationenerfahrungen herausgearbeitet hat (vgl. ders. 1964).

Literatur

Adorno, Th. W. (1972): Über den Fetischcharakter in der Musik und die Regression des Hörens. In: Ders. (1972): Dissonanzen. Musik in der verwalteten Welt. Göttingen (Vandenhoeck und Ruprecht). S. 9-45.
Apel, H. (1998): Computerbasiertes Telelehren – Einschätzungen zum 'virtuellen' Lernen. In: Erwachsene Medien Bildung (Literatur und Forschungsreport Weiterbildung 42. Frankfurt 1998), S. 105-114.
Aufenanger, S. (1996): Die neuen Medien und die Pädagogik. Tendenzen in der Medienpädagogik. In: Bildung und Erziehung, 49. Jg., Heft 4, Dezember 1996; 449-460.
Bohnsack, R. (1999): Rekonstruktive Sozialforschung. Einführung in Methodologie und Praxis qualitativer Forschung (3. erw. Auflage). Opladen (Leske + Budrich).
Bonfadelli, H. (1994): Die Wissenskluftperspektive. Massenmedien und gesellschaftliche Information. Konstanz (Ölschläger).
Bourdieu, P. (1991): Die feinen Unterschiede. Kritik der gesellschaftlichen Urteils-kraft. Frankfurt a. M. (Suhrkamp).
Bourdieu, P. (1993): Sozialer Sinn. Kritik der theoretischen Vernunft. Frankfurt a. M. (Suhrkamp).
Derichs-Kunstmann, K.; Faulstich, P.; Wittpoth, J.; Tippelt, R. (1998) (Hrsg.): Selbst-organisiertes Lernen als Problem der Erwachsenenbildung. Dokumentation der Jahrestagung 1997 der Kommission Erwachsenenbildung der Deutschen Gesellschaft für Erziehungswissenschaft. Beiheft zum Literatur- und Forschungsreport Weiterbildung, Frankfurt.
Dohmen, G. (1997) (Hrsg.): Selbstgesteuertes lebenslanges Lernen? Ergebnisse der Fachtagung des Bundesministeriums für Bildung, Wissenschaft, Forschung und Technologie vom 6.-7.12.1996 im Gustav-Stresemann-Institut, Bonn.
Faulstich, W. (1996-1998a): Die Geschichte der Medien. Band 1: Das Medium als Kult. Von den Anfängen bis zur Spätantike (8. Jahrhundert), Göttingen 1997. Band 2: Medien und Öffentlichkeiten im Mittelalter, 800-1400, Göttingen 1996. Band 3: Medien zwischen Herrschaft und Revolte. Die Medienkultur der frühen Neuzeit, Göttingen 1998a (alle bei Vandenhoek und Ruprecht).
Faulstich, W. (1998b): Medienkultur: Vom Begriff zur Geschichte. Werte- und Funktionenwandel am Beispiel der Menschmedien. In: Saxer, U. (Hrsg.): Medien-Kulturkommunikation, Sonderheft 2/1998 der Zeitschrift Publizistik. Vierteljahreshefte für Kommunikationsforschung. S. 44-54.
Fichtner, M. (1998): Von Newbies und Hooligans. In: ZD Internet Professionell, August 1998, München. S. 8.
Göschel, A. (1995): Die Ungleichzeitigkeit in der Kultur. Wandel des Kulturbegriffs in vier Generationen. Essen (Klartext).
Gräsel, C.; Fischer, F.; Bruhn, J.; Mandl, H. (1997): „Ich sag Dir was, was Du schon weißt". Eine Pilotstudie zum Diskurs beim kooperativen Lernen in Computernetzen. Forschungsbericht Nr. 82 des Instituts für Pädagogische Psychologie und Empirische Pädagogik an der Ludwig Maximilians Universität München, Oktober 1997.
Helsper, W. (1995): Die verordnete Autonomie – Zum Verhältnis von Schulmythos und Schülerbiographie im institutionellen Individualisierungsparadoxon der modernisierten Schulkultur. In: Krüger, H.-H.; Marotzki, W. (Hrsg.) (1995): Erziehungswissenschaftli-

che Biographieforschung – Studien zur Erziehungswissenschaft und Bildungsforschung, Bd 6. Opladen (Leske + Budrich). S. 175-200.

Helsper, W. (1996): Antinomien des Lehrerhandelns in modernisierten pädagogischen Kulturen. Paradoxe Verwendungsweisen von Autonomie und Selbstverantwortlichkeit. In: Combe, A.; Helsper, P. (Hrsg.) (1996): Pädagogische Professionalität. Untersuchungen zum Typus pädagogischen Handelns. Frankfurt (Suhrkamp). S. 521-569.

Höflich, J. R. (1996): Technisch vermittelte interpersonale Kommunikation. Grundlagen, organisatorische Medienverwendung, Konstitution *elektronischer Gemeinschaften*. Opladen (Westdeutscher Verlag).

Kade, J. (1997): Vermittelbar/nicht-vermittelbar: Vermitteln: Aneignen. Im Prozeß der Systembildung des Pädagogischen. In: Lenzen, D.; Luhmann, N. (1997): Bildung und Weiterbildung im Erziehungssystem. Frankfurt (Suhrkamp). S. 30-70.

Kerstiens, L. (1976): Zur Geschichte der Medienpädagogik in Deutschland. In: Hildebrand, G. K. (Hrsg.) (1976): Zur Geschichte des audiovisuellen Medienwesens in Deutschland. Gesammelte Beiträge. Trier. S. 38-50.

Loos, P.; Schäffer, B. (2000): Das Gruppendiskussionsverfahren. Grundlagen und empirische Anwendung. Opladen (Leske + Budrich).

Mandel, T.; Van der Leun, G. (1996): Die 12 Gebote des Cyberspace. In: Bollmann, S.; Heibach, C. (Hrsg.): Kursbuch Internet. Anschlüsse an Wirtschaft und Politik, Wissenschaft und Kultur. Mannheim (Bollmann). S. 246-254.

Mannheim, K. (1964): Das Problem der Generationen. In: Kölner Vierteljahreshefte für Soziologie, 7. Jg., Heft 2, 1928; wieder abgedruckt in: Karl Mannheim, Wissenssoziologie, Soziologische Texte 28. Berlin und Neuwied (Luchterhand). S. 509-565.

Marotzki, W. (1998): Der Bildungswert des Internet. In: Erwachsene Medien Bildung (Literatur und Forschungsreport Weiterbildung 42. Frankfurt 1998). S. 82-95.

Meyrowitz, J. (1990): Die Fernsehgesellschaft. Band 1: Überall und nirgends dabei. Band 2: Wie Medien unsere Welt verändern. Weinheim, Basel (Beltz).

Moser, H. (1995): Einführung in die Medienpädagogik. Aufwachsen im Medienzeitalter. Opladen (Leske + Budrich).

Rammert, W. (1998): Die kulturelle Orientierung der technischen Entwicklung. Eine technikgenetische Perspektive. In: Siefkes, D.; Eulenhöfer, P.; Stach, H.; Städtler, K. (Hrsg.) (1998): Sozialgeschichte der Informatik. Kulturelle Praktiken und Orientierungen. Wiesbaden (Deutscher Universitätsverlag). S. 51-68.

Rheingold, H. (1994): Virtuelle Gemeinschaft. Soziale Beziehungen im Zeitalter des Computers. Bonn u.a. (Addison-Wesley).

Sackmann, R.; Weymann, A. (1994): Die Technisierung des Alltags. Generationen und technische Innovationen. Frankfurt, New York (Campus).

Sandbothe, M. (1996): Der Pfad der Interpretation. Medienethik im Zeitalter des Internet. In: Telepolis. Die Zeitschrift der Netzkultur, Heft 0. S. 35-48.

Schachtner, C. (1993^2): Geistmaschine. Faszination und Provokation am Computer. Frankfurt (Suhrkamp).

Schäffer, B. (1996): Die Band. Stil und ästhetische Praxis im Jugendalter. Opladen (Leske + Budrich).

Schäffer, B. (1997): „HipHop Family DDR". Biographische Implikationen jugendlicher Stil-Findungsprozesse. In: Behnken, I.; Schulze, T. (Hrsg.): Tatort: Biographie. Opladen (Leske + Budrich). S. 181-205.

Schäffer, B. (1998a): Generation, Mediennutzungskultur und (Weiter)Bildung. Zur empirischen Rekonstruktion medial vermittelter Generationenverhältnisse. In: Bohnsack, R.; Marotzki, W. (Hrsg.): Biographieforschung und Kulturanalyse. Transdisziplinäre Zugänge qualitativer Forschung. Opladen, (Leske + Budrich). S. 21-50.

Schäffer, B. (1998b): Die *Arroganz* der Jüngeren? oder: Zur Bedeutung medienvermittelter Erlebniszusammenhänge für die Konstitution generationsspezifischer Erfahrungsräume. In: Erwachsene Medien Bildung (Literatur und Forschungsreport Weiterbildung 42. Frankfurt 1998, DIE). S. 48-62.

Schäffer, B. (1999): Stilistische Ein-Findungsprozesse. Zur Rekonstruktion jugendlicher Stil-Findung im Medium populärer Musik. Erscheint in: ZSE, Zeitschrift für Sozialisationsforschung und Erziehungssoziologie, 3/99.

Schorb, B. (1995): Medienalltag und Handeln. Medienpädagogik in Geschichte, Forschung und Praxis. Opladen (Leske + Budrich).

Schorb, B. (1998): Stichwort: Medienpädagogik. In: Zeitschrift für Erziehungswissenschaft, 1. Vierteljahr 1998. S. 7-22.

Sting, S. (1998): Die Schriftlichkeit der Bildung. Medienimplikationen im Bildungsdenken von Herbart und Schleiermacher. In: ZfE, Zeitschrift für Erziehungswissenschaft, 1. Vierteljahr 1998, Jg.1. S. 45-60.

Tapscott, D. (1998): Growing Up Digital. The Rise of the Net Generation. McGraw Hill, New York u.a. (McGraw-Hill).

Tully, C.J. (1994): Lernen in der Informationsgesellschaft. Informelle Bildung durch Computer und Medien. Opladen (Westdeutscher Verlag).

Turkle, S. (1995): Live on the Screen. Identity in the Age of the Internet. New York (Simon/Schuster).

Vogelgesang, W. (1994): Jugend- und Medienkulturen. Ein Beitrag zur Ethnographie medienvermittelter Jugendwelten. In: Kölner Zeitschrift für Soziologie und Sozialpsychologie, Jg. 46, Heft 3, 1994. S. 464-491.

Wetzstein, Th. A.; Dahm, H.; Steinmetz, L.; Lentes, A.; Schampaul, St.; Eckert, R. (1995): Datenreisende. Die Kultur der Computernetze. Opladen (Westdeutscher Verlag).

Wetzstein, Th. A.; Reis, C.; Eckert, R. (1998): Selbstlernen am Computer. In: Erwachsene Medien Bildung (Literatur und Forschungsreport Weiterbildung 42. Frankfurt 1998). S. 96-104.

Winter, R.; Eckert, R. (1990): Mediengeschichte und kulturelle Differenzierung. Opladen (Leske + Budrich).

Wittpoth, J. (1998): Gute Medien, schlechte Medien? Ästhetische Einstellung, Milieu und Generation (Podiumsvortrag gehalten auf dem Kongreß der DGfE in Hamburg am 19.3.98 (http://nt2s.erzwiss.uni-hamburg.de/DGfE/ vom 23.2.1999).

Wittpoth, J.; Schäffer, B. (1997): Umkehrung des Expertentums? – Medien, Kompetenz, Generation. In: Faulstich, P. u.a. (1997) (Hrsg.): Enttraditionalisierung der Erwachsenenbildung. Frankfurt (DIE).

Walter Bauer

Demokratie online
Politische Öffentlichkeiten im Zeitalter des Internet

1. Einleitung

Euphorische Erwartungen und düstere Warnungen begleiteten in den vergangenen Jahren jene demokratie- und medientheoretischen Diskurse, die sich mit der Bedeutung der neuen elektronischen Medien, v.a. des Internet, für die künftige politische Gestalt und Kommunikation moderner Gesellschaften beschäftigten. Die optimistischen Verfechter erwarteten von den neuen Medien den Anbruch eines „neuen athenischen Zeitalters" (Al Gore), den Beginn einer elektronischen *Cyberdemokratie*, die Renaissance einer erstarkten aktiven Öffentlichkeit, eines öffentlichen Raumes, kurz: eine Stärkung zivilgesellschaftlicher oder gemeinschaftlicher Potentiale. Pessimistische Stimmen dagegen warnten vor einem *elektronischen Populismus*, einer Aushöhlung bestehender Formen repräsentativer Demokratie bzw. (national-)staatlicher Souveränität und einer weiteren Fragmentierung des öffentlichen Raumes.

Problematisch sind in beiden Perspektiven Verkürzungen des thematischen Feldes, v.a. durch einen medienzentrierten Blickwinkel auf die Gesellschaft. Die Defizite in den Argumentationen der *Optimisten* liegen in einer medientechnologisch verengten Sicht auf die politische Verfaßtheit der Gemeinwesen. Es herrscht die Erwartung vor, der Einsatz neuer Medien hätte per se demokratieförderliche Potentiale. Die *Skeptiker* teilen mit ihnen den Ausgangspunkt der Betrachtung, ziehen jedoch gegenteilige Schlüsse. Eine kulturkritische bzw. -pessimistische Medientheorie sieht die fortschreitende Mediatisierung von Öffentlichkeit durch elektronische (Massen-)medien und jetzt mit dem Medium Internet perspektivisch als *Verfallsgeschichte* einer ursprünglich autonom gedachten politischen Öffentlichkeit (vgl. Rödel 1996; Peters 1994). Eine *gemäßigtere* Position befürchtet zumindest eine weitere Fragmentierung, Entpolitisierung und Privatisierung (so auch Gellner 1998) der Öffentlichkeit durch das neue Medium.

Um die Möglichkeiten und Risiken des neuen Mediums für die künftige Gestaltung des Politischen angemessener einschätzen zu können, scheint es mir daher angebracht, vorrangig die Klärung der demokratietheoretischen Frage voranzutreiben. Welche demokratischen Strukturen erfordert eine komplexe und plurale Gesellschaft, und wie können die bestehenden Defizite demokratischer Selbsteinwirkungen abgebaut werden? Es ist bisher im politischen Diskurs über das Netz und im Internet „zu viel von neuer Technik und zu wenig von Demokratie die Rede" (Leggewie 1998, 16) gewesen.[1] *Die Faktizität des Internet* könnte hier als Katalysator für eine demokratietheoretische Debatte fungieren, da sie uns zu einer „*Selbstvergewisserung* und *reflexiven Betrachtung* unserer demokratischen Ideale" (Schaal/Brodocz 1998, 55) herausfordert.[2]

Eine Analyse der demokratietheoretischen Bedeutung des Internet erfordert daher zunächst einmal eine Bestandsaufnahme des demokratischen status quo und der politischen Funktion und Wirkung der bisherigen Massenmedien:

1. Die Beschäftigung mit dem Medium Internet gewinnt ihre Brisanz nicht zuletzt daher, daß es nach den politischen Umwälzungen im Zuge des Zusammenbruchs der sozialistischen Staatengemeinschaft und dem – vermeintlichen – Sieg des westlichen, liberal-kapitalistischen Demokratiemodells vermehrt Anzeichen für eine Krise des vertrauten Modells repräsentativer Demokratie gibt. Zumindest lassen sich Befunde wie sinkende Wahlbeteiligungen in fast allen westlichen Demokratien und der Rückgang parteipolitischer Loyalitäten und Bindungen so verstehen, daß hier keine grundsätzliche *Politikverdrossenheit* konstatiert werden müßte, sondern es sich dabei um Symptome der Unzufriedenheit mit den vorhandenen Strukturen der politischen Verfaßtheit des Gemeinwesens und seinen politischen Akteuren handelt. Zwischen der Ausübung politischer Macht durch politische Eliten im Verbund mit einflußreichen gesellschaft-

---

[1] In die gleiche Richtung argumentiert Barber: „If democracy is to benefit from technology, then, we must start not with technology but with politics" (Barber 1997, 22). Barber und Leggewie nehmen gegenüber dem Medium eine eher *neutrale* Haltung ein (vgl. dazu auch Buchstein 1996, 593ff.).

[2] Dies gilt für die künftige Rolle des Nationalstaates in einer sich – auch durch Medien bedingt – globalisierenden Welt, wie auch etwa für grundrechtliche Belange (Meinungsfreiheit) oder die Sanktionierung von Rechtsverstößen (Rassismus, Kinderpornographie etc.).

Demokratie online

lichen, v.a. ökonomischen Partikularinteressen und den weitgehend auf turnusmäßige Wahlen beschränkten Mitwirkungsmöglichkeiten der Bürger geriet die Idee einer Öffentlichkeit, in der Bürger ein Forum politischer Meinungs- und Willensbildung finden und die Ausübung politischer Macht kontrollieren, zunehmend ins Abseits. Zugleich hat sich das Gefüge sozialer Vergemeinschaftung in jüngster Vergangenheit durch Prozesse verändert, die hier nur mit den Stichworten: Globalisierung, Individualisierung und kulturell-ethnische Pluralisierung angedeutet werden sollen.

2. Die Konzentrations-, Globalisierungs- und Kommerzialisierungsdynamik v.a. der Print- und audio-visuellen Medien hat einer Form von *Zuschauerdemokratie* Vorschub geleistet, in der politische Öffentlichkeiten mediengerecht inszeniert werden und in der Bürger vor allem zu Empfängern medial erzeugter und verbreiteter Meinungen und Informationen geworden sind.[3]

Könnte das Medium Internet künftig einen ähnlichen *Strukturwandel der Öffentlichkeit* befördern wie das Buch- und Zeitschriftenwesen im 18. und 19. Jahrhundert und die audiovisuellen Massenmedien im 20. Jahrhundert? Das Internet wird, wie andere Medien zuvor auch, die politische Meinungs- und Willensbildung verändern. Es ist mittlerweile angezeigt, von der Ebene der Befürchtungen und Hoffnungen zu einer verstärkt die faktischen Entwicklungen einbeziehenden Analyse überzugehen. Einiges zeichnet sich bereits ab, vieles ist jedoch erst im Entstehen begriffen – angesichts der kurzen Zeit, in der es sich durch die Einführung des WWW-Standards von einem Insider- zu einem *individualisierten Massenmedium* gemausert hat, auch nicht verwunderlich.

Technologisch betrachtet stellt das Internet ein Medium dar, das das innovativ-revolutionäre Potential paradoxerweise gerade durch die *bloße* „Zusammenfassung aller bekannten Informationsformate" (Leggewie 1998, 16) generiert.[4] Seine Netzwerkstruktur bietet die Möglichkeit, top-down Strukturen

---

3 Putnam (1996) analysiert die möglichen Gründe für den dramatischen Rückgang sozialen und politischen Bürgerengagements der Amerikaner seit den 60er Jahren. Als *Haupttäter* erweise sich hierbei das Fernsehen, welches seit dieser Zeit in den USA flächendeckend verbreitet sei. Interessanterweise beginne der Rückgang an *civic engagement* mit den Nachkriegs-Generationskohorten, die bereits mit diesem neuen Medium sozialisiert würden. Einer der wenigen temperierenden Effekte dieser Entwicklung liege im steigenden Bildungsniveau breiter Bevölkerungsschichten.

klassisch massenmedialer Sender-Empfänger-Konstellationen zugunsten horizontaler oder bottom-up Verbindungen zu verändern und alle bekannten Zeichenformate, Text, Bild und Ton zu kombinieren.

Wenn man einen demokratietheoretischen Ausgangspunkt zur Analyse des Mediums wählt, bedeutet dies nicht zwangsläufig technologische Blindheit, d.h. die durch Hard- und Software gegebenen Potentiale dürfen nicht außer Acht gelassen werden. Die Technologie beantwortet jedoch nicht die Frage, in welcher Form das Netz politisch genutzt *wird* und wie es gebraucht werden *könnte*. Ebenso bedürfen die empirisch angeleitete Analyse und Einschätzung demokratischer Praxen, z. B. von online communities, Bürgernetzen und öffentlicher Meinungsbildung im Netz, eines demokratietheoretischen Rahmens. Auch hier findet sich die Antwort, wie das Internet genutzt wird, nicht vorrang auf technologischer Seite, sondern im Blick auf die gegenwärtigen gesellschaftlichen Strukturen, die politischen und kommerziellen Interessen und – nicht zuletzt – die Interessen der Nutzerinnen und Nutzer selbst.

Um die demokratische Bedeutung des Internet einschätzen zu können, soll daher zunächst ein demokratietheoretischer Analyserahmen entwickelt werden, der die Bedeutung zivilgesellschaftlicher Elemente unter Einbezug medienvermittelter politischer Kommunikation in den Vordergrund rückt. Es geht mir dabei um die Frage, ob das Internet Perspektiven für eine Stärkung öffentlicher Meinungs- und Willensbildung, also *öffentlicher Deliberation* bieten kann. Mit diesem Plädoyer zugunsten einer deliberativ-partizipativen Fassung moderner Demokratie verbindet sich zugleich eine skeptische Sicht auf eine republikanisch-kommunitaristische, den Vergemeinschaftungsaspekt per se in den Vordergrund stellende Form von Demokratisierung sowie eine kritische Einschätzung teledemokratischer Vorschläge, die vorrangig die Förderung elektronisch gestützter Abstimmungsverfahren (direkte Demokratie) befürworten.

---

4 Vgl. zur Geschichte und Struktur des Internet u.a.: Kubicek 1998, Cailliau 1998. Letzterer entwikkelte 1990 zusammen mit Tim Berners-Lee das Hypertext-Projekt WWW. Einen guten Überblick bieten auch Sander-Beuermann und Werle (1999) unter: [http://www.loccum.de/netztagung/for_2.html] (6.3.99).

Demokratie online 291

2. Demokratietheorien und politische Öffentlichkeit

Die Protagonisten, die sich vom Internet demokratiefördernde Potentiale versprechen, lassen sich hinsichtlich ihres teils impliziten, größtenteils aber explizit entfalteten Demokratieverständnisses analytisch[5] grob in vier Positionen einteilen, die jeweils spezifische demokratische Verbesserungen betonen:

- die *libertäre* Position, die vor allem von den amerikanischen Netzpionieren favorisiert wird (die sog. *kalifornische Ideologie*). In ihrer anti-etatistischen Ausrichtung tritt sie für eine möglichst große Meinungsfreiheit im Netz ein und befürwortet eine Stärkung basisdemokratischer Potentiale.
- die *direktdemokratische*, plebiszitäre Perspektive. Sie setzt auf Formen medial unterstützter Abstimmungsverfahren (Televoting etc.).
- die *kommunitaristische* Sicht. Sie erwartet v.a. von lokalen Netzstrukturen (Bürgernetzen) eine Stärkung gemeinschaftlicher Solidarität und politischer Partizipation auf kommunaler Ebene.
- die *zivilgesellschaftliche* Position. Sie erhofft sich vom Netz öffentliche Räume politischer Meinungsbildung und Deliberation; sie betont die Bedeutung bürgerschaftlicher Assoziationen.

In den neueren politischen und sozialphilosophischen demokratietheoretischen Debatten lassen sich im wesentlichen drei Positionen wiederfinden: eine liberale, das repräsentative, parlamentarische System stützende Position, ein republikanisch-zivilgesellschaftliches[6] sowie ein prozedural-deliberatives Modell von Demokratie. Da im liberalen Modell die politische Teilhabe des Bürgers sich im wesentlichen darauf beschränkt, periodisch die staatliche Ausübung politischer Macht zu sanktionieren, kommt hier einem intermediären Bereich politischer Meinungs- und Willensbildung nur periphere Bedeutung zu. Lediglich in den letzten beiden Modellen spielt die Öffentlichkeit eine konstitutive Rolle, sie wird aber jeweils anders gefaßt.

Korrespondierend dazu finden sich in soziologischen Analysen der Öffentlichkeit unterschiedlich anspruchsvolle Modelle (vgl. zum folgenden:

---

5 Die folgende Einteilung intendiert, den jeweils zentralen Aspekt der erwünschten demokratischen Veränderung *typologisch* hervorzuheben. Sie hat nicht das Ziel, die jeweiligen Befürworter auf diesen Aspekt zu reduzieren.

6 Da das Konzept der *Civil Society* in vieler Hinsicht die kommunitaristische Sicht *beerbt* hat, gehe ich auf das kommunitaristische Modell im folgenden nicht explizit ein.

Neidhardt 1994, 8ff.). So betont etwa die systemische Perspektive Luhmanns vorrangig den Aspekt des *Inputs*, also die Zugangsmöglichkeiten von Personen und Gruppen bei der Themensetzung. Öffentlichkeit wird im Hinblick auf ihre *Transparenzfunktion* betrachtet; sie dient der Selbstbeobachtung der Gesellschaft. Anspruchsvoller sind diskurstheoretische Modelle, die darüber hinaus die beiden Aspekte der Themenbearbeitung *(Throughput)* und der Steuerungsleistung öffentlicher Kommunikation *(Output)* betonen. Die Bedeutung von Öffentlichkeit wird hier in Prozessen diskursiver Meinungsbildung, also in ihrer *Validierungsfunktion* gesehen sowie in ihrer Leistung, solche öffentliche Meinungen für das Publikum zu erzeugen, die es „als *überzeugend* wahrnehmen und akzeptieren kann" (Neidhardt 1994, 9; Hervorh. i. Orig.). Der Öffentlichkeit kommt somit drittens eine *orientierende* Funktion zu.[7]

2.1 Das republikanisch-zivilgesellschaftliche Verständnis von Öffentlichkeit

In der Traditionslinie der antiken Auffassung von *Öffentlichkeit* ist dieser Begriff zumeist in einer räumlichen Metaphorik gedacht worden. Sinnbild ist der Marktplatz, die *Agora*, als Versammlungsort der Erörterung von Angelegenheiten, die für eine Gemeinschaft von gemeinsamem Interesse sind. Vor allem H. Arendt hat sich mit dem Verschwinden des öffentlichen Raumes in der Moderne auseinandergesetzt. Ihr an der Antike orientiertes Modell betont zwar den agonalen Charakter der politischen Auseinandersetzung, der durch die Präsenz der mit unterschiedlichen Sichtweisen und Interessen ausgestatteten Anwesenden gegeben sei; sie setzt aber zugleich eine relativ homogene, über einen gemeinsamen Werthorizont (Ethos) und Bezugsrahmen vermittelte Gemeinschaft voraus[8] (vgl. dazu auch Benhabib 1997, 28ff.). Sobald Kommunikationsprozesse jedoch medial vermittelt sind und die zu klärenden Belange vielfach den lokalen Raum sozialer Gemeinschaften sprengen, gerät die-

---

7 Die heuristische Fruchtbarkeit eines diskurstheoretischen Zugangs erweist sich nach Peters (1994) nicht zuletzt darin, für Diskrepanzen zwischen Anspruch und Wirklichkeit öffentlicher Meinungsbildung zu sensibilisieren und darüber hinaus, trotz gewisser strukturellen Einschränkungen, denen das normative Modell in modernen Gesellschaften empirisch unterliegt, die Faktizität argumentativ vermittelter kollektiver Lernprozesse durch öffentliche Diskurse aufzuzeigen.

8 „Nur wo Dinge, ohne ihre Identität zu verlieren, von Vielen in einer Vielfalt von Perspektiven erblickt werden, so daß die um sie Versammelten wissen, daß ein Selbes sich ihnen in äußerster Verschiedenheit darbietet, kann weltliche Wirklichkeit eigentlich und zuverlässig in Erscheinung treten." (Arendt 1981, 57)

ses Modell an strukturelle Grenzen. Das zentrale Problem dieses Modells, welches sich in Grundzügen in der kommunitaristischen Position wiederfindet, betrifft jedoch die Aufgabe des Politischen und damit auch die Funktion von Öffentlichkeit. Politische Willensbildung im öffentlichen Raum hat hier maßgeblichen Anteil am Prozeß gesellschaftlicher Selbstorganisation durch kommunikative Verständigungsprozesse der Angehörigen einer Gemeinschaft. Staatlicher Politik kommt hierbei nur die abgeleitete Funktion zu, öffentlich beratschlagte politische Entscheidungen zu implementieren (vgl. Honneth 1998, 764). Die Funktion einer politischen Öffentlichkeit, in der als zentraler Bestandteil einer starken Zivilgesellschaft der gesellschaftliche Lebenszusammenhang als ganzer reflektiert werden soll, erfordert von den Bürgern nicht nur ein hohes Maß an Bereitschaft zu politischer Beteiligung, sondern mündet auch in eine „ethische (...) Engführung politischer Diskurse" (Habermas 1996, 283; i. Orig. hervorg.).

2.2 Öffentlichkeit im prozedural-deliberativen Modell

Die Öffentlichkeit hat in deliberativen Demokratiemodellen ebenfalls eine zentrale Funktion. Deren normatives Fundament bildet ein Bündel von Voraussetzungen für eine faire *ideale* Sprechsituation. Bohman resümiert folgende Aspekte als konstitutiv für deliberative Ansätze:

„the inclusion of everyone affected by a decision, substantial political equality including equal opportunities to participate in deliberation, equality in methods of decision making and in determining the agenda, the free and open exchange of information and reasons sufficient to acquire an understanding of both the issue in question and the opinions of others" (Bohman 1996, 16).

Die Vorzüge eines prozedural-deliberativen Demokratiemodells in der Form, wie es z.B. von Habermas (vgl. 1992; 1996) favorisiert wird, liegen gegenüber einem republikanischen Modell zum einen darin, daß Staat und Gesellschaft sowohl eigensinnig als auch komplementär, also miteinander *verschränkt*, konzipiert werden. Die rechtsstaatlich institutionalisierte Form staatlichen politischen Handelns wird komplettiert durch vielfältige Formen eines öffentlichen Gesprächs und öffentlichen Vernunftgebrauchs. Für Habermas hat die Öffentlichkeit die Aufgaben einer *Signalfunktion* bei der Problemwahrnehmung und der Thematisierung eigener substantieller Vorstellungen bzw. Meinungen. Sie ist jedoch weitgehend von Entscheidungszwängen entlastet (vgl. Habermas 1992, 435ff.). Sie bezieht ihre „Impulse aus der privaten Verarbeitung lebensgeschichtlich resonierender gesellschaftlicher Problemlagen" (Habermas 1992, 442f.). Als zentrale Akteure einer zivilgesellschaftlichen Öffentlichkeit können Vereine, Verbände, Bürgerforen, soziale Bewegungen etc. gelten. Habermas ist hinsichtlich ihres Einflußes skeptisch, zumindest was eine „Öffentlichkeit im Ruhezustand" (Habermas 1992, 458; i. Orig. hervorg.) anbelangt, die nur periodisch – in Krisenzeiten – zu *vibrieren* beginne (skeptisch dazu: Kettner 1998, 47). Grundsätzlich insistiert er jedoch auf einer weniger empirisch als theoretisch abgeleiteten Selbstbegrenzung zivilgesellschaftlicher Akteure:

„Der Einfluß einer mehr oder weniger diskursiv, in offenen Kontroversen erzeugten öffentlichen Meinung ist gewiß eine empirische Größe, die etwas bewegen kann. Aber erst wenn dieser publizistisch-politische Einfluß die Filter der institutionalisierten *Verfahren* demokratischer Meinungs- und Willensbildung passiert, sich in kommunikative Macht verwandelt und in legitime Rechtsetzung eingeht, kann aus der faktisch generalisierten öffentlichen Meinung eine unter dem Gesichtspunkt der Interessenverallgemeinerung *geprüfte* Überzeugung hervorgehen, die politische Entscheidungen legitimiert" (Habermas 1992, 449).

Während das republikanische Modell mit seiner *politischen* Engführung (und Totalisierung) des Vergemeinschaftungsaspekts Gefahr läuft, die Individuen tugendethisch zu überfordern, ist bei Habermas der Einwand angebracht, daß sein diskurstheoretisch konzipierter Prozeduralismus eigentümlich substanzlos bleibt. Wenn sich die politische Souveränität in die „subjektlosen Kommunikationsformen"[9] zurückgezogen hat, so entlastet diese Perspektive einerseits vor überzogenen Tugenderwartungen republikanischer Demokratiekonzepte. Und es dürfte unstrittig sein, daß Implementierung, Aufrechterhaltung und Weiterentwicklung einer demokratischen politischen Infrastruktur auch in Form rechtlich-institutionalisierter Regelungen gedacht werden muß.[10] Andererseits wird nicht recht einsichtig, wie es um die motivationalen Beweggründe partizipationsbereiter Bürger bestellt ist, die diese Form politischer Öffentlichkeit mit Leben füllen sollen. Habermas vernachlässigt den *subjektiven* Faktor zugunsten der institutionalisierten politischen Infrastruktur;

---

9 Ergänzend dazu: „Eine subjektlos und anonym gewordene, intersubjektivistisch aufgelöste Volkssouveränität zieht sich in die demokratischen Verfahren und in die anspruchsvollen kommunikativen Voraussetzungen ihrer Implementierung zurück" (Habermas 1992, 626).

dabei gerät aus dem Blickfeld, daß Partizipations*bereitschaft* auch von lebensweltlich erworbenen Ressourcen, Partizipations*chancen* auch von nichtpolitischen, d.h. insbesondere soziokulturellen und -ökonomischen Lebensbedingungen abhängen. Die demokratietheoretische Engführung führt bei Habermas zu einer Eingrenzung des Politischen auf das politische Sub-System und einer medial vermittelten, deliberierenden politischen Öffentlichkeit, wobei die *vorpolitischen* Voraussetzungen im Sinne einer mehr oder weniger demokratischen Alltagskultur nicht genügend Beachtung finden. Zu diesen Voraussetzungen wären auch institutionell-infrastrukturelle Faktoren in einem erweiterten Sinne zu zählen, die dem Bürger durch geeignete Foren und Arenen Möglichkeiten politischer Artikulation bieten.

Während das republikanische Modell das Politische mit der Zumutung einer Reflexion des ganzen gesellschaftlichen Lebenszusammenhangs totalisierend überfordert, zieht Habermas zu rigide Grenzen, die sicherlich im Blick auf die damit verbundenen Gefahren einer wertorientierten Aufladung bzw. Reethisierung des Politischen bedenkenswert sein mögen. Er blendet damit jedoch zugleich Diskurse des Politischen aus, die als *Identitätspolitik, life politics* (Giddens) oder *subaltern politics* (Fraser) in jüngster Zeit verstärkt die Probleme ethnischer und kultureller Identität und Anerkennung auf die politische Agenda gesetzt haben.[11] Ich halte daher eine Konzeption von politischer Öffentlichkeit für erforderlich, die auch Fragen des *guten Lebens* als legitime anerkennt und Arenen der Präsentation und Thematisierung bietet. Schwerwiegender scheint mir jedoch, daß die sozioökonomischen Lebensverhältnisse, die ökonomisch induzierten Marginalisierungen von Bevölkerungsgruppen als demokratiegefährdende Risiken bei Habermas nicht ausreichend berücksichtigt werden.

---

10 Auch Gimmler (2000) betont den verfahrensbezogenen Legitimationsaspekt einer deliberativen Demokratietheorie. Angesichts von Wertepluralität und -dissens ist nicht so sehr der politisch engagierte Bürger *an sich* das Idealbild einer demokratischen Streitkultur, sondern derjenige, der mit Pluralität und Divergenz von Meinungen und Wertungen konstruktiv-anerkennend umgehen kann. Ob dies ohne eine zumindest partielle Fähigkeit zu einer dezentrierten, die Perspektivität der eigenen Sicht und der der anderen mitreflektierenden Haltung gedacht werden kann, scheint mir zweifelhaft. Theoretische Platzhalter hierfür sind z. B. in der Habermasschen Sozialisationstheorie im Konzept der reflexiven Ich-Identität, bei Kohlberg als Postkonventionalität intendiert. Dewey setzt hier auf die *Habitualisierung* von Kooperations- und Urteilsfähigkeit im Rahmen einer praktizierten demokratischen Alltagskultur.

11 Auf die Bedeutung des Internet hierfür werde ich später zurückkommen.

Im folgenden soll gezeigt werden, daß Deweys demokratietheoretische Konzeption einen Zugang bietet, der mit einer weitergehenden Vorstellung von Demokratie (als Lebenform) die vorpolitischen Voraussetzungen für die Mitwirkung an einer demokratischen Kultur systematisch miteinbezieht und somit eine (dritte) konzeptionelle Alternative zum republikanischen und prozeduralen Ansatz bietet.

2.3 Demokratie und Öffentlichkeit bei Dewey

In den 20er Jahren hat sich John Dewey mit dem Problem moderner Öffentlichkeit in seinem Werk The Public and its Problems (1927) beschäftigt. Die Aktualität des Ausgangsproblems hat sich dabei im Kern nicht verändert. Es ging damals – sein Kontrahent war der Publizist Walter Lippmann – wie heute um die Frage, ob angesichts des dramatischen Komplexitätszuwachses moderner Gesellschaften an der Idee einer Volksherrschaft, d.h. einer qua assoziierter und institutionalisierter Öffentlichkeit auf sich selbst einwirkenden politischen Gemeinschaft noch festgehalten werden könne. Lippmanns skeptische Einwände dagegen, die man als Ausdruck einer *realistischen Demokratieauffassung* verstehen kann, liefen auf ein *repräsentatives Demokratiemodell* hinaus, in dem die gewählten Vertreter als politische Repräsentanten im Verbund mit fach- und sachkundigen Experten anstehende Handlungsprobleme lösen sollten.

Dewey teilt mit Lippmann in weiten Teilen die Problemanalyse moderner Demokratien, jedoch nicht dessen Schlußfolgerung. Zunächst unternimmt Dewey eine *funktionale Bestimmung von Öffentlichkeit*. Sie bilde sich aus denjenigen, die von den Folgen sozialen Handelns als nicht direkt an diesem Handeln Beteiligte betroffen seien.[12] Diese Öffentlichkeit organisiere sich, um ihrerseits handlungsfähig zu sein, als Staat, als die politische Repräsentanz des Gemeinwesens (vgl. Dewey 1996, 71ff.). Diese Herleitung des Staates liegt quer zu gängigen Staatstheorien, etwa naturrechtlicher Provenienz. Das Konstitutionsverhältnis von Staat und Öffentlichkeit wird gewissermaßen umgekehrt, der Staat wird zur sekundären, abgeleiteten Assoziationsform.

---

12 „Indirekte, weitreichende, andauernde und schwerwiegende Folgen vereinten und interaktiven Verhaltens bringen eine Öffentlichkeit hervor, die ein gemeinsames Interesse an der Kontrolle dieser Folgen besitzt" (Dewey 1996, 112). (vgl. auch: ebd., 66)

Aufgabe von Öffentlichkeit (und Staat) ist die Wahrnehmung, Analyse und Bearbeitung der indirekten Folgen sozialen Handelns. Damit ist die Richtung angedeutet, in der Dewey – im Unterschied zum republikanischen und prozeduralen Verständnis – eine demokratische Öffentlichkeit *konstitutionstheoretisch*[13] ansiedelt: Ihr Ziel ist nicht primär, ein Ort des freien, ungezwungenen Meinungsaustausches zu sein, sondern ein Mittel, „with whose help society attempts, experimentally, to explore, process, and solve its own problems with the coordination of social action" (Honneth 1998, 775). Deweys Öffentlichkeitsbegriff ist *handlungs-*, nicht kommunikationstheoretisch eingeführt.[14] Gleichwohl bedürfen diese Kooperationsgemeinschaften symbolisch-diskursiver und medialer Vermittlungspraxen, ohne die sie sich gar nicht als Gemeinschaften verstehen könnten (vgl. Dewey 1996, 132).[15] Damit ist der medientheoretische Bezug konstitutiv für das Problem der Demokratie, politische Deliberation ist aber kein Selbstzweck, sondern dient der Analyse und Problembearbeitung der Folgen interdependenten menschlichen Handelns.

Der gesellschaftliche Zuwachs an Komplexität, den Dewey damals, zu Beginn dieses Jahrhunderts, vor Augen hatte und der seither in den sich systemisch ausdifferenzierenden modernen Gesellschaften weiter vorangeschritten ist, bedeutet eine Zunahme funktionaler Handlungskoordinationen, als deren Resultate die *indirekten* Handlungsfolgen exponential gestiegen sind. Zugleich ist diese Entwicklung, die zu einer Überformung lokaler Vergemeinschaftung durch systemische Vergesellschaftungsprozesse geführt hat, wesentlich mit-

---

13 In Ergänzung zu den drei Funktionen von Öffentlichkeit, wie sie in der öffentlichkeitssoziologischen Diskussion gebräuchlich sind (vgl. Kap. 2), könnte man mit Dewey viertens von einer *Konstitutionsfunktion* der Öffentlichkeit sprechen. Öffentlichkeit wird hier als ein Prinzip der (demokratischen) Vergesellschaftung verstanden.

14 Ich folge Honneths These, daß Deweys Modell den beiden Ansätzen überlegen ist, Dewey also zu Unrecht von beiden Seiten umstandslos als einer *ihrer* theoretischen Vorläufer reklamiert worden ist. Dies kann hier nicht detaillierter ausgeführt werden. Deutlich sollte jedoch im folgenden werden, daß Deweys Ansatz deliberative Reflexion *und* Vergemeinschaftung durch sein erweitertes, soziales Demokratieverständnis zusammendenken kann und somit die angedeuteten Verkürzungen des republikanisch-kommunitaristischen und prozeduralen Modells vermeidet (vgl. Honneth 1998). Vogel (1998) schlägt eine handlungstheoretische Lesart auch des *Medien*konzepts bei Dewey vor, worauf ich an dieser Stelle nicht weiter eingehen kann.

15 Das deliberative Moment seines Ansatzes drückt folgende Stelle deutlich aus: „Das wesentliche Erfordernis besteht (...) in der Verbesserung der Methoden und Bedingungen des Debattierens, Diskutierens und Überzeugens. Das ist *das* Problem der Öffentlichkeit" (Dewey 1996, 173).

beteiligt am Problem des *Verschwindens der Öffentlichkeit* (vgl. Dewey 1996, 112ff.).

Deweys konstruktive Überlegungen kreisen daher um das Problem, wie sich die Öffentlichkeit – oder präziser sollte man vielleicht von Öffentlichkeiten im Plural sprechen – eine Form geben kann, in der sie sich gewissermaßen *als* Öffentlichkeit erst einmal *konstituiert* (vgl. Dewey 1996, 127). Eine wichtige Rolle spielen in diesem Prozeß die Kommunikationsmedien als Voraussetzung öffentlicher, sachkundiger Meinungsbildung. Darüber hinaus erinnert Dewey insbesondere die Human- und Sozialwissenschaften daran, daß die Wissenschaft als soziale Praxis für die Gesellschaft die Aufgabe habe, deren Problemlösekapazitäten durch Wissenserzeugung und -bereitstellung zu erhöhen (vgl. Dewey 1996, 142ff.). Öffentliches politisches Handeln sei daher zu verstehen als eine *problemlösungsorientierte, kommunikative und experimentelle Praxis*. Dewey besteht jedoch darauf, daß sachkundiges Expertentum einer demokratischen Legitimation bedürfe. Das Problem einer *repräsentativen* Demokratie liege genau hierin, daß politische und sachkundige Experteneliten sich von öffentlichen Belangen abkoppelten und verselbständigten.[16] Deweys Überlegungen zielen also auf einen Begriff von Öffentlichkeit, in dem sich *Experten- und Laienkulturen begegnen und austauschen* können und sollen. Dieser Austausch kann in komplexen Gesellschaften vielfach nur über Medien verlaufen.

Im Rückblick betrachtet war Dewey hinsichtlich der vermittelnden Rolle der damals vorhandenen Massenmedien (vor dem Fernsehen!) für die Verbreitung von Wissen und die politische Meinungsbildung möglicherweise zu optimistisch. Des weiteren betont er mehrfach den Gedanken einer Stärkung lokaler, face-to-face basierter Gemeinschaftlichkeit (vgl. Dewey 1996, 175)[17] als wesentliche Voraussetzung, damit die *Große Gesellschaft* sich zur *Großen Gemeinschaft* weiterentwickeln könne.

Nun ist dieser kommunitaristische[18] Grundzug mit einer wesentlichen Spezifikation versehen: Auch diese Vergemeinschaftung muß *demokratisch* sein. „Die Demokratie muß zu Hause beginnen" (Dewey 1996, 177). Nach in-

---

16 „In dem Maße, in dem sie (die intellektuellen Eliten; W.B.) eine spezialisierte Klasse werden, sind sie vom Wissen über die Bedürfnisse, denen sie dienen sollen, abgeschnitten" (Dewey 1996, 172).

17 „Solange das lokale Gemeinschaftsleben nicht wiederhergestellt ist, kann die Öffentlichkeit ihr dringendstes Problem nicht angemessen lösen: sich selbst zu finden und zu identifizieren" (Dewey 1996, 179).

18 Bei Dewey in einem nicht wertkonservativen Sinne gemeint (vgl. dazu auch: Kettner 1998, 48).

nen setzt dies voraus, daß die Beteiligten faire Chancen zur Entfaltung ihrer Potentiale erhalten. Und da jedes Individuum gleichzeitig mehreren Assoziationen und Gruppen angehört, kann es diese Fähigkeiten nur durch eine möglichst ungehinderte, freie Interaktion zwischen den verschiedenen Gruppierungen erreichen. Den Unterschied zwischen einer demokratischen und nichtdemokratischen Gemeinschaft beschreibt Dewey treffenderweise so:

„Das Mitglied einer Räuberbande kann seine Fähigkeiten auf eine mit der Zugehörigkeit zu dieser Gruppe vereinbarende Weise äußern und von den gemeinsamen Interessen ihrer Mitglieder geleitet sein. Aber das kann es allein um den Preis der Unterdrückung derjenigen seiner Potenzen, die nur durch die Zugehörigkeit zu anderen Gruppen verwirklicht werden können. Die Räuberbande kann nicht frei mit anderen Gruppen interagieren; sie kann nur handeln, indem sie sich selbst isoliert. Sie muß die Verfolgung aller Interessen verhindern, außer jenen, welche sie in ihrer Abgetrenntheit definieren" (Dewey 1996, 128).

Es liegt auf der Hand, daß die *Räuberbande* umstandslos als Platzhalter für zahlreiche Formen undemokratischer Vergemeinschaftung verstanden werden kann. „Öffentlichkeit setzt Gemeinschaftlichkeit voraus, ist aber nicht gleich Gemeinschaft" (Kettner 1998, 49, Fußn. 16). Weil Dewey die für Öffentlichkeiten konstitutiven Gemeinschaften nicht über Werte integriert, sondern konsequentialistisch, über Handlungsfolgen und das Interesse an ihrer Kontrolle motiviert denkt, ist sein Gemeinschaftsbegriff dynamisch und progressiv. Dieses Verständnis stellt systematisch in Rechnung, daß die Identifizierung und Bewertung von z. B. unerwünschten Handlungsfolgen angesichts unterschiedlicher Perspektiven, Überzeugungen von Menschen und aufgrund ihrer Zugehörigkeit zu verschiedenen Gruppen (Teilöffentlichkeiten) ein voraussetzungsreiches Unterfangen ist. Genau hierin liegen die Vorzüge eines an Dewey anschließenden deliberativen Demokratiemodells, welches nicht vorrangig an abgeschlossenen Konsensbildungen orientiert ist, sondern den experimentellen Charakter politischer Willensgenerierung betont. Demokratie ist ein fortlaufender Prozeß gesellschaftlicher Kooperation, in dem nicht letzte Wahrheiten, sondern lediglich revisionsfähige praktische Hypothesen zur Bewältigung unerwünschter Handlungsfolgen erzeugt werden müssen.

Ausgehend von Deweys konsequentialistischem Verständnis von Öffentlichkeit und sozialer Vergemeinschaftung kann gezeigt werden, daß die Grenze zwischen *öffentlich* und *privat* fließend ist und immer wieder – als Thema politischer Deliberation – neu gezogen werden muß (vgl. Dewey 1996, 66f. und 162). Dies eröffnet Anschlüsse an ein anderes und erweitertes Verständnis des Politischen, wie es vor allem durch soziale Bewegungen in den letzten Jahrzehnten eingefordert wurde.

Als klassische Felder des Politischen gelten bekanntlich die Bezüge zwischen den gesellschaftlichen Subsystemen Politik, Ökonomie, Recht sowie zwischenstaatliche Relationen. Dieses Verständnis des Politischen hat sich mit dem Aufkommen der neuen sozialen Bewegungen verändert. Die Konfliktlinien politischer Auseinandersetzungen verlaufen nun nicht mehr ausschließlich entlang bzw. innerhalb systemischer Konstellationen, sondern zwischen den Subsystemen und der Lebenswelt. Damit werden auch in das Feld des Politischen (wieder) Themen eingeführt, die gewissermaßen existentieller Natur sind und vor allem innerhalb eines (sozialphilosophischen) liberalistischen Politikverständnisses weitgehend in den Raum der privaten Lebensführung ausgelagert worden waren. Dazu zählen umweltbezogene Themen an der Schnittstelle Mensch-Natur ebenso wie neue Formen des *Subpolitischen* oder von *life politics*. Hierbei geht es um expressive und „ikonographische" (Benhabib 1997, 39) Präsentationspraxen häufig marginalisierter Gruppen, um alternative Entwürfe von Lebensstilen bzw. Selbstverwirklichung. Öffentlich-politische Relevanz erhalten diese identitätsorientierten Bewegungen jedoch erst mit ihrem Anspruch auf und dem Ringen um gleichberechtigte gesellschaftliche Anerkennung, etwa hinsichtlich ihrer geschlechtlichen, kulturellen oder religiösen Identitätsthematik. Es ist dieser Appell an die Mehrheitsgesellschaft und an das politisch-institutionalisierte System nach Respekt und politisch-rechtlicher Gleichstellung, welcher diese Anliegen zu öffentlichen macht. Dewey würde den Überlegungen Benhabibs sicherlich zustimmen, wenn sie dazu bemerkt:

> „Mit ihrem Eintritt in die Öffentlichkeit stellt sich jede neue soziale, kulturelle oder politische Gruppe den anderen Mitgliedern der Gesellschaft vor und redefiniert damit gleichzeitig ihre Identität. Dieser Prozeß der Selbstdarstellung und Artikulation in der Öffentlichkeit ist immer noch das einzige Mittel, durch das sich die zivile Einbildungskraft entwickeln kann" (Benhabib 1997, 40).

Deweys Konzeption moderner Öffentlichkeit kann und will den Kontrast zwischen theoretisch-begrifflicher und empirischer Ebene nicht nivellierend einebnen. Wenn man sich auf ein solches Theorieverständnis einläßt, welches

Demokratie online 301

weder die vorhandene Empirie repräsentierend verdoppelt noch die Theorie als normative Folie begreift, wenn man sich also auf das spannungsreiche Verhältnis zwischen Begrifflichem und Empirischem einläßt, dann werden die Anschlußstellen interessant, die eine Sichtung und Reinterpretation empirischer Praxen im Blick auf die theoretische Folie erlauben.[19] Dies soll im folgenden hinsichtlich der Potentiale und Risiken des Internet für eine demokratische Kultur unter folgenden Aspekten exemplarisch versucht werden:

— Welche Bedeutung hat das Internet für die Informationsbeschaffung und Zugänglichkeit zu gesellschaftlichen Wissensbeständen? (3.1)
— Ändern sich die Kommunikationsflüsse, auch und gerade zwischen Experten- und Laienkulturen? (3.2)
— Welche Rolle spielt das Internet für Formen (neuer) sozialer Vergemeinschaftungsprozesse? (3.3)
— Können mit dem Internet medienunterstützte Formen politischer Deliberation und Partizipation gefördert werden? (3.4)

3. Öffentlichkeit im Internet

Welchen genuinen Beitrag für die Bereitstellung öffentlicher Arenen der Information, der politischen Präsentation, der Deliberation und der Vergemeinschaftung leistet das Internet? Zunächst ergeben empirische Befunde hinsichtlich des Anteils politisch relevanter Sites, Diskussionsforen und Mailing-Listen eine eher ernüchternde Bilanz. Wenn Rilling feststellt, „das Netz ist unpolitisch" (Rilling 1997), so heißt dies zunächst, daß politisch einschlägige Angebote, die den Informations- und Diskussionsaspekt betreffen, sich im Bereich von 1-2% bewegen.[20] Selbst wenn man davon ausgeht, daß Politikrelevantes sich auch hinter *unpolitischen* Domainnamen[21] bzw. in Diskussionsfo-

---

19 Deweys Version pragmatischer Philosophie und Theoriebildung wird u.a. durch den Begriff des Experimentalismus charakterisiert. In diesem Kontext bedeutet das, daß sowohl die vorfindliche Empirie als auch die entworfene Theorie (der Öffentlichkeit) nur bedingt antizipierende Aussagen über deren künftige Wirklichkeit, bzw. das, was in Zukunft darunter zu verstehen ist, erlauben. Von beiden Seiten wäre vielmehr die darin enthaltenen Kontingenzen und Potentiale in ihrer Interdependenz zu entfalten. Weder ist die Zukunft durch die gegenwärtigen Verhältnisse deterministisch vorherbestimmt noch die Theoriebildung der Ort, (zeitlose) Wesensaussagen von Begriffen zu treffen.
20 Für detailliertere Angaben, die dem Stand von 1996 entsprechen, vgl.: Rilling (1997).

ren und Newsgroups ereignet, die nicht explizit unter Adressen wie *politi* firmieren, dürfte der Anteil nicht wesentlich höher sein.

Diese Zahlen müßten eigentlich die Skeptiker beruhigen und die Internet-Enthusiasten entmutigen. Der Trend in Richtung Kommerzialisierung und Infotainment scheint sich im Zuge entscheidender medienpolitischer Weichenstellungen (Deregulierung, Privatisierung) der letzten Jahre (v.a. in den USA) eindeutig in eine Richtung zu entwickeln, die sich den Verhältnissen der *realen Welt* zunehmend angleicht (vgl. dazu auch Weiß 1998).[22] Der explizit und implizit hohe politische Anspruch der Netzpioniere aus der Gründerzeit des Internet wird durch die massenhafte Verbreitung dieser Technologie zunehmend marginalisiert.

Obwohl Skepsis im Blick auf die politische Dimension des Netzes angebracht ist, wäre es gleichwohl falsch und verfrüht, dieses Thema ad acta zu legen. Einige der Potentiale, die das Medium zweifelsohne hat, sollen nun an exemplarisch ausgewählten empirischen Befunden näher beleuchtet werden.

3.1 Das Internet als Informationsmedium

Das Internet bietet die Möglichkeit für staatliche und politische Organisationen und Gruppen, sich selbst im Internet zu präsentieren und Informationen bereitzustellen. Die kostengünstigen Kanäle des Internet erlauben vor allem gemeinnützigen Organisationen, sich mit neuen, adressatenspezifischeren und direkten Mitteilungswegen an die Öffentlichkeit zu wenden.

Es gilt hier, den präsentativen Aspekt der Selbstdarstellung von Organisationen, Parteien und anderen politischen Akteuren vom informativen (zeit- und kostensparenden) Zugriff auf amtliche Dokumente, Gesetzestexte und Protokolle zu unterscheiden. Ein Modellprojekt für letzeres ist der vom amerikanischen Kongreß eingerichtete *THOMAS-Dienst*, der beträchtliche Zugriffsziffern aufweisen kann (monatlich ca. 200 000; vgl. Rilling 1997). Bereits an dieser Stelle zeigt sich, daß Fragen der politischen Verfaßtheit des Netz-

---

21 Auf der Top-level Ebene ist als politisch einschlägig z. B. das Kürzel *gov* einzustufen, weitere politische Bezüge können mit den Namen *edu* (Bildungsbereich in angelsächsischen Ländern) und *org* (andere Organisationen) in Verbindung gebracht werden.

22 Ein Aufmacher der Suchmaschine *Infoseek* nach Clintons Wiederwahl (1996) bringt dies treffend zum Ausdruck: „More people use infoseek finding Pamela Anderson than Bill Clinton. Sorry for that, Bill" (zitiert nach: Rilling 1997).

Demokratie online 303

raums (also der polity-Aspekt) eine zentrale Rolle spielen. Staatliche Informationspflicht, das Recht des Bürgers auf Akteneinsicht, wie es im amerikanischen *Freedom of Information Act* (1996 an das neue Medium adaptiert) niedergelegt wurde, begünstigen die elektronische Bereitstellung solcher Daten. Betrachtet man demgegenüber den bisherigen Aufwand, den interessierte Bürger, politische Akteursgruppen, aber auch z. B. Lehrer und Schüler für unterrichtliche Zwecke betreiben mußten, um Zugang zu Originalmaterial zu erhalten, so ist dies nicht nur in quantitativer Hinsicht ein Zugewinn an demokratischer Souveränität und informationeller Selbstbestimmung.

3.2 Kommunikationsstrukturen im Internet

Es gibt bisher relativ wenige Studien, die eine empirische Rekonstruktion politischer Kommunikationsprozesse im Internet unternommen haben. Einige Befunde aus einem Forschungsprojekt, welches der amerikanische Politologe M. Bonchek (vgl. Bonchek 1997) durchgeführt hat, geben darüber Aufschluß.

Boncheks Ausgangshypothese ist, daß sich die Strukturen und der Fluß politischer Information und Kommunikation durch das neue Medium Internet ändern und daß dies Folgen hat für politisches Handeln bzw. Partizipation. Er vergleicht den politischen Informationsfluß der Massenmedien am Beispiel der Printmedien mit den Informationskanälen und -strömen, die sich aus der Netzstruktur des Internet ergeben. Kurz gefaßt lautet seine These: Wir haben es hier mit einem Übergang von der *Broadcast Structure* zur *Netcast Structure* zu tun.

Die Strukturen der beiden Kommunikationsmodelle sind in der Graphik verdeutlicht, die sich an Bonchek orientiert (vgl. Abbildung 1). Die Graphik zeigt zwei Kommunikationszirkel: oben das über thematische Bezüge verbundene Netz der Expertenkultur, bestehend aus staatlichen Institutionen, politischen Organisationen und den Medien; unten das der aktiv engagierten und der interessierten Laien-Öffentlichkeit. Die *interne* Kommunikation beider Zirkel verläuft nach Bonchek unter den Bedingungen der *klassischen* Massenmedien vorrangig über personale Medien (also Telefon, Fax, Briefe u.ä.) bzw. auch im direkten Kontakt. Die Presse habe hierbei die zentrale Rolle des Vermittlers *zwischen* beiden Kulturen. Sie übernehme zugleich die Funktion eines *Filters* bzw. *gatekeepers*, wodurch sie Art und Inhalt des Informationsflusses steuern könne. Es gebe wenige direkte, v.a. reziproke Verbindungen zwischen beiden Kulturen. Der Informationsfluß verlaufe – via Massenmedien – eindirektional und top-down, von den Experten- zu den Laiennetzen.

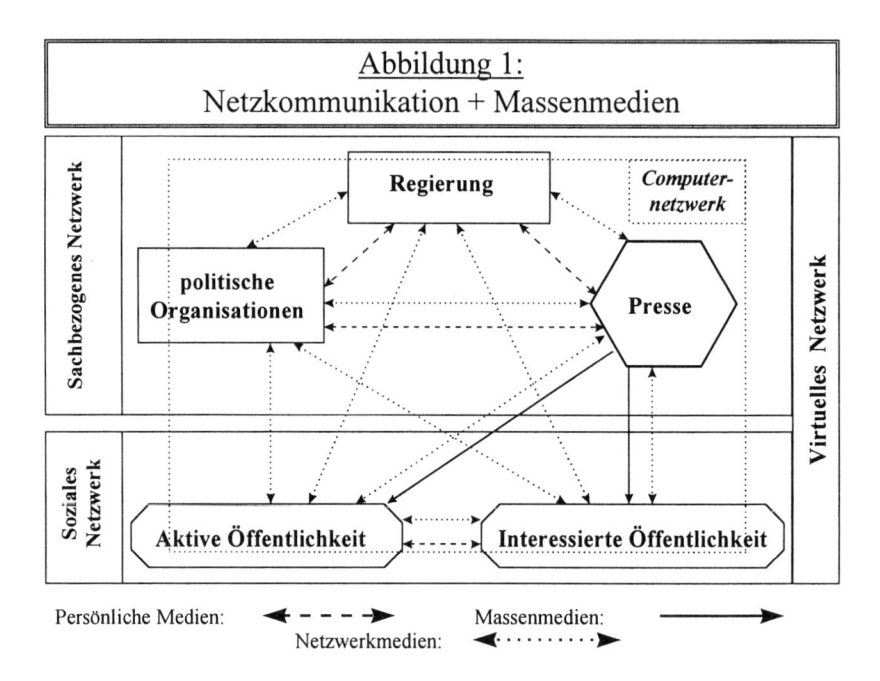

Abbildung 1:
Netzkommunikation + Massenmedien

[Diagramm: Sachbezogenes Netzwerk, Soziales Netzwerk, Virtuelles Netzwerk, Computernetzwerk mit Elementen Regierung, politische Organisationen, Presse, Aktive Öffentlichkeit, Interessierte Öffentlichkeit; Legende: Persönliche Medien, Netzwerkmedien, Massenmedien]

Wenn man das Internet einbeziehe, änderten sich die Kommunikationsprozesse wie folgt (vgl. Bonchek 1997, Kap. 3.6):

- Es komme zu direkten Vernetzungsvorgängen der beiden Kommunikationszirkel (Experten- und Laien-Öffentlichkeit) und zu wechselseitigen Kommunikationsprozessen.
- Die Massenmedien verlören ihre quasi-Monopolstellung bei der Informationsvermittlung von den Expertenkulturen zu den Laien-Öffentlichkeiten. Möglicherweise stehe in diesem Zusammenhang auch eine Funktionsveränderung (-erweiterung) der Massenmedien ins Haus. Neben ihrer Funktion als Bote, als Sender von Information könnten sie zuneh-

mend zu Informationshändlern, -agenturen werden, die gewissermaßen Informationsbedürfnisse bestimmter Gruppen *maßgeschneidert* befriedigten. Auf der Ebene sozialer Netze bzw. von Laien-Öffentlichkeiten komme es zu einer Erweiterung der bis dato vorwiegend lokal-räumlich organisierten sozialen Vernetzung um *virtuelle Gemeinschaften*, die sich nicht aufgrund ihrer raum-zeitlichen Situiertheit, sondern auf der Basis geteilter *Interessen, Anliegen* und *Bedürfnisse* bildeten.

Die These der Vernetzung beider Kulturen könne empirisch getestet werden, wenn man Sender und Empfänger von Emails in Mailing-Listen nach ihren Email Adressen sortiere. Bonchek hat dies am Beispiel der Mailing-Liste des E-Democracy Projects in Minnesota untersucht.[23] Eine Aufschlüsselung des demographischen Profils der Teilnehmer habe ergeben, daß 10% der Listen-Teilnehmer den Zugang über einen Verband oder andere politische Institutionen haben. Ein weiteres Zehntel der Teilnehmer habe online-Kontakte über eine staatliche Institution auf lokaler, regionaler oder Bundesebene. Der größte Teil der Teilnehmer sei der Laien-Öffentlichkeit zuzuordnen, wobei immerhin ein Viertel der Gesamtteilnehmer sich über Institutionen des Bildungsbereichs, also v.a. über Universitäten, Colleges etc. einlogge. Einige Mitglieder der Liste kämen auch aus dem Medienbereich. Es zeige sich also, daß alle fünf Handlungsbereiche hier in direktem, wechselseitigen Informationsaustausch stünden.

Bonscheks Befunde dürften für Kommunikationsprozesse auf lokaler Ebene bzw. innerhalb bestimmter *community networks* repräsentativ sein; sie gelten aber nur mit größeren Einschränkungen auf nationaler Ebene. Hier gibt es empirische Evidenzen, daß es durch das Internet eher noch zu einer Kommunikationsverdichtung zwischen den Angehörigen des politischen, ökonomischen und Mediensystems komme (vgl. Rilling 1997). Ebenso unterscheide sich der Umgang politischer Repräsentanten mit Emails (Anfragen, Petitionen, etc.) von Bürgern nicht von bisherigen Kommunikationsformen. Das meiste werde von den Mitarbeitern *abgefangen* (vgl. Zittel 1998, 117). Der direkte Weg zum eigenen Abgeordneten ist also für den *Normalbürger* nach wie vor mit schwer zu überwindenden Hürden verstellt.

---

23 Das Projekt war 1994 ursprünglich zur Förderung der Wahlbeteiligung der 94er Wahlen ins Leben gerufen worden, hatte sich anschließend jedoch in funktioneller Hinsicht erweitert.

Trotzdem gibt es hier beachtliche nationale Unterschiede etwa zwischen den USA und Deutschland. Bedingt durch die unterschiedlichen Wahlsysteme wird von amerikanischen Abgeordneten mehr Bürgernähe (aber auch Bezugnahme auf lokale Lobbys) gefordert. Man wird bei aller Skepsis jedoch berücksichtigen müssen, daß gerade hierzulande die politischen Eliten (Parteien) in der Regel „netzspezifische Form(en)" (Leggewie 1998, 33) des Umgangs mit den Bürgern noch nicht gefunden haben. So haben zwar alle Parteien eigene Diskussionsforen, einzig innerhalb der SPD findet sich – vom Parteiestablishment zunächst kritisch beäugt – mit dem 1995 in Privatinitiative gegründeten *Virtuellen Ortsverein* (www.vov.de) ein genuin interaktives Forum politischer Deliberation, welches auch für Nichtmitglieder offen ist.[24]

3.3 Virtuelle Vergemeinschaftung durch das Internet

Daß es eine Erweiterung sozialer, räumlich verbundener Netzwerke um *virtuelle* Netzwerke, die sich über gemeinsame Interessen- und Bedürfnislagen[25] definieren, gibt, dokumentieren z. B. Mailing-Listen und Chatforen zur Genüge.[26] Gerade denjenigen *subpolitischen* Akteuren und Gruppen, die mit ihren Interessen und Anliegen außerhalb des *main-stream* öffentlicher Repräsentation liegen, bietet dieses Medium Raum innerhalb einer dezentralisierten, vom Zugang zu Massenmedien unabhängigen Öffentlichkeit. Die interessantere Perspektive stellt sich hinsichtlich ihrer Verfaßtheit: Gibt es in solchen *virtuellen communities* Formen des Informations- und Meinungsaustausches, der offen für divergierende, kontroverse Positionen ist und so mit neuen Ideen und Perspektiven die Meinungsbildung der Akteure bereichert?[27] Wird dies mögli-

---

24 Mit der *computer literacy* vieler Repräsentanten in Politik und Wirtschaft ist es nicht zum besten bestellt, was sowohl offizielle Anlässe als auch die geringe Zahl internetbasierter Gesprächsforen belegen.

25 Burbules (1999) bezeichnet diese Verbindungen als *horizontale* Vergemeinschaftung im Unterschied zur *vertikalen*, raum-zeitlich situierten und durch Nähe, Vertrautheit und relative Homogenität bestimmten.

26 Einen Überblick zu erfaßten Mailing-Listen und Newsgroups findet man mit der Suchmaschine: WWW.Listz.com.

27 Öffentliche Aufmerksamkeit erregen häufig die *Räuberbanden*, um Deweys Metapher hier nochmals zu benutzen, also Gruppen, die klare Feindbilder haben, rassistisch etc. orientiert und gerade nicht für kritische Dialoge mit anderen offen sind.

Demokratie online

cherweise durch die Anonymität und *virtuelle* Präsenz der Beteiligten erleichtert?

Vor allem in öffentlich zugänglichen Usenet-Diskussionsforen zeige sich zunächst einmal, daß um politische Themen orientierte Newsgroups einen signifikant höheren (3fachen) Umsatz an Diskussionsbeiträgen haben als nichtpolitische Gruppen, die stärker auf Ankündigungen/Annoncen setzten (vgl. Bonchek 1997, Kap. 5). Bonchek zeigt am Beispiel eines Diskussionsforums (alt.politics.homosexual), daß die Beiträge der diskutierten Gesprächsfäden (threads) ein hohes Maß kontroverser Meinungen innerhalb der Gruppe aufwiesen (z. B. zum Thema: rechtliche Gleichstellung von gleichgeschlechtlichen Lebensgemeinschaften). Interessant sei darüber hinaus, daß es häufig zu *crosspostings* mit solchen Gruppen komme, die zwar thematisch ähnliche Interessenlagen haben, aber in ihrer Orientierung heterogen seien, also sich z. B. aus einem religiösen Kontext heraus mit dem Thema Homosexualität beschäftigten.

Einschränkend ist hier zu konstatieren, daß das Internet der weiteren Zersplitterung und Fragmentierung der Öffentlichkeit durchaus Vorschub leisten kann. Der einfache (und häufig anonyme) Zugang zu Foren, Mailing-Listen erleichtert die *exit-Option*, wenn der User unzufrieden ist oder sich neuen Interessen zuwendet.

Das Internet kann durch Vernetzung und Koordinierung bewegungsorientierter Akteure deren Aktivitäten wesentlich unterstützen. Dies belegt anschaulich der Uni-Streik 1997/98. Ohne Netzkommunikation wären die solidarisierende Ausbreitung und durch die Veröffentlichung der geplanten Aktivitäten der *Streikehrgeiz* der beteiligten Universitäten sicherlich geringer ausgefallen (vgl. Neymanns 1998, 72).

Die Erzeugung alternativer Medienöffentlichkeiten durch internationale und globale Vernetzung kommt vor allem sozialen Bewegungen, und hier insbesondere den zumeist transnational operierenden NGOs (Nichtregierungsorganisationen) zugute. Greve (1996) analysiert das Auftreten von frauenpolitischen NGOs im Rahmen der Weltfrauenkonferenz in Peking (1995). Ihr medientechnisch unterstütztes Auftreten zeige, so ihr Resümee, die Wichtigkeit horizontaler und vertikaler Vernetzungen frauenpolitisch engagierter Akteurinnen und Gruppen, da natürlich viele nicht persönlich daran teilnehmen können. Die mediale Präsenz führte auch im Blick auf die *offizielle* Konferenz zu mehr Transparenz und Publizität der dort verhandelten Vorschläge und Papiere.[28]

Vernetzungsprozesse auf kommunaler Ebene, wie sie von den *Community Networks* oder Bürgernetzen v.a. in den USA geschaffen wurden, sind hierzulande nahezu völlig unbekannt bzw. stecken noch in den Anfängen.[29] Die Idee einer Vernetzung von Verwaltungseinrichtungen, verbunden mit einer für die Bürger öffentlichen Zugänglichkeit zu Informationen inklusive der Möglichkeit des kommunikativen Austausches, hat in den USA zu gegenwärtig ca. 300 Network-Projekten geführt (vgl. Wagner/Kubicek 1996, 203), weitere sind im Aufbau begriffen. Demokratietheoretisch sind diese Projekte vor allem von kommunitaristischen Ideen geprägt.[30] Es geht um Informationsbereitstellung, um die Ermöglichung kommunikativer Austauschprozesse von Bürgern und damit um eine Stärkung des Gemeinschaftsgedankens innerhalb einer begrenzten und geographisch klar umrissenen Sozialität.

Nicht zuletzt die technologischen Entwicklungen der letzten zwei Jahrzehnte (Verbreitung privater PCs, kommerzielle Internetanbieter etc.) haben die Bürgernetze immer wieder genötigt, ihr Angebot und ihr Selbstverständnis neu zu überdenken. Wagner und Kubicek resümieren die Entwicklung dahingehend, daß die meisten Netze sich wieder auf ihr ursprüngliches Anliegen des *community organizing* sowie auf Stärkung der aktiven Medienkompetenzen der Nutzer (citizen empowerment) zurückbezögen (vgl. Wagner/Kubicek 1996, 227f.).

In der politischen Nutzung wird das Internet nach wie vor weitgehend von solchen „gut informierten Bürgern" (Leggewie 1996; 1997) in Anspruch genommen, die bereits zum Kreis der *interessierten* und *aktiven Öffentlichkeit* gehören. Dieser wiederum rekrutiert sich vor allem aus Personen mit höherer Bildung und günstigen ökonomischen Ressourcen. Ergänzend können die Beobachtungen herangezogen werden, die sich bei der Nutzung der *Community Networks* ergaben: Hier zeigen Versuche, sozial randständige und bildungsferne Gruppen durch gezielte Bereitstellung von Informationsangeboten und öf-

---

28 Zum anderen war diese Konferenz ein wohl nicht untypisches Beispiel der Einschätzung (männlicher?) etablierter Politik hinsichtlich des Verhältnisses Frau/Technik: „Auf der amtlichen UN-Konferenz dagegen war (...) weder für den Platz noch für die Finanzierung von Rechnern gesorgt worden" (Greve 1996, 250). Weitere Beispiele für wirkungsvolle Formen transnationaler *Gegenöffentlichkeiten* analysiert Ludwig (1998) an mehreren Fallbeispielen.
29 Für einen knappen Überblick über deutsche lokale Bürgernetze: vgl. Korff 1998.
30 So auch Schuler (1998), der dies am Beispiel des *Cleveland Free-Net* (CFN) aufzeigt. Kurzbeschreibungen ausgesuchter Beispiele von Bürgernetzen finden sich in: Leggewie/Maar 1998, 502ff.

fentlichen Zugangsmöglichkeiten (Terminals) anzusprechen, gemischte Resultate.[31]

Deweys Gedanken *demokratischer* Vergemeinschaftung, der die freie Wechselwirkung und Interaktion zwischen Gemeinschaften betont, gilt es angesichts einer Form *virtueller Vergemeinschaftung* in Erinnerung zu rufen, die seit kurzem ebenfalls in den USA beobachtet werden kann. Es geht um die – virtuell verdoppelte – Bildung von *guarded communities*. Der Trend, sich in – durch Zäune, Wachpersonal, elektronische Anlagen, gewählte Blockwarte und intensive nachbarschaftliche Kontrollen – geschützten Enklaven und Nachbarschaften den *Gefahren* der Großstädte zu entziehen, findet ihr Analogon in der virtuellen Welt durch Bildung von Firewalls und Intranets. Werber (1998) beschreibt diese Ghettoisierung am Beispiel sogenannter *SMART Communities*. Das mediale Pendant zum Ausschluß *realer* Bedrohungen (Gewalt, Drogen, Schmutz etc.)

„findet dieses Feindbild in dem (!) Internet-Phantasmen von Kinderpornographie, terroristischer Propaganda, nationalsozialistischer Verseuchung und globaler krimineller Konspiration – entsprechend werden die Intranets der Communities und ihrer Bewohner (Menschen wie Firmen) mit Firewalls vom Rest des World Wide Web abgeschottet" (Werber 1998, 67).

Bedenklich ist diese technologisch gestützte, aber nicht von ihr ausgelöste geopolitische Entwicklung der Inklusion (und Exklusion), weil hier Öffentlichkeit als Raum, der in seiner Genese immer mit städtischem Leben, mit der Begegnung mit dem Fremden verbunden war, sich selbst überlassen wird. Man will gewissermaßen unter sich bleiben. Gleichwohl sind die meisten Bewohner dieser communities alles andere als *Dörfler* im herkömmlichen Sinne. Zumeist wohlhabende und gutausgebildete Angehörige moderner Berufe, sind sie in beiden *Welten* in globaler Hinsicht mobil. Medientechnisch z. B. ist die interne Kommunikationsstruktur mit dem weltweiten Internet, dem *Information Highway*, allerdings in einer sorgfältig gefilterten, *politisch korrekten* Form, vernetzt.

---

31 Das *Public Electronic Network (PEN)* von Santa Monica konnte über ein Teilprojekt Obdachlose mit einbinden, die dadurch Erleichterungen ihrer schwierigen Lebenssituation durchsetzen konnten (vgl. Kleinsteuber/Hagen 1997).

3.4 Politische Deliberation und Partizipation im Internet

Deliberationsprozesse setzen nicht nur günstige Zugangsmöglichkeiten zu einschlägigen Informationsbeständen voraus, sondern erfordern ihrerseits Zeit. Von daher erweisen sich jene netzspezifischen Kommunikations- und Interaktionsformate als wenig geeignet, die das Internet als Beschleunigungsmedium charakterisieren. Dazu zählen v.a. solche Formen, in denen Kommunikation nur in Echtzeit abläuft, wie in IRCs (vgl. Barber 1997, 217f.), und die, wie zahlreiche Befunde zeigen, in ihrem Sprachduktus eine neue Mischform von mündlicher und schriftlicher Sprache entwickelt haben. Zeitversetzte Formate, und hier vor allem Mailing-Listen, sind für anspruchsvolle Beiträge weit mehr geeignet. Sie haben gegenüber anderen Medien überdies den Vorteil, daß Bezugnahmen auf Beiträge markiert werden können. Für neu Hinzukommende erweist sich die Möglichkeit, den bisherigen Kommunikationsverlauf über die zumeist von den Listenverwaltern angelegten Archive nachzuverfolgen, als eine zusätzliche Stärke dieser Kommunikationsform.

Konzeptionell ist die plurale Öffentlichkeit komplexer Gesellschaften nicht der optimale Ort für Entscheidungsprozesse. Als Forum kann Öffentlichkeit durch deliberative Meinungs- und Willensbildungsvorgänge vorbereitend daran mitwirken. So wird auch von Befürwortern einer *starken* Demokratie (Barber), die mehr partizipatorische Mitwirkung der Bürger einfordern, zumeist ein Modell favorisiert, das ältere teledemokratische Formen mit den zusätzlichen Möglichkeiten des Internet so verbindet, daß grundsätzlich Abstimmungsmöglichkeiten nur zusammen mit deliberativen Formen der Meinungsbildung vorgesehen sind.[32]

Das Internet könnte so die Wiederbelebung von *Town meetings* wesentlich unterstützen. Fishkin (1998) beschreibt Experimente des *Deliberative Polling*, für die sich eine repräsentative Auswahl von Bürgern für ein Wochenende zur Beratung über ein bestimmtes Anliegen versammelten und die medial durch

---

32 Abgesehen von einigen noch vorhandenen technischen Hürden (Datensicherheit etc.) spricht nichts dagegen, Wahlvorgänge künftig auch über das Internet (z. B. neben persönlicher und Briefwahl) zu ermöglichen (vgl. Leggewie 1998, 46). Interessante Einblicke in Experimente partizipativen und deliberativen Televotings beschreibt Slaton (1998). Er verdeutlicht neben der Bedeutung des Internet als Forum für die Bereitstellung von Informationen besonders die Vernetzung der Teilnehmenden, was ein großes Manko elektronischer Demokratieprojekte vor der Ära Internet war. Erfahrungen mit einem Mini-Town Meeting in Kalifornien beschreibt Buchstein (1996, 604f.). Für eine Verbindung von basisdemokratischer Bürgerbeteiligung und netzbasierter Erweiterung einer deliberativen Öffentlichkeit plädiert auch Kleger (1998).

Demokratie online

Fernsehen und Presse begleitet wurden. Fishkin sieht in der Integration des Internet wichtige Erweiterungspotentiale. So könnten Mischformen zwischen realer Präsenz an einem Ort und interaktiver Vernetzung die Implementierung solcher Verfahren nicht zuletzt aus Kostengründen erleichtern.

Resümierend kann an dieser Stelle festgehalten werden: Das Internet hat als politisches Medium Potentiale, die zweifellos eine Bereicherung demokratischer Meinungsbildungsprozesse darstellen. Wie einige der aufgeführten Beispiele zeigen, müssen manche der Möglichkeiten und bereits praktizierten Anwendungen in demokratietheoretischer Hinsicht jedoch kritisch eingeschätzt werden. Damit rücken aber zunächst einmal nicht medienspezifische, sondern politische Aspekte in den Vordergrund. Skeptiker wie Buchstein (1996) begehen hier den Fehler, das Internet vorrangig aufgrund solcher – hinsichtlich der politischen Folgen unerwünschter – technischer Potentiale (z. B. Ausweitung elektronischer Abstimmungen) zu kritisieren.

Mit Deweys demokratietheoretischem Vorschlag habe ich zu zeigen versucht, wie die Situierung von Medien bei der Konstituierung von Öffentlichkeit genutzt werden kann. Wenn man ein komplexes demokratisches System legitimer Entscheidungsverfahren und öffentlicher Willensbildung politisch favorisiert, ist nicht nachvollziehbar, warum das Internet nicht die „institutionell abgestufte deliberative Demokratie" (Buchstein 1996, 605) begünstigen sollte. Es gibt, anders als Buchstein meint, sehr wohl gute Gründe, „das republikanische Ideal eines Begriffs von *Gemeinwohl* oder *allgemeinem Interesse*" (ebd.) *nicht* umstandslos zur normativen Meßlatte einer modernen Demokratietheorie zu machen. Dieser Streit muß jedoch zunächst im Horizont politischer Deliberation geführt werden. Sein Ausgang wird nicht nur durch das Medium determiniert.

4. *Ausblick: Demokratische Perspektiven des Internet*

Sowohl die Entwicklungen der amerikanischen wie europäischen Medienpolitik lassen den Eindruck entstehen, daß der *Kampf um das Internet* in mancher Hinsicht schon entschieden sei; sei es in Richtung einer Ökonomisierung bzw. Kommerzialisierung (vgl. dazu Barber 1998), sei es in Richtung einer staatlich-politischen Reglementierung, als Mittel bürokratischer Verschlankung und politischer Einflußnahme. *Öffentliche, partizipatorische* Nutzungskonzepte, z. B. die Idee einer informationellen Grundversorgung, die die Möglichkeiten politischer Information und Partizipation der Bürger zum Ziel haben, spielen innerhalb der EU und auf nationaler Ebene so gut wie keine Rolle. Die vielgepriesene technologische Revolution und Innovativität, die vom Internet erwartet werden, gelten nicht für die demokratietheoretische Dimension[33] (vgl. auch: Kleinsteuber/Hagen 1997).

Die Einsatzmöglichkeiten des Internet für die künftige Gestaltung einer demokratischen Gesellschaft hängen in hohem Maße von den bestehenden (nationalen) politischen Kulturen, demokratischen Traditionen und dem politischen Institutionengefüge ab. Weiterentwicklungen und Veränderungen der demokratischen Infrastruktur und stärkeres Bürgerengagement werden hierzulande – mit Verweis auf historische Erfahrungen – immer noch skeptisch bis ablehnend betrachtet. Entscheidender als die beklagte Technologiefeindlichkeit erweist sich hier die mangelnde Experimentierbereitschaft in demokratietheoretischer Hinsicht. Das etatistische Demokratieverständnis bremst hier durch das Desinteresse des politischen Systems neue, bürgernahe Formen der politischen Mitwirkung, v.a. jenseits lokal-kommunaler Belange. Der *circulus vitiosus* besteht also darin, daß sich größere Öffentlichkeiten erst – mit Hilfe dieses und anderer Medien – bilden müßten, demokratiepolitisch relevante Weichenstellungen auf nationaler und internationaler Ebene gegenwärtig aber bereits ohne große öffentliche Aufmerksamkeit und Deliberation vorgenommen werden, die wiederum nur schwer revidierbare Konsequenzen zeitigen.

Die politische Bedeutung des Internet wird künftig neben der ordnungspolitischen Entwicklung und der Zunahme der zivilgesellschaftlichen Akteure auch von technologischen und ökonomischen Faktoren (Kostenseite der Nutzung) bestimmt werden. Sie wird darüber hinaus aber auch davon abhängen, ob durch frühzeitiges Heranführen und Vertrautmachen der jüngeren Generationen mit diesem Medium die Schwelle gesenkt wird, das Medium auch in dieser politisch informierenden und partizipierenden Weise zu nutzen. Vielleicht könnte z. B. in vernetzten Schulen die Beschäftigung mit den demokratischen Möglichkeiten des Internet, wenn sie nicht nur *über* das Medium, sondern mit dem politischen Establishment und der Öffentlichkeit *im* Medium geführt wird, einen Beitrag dazu leisten.

---

33 „In den konkreten politischen Planungen zur Informationsgesellschaft seitens der europäischen Gremien spielt die Frage nach der Demokratiepolitik und den Veränderungen der politischen Organisation Europas *keine Rolle*" (Rilling 1997).

Demokratie online 313

Zu guter letzt soll ein erweiterter Blickwinkel daran erinnern, daß sich das Internet bzw. die Zugangsmöglichkeiten auch über die entwickelten westlichen und asiatischen Industrieländer hinaus erst allmählich so verbreiten, daß von einem globalen Medium gesprochen werden kann, wobei die *weißen Flekken* noch längere Zeit bestehen bleiben dürften. Neben harten ökonomischen Gründen spielen hier auch politische und kulturelle Gründe eine zentrale Rolle. Es ist sicher mehr als ein Trostpflaster für die politische Bedeutung des Internet, wenn Leggewie feststellt: „Es mag als gutes, wenn auch nicht hinreichendes Omen für die Demokratie im nächsten Jahrhundert angesehen werden, daß Diktaturen und autoritäre Regime das Internet nicht mögen" (Leggewie 1998, 19).

Literatur:

Arendt, H. (1981): Vita activa oder Vom tätigen Leben. München (Piper).
Barber, B. R. (1997): The new telecommunications technology: endless frontier or the end of democracy? In: Constellations, Vol. 4, No. 2, 1997, pp. 208-228.
Barber, B.R. (1998): Wie demokratisch ist das Internet? Technologie als Spiegel kommerzieller Interessen. In: Leggewie, C.; Maar, Ch. (Hrsg.) (1998), S. 121-133.
Benhabib, S. (1997): Die gefährdete Öffentlichkeit. In: Transit, Heft 13, Sommer 1997, S. 26-41.
Bohman, J. (1996): Public Deliberation. Pluralism, Complexity, and Democracy, Cambridge: Mass. - London (MIT Press).
Bonchek, M. (1997): From Broadcast to Netcast. The Internet and the Flow of Political Information. Doctoral Thesis: Harvard University: Cambridge/Mass. [http://institute. strategosnet.com/msb/thesis/download. html]
Brunkhorst, H. (Hrsg.) (1998): Demokratischer Experimentalismus. Politik in der komplexen Gesellschaft, Frankfurt a. M. (Suhrkamp).
Buchstein, H. (1996): Cyberbürger und Demokratietheorie. In: Dtsch. Z. Philos. 44 (1996) 4, S. 583-607.
Burbules, N. (1999): Education and Global Communities. In: Bauer, W. u.a. (Hrsg.) (1999): Globalisierung: Perspektiven, Paradoxien, Verwerfungen. (Jahrbuch für Bildungs- und Erziehungsphilosophie Bd. 2, 1999). Baltmannsweiler (Schneider), S. 125-141.
Cailliau, R. (1998): Zur Technikgeschichte des Internet. In: Leggewie, C.; Maar, Ch. (Hrsg.) (1998), S. 70-81.
Dewey, J. (1996): Die Öffentlichkeit und ihre Probleme. Hrsg. und mit einem Nachwort versehen von H.-P. Krüger, Bodenheim (Philo). (Amerik. Originalausgabe 1927).
Fishkin, J.F. (1998): Das ganze Land in einem Raum. Experimente mit beratenden Meinungsumfragen. In: Leggewie, C.; Maar, Ch. (Hrsg.) (1998), S. 342-353.
Gellner, W. (1998): Das Ende der Öffentlichkeit? In: Gellner, W.; Korff, F. von (Hrsg.), S. 11-24.

Gellner, W.; Korff, F. von (Hrsg.) (1998): Demokratie und Internet. Baden-Baden (Nomos Verlagsgesellschaft).
Gimmler, A. (2000): Deliberative Demokratie, Öffentlichkeit und das Internet. In: Marotzki, W.; Sandbothe, M. (Hrsg.): Subjektivität und Öffentlichkeit. Grundprobleme virtueller Welten. Opladen (Leske + Budrich).
Greve, D. (1996): Mehr als eine virtuelle Welt - Soziale Bewegungen im Internet. In: Kleinsteuber, H. J. (Hrsg.) (1996), S. 236-256.
Habermas, J. (1992): Faktizität und Geltung. Beiträge zur Diskurstheorie des Rechts und des demokratischen Rechtsstaats. Frankfurt/M. (Suhrkamp).
Habermas, J. (1996): Drei normative Modelle der Demokratie. In: Habermas, J.: Die Einbeziehung des Anderen. Studien zur politischen Theorie. Frankfurt/M. (Suhrkamp), S. 277-292.
Held, V. (1998): Medienkultur und Demokratie. In: Brunkhorst, H. (Hrsg.) (1998), S. 67-91.
Honneth, A. (1998): Democracy as Reflexive Cooperation. John Dewey and the Theory of Democracy Today. In: Political Theory, Vol. 26, No. 6 (1998), pp. 763-783.
Kettner, M. (1998): John Deweys demokratische Experimentiergesellschaft: In: Brunkhorst, H. (Hrsg.) (1998), S. 44-66.
Kleger, H. (1998): Direkte und transnationale Demokratie. In: Leggewie, C.; Maar, Ch. (Hrsg.) (1998), S. 97-110.
Kleinsteuber, H. J. (Hrsg.) (1996): Der „Information Superhighway". Amerikanische Visionen und Erfahrungen, Opladen (Westdeutscher Verlag).
Kleinsteuber, H.J.; Hagen, M. (1997): Konzepte elektronischer Demokratie in den USA und Deutschland, in: Forum NetzDemokratie. [http://www.loccum.de/netztagung/for6.html] (6.3.99)
Korff, F. von (1998): Kommunale Bürgernetze im Internet. In: Gellner, W.; Korff, F. von (Hrsg.) (1998), S. 95-107.
Kubicek, H. (1998): Das Internet 1995-2005. Zwingende Konsequenzen aus unsicheren Analysen. In: Leggewie, C.; Maar, Ch. (Hrsg.) (1998), S. 55-69.
Leggewie, C. (1996): Netzens oder: der gut informierte Bürger heute. Ein neuer Strukturwandel der Öffentlichkeit? Vortrag auf der Internationalen Konferenz über die Werte der Informationsgesellschaft in Bonn, 9. Sept. 1996. [http://www.boo.de/octosurf/2cfa.htm]
Leggewie, C. (1997): Netzens oder: Der gut informierte Bürger heute. In: Transit, Heft 13, Sommer 1997, S. 3-25.
Leggewie, C. (1998): Demokratie auf der Datenautobahn oder: Wie weit geht die Zivilisierung des Cyberspace? In: Leggewie, C.; Maar, Ch. (Hrsg.) (1998), S. 15-51.
Leggewie, C.; Maar, Ch. (Hrsg.) (1998): Internet & Politik. Von der Zuschauer- zur Beteiligungsdemokratie? Köln (Bollmann).
Ludwig, J. (1998): Öffentlichkeitswandel durch "Gegenöffentlichkeit"? In: Prommer E.; Vowe, G. (1998): Computervermittelte Kommunikation. Öffentlichkeit im Wandel. Konstanz (UVK Medien), S. 177-209.
Marschall, S. (1997): Netzöffentlichkeit und institutionelle Politik. In: Forum NetzDemokratie. [http://www.loccum.de/netztagung/for6. html] (6.3.99).
Münker, S. (1997): Was heißt eigentlich: „virtuelle Realität"? Ein philosophischer Kommentar zum neuesten Versuch der Verdopplung der Welt. In: Münker, S.; Roesler, A. (Hrsg.) (1997), S. 108-126.

Münker, S.; Roesler, A. (Hrsg.) (1997): Mythos Internet. Frankfurt/M. (Suhrkamp).
Neidhardt, F. (1994): Öffentlichkeit, öffentliche Meinung, soziale Bewegungen. In: Neidhardt, F. (Hrsg.) (1994): Öffentlichkeit, öffentliche Meinung, soziale Bewegungen. (KZfSS, Sonderheft 34), Opladen (Westdeutscher Verlag), S. 7-41.
Neymanns, H. (1998): Demokratie ohne Grenzen? Kritische Anmerkungen zum demokratischen Potential des Internet. In: Berliner Debatte INITIAL 9 (1998) 4, S. 69-74.
Peters, B. (1994): Der Sinn von Öffentlichkeit: In: Neidhardt, F. (Hrsg.) (1994): Öffentlichkeit, öffentliche Meinung, soziale Bewegungen. (KZfSS, Sonderheft 34). Opladen (Westdeutscher Verlag), S. 42-76.
Poster, M. (1997): Elektronische Identitäten und Demokratie. In: Münker, S.; Roesler, A. (Hrsg.) (1997), S. 147-170.
Putnam, R. D. (1996): The Strange Disappearance of Civic America. In: The American Prospect, no. 24 (Winter 1996). Hier zitiert nach: [http://epn.org/prospect/24/24 putn.html] (6.3.1999).
Rilling, R. (1997): Auf dem Weg zur Cyberdemokratie. [http://www.bdwi.org/bibliothek/ cyberdemokratie-text.html] (16.5.99).
Rödel, U. (1996): Mediatisierte Öffentlichkeiten – Ist die Zivilgesellschaft noch zu retten? In: Maresch, R. (Hrsg.) (1996): Medien und Öffentlichkeit. Positionierungen Symptome Simulationsbrüche. Boer Verlag, S. 66-76.
Roesler, A. (1997): Bequeme Einmischung. Internet und Öffentlichkeit. In: Münker, S.; Roesler, A. (Hrsg.) (1997), S. 171-192.
Sandbothe, M. (1997): Interaktivität – Hypertextualität – Transversalität. Eine medienphilosophische Analyse des Internet. In: Münker, S.; Roesler, A. (Hrsg.) (1997), S. 56-82.
Schaal, G.S.; Brodocz, A. (1998): http://www.demokratie.ade? Zum Zusammenhang von Internet, Globalisierung und Demokratie. In: Berliner Debatte INITIAL, 9 (1998) 4, S. 49-58.
Schuler, D. (1998): Neue Bürgernetzwerke. In: Leggewie, C.; Maar, Ch. (Hrsg.) (1998), S. 300-315.
Slaton, Chr. D. (1998): Mündige Bürger durch Televoten. Ein fortlaufendes Experiment zur Transformation der Demokratie. In: Leggewie, C.; Maar, Ch. (Hrsg.) (1998), S. 321-341.
Vogel, M. (1998): Medien im Experiment der Demokratie. In: Brunkhorst, H. (Hrsg.) (1998), S. 106-143.
Wagner, H.; Kubicek, H. (1996): Community Networks und der Information Highway – Von der Counterculture zum Mainstream, in: Kleinsteuber, H.J. (Hrsg.) (1996), S. 201-235. Siehe auch unter [http://infosoc.informatik.uni-bremen.de/internet/fgtk/OnlineInfos/ComNets/CNs.html].
Weiß, U. (1998): Das Politische am Internet. Eine politikphilosophische Reflexion. In: Gellner, W.; Korff, F. von (Hrsg.) (1998), S. 27-42.
Werber, N. (1998): Exklaven. Globalisierte Städte auf dem Weg zum Staat im Staate. In: Berliner Debatte INITIAL 9 (1998) 4, S. 59-68.
Zittel, Th. (1998): Repräsentativverfassung und neue Kommunikationsmedien. In: Gellner, W.; Korff, F. von (Hrsg.) (1998), S. 111-125.

Eva Schäfer

Lernwelten für Kinder im Internet
Eine Fallstudie

1. Einleitung

Das Internet bildet innerhalb der Neuen Medienlandschaften z. Zt. die modernste und deshalb für Kinder und Jugendliche besonders interessante Variante des Unterhaltungs-, Informations-, Bildungs- und Interaktionsangebotes. Durch den relativ leichten Zugang über Computer und Modem oder ISDN kann das Internet für Kinder und Jugendliche heute ein Kommunikationsforum darstellen, über das sie sich austauschen, unterschiedliche Kulturen kennenlernen, aktiv Rollen proben und ihren eigenen Stil[1] entwickeln können.

Inzwischen liegen einige Untersuchungen zu den Fragestellungen „Jugendliche und Internet" vor (Turkle 1998; Tapscott 1998; Bollmann 1996; Papert 1996, Barthelmes/Sander 1997 u. a.). Mit der Konstruktion der Nutzungsmotive befaßt sich beispielsweise A. Kielholz (1998) im Rahmen ihrer Examensarbeit.[2] Dort sind die Motive mit den zugehörigen Items und Angaben zur Faktorenanalyse aufgeführt. Die genannten Untersuchungen vertreten übereinstimmend die Ansicht, daß Kinder und Jugendliche bereits bald – wenn nicht schon heute – mehr Zeit mit dem Computer und dem Internet verbringen als mit dem Fernsehen. Wenn diese Hypothese zutrifft, machen Überlegungen Sinn, die sich mit der Frage beschäftigen, welche Räume sich Kinder und Jugendliche erschließen, welche Stile und Vorlieben Jugendliche bei ihrem Umgang mit dem Internet ausbilden und ob diese Ausprägungen Konsequenzen mit sich bringen, die Anlaß bieten, von einer anders strukturierten Kinder- und Jugendkultur zu sprechen.

---

1 Bourdieu beschreibt den eigenen Stil als Abwandlung und als besonderes Markenzeichen, das alle Hervorbringungen des Habitus tragen (Bourdieu 1993, 113).

2 Kielholz, A. (1998): Lizentiatsarbeit zum Thema „Jugendliche und Internet - Geschlechtsunterschiede in Nutzungsart, Nutzungsmotiven und Einstellung." Publiziert im Internet unter http://visor.unibe.ch/~agnet/.

Meine Befragungen von Kindern und Jugendlichen an drei Hamburger Gymnasien decken sich, was die Fragekomplexe zur Internetnutzung betrifft, weitgehend mit den Befunden, die die Arbeitsgruppe Internet am Institut für Psychologie an der Universität Bern 1997 und 1998 erhoben hat.[3] Diese Befragungen fließen zwar ein, sollen jedoch nicht im Zentrum der hier angestellten Überlegungen stehen. Vielmehr möchte ich ein Interview mit David Aufdembrinke, einem 13jährigen Internetexperten, präsentieren und mich seinen Äußerungen beschreibend und assoziativ-interpretierend nähern. Dadurch können Aufschlüsse über Ansätze seiner individuellen Internetnutzergeschichte und über die eigenständige Erschließung von Kommunikations- und Partizipationsräumen eines Kindes gewonnen werden.

Die jüngeren Studien zu Komplexen wie Medienkindheit, Kinder- und Jugendkultur zeigen, daß es *die* Jugend nicht gibt (Fischer 1997, 22). Meine Überlegungen gehen deshalb von einem Einzelfall, den Äußerungen eines deutschen 13jährigen Netzkindes oder NetKids aus.[4] Der Name NetKids knüpft an die von Don Tapscott beschriebene Generation N, die sogenannten Netzkinder an (Tapscott, 1998, 17). Die Vertreter der Netzgeneration werden bei Tapscott der vorhergehenden Generation der Babyboomer gegenübergestellt, also denjenigen, die noch keinen Zugang zum Internet hatten (Nachkriegsgeneration). Durch das Aufwachsen der Netzkinder mit dem neuartigen interaktiven zur Lebensbedingung gewordenen Kommunikationsmedium Internet ändern sich Werte- und Kulturverständnis der Jugendlichen (Tapscott 1998, 88). Auch wenn sich die Erkenntnisse von Don Tapscott auf die Netzgewohnheiten der amerikanischen Jugendlichen beziehen, gilt die Tendenz der strukturellen Veränderungen in gleichem Maße für die deutschen Internetnutzer.

---

3 Kathrin Hersberger befragte für ihre Untersuchung „Medienrezeption im schulischen Kontext" 245 Schüler im Alter von 12-20 Jahren zu ihren Erfahrungen mit dem Internet und kommt zu der Unterscheidung zwischen drei Nutzertypen: Pragmatiker, Enthusiasten und Unerfahrene. Zu den Interviewfragen und Ergebnissen vgl. http://visor.unibe.ch/~agnet/liz2.htm

4 Geschlechtsunterschiede spielen bei der Internetnutzung eine bedeutsame Rolle. Jungen weisen thematisch ein größeres Nutzungs-Spektrum auf (Computerspiele, Surfen, Programmieren etc.) als Mädchen (Lernen, Textschreiben, Mailen). Bei beiden Geschlechtern steht aber inhaltlich die Freizeit- und Unterhaltungsorientierung im Vordergrund. Vergleicht man die Geschlechter bezüglich der Nennung der Themen*bereiche*, so zeigt sich, daß die Mädchen häufiger bildungsrelevante Themen aufsuchen als Jungen. Bei den Jungen nimmt die Beschäftigung mit computerspezifischen Themen (Soft- und Hardware) einen nennenswerten Raum ein, während dies für die Mädchen kein Thema ist. Vgl. http://www.mpfs.de

2. Die vernetzte Kultur

Klar zeichnet sich jetzt schon ab, daß die Generation N eine neue Lernkultur etabliert, die von anderen, als den bisherigen, nämlich vernetzteren Strukturen geprägt ist. (Tapscott 1998, 194). Und innerhalb dieser Lernkultur – das ist meine These – haben Performanz, der Ausbau der Selbstdarstellung, die Entwicklung persönlicher Stile und die Konstruktion zusätzlicher Welten eine höhere Wertigkeit als passive Rezeption, Reproduktion und Konsum.

Mein Kulturverständnis reibt sich an dem soziologischen Kulturbegriff Emile Durkheims, löst sich vom Primat des Kollektiven und bezieht die konstruktivistische Pointe Humberto Maturanas ein, der Kultur als das historische System von Relationen faßt, das die kognitiven Bereiche seiner Angehörigen bestimmt, indem es den Bereich ihrer möglichen Interaktionsgeschichten definiert (Maturana 1985, 7). Daraus ergibt sich für mich ein offenes Bild von Kultur und Kulturen, das auf die Beschreibung individueller Konstruktionen, die zu Wandlungsprozessen führen, angewiesen ist. In Durkheims Kritik einer bestimmten Erziehungsauffassung wird deutlich, daß er sich kulturellen Wandel davon verspricht, „daß die Kinder sich selbst belehren, spontan und unter der Wirkung des Lebens" (Durkheim 1973, 214)[5].

Heinz Bude lehnt sein Kulturverständnis ebenfalls an Durkheim an und beschreibt Kultur in seiner Auslegung als

„diese eigentümliche Realität von Weltbildern" (...), „die für Mitglieder einer Gesellschaft oder Gruppierung festlegen, was möglich und was un-

---

5 Für die Klassiker der Soziologie Durkheim, Weber und Simmel gehört die Kulturanalyse zum Kern des soziologischen Programms. Das Zitat, aus dem ich hier einen Ausschnitt präsentiere, zeigt meines Erachtens, daß Durkheims Kulturbegriff nicht dem Primat des Kollektiven verpflichtet ist. Der Kontext soll deshalb hier angeführt werden: „Das Kind lernt alles, was es braucht, leicht durch direkte und persönliche Erfahrung. Das Leben lehrt es, ohne daß die Eltern wirklich einzugreifen brauchen (...). Die wahre Erziehung beginnt erst, wenn die geistige und die moralische Kultur, die von der Menschheit angehäuft worden ist, zu kompliziert wird und eine zu bedeutende Rolle in der Gesamtheit des Gemeinschaftslebens spielt, als daß man es den zufälligen Umständen überlassen könnte, sie von Generation zu Generation zu übermitteln. Dann fühlen die Älteren die Notwendigkeit, diese unerläßliche Vermittlung auf abgekürzten Wegen selbst zu übernehmen, indem sie die Ideen, die Gefühle, die Erkenntnisse aus ihrem Bewußtsein in das Bewußtsein der Jungen senken. Statt daß die Kinder sich selbst belehren, spontan und unter der Wirkung des Lebens, belehrt man sie" (Durkheim 1973, 214).

möglich, was wahrscheinlich und was unwahrscheinlich, was real und was eingebildet ist, aber auch was freundlich und was feindlich, was nah und was fern und was anziehend und was abstoßend ist. Es geht um das Gefüge dieser informellen Urteile, welche die alltägliche und automatische Konstruktion der Wirklichkeit bestimmen. Kultur in diesem Sinne stellt gewissermaßen das Bindegewebe für das unübersichtliche Geschehen von Gesten, Kämpfen, Austauschaktionen und Gesprächen dar, welches die vielen Akteure miteinander verbindet" (Bude 1995, 101).

Mit dieser Interpretation, die auf das *Gefüge* der zahlreichen von Menschen getroffenen Festlegungen blickt, und die die meines Erachtens treffende Metapher des *Bindegewebes* für Kultur einführt, kann man dem Vernetzungsgeschehen, das sich durch die Internetnutzung von Kindern und Jugendlichen vollzieht, näherkommen. Es fehlt allerdings der Blick auf die jeweils individuellen Ausrichtungen dieses Gewebes, die es erst elastisch machen. Eigene *Handschriften*, die Kinder und Jugendliche im Internet ausbilden, können eben nur durch ein Eindringen in dieses *Bindegewebe* aus *Gesten, Kämpfen, Austauschaktionen und Gesprächen* erkannt und dechiffriert werden. Für dieses Eindringen und die Arbeit im Forschungsfeld bieten sich eine Reihe ethnographische Verfahren qualitativer Forschung an (vgl. Marotzki 1998, 44 ff.). Qualitative Forschung eignet sich zur Entdeckung struktureller Gemeinsamkeiten der Forschungsgegenstände. Um herauszubekommen, welche Stile Kinder im Internet ausprägen, bieten sich erzählgenerierende Interviews und „teilnehmende Beobachtungen" (Bachmair 1989, 194 ff.) an, denn die Aneignungsformen von Präsentationen der Lebenswelt durch Kinder werden durch ihre Erzählungen rekonstruierbar (Heinritz 1997, 345).

Kulturelle Regeln[6] existieren und verändern sich dadurch, daß soziale Akteure ihnen folgen. Der kulturelle Medienkonsum durch Kinder stellt der Argumentation der Rezeptionsästhetik zufolge eine produktive Tätigkeit dar. Bei den Zuwendungsformen zum Internet oder Fernsehen werden die wahrgenommenen Botschaften gleichermaßen aus der speziellen Sicht des Rezipienten rekonstruiert. Dabei entsteht der Überschuß der produktiven Eigenleistung. Die Medienwirkungsforschung führt nur bedingt weiter (vgl. Baacke/ Kübler 1989, 5).

---

6 Zum Problem der Ebenenbestimmung für die kulturellen Regeln vgl. Bude 1995, 103.

Lernwelten für Kinder im Internet 321

Bei meinen Überlegungen, die darauf ausgerichtet sind, unter *konstruktivistischer Perspektive*[7] die Internetnutzung Jugendlicher zu beleuchten, beziehe ich ethnomethodologische Ansätze mit ein. Sie bieten Hinweise für die Bedeutung, die das Medienhandeln in der Entwicklung der Heranwachsenden einnehmen kann. Aus *ethnomethodologischer Perspektive* wird das alltagsweltliche Zentrum der Jugendlichen als ein Netz sozialökologisch verschränkter Räume verstehbar. Zu der Ausbildung eigener Kulturen gehört stets die Begegnung und Verarbeitung kultureller Differenz, z. B. der Erfahrungswelt anderer Peer-Groups. Die prozeßhafte Anlage dieser drei Ansätze kann Internethandlungen in ihrer Entwicklung erklären helfen und so die Strukturen dieser medialen Verabeitungsprofile offenlegen.

3. Konstruktivismus und Internet

In seiner empirischen Kognitionstheorie hat Humberto Maturana einige Gedanken zum Orientierungsverhalten lebender Systeme formuliert, die zum Verständnis der Entwicklung jugendlicher Lernkulturen zentral sind. Sprachliches Verhalten orientiert Maturana gemäß den zu Orientierenden innerhalb seines kognitiven Bereichs auf Interaktionen hin. Kommunikation ist in diesem Sinne nicht als Übertragung von Information, sondern als parallele Abfolge von subjektinternen Orientierungsinteraktionen zu verstehen (Maturana 1985, 55). Untersuchungen zum Internet, das *das Kommunikationsmedium* der Zukunft darstellt, müssen demzufolge bei diesen *subjektinternen Orientierungsinteraktionen* ansetzen. Das bedeutet unter anderem auch, sympathetische Faktoren, wie gemeinsame Interessen, Freundschaft, Haß, Liebe oder was die Interagierenden sonst verbindet, als Voraussetzung gelingender sprachlicher Interaktion in die Untersuchung über den kulturprägenden Prozeß miteinzubeziehen. Die Internetnutzung bietet Raum zur Konstruktion sozialer Realität. Da es nicht möglich ist, Realität identisch wiederzugeben, rekonstruieren die Internetnutzer die dargebotenen Informationen, und ein neuer Reali-

---

7 Zu den strukturanalytischen Forschungen vgl. Aufenanger 1995. Daneben kann man zwischen medienbiographischen (vorrangig Baacke, Hickethier), ethnomethodologischen (Schütz, Bachmair) und konstruktiv-kulturellen Ansätzen (Cultural Studies Approach) (Hall, Turner, Winter) unterscheiden.

tätsauschnitt entsteht. Geht man mit Maturana davon aus, daß wir die Welt, in der wir leben, buchstäblich dadurch erzeugen, daß wir sie leben (Maturana 1985, 269), so kann man übertragen auf die Realitätskonstruktionen der Internetnutzer folgern, daß diese durch ihr Navigieren *Welten* erzeugen. Durch den Internetzugang verfügen die Heranwachsenden über ein unerschöpfliches Konstruktionsreservoir und einen breiten Ideenpool, mit dem sie ihre *Welten* lebendiger, bunter, facettenreicher gestalten können, als es früheren Generationen möglich war. Das Internet kann in dieser Hinsicht eine Form von Lernen ermöglichen, das die Kreativität zur Weltbildkonstruktion, die Entwicklung von Experimentierfreude, das Einüben von Problemlösungsstrategien, imaginativem Ausdruck und perspektivischem Denken fördert.

Mittlerweile wird in zahlreichen Disziplinen die Vorstellung von einer objektiven Realität durch die einer perspektivischen ersetzt. Bammé stellt den Zug der Zeit pointiert heraus, wenn er die Zukunft als eine Abfolge *schöpferischer Möglichkeiten* beschreibt. Die kommunikativen Erfahrungsräume Jugendlicher gestalten sich heute eher als Einblick in *wahrscheinliche Szenarien* als in *ewige Wahrheiten*. Keine vom Kind unabhängige Wirklichkeit, sondern eine, die in ihm selbst ihren Ursprung hat, die es mit den Begriffen seines Denkens entwirft, wird in und außerhalb des Internet erfahren. „Der Mensch macht die Regeln. Er bestimmt, was Wirklichkeit ist" (Bammé 1993, 256).

Relativität und Konstruktivität der Erkenntnis sind die philosophischen Fundamente des Konstruktivismus. Der radikale Konstruktivismus versucht darüber hinaus empirisch zu zeigen, *wie* Wirklichkeiten konstruiert werden. Dazu gehört auch zu zeigen, wie sich Denkverfahren und Ideen ausbilden.

Nach Maturana bestimmt die Art der Autopoiese eines Systems dessen kognitiven Bereich und seine Ausprägungen. Das bedeutet, daß alle kognitiven Zustände des Erkennenden nicht durch die Bedingungen der Umwelt, sondern durch die Art seiner Autopoiese determiniert sind. Die Theorie der Autopoiese, so wie sie Maturana entwickelt, stellt ein Modell dar, mit dem viele Phänomene der Jugendkulturen besser verstehbar werden.

Das Ausprobieren, spielerische Agieren und Kommunizieren führt zur Konstruktion von Wirklichkeit. In diesen Zusammenhang paßt eine Bemerkung von Sherry Turkle: „An Computerbildschirmen projizieren wir uns in unsere eigenen Dramen, in denen wir Produzent, Regisseur und Star in einem sind" (Turkle 1998, 38). Mit diesen Dramen konstruieren wir ein Stück Realität und dezentrieren unser Selbst in multiple Rollen und *parallele Identitäten* (Turkle 1998, 17). Diese Struktur der Konstruktion und Rekonstruktion von Identität und Realität beherrschen die Netzkinder heute in wesentlich größerem Ausmaß als die Generationen vor ihnen (Papert 1998, 58). Sieht man sich Argumente radikal-konstruktivistischer Positionen an, so ergeben sich Erkenntnisse über die Art und Weise, wie Wirklichkeitskonstruktion im Denken oder virtuell im Internet erfolgt.

„Computerverfahren eröffnen neue Verfahren zur Organisation menschlicher Lebenswelten; sie erzeugen zugleich ein neues Weltbild, eine zeitgemäße Projektion in die Natur. Nach diesem Bild funktioniert die Natur wie ein Computer, kybernetisch. Für das im Entstehen begriffene Leitbild einer sich selbst korrigierenden dynamischen Kreisförmigkeit beginnt der Unterschied zwischen Ursache und Wirkung zu verschwimmen (...). Im Computer, als Maschine und konstruktive Herausforderung, kommen Denken und Handeln (Baruzzi 1973), legein und teukein (Castoriadis 1984) ganz praktisch zur Deckung" (Bammè 1993, 257).

Realität als dieses Deckungsverhältnis zwischen Denken und Handeln zu begreifen, fällt Kindern, die es gewohnt sind, sich im Internet zu bewegen, leichter als anderen. Eine ethische Komponente des kognitionsbiologischen Konstruktivismus zeigt, unter welchem Aspekt das Ausbauen und Entwerfen der Kommunikations- und Partizipationsräume Jugendlicher Sinn macht: Kulturelle Vielfalt muß nach Maturana respektiert werden. Die unterschiedlichen kognitiven Wirklichkeiten, in denen kulturell unterschiedliche Menschen leben, legitimieren die kulturellen Verschiedenheiten (Maturana 1985, 309). Trotzdem strebt der Mensch Maturana zufolge nach kultureller Einheit. Die Art, wie er ein kulturelles System dadurch bildet, daß er die Einheitlichkeit der kognitiven Bereiche sämtlicher Mitglieder zu erhalten versucht, kann auch auf die Screenager-Peergroups übertragen werden: Sie konstruieren die Bedingungen, die eine Ansammlung von Menschen z. B. als *kulturelle Einheit einer Fangemeinde* ausweist. Wie das geschieht, kann uns die folgende Fallgeschichte zeigen.

4. „Meine Web-Seiten erkennt man schon unter anderen"

Jugendliche haben heute die Chance, sich über ihr Interesse und Engagement am Internet zu professionalisieren. An Hand eines *fokussierten Interviews* (Friebertshäuser 1997, 378) werde ich im folgenden im Rahmen einer auswertenden Herangehensweise Ausschnitte aus der Lern- und Nutzergeschichte von David Aufdembrinke (13 Jahre alt) präsentieren, der sich durch seine kreativen Ideen in den letzten Jahren zu einem *Star* der Internet-Szene entwickelt hat, weil er sehr gefragte Homepages erstellt. Wir werden sehen, wie sich die Kategorien Kommunikation und Partizipation in den Äußerungen Davids darstellen.

4.1 Rahmenbedingungen

David, Einzelkind einer berufstätigen, durchgehend alleinerziehenden Mutter, arbeitet neben der Schule an 3 Tagen in der Woche 2 Stunden nachmittags in einer Agentur, die mit ihm für die Vereins- und Westbank die Aktion *4 You* – ein Programm der Bank speziell für Jugendliche – im Internet gestaltet. Seit 6 Jahren beschäftigt er sich mit dem Internet und ist für die Entwicklung seiner Homepages inzwischen bekannt. Vor zwei Jahren gründete er einen Homepage-Fanclub, der inzwischen regen Zulauf hat. Er gewann 1998 in einem Wettbewerb, der eigentlich für Studenten ausgeschrieben war, landete unter den 40 Besten. Grund genug, David zu fragen, wie er die Möglichkeiten des Internet einschätzt, wo er sich selbst verortet und wie er seinen Umgang mit dem Netz – auch in bezug auf seine Entwicklung und Lernfortschritte – einschätzt.

Das Interview wurde bei David in dem Wohnzimmer des neuen gemieteten Haus seiner Mutter in Hamburg-Eppendorf am 9.1.1999 durchgeführt. Es hat eine Woche vorher ein Vorgespräch stattgefunden, in dem ich David und seiner Mutter erklärt habe, worum es geht. Edith Aufdembrinke ist – was Computer und Internet betrifft – Expertin und hat die Aktion *Schulpfennig* selbst initiiert. Über die Kooperation mit den Schulen ist sie allerdings enttäuscht.[8] Das Thema Internet ist für Mutter und Sohn beruflich wie privat stets präsent.

David ist sehr schüchtern und eher still, er spricht sehr leise und ist insgesamt nicht der Typ, der auf eine offene Fragestellung von sich aus *losredet.* Aus diesem Grund hatte ich mir Leitfragen im Vorweg überlegt, die über folgende Themen Auskunft geben sollten:

1. Wie beurteilen Kinder aus ihrer Perspektive ihre Aktionen und Möglichkeiten im Internet? Was bedeutet für sie lernen?
2. Welche Kommunikations-, Partizipations- und Identifikationsformen entstehen durch die Nutzung des Internet?
3. Reflektieren Kinder, daß sie durch ihre Aktivitäten im Internet auch lernen?
4. Welche Vorlieben/Aversionen/Stile entwickelt ein jugendlicher Experte und Internetenthusiast im Laufe seiner jahrelangen Beschäftigung mit den Möglichkeiten des Internet?

Um das Gespräch für David verständlich zu gestalten und ihn zu Erzählungen anzuregen, habe ich diese Hauptleitfragen in eine Vielzahl von Fragen unterteilt und im Gespräch spontan variiert und um Nachfragen ergänzt, wenn es mir nötig erschien. Das transkribierte Material kann im Rahmen dieser Darstellung nicht in voller Länge präsentiert werden. Die wesentlichen Passagen, die Rückschlüsse auf Davids Erschließung von Kommunikations- und Partizipationsräumen im Rahmen seiner Nutzung des Internet geben, werden bei der Auswertung zitiert.

4.2 Auswertung

Nachdem das auf Kassette aufgenommene Interview in Transkripte übertragen wurde, habe ich eine Kategorisierung und Kodierung vorgenommen. Im folgenden werde ich eine Deutung des Fallspezifischen nach ei-

---

8 Die Fragebogen-Aktion *Schulpfennig-Medienkompetenz für alle*, die z.Zt. durchgeführt wird, zeigt, daß an den meisten Hamburger Schulen nur in äußerst geringem Umfang Internetnutzung stattfindet. Die Aktion „Schulen ans Netz" hat dementsprechend bisher nicht die gewünschten Erfolge mit sich gebracht. Im Vordergrund der Aktionen stehen Fragen, die die schulische Internet-Nutzung betreffen, es soll aber auch generell auf Nutzertypen, Einstellung und Motive eingegangen werden. Die schulische Anwendung wird erfragt, dazu gehören Fragen zu Gruppenarbeiten mit dem Internet und zur Nutzung von Email-Kommunikation für schulische Zwecke. Des weiteren wird das Vertrauen gegenüber verschiedenen Medien und das eingeschätzte Lernpotential, das sie haben, beleuchtet.

ner interpretativ-assoziativen Methode oder „assoziativ-impressionistischen Spurensuche" (Bachmair, 1989, 202) vornehmen.

An Davids Äußerungen zeigen sich sowohl Skepsis als auch Begeisterung, Widerständigkeit und Anpassung gegenüber den neuen Möglichkeiten, die er durch die Nutzung des Internet hat. Die Begeisterung bezieht sich auf die Bereiche, in denen David seiner kreativen Ader nachgehen und Freundschaften schließen kann.

Ich war zwar schon immer kreativ, aber das ist jetzt noch mehr geworden. Genauso wie wenn man Geschichten schreibt, dann wird man besser in Deutsch. Grafische Kenntnisse und Malen, die Grafiken muß ich halt malen. Bringt halt Freundschaften. Teilweise auch, daß viele Leute auf mich aufmerksam werden und mit mir Kontakt aufnehmen.

Kontakt aufgenommen hat David *mit verschiedenen Jugendlichen. Teilweise auch mit Erwachsenen und eben mit einem Designer und Comiczeichner aus Münster und mit Kindern. Ich habe mal seine Homepage entdeckt und ihm geantwortet. Seitdem mailen wir uns immer und tauschen Projekte aus. Bei den Kindern war es anderherum: Die haben meine Homepage 'On the brink' entdeckt und mir dann gemailt. Die haben mir dann gesagt, daß sie die gut finden und mich aufgefordert, daß ich zurückmaile.*

Skepsis hat er dagegen, was die Wahrhaftigkeit der anonym bleibenden Internetnutzer betrifft, mit denen er in Kontakt kommt. Hier zeigt er einen Widerstand gegen Phänomene des Kommunikationsmediums Internet:

Früher hab' ich auch gechattet. Macht irgendwie keinen Spaß. Man kennt die Leute nicht, weiß nicht, ob es sie wirklich gibt oder was. Ich würde denen nicht soviel erzählen. Die können sich da als Supermann ausgeben und sind stattdessen gelähmt oder... Das wär' zwar nicht so schlimm, aber das können zum Beispiel totale Arschlöcher sein.

Anhand der Äußerungen von David möchte ich vier aus dem Material zutage tretenden Schwerpunktbereiche als Kategorien herausstellen:

- Lernkultur Internet
- Kommunikation und Partizipation, soziale Eingebundenheit
- Selbst- und Weltbildkonstruktion
- „On the brink" – Davids habituelle Ausprägung

Lernkultur Internet

Grob zusammenfassen kann man Davids Äußerungen bezüglich Lernen mit der Formel: „Machen ist Lernen". Und: „Wenn man etwas oft

Lernwelten für Kinder im Internet

macht, wird man besser." Eine Besonderheit zeigt sich dann aber in der Äußerung auf meine Frage, ob er über seine Nutzung des Internet zusätzliche Bereiche kennengelernt hat, z. B. etwas über andere Kulturen erfahren hat: „Ich hab noch nie bei *anderen Kulturen* geguckt". David geht mit dem von mir eingeführten Begriff *andere Kulturen* offensichtlich ganz anders um, als ich erwartet hätte. David denkt als erstes darüber nach, daß er diesen Begriff noch nicht als Suchbegriff im Internet eingegeben hat, kann sich aber vorstellen, daß man im Internet – wenn man unter dem Wort nachsieht – Informationen über andere Kulturen findet. Er geht also in seinem Denken selbstverständlich davon aus, daß man, wenn man etwas nicht weiß, erst mal im Internet nachsieht. Dieses Selbstverständnis zeigt, daß sich die Art der Wissensaneignung für Jugendliche tatsächlich schon in Richtung Internet verlagert hat. An ein Nachschlagen in einem Lexikon denkt David spontan nicht. David kann sehr genau differenzieren, wobei er meint, etwas zu lernen und wobei nicht:

In den Foren hab' ich überhaupt nichts gelernt, und bei den Homepages hab ich wie jeder, der irgend etwas macht, gelernt, was man so machen muß. Ich hab irgendwelche Tricks gelernt von anderen Leuten beim Umgucken, was andere machen. Ich übernehm' das dann auf meine Seiten und probier' das da aus. Wenn es kurz ist, schreibt man's ab, und wenn es sehr komplex ist, kopiert man's einfach. Über andere Kulturen? Ich hab noch nie bei „anderen Kulturen" geguckt, aber man kann halt über alles was lernen im Internet. Jeder hat sein Thema, das irgendwas bedeutet. Gezielt, wenn sich ein anderer gerade mit anderen Kulturen beschäftigt, erzählt er was über andere Kulturen.

Mit der Zwischenbemerkung: „*aber man kann halt über alles was lernen im Internet*" bestätigt David die Visionen der Internetpropheten, die das Internet für den maßgeblichen Ideenpool unserer neuen Lernkultur halten. Papert schildert einen Fall, der für die Struktur des Lernens im Internet aufschlußreich ist:

„Ich beobachtete, wie ein Fünfjähriger versuchte, die Dinge so zu arrangieren, daß zwei Charaktere an zwei verschiedenen Dingen losgehen, sich nach einer Weile treffen und dann gemeinsam weitergehen. Die Umsetzung dieser Sequenz erforderte eine komplexe Meisterleistung der Koordination und Visualisierung. Das Kind mußte eine Reihe von Problemen lösen, dabei brachte jedes Problem das Kind dem Ziel näher. Obgleich es Zeit brauchte und es dem erwachsenen Zuschauer, der das Material kannte, bei jedem Zwischenschritt klar war, daß dem Kind etwas Wesentliches entging, war es niemals notwendig, dem Kind zu sagen, *das machst du falsch*. Stattdessen konnte man den Fortschritt sehen und immer ehrlich und respektvoll sagen (oder nur denken) 'ja, das stimmt, mach weiter, du kriegst das raus'" (Papert 1998, 65).

Daran zeigt sich, wie erfinderisch die Arbeit Kinder am Computer machen kann. Die Lernfortschritte liegen hier aber hauptsächlich darin, daß das Kind den Prozeß des Lernens aktiv vollzieht und bei dieser Tätigkeit ein Verständnis von Lernen bekommt. Kinder handeln aktiv im Netz. Sie lesen, recherchieren, analysieren und werten aus. Kinder lernen, ihre Gedanken zu formulieren und niederzuschreiben. Sie agieren darüber hinaus kreativ: Sie gestalten ihre eigenen Homepages, bringen den Erwachsenen Tricks bei, wie sie sich die Netzwelt mühelos aneignen können, und werden fähig, multiple Identitäten zu generieren.

Davids Äußerungen bestätigen, daß die Umgebung der Kinder durch das Internet bereichert wird. Im Netz finden die Heranwachsenden eine Fülle von Materialien, aus denen etwas geschaffen werden kann.

Die Lernkultur, die die Kinder im Internet entwickeln, wirkt nach außen. Keine Schule ist mehr frei von den Lernstilen, die Jugendliche längst zu Hause am Computer ausgebildet haben. Das hat Vor- und Nachteile. Hausaufgaben werden oft auf Computerausdruck übersichtlich gegliedert und gut vorlesbar mit in den Unterricht gebracht. Man kann sich aber nicht sicher sein, ob es sich in jedem Falle um die Eigenleistung des Schülers handelt, denn im Internet kursieren zu sehr vielen Themen bereits fertig abrufbare Hausaufgabenergebnisse. In der Nutzung des Internet für die Hausarbeiten sieht David sogar einen Grund, warum in Zukunft voraussichtlich mehr Jugendliche einen Internetzugang haben wollen: *In den nächsten Jahren werden wohl mehr von ihren Freunden über das Internet erfahren und wollen dann auch selbst einen Internetzugang haben, allein, um etwas für ihre Hausarbeiten daraus ziehen zu können.*

Das Internet beinhaltet eine Fülle von unschätzbaren Funktionen. Es bietet die Möglichkeit der Meinungsbildungsfunktion – eine für Lernvorgänge zentrale Kompetenzebene, denn Gesprächsthemen werden angeboten, Kontakte ermöglicht, Wertepluralismus sichtbar.

Durch gezielte Handlungen im Internet kann soziales Prestige hergestellt werden. Hier kann David als Beispiel dienen, denn er ist heute gefragt bei Firmen und Talkshows aufgrund seiner Begabung, Homepages zu erstellen.

Identitätsbildung und Selbstversicherung, aber auch Abgrenzung gegenüber Medienfiguren, bestimmten Chatrooms, Mails oder Homepages bieten eine Plattform für die Auseinandersetzung mit der eigenen Person. David ist z. B. ein Kritiker des Chattens, weil es „irgendwie keinen Spaß macht. Man kennt die Leute nicht, weiß nicht, ob es sie wirklich gibt oder was". David scheint den Anspruch der Wahrhaftigkeit und Authentizität an seine Kommunikationspartner im Netz zu stellen. Das offen bleibende Rätsel der Identitätsfrage scheint ihm Probleme zu bereiten. Offensichtlich spielen auch schlechte Erfahrungen mit unangenehmen, angebenden Mitchattern eine Rolle für Davids ablehnende Haltung dem Chatten gegenüber: Durch solche Erfahrungen erlangt der Chatteilnehmer ein Gefühl für die Stimmigkeit der Argumentation oder Erzählung und dadurch u.a. auch Medienkompetenz, die ihn für die Berufswelt qualifiziert.

Verstehensvollzüge wie Einordnen, Subsumieren, nach Lösungen suchen, Regeln etablieren scheinen bei David schon auf seine Internetkenntnisse bezogen. Hierin könnte ein Phänomen einer neuen Lernkultur entdeckt werden. *Fankulturen oder Fanclubs gibt's natürlich. Man muß schon länger dabei sein, um überhaupt eine Kultur entwickeln zu können. Mindestens drei Jahre. Den Homepageclub, den ich vor zwei Jahren gegründet habe, der hat jetzt 30 Mitglieder. Wir helfen anderen, wie man Homepages einrichten kann. Jetzt werden das immer mehr, ich such' schon einen Vertreter, weil ich gar nicht mehr dazu komme, alle einzutragen.*

Max Weber hat den Prozeß der Entstehung des Neuen in Begriffen der Dialektik von Betrieb und Charisma erläutert. Kulturelle Veränderungen beginnen danach damit, daß charismatische Gruppen oder Figuren auftreten, die sich einer hergebrachten Ordnung sozialen Lebens schroff entgegensetzen und eine ungewohnte Lebensform als lebbar erscheinen lassen. So kann kultureller Wandel stimuliert werden (Bude 1995, 111).[9]

Übertragen auf die Lerngeschichte Davids könnte das bedeuten: Wenn jugendliche Internetexperten Eigenarten in Verstehensvollzügen ausbil-

---

9 In einem Aufsatz bezeichnet Weber die Erweckung vom Charisma und die Vermittlung von spezialistischer Fachschulung als die beiden äußersten historischen Gegenpole auf dem Gebiet der Erziehungszwecke: „Der erste Typus entspricht der charismatischen der letzte der rational-bureaukratischen modernen Struktur der Herrschaft" (Weber 1987, 259).

den, indem sie vieles gleich auf mögliche Handhabungen im Internet beziehen, dann wird Internetumgang schon bald zum festen Bestandteil der Denkstrukturen Jugendlicher und dann gehört dieses neue Medium notwendig zu dem kulturellen Subsystem Bildung hinzu.

Nach David sind Kinder lernbereiter als Erwachsene und können diesen sehr viel beibringen. Auch umgekehrt schätzt er die Erfahrung von Älteren, von denen er wieder viel lernen kann. Anderen etwas beibringen, ob Kindern, Gleichaltrigen oder Erwachsenen, ist für David selbstverständlich. Dazu hat er den Homepage-Fanclub gegründet, wo die Fans sich gegenseitig beibringen, wie man die Homepage-Erstellung perfektioniert. Hierduch zeigt sich, daß David ein egalitäres Lehr-Lernverhältnis bevorzugt. Die Vernetzung verändert die Art und Weise der Wissensvermittlung fundamental. Die umfangreichere Verfügbarkeit von Wissen kann zu neuen und erweiternden Vermittlungstechniken und Wissenskonstruktionen von Lehrern wie Schülern führen. Hilfestellungen bei Problemlösungen kann sich der einzelne von verschiedenen *Netzstellen* einholen. Probleme können im Internet in verschiedenen Foren bzw. Fanclubs besprochen und gemeinsam gelöst werden. Der Lehrer wird zum Berater, Moderator und Anleiter und steht in vielen Fällen auf der gleichen *Lernstufe* wie die Schüler selbst. Dadurch wird die in vielen Bereichen noch anzutreffende Lernhierarchie zwischen Lehrer und Schüler zugunsten einer gleichberechtigten Stellung auf der Ebene des Lernzugangs aufgehoben. Die Möglichkeiten, thematisch Anregungen aus der Schule im Internet eigenständig zu vervollständigen und sich die jeweiligen Bereiche sinnvoll zu erschließen, werden von David ganz spontan geäußert:

Z. B. indem man immer nach bestimmten Seiten sucht, wenn man gerade was über Frösche macht, guckt man halt, was es so über Frösche gibt. Es gibt z. B. Internetseiten, wo man lernen kann, wie man Frösche seziert: Das spart natürlich Leben. Über Grafiken, wo man hinklicken kann, dann sieht man, wie der aufgeschnitten wird. Für Referate gibt's nicht so gute Vorlagen. Aus einem 2 Seiten-Referat konnten wir mal gerade 2 Sätze übernehmen an Informationen.

Durch Tonfall, Mimik und Gestik (Kopfschütteln) bringt David mit seiner Antwort: *In der Schule haben wir einen Computerraum, aber da dürfen wir nicht rein.* seinen Ärger über die Schulsituation ohne Computer- und Internetnutzung zum Ausdruck. Das zeigt, daß David die jetzige *Lernkultur Schule* als veränderungswürdig begreift.

Lernwelten für Kinder im Internet 331

Kommunikation und Partizipation

Kommunikation ist lebenswichtig. Sie ist der Schlüssel zur Welt und zu sich selbst. Kinder kommunizieren, wenn sie klein sind, noch unbefangen und offen mit anderen, weil sie die Folgen des wechselseitigen Interaktionsgefüges noch nicht abschätzen können. Im Internet können dem anonym Kommunizierenden diese Folgen gleichgültig sein, deshalb sind dem Austausch keine Grenzen gesetzt, beachtenswert sind nur die Regeln der Netiquette. David spricht diesen Sachverhalt an, wenn er sagt: *Per Email schreibt man sowieso viel offener als per Telefon, weil alles anonymer ist.* Kommunikation im Internet läßt sich als asynchrone und synchrone Kommunikation unterscheiden.

1. Asynchrone Kommunikation betrifft Email, Mailinglist und Newsgroups. Kinder und Jugendliche können per Email mit anderen Kindern, Sprachgruppen und Kulturen in Kontakt treten, Bücher gemeinsam diskutieren oder in einer Fremdsprache schriftlich kommunizieren. Newsgroups bieten die Möglichkeit, mit spezifischen Fachfragen an Experten und spezielle Foren zu gelangen.

2. Synchrone Kommunikation mit Chat, MUDs (Multi User Dimensions) etc. Das Chatten ist bei den SchülerInnen eine beliebte Kommunikationsform. Es bietet die Möglichkeit, sich schriftlich unmittelbar international auszutauschen. Die MUDs bieten virtuelle Übungs- und Seminarräume, wo z. B. ein Laborversuch simuliert werden kann.

Neben der Mitteilungsfunktion gibt es die Möglichkeit, gemeinsames Handeln zu koordinieren. Das Internet vermittelt ein umfangreiches Vokubular. Um eigene Gefühle und Stimmungen anderen mitzuteilen, kann auf gemeinsame Medieninhalte Bezug genommen werden.

An den Erfahrungen und Weltsichten anderer kann man in Chatrooms partizipieren. Wenn beispielsweise bei Filmbesprechungen Stars, Moderatoren und Gäste im virtuellen Studio sind, kann sich das Kind durch Einloggen als Gast oder Talkteilnehmer seinen Idolen ganz nahe fühlen. Es kann sich eine ähnliche Aufregung und Affiziertheit einstellen, als wäre es life bei einem Fernsehmagazin oder einer Talkshow dabei, und es kann den anderen virtuellen Gästen etwas mitteilen. David zählt als Vorteil des Internet im Gegensatz zum Fernsehen: *Man kann eben selbst was machen. Zum Beispiel kann man selbst eine Sendung machen und damit bei Pro Sieben auftreten.*

Freundschaften, Kennenlernen, Fanclubs, Kontakt zu jung und alt, das sind die Formen des sozialen Austauschs, die David im Internet vornimmt und genießt. Er freut sich über die Anerkennung, die andere Kinder, Jugendliche und Erwachsene seinen Homepages entgegenbringen, und über den Zulauf zu seinem vor zwei Jahren gegründeten Homepage-Fanclub. Mit diesem Club partizipiert David an der Kultur der Fan-Welt. Er lernt die Strukturen dieser Welt aus der Perspektive des Gründers kennen und gestaltet einen Teil dieser Fan-Welt mit, in dem er Regeln für den Fanclub aufstellt, Mitglieder einträgt und den Austausch mit diesen Fans pflegt. Indem er diese Strukturen im Internet lernt, erprobt, erweitert, erfährt er viel über die Strukturen der Club- und Vereinswelt und wird dazu befähigt, diese auch in anderen Bereichen mitzugestalten.

Daran sieht man, daß das Internet einen Raum für die Ausbildung eigener Kinder- und Jugendkulturen bietet, die als offene Geschmackskulturen bezeichnet werden können[10] und innerhalb derer eine neue Form der Kommunikation betrieben wird. Face-to-face-Kommunikation tritt in den Hintergrund, die virtuelle Gemeinschaft trifft sich auf dem Marktplatz des Netzes, aber der Körper wird ausgespart (Bollmann 1998, 180). Gerade diese Art der leiblichen Unsichtbarkeit ermöglicht eine zwang- und tabulose Kommunikation.

Als Einzelkind ist David in seiner Kindheit oft allein gewesen. Kein Wunder, daß er den einfachen Weg, Kontakte im Internet schließen zu können, schätzen gelernt hat. Mit Rollenspielen hat David wenig Erfahrung. Er ist bisher nur in die Rolle seiner simulierten, virtuellen Schwester geschlüpft. Es hat ihm „etwas gebracht", daß sich ein Mitchatter dabei in ihn bzw. *sie* verliebt hat. An diesen Beschreibungen sieht man, daß David den Wunsch nach sozialem Miteinander und Gefühlsintensität durch seine Internetnutzung auslebt, er eröffnet sich zusätzliche Kommunikations- und Partizipationsräume und fühlt sich im Internet sozial einge-

---

10 Barthelmes und Sander unterscheiden zwischen Mustern offener und geschlossener Geschmackskulturen. Während bei geschlossenen das selektive Interesse an bestimmten Medien und Genres im Vordergrund steht und das Vermeiden neuer Erfahrungen mit anderen kulturellen Stilen keine Neu-Interpretation der eigenen (biographischen) Erfahrungen zuläßt, ist für offene Geschmackskulturen eine pluralistisch eingestellte Grundhaltung charakteristisch und neugieriges Interesse an verschiedenen Medien und Stilen kennzeichnend (Barthelmes/Sander 1997, 157).

bunden. Ein Leben ohne Internet kann sich David kaum vorstellen *weil ich dadurch eben auch viele Freunde gefunden habe.*
Die soziale Kompetenz, die durch ein Vertrautwerden mit der Nutzungspalette des Internet erworben wird, wirkt aber auch in die außermediale Welt von Kindern und Jugendlichen hinein. Die soziale Verbundenheit mit anderen über das Netz kann Anlaß werden, sich zunehmende mediale Kompetenz anzueignen, um die Kommunikations- und Partizipationsräume gezielt erweitern und bereichern zu können.

Selbst- und Weltbild

Von einem 13jährigen kann noch kein *ausgereiftes* Selbst- und Weltbild erwartet werden, das Internet spielt in der Entwicklung des Selbstbildes von David eine bedeutsame Rolle: Durch seine besondere Begabung für die Entwicklung der Homepages hat David aus verschiedenen Bereichen Anerkennung erfahren von den Internetnutzern und von Firmen und Wettbewerbsbetreibern. Das hat seiner Persönlichkeitsentwicklung gut getan und ihn dazu motiviert, seine Kenntnisse durch mindestens dreistündige tägliche Beschäftigung im Internet zu erweitern. Heute ist er auf seinem Gebiet Experte und erhält dadurch Einladungen und Jobangebote, die andere Kinder seines Alters nicht bekommen. Er ist dadurch etwas Besonderes, und obwohl er sehr bescheiden ist, freut er sich darüber. Seine Entwicklung hat durch den Prozeß der Professionalisierung einen Schub nach vorn (*Ich hab' nur irgendwann gemerkt, daß Leute meine Seiten gut fanden. Und dann hab' ich festgestellt, daß ich irgendwie sehr gut geworden bin.*) bekommen, und seine beruflichen Chancen nutzt er jetzt bereits. Zu seinem Selbstbild gehört es, sich als *Künstler* zu fühlen, lernbereit und für andere wiedererkennbar zu sein: *Meine Web-Seiten erkennt man schon unter anderen, weil ich die auch sehr pingelig mache, mit den Farben... Meine Homepage besteht aus mehreren Seiten, die alle ein unterschiedliches Thema haben. Das sind halt ziemlich simple Themen über mich und so was. Was ich mache, Hobbys, Inlineskaten, wie ich dazu gekommen bin, Homepages zu machen.* Er konstruiert die Seiten seines Selbst. David erwartet, daß die Internetnutzer selbständig ihre eigenen Ideen umsetzen und seine Homepages nicht einfach kopieren. Das gibt einen Einblick in seinen Anspruch auf selbständiges Handeln und in sein *aufgeklärtes* Weltbild. Zu seinem Weltbild gehört es, daß die Menschen über Möglichkeiten der Internetnutzung nachdenken, wie man z. B. unnötige Tierversuche umgehen und so Leben schützen kann. David vermutet, daß zukünftig mehr Jugendliche die Möglichkeit bekommen, das Internet zu nutzen, weil sie über ihre Freunde davon erfahren werden.

„On the brink" – Davids habituelle Ausprägung

Die Suche nach habitueller Übereinstimmung mit Gleichgesinnten scheint das Motiv für Davids Homepagegestaltung zu sein. Warum sonst gibt er auf seiner Homepage[11] seine Vorlieben und Hobbys an? Vermutlich, um *Wahlverwandte* kennenzulernen oder andere aufzufordern, ihre Lieblingsbeschäftigungen zu nennen. Die Informationen, die die Kinder im Internet erhalten und austauschen, können zu der Ausbildung einer besonderen Sprache, zu Elementen von bevorzugten Stilen oder Moden beitragen. In den letzten Jahren hat sich gezeigt, daß medial vermittelte Informationen bei der Ausbildung handlungsleitender Orientierungsmuster eine immer bedeutendere Rolle spielen. Aus Beschreibungen von Kindern und Jugendlichen, wie und wozu sie das Internet nutzen, lassen sich Rückschlüsse über das Verhältnis *medial vermittelten Wissens* zu *erfahrungsgebundenem Wissen* ziehen.[12]

Obwohl David bestätigt, daß Fankulturen im Internet bestehen, ist er doch skeptisch, was die Entwicklung eines wahrnehmbar eigenen Stiles betrifft. *Ich glaub' nicht, daß jemand überhaupt einen eigenen Stil ausprägen kann, vielleicht für sich selber, aber der wird dann von keinem wahrgenommen. Ich glaube, ich hab' nicht sehr viele Leute verändert, mit dem, was ich mache.*

Auch wenn David es selbst nicht für möglich hält, hat er längst einen eigenen Stil ausgeprägt, den man inhaltlich grob als *klar strukturiert, auf Harmonie bedacht* und *grafisch orientiert* beschreiben kann. Er ist der *kreative Homepage-Tüftler* und der *bescheidene Star*. Formal ist David eher der *Zeiger* als *Beschreiber*. Diesen Stil kultiviert David auch. Er möchte, daß man ihm diese *eigene Seite* läßt. Daher regt er sich auch auf, wenn er entdeckt, daß andere seine Homepage einfach kopieren. Über sein grafi-

---

11 David Homepage hieß früher „On the brink" von seinem Nachnamen abgeleitet. Inzwischen lautet sie www.david.ihr.net

12 Zu dieser Unterscheidung kommt Burkhard Schäffer bei seiner Untersuchung generationsspezifischer Mediennutzungskulturen. Das Internet stellt in dieser Hinsicht einen Raum medialer Vermittlung dar, über den Kinder und Jugendliche Wissensbestände adaptieren, die ursprünglich nicht zu ihrem generationsspezifischen Erfahrungsraum gehören (Schäffer 1998, 38).

sches Know-how hat er eine eigene *Erzählweise*, mit der er sein Selbst anderen näher bringen kann, gefunden. Er will anderen über sein grafisches Können etwas über sich mitteilen, nicht über sein Äußeres. Sieht man sich Davids mehrseitige Homepage an, sticht sofort die grafische Ambition ins Auge. Die eigenen Vorlieben und Hobbys werden auffällig in Szene gesetzt. Anfangs hatte David auf seiner Homepage auch ein Paßbild, aber das hat er *wieder 'rausgenommen*, weil er lieber anonym bleiben will. Durch das dauernde grafische Ändern seiner Homepage prägt er seine Kreativität aus. Er fühlt sich als *Designer*. Kontakte zu anderen Designern im Internet interessieren ihn deshalb besonders. Seine künstlerische Ader wird durch die Tips, die er von dem Designer bekommt, mit dem er Mail-Kontakt hält, gefördert. Das, was die berufliche Tätigkeit des Designers umfaßt, ist für David inzwischen sehr konkret nachvollziehbar geworden. Er gehört zu den Internetnutzern, die überwiegend gezielte Informationssuche im Internet betreiben. Zielloses Navigieren, das sowohl die Dimension des freien Surfens ohne bestimmtes Ziel als auch die Dimension konkreter Navigationsprobleme beinhaltet, passiert ihm selten. Davids Beispiel zeigt, wie die neue Kultur vernetzter Kinder und Jugendlicher zu neuen *Erzählweisen* und Praktiken führen kann.

Kinder entwickeln neben zahlreichen Fähigkeiten generationsspezifische Merkmale bei der Internetnutzung und bilden „konjunktive Erfahrungsräume" aus (Schäffer 1997, 39). Sprachlich und gestisch findet sich ein typischer Netz-Slang, der in die Alltagswirklichkeit Eingang findet und einer gesonderten Untersuchung bedürfte. Diese neuen Praktiken können sich wiederum auf die Ausbildung von Identität und Differenz auswirken.

„Picasso sagte: 'Ich suche nicht, ich finde!' Für das Internet gilt: 'Ich finde nicht, ich verliere mich.' Die Signale des Computers begreifen zu lernen, in Frage zu stellen und neue Orientierungen zu finden, ist die Aufgabe der Medienkultur" (Fleischmann 1997, 20).

Dieses im Zitat angesprochene „Sich-Verlieren" im Internet, das für Kinder und Jugendliche in besonderem Maße eintreten kann, stellt vielleicht gerade eine der Entlastungsfunktionen vom Alltag dar, die junge Menschen für ihre Entwicklung brauchen. Nun ist das „Sich-Verlieren" aber nicht die einzige Handlungsform, die das Internet bietet.

5. Beispiele für produktive Internetnutzung durch Kinder

Abschließend möchte ich noch auf einige Interneteinrichtungen für Kinder und Jugendliche hinweisen, die verdeutlichen können, wie produktiv Lernen im Internet in Szene gesetzt wird.

5.1 Das Schulweb: learning and teaching with world wide web

Das Schulweb bietet zahlreiche Projekte und Möglichkeiten für Schüler aus Deutschland, Österreich, der Schweiz, Informationen zu Erziehungszentren, zu Lernstoffen, zu virtuellen Bibliotheken und vielem mehr abzurufen und an Lern-Workshops teilzunehmen. Die Kontaktbörse ist ein Forum für Schüler wie Lehrer, ihre Kontaktwünsche und ihre Email-Adressen anzugeben. Partnerschulen für spezielle Projekte können hier gefunden werden. Z. B. schreibt die Grevhagsscolan: „Wir wollen eine Mail-Klasse, 13-18 Jahre alt, bitte!!!" (www.schulweb.de).

5.2 Kids on campus

Seit 7 Jahren sponsert das Cornell Theory Center die Aktion *Kids on Campus* als Teil von National Science und Technology Week. Als Intention wird der Wunsch beschrieben, Kindern den Umgang mit Computern so zu erklären, daß sie die Handhabung verstehen und Spaß haben.

> „Hands-on computer activities, innovative videos, and exciting demonstrations help the children develop interest and excitement in computers and science. The exhibits are presented by Cornell University faculty and staff, and area science organizations" (http://www.tc.cornell.edu/Kids.on.Campus/).

Zum Beispiel haben Kinder die Möglichkeit, zu lernen, wie man im World Wide Web aus einer bestimmten Perspektive die verschiedenen Planeten sehen kann oder bei einer simulierten Insel die Landschaft modifizieren kann. (http://www.tc.cornell.edu/Kids.on.Campus/)

Lernwelten für Kinder im Internet 337

5.3 *Vorteile des Internetgebrauchs aus Expertensicht* – *C-Trec: the children television Resource and education center*

Um herauszufinden, wie Verantwortliche bestimmter Bildungseinrichtungen für Kinder im Netz den produktiven Umgang von Kindern im Internet beurteilen, überlegte ich mir sechs Fragen, die darauf abzielten, Statements zu erhalten, was Kinder speziell im Internet für Entwicklungs- und Lernfortschritte machen können. Sie wurden folgendermaßen beantwortet: Jen Sarché, Geschäftsführer von einer Organisation, die Curricula für alle Altersstufen der Vor- und Elementarschule erstellt, schrieb mir auf folgende sechs Fragen per Email:

1. Denken Sie, daß Kinder im Internet neue Rollen, neue *Masken* und neue Identitäten kreieren?

2. Ist es möglich, von einer neuen Kultur zu sprechen, die Kinder ins Leben rufen durch ihre Internetnutzung?

3. Wie würden Sie die Unterschiede zwischen weiblichen und männlichen Internetnutzern beschreiben?

4. Denken Sie, die Kinder mögen die Anonymität im Internet?

5. Haben Sie Erfahrung, was Kinder ganz besonders gut im Internet lernen?

6. Denken Sie, daß die Nutzung des Internet für Kinder auch Gefahren birgt?

„your questions are difficult for me to answer because our research and information is specifically about using the internet as a resource in the classroom with adult guidance. We have not looked at individual or home use. What I do think is useful is that the internet makes previously remote locations and animals and facts and students much closer. In the classroom, the internet gives kids a glimpse of how much there is to know in the world, and empowers them to find out more about it. It literally brings the world closer. For the children we deal with, often from lower socio-economic statuses, the internet is a unique window into the culture they don't often get to se."

Die beiden Hauptaussagen, die sich durch mehrere Untersuchungen stützen lassen, sind (1) die Feststellung, daß die Kinder, während sie im Klassenraum das Internet benutzen, eine Ahnung davon bekommen, wie viel es in der Welt zu wissen gibt, und (2) die Beschreibung, daß das Internet ein einzigartiges

Fenster zu den Kulturen darstellt, die für die sozial-schwächeren Kinder oft nicht erreichbar bzw. sichtbar sind. Für Sarché liegen die Vorteile des Internet auch darin, daß Kinder im Netz nach Informationen suchen müssen, die ihnen nicht einfach vorgesetzt werden. Deshalb sind sie gezwungen, Denk- und Suchstrategien zu entwickeln. Sie müssen sich kritisch verhalten. Welche Web-Sites sind brauchbar? Wie unterscheide ich, was echt ist und was nicht – was ist eine verläßliche Datenquelle? Durch das frühzeitige Erlernen eigener Denk- und Suchstrategien werden Muster und Strukturen ausgebildet, die ein räumliches, zusätzliches, erweitertes Verständnis mit sich bringen. Für alle weiteren Lernvorgänge ist die Ausbildung dieser räumlichen Struktur vorteilhaft.

Das Hinterfragen von Information ist in unserer heutigen undurchschaubaren modernen Informationsflut unabdingbar geworden. Eine frühzeitig entwickelte Struktur des Zweifels und der Skepsis ist wichtiger denn je, um brauchbare Recherchen zu betreiben und ein Gefühl für Menschenkenntnis zu entwickeln. Toleranz und Netiquette sind für die Interaktion im Netz Voraussetzung. Durch die Gewöhnung an diese Grundregeln, zu denen im Verlaufe der Jahre zahlreiche Umgangsformen und Netznormen hinzukommen, prägen Jugendliche ein eigenes Wertesystem, das heutige Wertvorstellungen sprengt. Durch diese je eigenen Wertesysteme und die Ausprägung eigener Stile der *Screenager* entstehen neue kulturelle Gemeinschaften, in denen auch subversiv gegen bisherige Werthierarchien vorgegangen wird. Der jetzt für einige Jugendliche bestehende *Thrill* beim Surfen im Internet hält hoffentlich noch eine Weile an. Zur Ausprägung habitueller Stile im Internet durch Kinder und Jugendliche wären umfangreichere Untersuchungen empfehlenswert, denn bislang ist dieses Feld noch nicht ansatzweise erschlossen und überholt sich doch ständig.

Literatur

Aufenanger, S. (1995): Qualitative Forschung in der Medienpädagogik. In: König, E.; Zedler, P. (Hrsg.): Bilanz qualitativer Forschung. Bd. 1. Grundlagen qualitativer Forschung. Weinheim (Deutscher Studien Verlag). S. 221-239.

Baacke, D.; Kübler, H.-D. (Hrsg.) (1989): Qualitative Medienforschung: Konzepte und Erprobungen. Tübingen (Niemeyer).

Baacke, D.; Sander, U.; Vollbrecht, R. (Hrsg.) (1991): Medienwelten Jugendlicher. Leverkusen (Leske + Budrich).
Bachmair, B. (1989): Analyse symbolischer Vermittlungsprozesse am Beispiel von Kindergruppen. Überlegungen zum Zusammenhang von Forschungsgegenstand und Forschungsmethoden. In: Baacke, D.; Kübler, H. D. (Hrsg.): Qualitative Medienforschung. Konzepte und Erprobungen. Tübingen (Niemeyer). S. 194-221.
Barthelmes, J.; Sander, E. (1997): Medien in Familie und Peer-group. Vom Nutzen der Medien für 13- und 14jährige. München (Verlag Deutsches Jugendinstitut).
Bohnsack, R.; Marotzki, W. (Hrsg.) (1998): Biographieforschung und Kulturanalyse. Transdisziplinäre Zugänge qualitativer Forschung. Opladen (Leske+Budrich).
Bammé, A. (1993): System oder Maschine. Sozialwissenschaftliche Anmerkungen zur biologischen Bestimmung lebender Systeme als autopoietische Maschinen. In: Riegas. V.; Vetter, C. (Hrsg.): Zur Biologie der Kognition. Frankfurt (Suhrkamp). S. 237-263.
Bollmann, S. (1998): Einführung in den Cyberspace. In: Bollmann, S. (Hrsg.): Kursbuch Neue Medien. Trends in Wirtschaft und Politik, Wissenschaft und Kultur. Reinbek bei Hamburg (Rowohlt). S. 163-191.
Bourdieu, P. (1993): Sozialer Sinn. Kritik der theoretischen Vernunft. Frankfurt am Main (Suhrkamp).
Bude, H. (1995): Die Rekonstruktion kultureller Sinnsysteme. In: Flick, U. (Hrsg.): Handbuch Qualitative Sozialforschung. Grundlagen, Konzepte, Methoden und Anwendungen. Weinheim (Psychologie Verlags Union). S. 101-112.
Charlton, M.; Neumann-Braun, K.; Aufenanger, W.; Hoffmann-Riem u.a. (Hrsg.) (1995): Fernsehwerbung und Kinder. Das Werbeangebot in der Bundesrepublik Deutschland und seine Verarbeitung durch Kinder. Band 2. Rezeptionsanalyse und rechtliche Rahmenbedingungen. Opladen. (Leske und Budrich).
Durkheim, E. (1987): Erziehung, ihre Natur und ihre Rolle. In: Plake, K. (Hrsg.): Klassiker der Erziehungssoziologie. Düsseldorf (Schwann). S. 211-221.
Fischer, A.; Münchmeier, R. (1997) (Hrsg.): Jugend '97. Zukunftsperspektiven. Gesellschaftliches Engagement. Politische Orientierungen. 12. Shell-Jugendstudie. Opladen (Leske + Budrich). S. 11-23.
Fleischmann, M. (1997): Globale Netzhaut und individualisierte Kommunikation. Multimediaforschung in Kunst und Kultur. In: Mensch – Masse – Medium. Interaktion oder Manipulation. (Hrsg.): Internationales Forum für Gestaltung. Ulm; Frankfurt (Anabas Verlag), S. 19-26.
Friebertshäuser, B. (1997): Interviewtechniken. Ein Überblick. In: Friebertshäuser, B.; Prengel, A. (Hrsg.): Handbuch qualitative Forschungsmethoden in der Erziehungswissenschaft. Weinheim u. a. (Juventa). S. 371-395.
Heinritz, C. (1997): Autobiographien als erziehungswissenschaftliche Quellentexte. In: Friebertshäuser, B.; Prengel, A. (Hrsg.): Handbuch Qualitative Forschungsmethoden in der Erziehungswissenschaft. Weinheim u. a. (Juventa). S. 341-353.
Hersberger, K. (1997) Examensarbeit zum Thema „Medienrezeption im schulischen Kontext" publiziert im Internet unter http:;//visor.unibe.ch/~agnet.liz.2.htm
Kielholz, A. (1998): Lizentiatsarbeit zum Thema Jugendliche und Internet – Geschlechtsunterschiede in Nutzungsart, Nutzungsmotiven und Einstellung publiziert im Internet unter http://visor.unibe.ch/~agnet/.

Marotzki, W. (1998): Ethnographische Verfahren in der Erziehungswissenschaftlichen Biographieforschung. In: Jüttemann, G.; Thomae, H. (Hrsg.): Biographische Methoden in den Humanwissenschaften. Weinheim. (Psychologie Verlags Union) S. 44-59.

Maturana, H. R. (1985): Erkennen: Die Organisation und Verkörperung von Wirklichkeit. Braunschweig (Friedrich Vieweg und Sohn).

Papert, S. (1998): Die vernetzte Familie. Stuttgart (Kreuz-Verlag).

Riegas, V.; Maturana, H. R. (Hrsg.) (1993): Zur Biologie der Kognition. Ein Gespräch mit Humberto Maturana und Beiträge zur Diskussion seines Werkes. Frankfurt (Suhrkamp).

Schäffer, B. (1998): Generation, Mediennutzungskultur und (Weiter)bildung. Zur empirischen Rekonstruktion medial vermittelter Generationenverhältnisse. In: Bohnsack, R.; Marotzki, W. (Hrsg.) Biographieforschung und Kulturanalyse. Transdisziplinäre Zugänge qualitativer Forschung. Opladen (Leske+Budrich). S. 21-50.

Tapscott, D. (1998): Net Kids. Die digitale Generation erobert Wirtschaft und Gesellschaft. Wiesbaden (Gabler).

Turkle, S., (1998): Leben im Netz. Identität in Zeiten des Internet. Reinbek bei Hamburg (Rowohlt).

Weber, M. (1987): Bildungszugang und Berufsberechtigung in China. In: Plake, K. (Hrsg.): Klassiker der Erziehungssoziologie. Düsseldorf (Schwann). S. 257-275.

Birgit Richard

Schwarze Netze statt Netzstrümpfe? Weibliche Kommunikationsräume in Jugendkulturen und im Internet

Jugendkulturen sind internationale, globale Stilgemeinschaften, die sich seit der Nachkriegszeit über alle sprachlichen und geographischen Barrieren hinweg konstituieren. Ein wesentlicher Aspekt ist die vor der Nutzung der digitalen Medien immer schon vorhandene, ebenfalls unsichtbare Vernetzung zwischen den Mitgliedern eines Stils, die sich aufgrund der gleichen musikalischen Vorlieben entwickelt. Eine Stilgemeinde konstituiert sich über große Entfernungen, zuerst über die Printmedien und dann über das Fernsehen.

Es gilt auf der Grundlage der Untersuchung der Position von Frauen in den realen Jugendkulturen Punk, Gruftie und Techno- und House Szene zu betrachten, in welcher Weise sich die kulturellen Räume durch neue Kommunikationsmöglichkeiten wie dem Internet verändern.

In den gegenwärtigen Jugendkulturen nehmen Mädchen und junge Frauen immer noch die Rolle von Usern ein und sind zu einem sehr geringen Anteil die stilistischen Programmierer einer Szene, vor allem, was ihren Kern, das Musikalische, angeht (Schober 1980, 89f.).

Im Anschluß an die Betrachtung der realen jugendkulturellen Szenen und deren Pendants im Netz soll der Frage nachgegangen werden, ob das Internet eine Extension eines bisher bestehenden medialen Austausches ist oder ob sich, aufbauend auf den speziellen Strukturen und Kommunikationsformen des Internet, neue Ausprägungen der Vernetzung ergeben, die für weibliche Mitglieder von Jugendkulturen Nischen für die autonome Selbstorganisation zur Verfügung stellen. Abschließend sollen erste Ansätze für eine These entwickelt werden, daß im Internet neue immaterielle weibliche Stilbilder entstehen, die unabhängig von materiellen Ausprägungen wie der Mode sind und quer zu den Jugendkulturen nur im immateriellen Raum existieren.

1. Frauen und Mädchen in realen Jugendkulturen

Ein Pradigmenwechsel in der feministischen Rezeption (Graw 1997) der 80er Jahre führt zu einer Neueinschätzung der Mode. Damit müssen auch die Entfaltungsmöglichkeiten von Mädchen in Jugendkulturen neu beurteilt werden, Kleidung und Mode stellen hier einen wesentlichen Repräsentationsbereich dar. Die anfängliche Verurteilung der Mode als ökonomisches Instrument zur Umsetzung männlicher Machtphantasien schlägt um in die Begeisterung für ein Hilfsmittel zur Gestaltung der eigenen Identität.

Der Topos der Maskerade bzw. des *drag* wird als Mittel zur Herstellung sexueller Identität gefeiert (Butler 1990, 122f., 137; de Lauretis 1987). Graw weist aber auf die Eingebundenheit der Mode in den ökonomischen Apparat hin (Graw 1997). Durch ihre spezielle Anschlußfähigkeit ist sie nicht nur paradiesisches Repertoire, das die Mittel zur visuellen Selbstverwirklichung und zum freien Spiel mit der Maskerade vorbehaltlos zur Verfügung stellt. Irokesenschnitt-Domestoshose, Spinnenetzbluse-Draculacape, Sesamstraße-Kette-Heidi-Zöpfchen sind als Bestandteile drei verschiedener Stilbilder in den Kontext der visuellen Ausgestaltung des Selbst zu stellen. Diese Auswahl trennt die Frauen in Jugendkulturen von der Erwachsenenkultur. Von den Punk- und Gruftie-Frauen zu den *girlies* der Techno/House-Szene transformieren die erzeugten Stilbilder den Widerstand in die Form der leicht mißverständlichen Hyper-Anpassung an zeitgenössische stereotype Rollenbilder (Baudrillard nach Reynolds, Press 1995, 320). Junge Frauen suchen die zeitadäquate modische Nische, die nicht besetzt ist: Punks wählen gleichzeitig das aggressiv *Unweibliche* mit militärischen Kleidungsstücken oder aber den *dreckigen Stil* der Sex-Shops in den 70er Jahren. Die Grufties nehmen sich in den 80er Jahren der romantisch-melancholischen Mode einer fragilen viktorianischen Weiblichkeit an. Die *girlies* adaptieren in den 90er Jahren die kindliche Seite als Freiraum für weibliche Körper-Experimente und Identitätskonstruktionen.

Punk gilt als der Höhepunkt der Emanzipation weiblicher Jugendlicher, die Entwicklungen danach, vor allem die zeitgenössischen Mädchenkulturen, von denen das *girlie* eine Facette darstellt, gelten als angepaßt und wenig autonom. Natürlich zeigen die extremen Formen der Punk-Frauen am deutlichsten Abweichung und Protest. Heute muß die Auflehnung subtiler sein. In den 90er Jahren ist das Scheitern eines 80er-

Jahre-Revival mit Punk-Accessoires und Emblemen schon deshalb gescheitert (Punk Typographie, Union Jack T-Shirts, Nieten und Pink-Töne), weil diese stilistischen Äußerungen und der in ihnen enthaltene Protest im Moment keine Bedeutung haben.

Frauenbilder müssen in den Zusammenhang sich generell verändernder Stilbilder, die nicht mehr aggressiv-aufbegehrend sind, gestellt werden. Die ästhetischen Bricolageverfahren haben sich verändert, sie sind unauffälliger geworden und schwer zu entschlüsseln. Dem verwehrt sich eine Kritik aus der Richtung des „old school feminism" (http://www.altculture.com/aentries/r/rockxwx.html), die die Uneindeutigkeit der Zeichen nicht durch die Frage nach dem Unterschied zu ergründen sucht, sondern diese Form der Maskerade als mißverständlich und nicht authentisch ablehnt (Reynolds, Press 1995, 234). Daraus spricht die Unfähigkeit, die Infragestellung von Klischees und Stereotypen von ihrer konformen Perpetuierung zu unterscheiden. Die subtilen ästhetischen Differenzen werden nicht erkannt.

2. Weibliche Punks

Ursprünglich gibt es keine sprachliche Unterscheidung zwischen männlichen und weiblichen Punks, die Szene verzichtet bewußt darauf. Die Medien prägen dann alberne Begriffe wie Punkette in England oder Punkerin in Deutschland. In der krampfhaften Suche nach der weiblichen Form äußert sich die Angst, daß sich in diesen Jugendkulturen ein anderes Verhältnis der Geschlechter zeigen könne als im gesellschaftlichen Alltag.

Die Punks existieren seit Mitte der 70er Jahre und sind in Deutschland ein subkultureller Dauerbrenner mit konstanter *Anhänger-* und *Gegner*zahl (vgl. Shell-Studien von 1981 und 1997). Der kritische aufrührerische Impetus ist verpufft und transformiert sich in aktuellen Stilen. Die musikalischen und ästhetischen Formen des Punk haben sich verallgemeinert.

Punk besitzt ein hedonistisches Körperbild, das vom Ausleben der Energien z. B. im Pogo-Tanzen lebt. Der Körper wird auf archaisch-rituelle Weise als gestaltbar wahrgenommen (viele Ohrringe und Tattoos), seine Verletzlichkeit thematisiert. Die optische Aggressivität, die von den Accessoires ausgeht, ist eine Drohgebärde, die Distanz fordert. Dinge wie

Ketten und Ohrringe bieten bei körperlichen Auseinandersetzungen eine ideale Angriffsfläche. Punk ist strukturell kein kampfbetonter, männlicher Stil, wie z. B. bei Skinheads. Er ist so konstruiert, daß in ihm die Möglichkeit der gleichberechtigten Einbeziehung der Mädchen angelegt ist.

„Die Frauen sind hier in der Punk-Szene neben den Männern hochgekommen, das ist keine Männerveranstaltung, in der die Frauen ihr Plätzchen bekommen haben. (...) aber die Frauen haben Ansätze, können sich entwickeln, wenn sie wollen. Wenn Frauen mehr drauf haben als die Typen, können sie das hier zeigen. (...), wir haben als Punks zusammen angefangen, und nicht als Macker und Frauen" (Zotty zitiert in Hahn/Schindler 1982, 162).

Die Geschlechter werden zuerst einmal optisch durcheinandergewirbelt. Männliche Punks können Röcke oder Rockähnliches wie die Bondagehosen mit Latz tragen und sich schminken, weibliche Punks tragen schwere Armee- und Arbeitsstiefel, extrem kurze, bunte Haare oder einen Irokesenschnitt. Sie lehnen bürgerliche Ordnungs- und Sauberkeitsvorstellungen ab, die Kleidung ist zerrissen und durch das Leben auf der Straße verschmutzt. Frauen sind nicht mehr schmückendes Beiwerk für Rock-Superstars, sondern gründen eigene Bands und spielen alle Instrumente. Sie drängen für kurze Zeit in das männliche Territorium der Rockmusik (Reynolds, Press 1995) ein. Bekannte Punkfrauen und Frauen-Punkbands sind z. B.: *Siouxsie and the Banshees, Slits, die Raincoats, Östro 430, die Ätztussis, Mania D., Liliput* und *X-Mal Deutschland* (www.mital-u.ch/Dada/punkwavg.html und women of 1970 punk: www.comnet.ca/rina/).

The Slits: „We are different to a lot of women we know. But then we're different from a lot of guys we know too. (...) We happen to be four of the strongest people we ever met. We haven't met any guys who are stronger. That's why there are no guys in the group. It wasn't planned as an all-girl group. We just didn't know anyone better" (Coon 1982, 107).

Die Texte der weiblichen Punks drücken u.a. die sexuellen Bedürfnisse der Frauen direkt aus. Sie holen sich das, was sie wollen, notfalls mit körperlicher Gewalt. Sie beschreiben Männer, wie sonst Männer Frauen beschreiben, abtaxierend, abschätzend. Diese aggressive Komponente wird dann vor allem durch die riot grrls wiederbelebt: „I want to fuck you like a dog/Take you home and make you like it" (Liz Phair, www.altculture.com).

In einer weiblichen Frischzellenkur für den erstarrten Punk wehren sich lokker miteinander verbundene feministische Punk-Bands wie Bikini Kill oder Bratmobile Anfang der 90er Jahre gegen die männliche Dominanz in der Punk-Szene und rufen die *Revolution Girl Style Now*! aus. Sie feiern eigene Festivals, wie das Pussystock Festival in New York City und initieren neue weibliche Fanzines wie Girl Germs oder Satan Wears A Bra. Weibliche Punks und in Folge die riot grrls setzen Cixous' Forderung in die Tat um: „(...)sie müßte beginnen zu sagen und sich nicht sagen lassen, daß sie nichts zu sagen hat" (Cixous 1991, 114).

Viele weibliche Punks lehnen den konventionellen Umgang mit Liebe und Sexualität ab. Langeweile und Ekel gegenüber der sauberen, verklemmten Sexualität der Bürger und dem Sex als Ware, der Massenproduktion von pornographischen Phantasien, werden durch das Posieren beider Geschlechter mit Sex-Shop-Artikeln ausgedrückt. Die Punks tragen diese Art von Kleidung nicht auf ausdrücklichen Wunsch der Männer, sondern wesentlich angeregt durch stilistische Protagonistinnen der Szene wie Vivienne Westwood.

Heute, da das Vorweisen jeglicher Spielarten von Sexualität verallgemeinert ist, hat Punk seine Provokationskraft auf dieser Ebene längst verloren. Was nach wie vor provoziert, ist die selbstbestimmte Entfernung von allen traditionellen weiblichen Schönheitsidealen. Verhaltensweisen wie Spucken auf Bürgersteige, Prügel und Pogo sind auch heute nicht selbstverständlich für eine Frau und ergeben sich als logische Konsequenz aus einer im öffentlichen Raum verbrachten Freizeit (Savier 1980, 15f.). Militärische Kleidungsstücke wie schwere Armeestiefel in Kombination mit Röcken leisten beim kurzzeitigen Aufbrechen traditioneller Rollenbilder Hilfestellung. Sie sind die praktische Demonstration einer anderen autonomen Frauenrolle. Viele der männlichen Punks schätzen die beschriebenen Verhaltensweise, sie haben keine Angst davor: „Die Mädchen bei uns waren total eigenständig (...), die waren absolut toll, ich fand die wahnsinnig gut, die haben ein totales Selbstbewußtsein ausgestrahlt" (Harry Hartmann in Kuhnert 1987, 256).

Die weiblichen Punks entwickeln eine eigenständige Ästhetik und Ausdruck ihrer Sexualität, die beide Strategien im Kampf gegen die traditionellen Geschlechterrollen enthalten: die männliche Stilisierung (das Gleichziehen mit dem Mann wie z. B. bei den Skinmädchen) und die Betonung des Andersseins der Frau (Reynolds, Press 1995, 233). Die Punk-Frau wehrt die Vorgabe, „ein Mann minus der Möglichkeit, sich als Mann zu (re)präsentieren = eine normale Frau" zu sein, kurzzeitig ab (Irigaray 1980, 30). Der Versuch der

Punk-Frauen, Härte zu demonstrieren, hat im öffentlichen Raum harte Konsequenzen. Das schlägt sich nieder in Kommentaren wie: „Wie siehst Du denn aus, wie läufst Du überhaupt rum, Drecksau, Nutte". (Miriam zitiert nach Dewes 1986, 40) oder: „So, wie du aussiehst, sollte man dir mit Säure das Gesicht zerschießen" (Penth/Franzen 1982, 182). Eine Frau, die sich dem Kosmetik- und Schönheitsstreß willentlich und offensichtlich entzieht, gilt als Schlampe. Mit dem Ausbrechen aus der Geschlechterrolle gerät für die Frau ihre geschlechtliche Identität, das Selbstbild, ins Wanken: „Ich fühl' mich nicht als ganzes Wesen. Ich fühl' mich als unheimlich zerrissenes aufgeschlitztes (...) Wesen (...) in überhaupt keinen Rahmen zu pressen" (Kuhnert 1987, 256).

Punk ist also nicht als ein Paradies der Gleichberechtigung für die Frauen mißzuverstehen, sondern eine widersprüchliche Erscheinung. Trotzdem hat Punk vor der Folie anderer Jugendkulturen wie Skins, Psychos, Teds, Heavy Metal Freaks und HipHop, die in der Mehrzahl bis heute eindeutig männlich dominiert sind, immerhin Ansätze für die gleichberechtigte Einbeziehung der Frauen erarbeitet.

3. Netzpunks

Bei der Betrachtung der Punk-Websites im Internet stellt sich als erstes die Frage, ob der Stil dort aktualisiert wird oder auf dem optischen Stand seiner Anfangsphase stehenbleibt. Es sieht danach aus, als würden die gängigen Punk-Motive wiederholt. Die Websites zeugen von einer noch existierenden lebendigen Szene, vor allem in den USA. Das zeigen auch Berichte mit Screenshots aus einem neuen Punk Film (SLC Punk). Das World Wide Punk Directory bietet Informationen zur Szene, ihrer Geschichte und der aktuellen Form (http://www.worldwidepunk.com). Das Web repräsentiert, wie bei anderen Stilen auch, ein immaterielles Archiv und einen Speicher der wichtigen Icons und Protagonisten einer Szene.

Die kommerzielle Infrastruktur wird erweitert. Gerade den kleinen Heim-Business Sites, z. B. für den Verkauf von Platten oder T-Shirts aus der Szene, gewährt das Netz einen höheren Verbreitungsgrad. Eine neue Möglichkeit bietet sich für unbekannte Bands. Sie können ihre Stücke ei-

nem weltweiten Publikum zugänglich machen, ohne viele Demotapes zu versenden.
Für die Weiterentwicklung der Fanzine-Kultur ist das WWW das ideale und kostengünstige Verbreitungsmedium. Die neuen medialen Strukturen verändern in den 90er Jahren den ursprünglichen Stil der Fanzines. Der Erpresserbriefstil, die chaotische Collage läßt sich am Computer nur schwer herstellen. Zum Ausgleich werden an Handschriften erinnernde Fonts gerne benutzt [http://www.sentex.net/~jmartz/attack/ (Robotic Attack Fonts]. Die sogenannten E-Zines der Punks bevorzugen aber immer noch das Rohe und Unfertige, das sie gegen die glatte Perfektion anderer Websites setzen. Die Kultur persönlicher Zeitschriften wandert also von einem Printmedium in ein elektronisches. Ein E-Zine stellt eine Mischung aus globaler überregionaler Leserschaft und regionaler persönlicher Autorenschaft her. Verloren geht der von den Fanzinemachern früher gewünschte persönliche *face-to-face* Kontakt beim Direktverkauf auf Konzerten. Dafür kann man nun eine weltweite Punk-Gemeinde erreichen.
Was die Einbeziehung von Frauen betrifft, so sind die Websites eher ein Ausdruck von Nostalgie, z. B. auf Sites, die die Geschichte der Frauenpunk-Bands in den 70er Jahren rekonstruieren. Sie künden von einer Zeit der Beteiligung von Frauen am Rockbusiness, die so schnell nicht wiederkommen wird. Daneben präsentiert sich der Punk auf den unterschiedlichen Sites, die mit riot-grrl-Kultur zu tun haben, als musikalischer Motor und Initialzündung für die riot grrls. Diese nutzen zum ersten Mal großräumig auch das Internet für ihre Zwecke. Zwischen riot grrrl und Punk besteht ein technischer und inhaltlicher Link.

4. Weibliche Grufties

Die Subkultur der Grufties, im musikalischen Bereich *Dark Wave* genannt, entsteht Anfang der 80er Jahre in Großbritannien und ist die Weiterentwicklung der düsteren, resignativen Seite von Punk und New Wave (vgl. Richard 1995). Die Grufties benennen die *gothic novels* der Romantik als Bezugspunkt, was sich an der englischen Bezeichnung *Gothic Punk* ablesen läßt. Sie nennen sich auch gerne die *Schwarzen*. Die Selbstbezeichnung erweist sich als problematisch, also soll in den 90er Jahren im Internet der nicht ganz ernst gemeinte Gothcode 1.1. (ähnlich einem Programm mit Updates, www.asta.uni-sb.de/schuetz/asto/gothcode.html) die Bekanntschaft mit anderen *Schwarzen* im Netz erleichtern. Das Gegenüber kann anhand von Kürzeln entschlüsseln, wie ein anderer Gothic sich selbst einordnet. Es gibt z. B. den

„Jammergoth. Das Leben ist eine permanente Existenzkrise – gleichzeitig wägst Du ab, worüber Du Dich mehr aufregst: den ausufernden Konflikt in Bosnien, (...), die Vergänglichkeit der Dinge" oder den „Schüchternen Goth: Bitte, guck mich nicht an (...); Ich hoffe, die reden nicht mit mir (...)"

Andere Arten sind Muntergoth, Grantelgruftie, Sarkigoth, Der-Goth-der-nur-noch-dahinvegetiert. Von zentraler Bedeutung ist für diese Jugendkultur bis heute die Farbe Schwarz als Symbolisierung des unabwendbaren Todes und des Negativen. Die *Schwarzen* nehmen auch die traditionelle Symbolisierung des Bösen und des Teufels mit auf. Das reizvolle Zusammenspiel von Schwarz und unbedeckter Haut, der Kontrast von bleicher Gesichtsfarbe, schwarzer Schminke und Kleidung knüpft an die Ästhetik der bevorzugten Figuren der Schauerromane der Romantik an. Eines der Schönheitsideale ist dort der bleiche, weiße, weibliche Körper, der schwarz umhüllt ist. Bei den Grufties wird das Schwarz, das eigentlich für die zeitlich begrenzte Lebensphase der Trauer gedacht ist, in den alltäglichen Kontext gestellt und erfährt eine Generalisierung auf alle Lebenssituationen. Die Farbe Schwarz wird kontrastiert durch das Silber von Metallbeschlägen und -verzierungen von Accessoires und Kleidung. In den 80er Jahren findet man an den sehr spitzen, schmal geschnittenen Schnallenschuhen, die an die Schnabelschuhe des ausgehenden Mittelalters erinnern, Totenkopf- oder Fledermausschnallen.

Typisch für die Grufties zu dieser Zeit ist, daß alle Kleidungsstücke wallend und locker am Körper getragen werden. Die Frauen bevorzugen anfangs eher lange Röcke und Kleider, die Männer oft weite türkische Hosen. Diese distanzierte Haltung zum eigenen Körper läßt sich durch die weiten Umhänge, Überwürfe, Schals, Draculacapes, Mönchskutten und Priestergewänder belegen. Anders als beim Punk wird eine deutlichere Trennung der Geschlechter postuliert, das heißt, daß sich vor allem die Frauen im Rahmen konventioneller weiblicher Kleidungsstücke bewegen. Einige männliche Gothics weichen mittels wallender Kleidung und geschminkten Gesicht die Geschlechtergrenze auf. Mit dem aktiv-aggressiven Prinzip des Risses und der darauf basierendem Ästhetik der Häßlichkeit und Armut des Punks haben die Grufties nichts zu tun. Sie stilisieren sich zu aristokratischen *schönen* Todesengeln nach historischen Schönheitsidealen. Daher sind in den 80er Jahren die bevorzugten Materialien weiche, traditionelle und natürliche Stoffe wie Spitze, Samt oder Seide, seltener Leder, Lack oder Gummi, die sich von einer romantischen Erotik entfernen.

In den 80er Jahren spielte eine ausgefallene Haartracht wie der markante *Teller*, (auch Tellermine oder Tellerschädel genannt) bei den Männern eine große Rolle. Die Frauen bevorzugen zu dieser Zeit schwarze, lange, strubbelige Haare, die extrem toupiert sind und an die wirren Haare von Hexen erinnern sollen. Dazu tritt eine besondere Art des Schminkens, die oft von beiden Geschlechtern betrieben wird: Schwarzer Kajal, Lippenstift und Nagellack werden gegen ein kalkweißes Gesicht gesetzt. Diese *tote* Schminkweise, das *Totmalen* oder *Totrumlaufen*, wie die Grufties es nennen, nimmt das Schicksal des zukünftig Toten vorweg und soll die Solidarität zu den Toten ausdrücken.

Das wichtigste symbolische Prinzip, das in Kleidung und Accessoires immer wieder zum Ausdruck kommt, ist der Versuch der Darstellung eines toten Körpers oder eines Wiedergängers, der sich in einer Zwischenwelt bewegt. Die Alltagskleidung der Grufties repräsentiert die permanente Feier des Todes und der Trauer.

In den 90er Jahren gehen die weiblichen Grufties offensiver mit Sexualität um. Es zeigt sich nicht mehr nur eine fragile Weiblichkeit, die des Schutzes bedarf, sondern auch eine deutliche aggressivere Tendenz, allerdings eher in die Richtung der Selbstverletzung. Es entwickelt sich die Gestalt des morbiden, luxuriösen Vamps, der Lack und Leder trägt. Die hexenhaften romantischen Stilacessoires sind in den 90er Jahren nicht mehr aktuell. Der Stil vollzieht also eine Modernisierung, worauf die Übernahme aller zeitgemäßen Infrastrukturen wie Gothic Events, Flyer und DJs hinweist.

5. *Schwarze Netzwelt*

Das Internet hebt als neues Kommunikationsmedium die individuelle Isolation durch internationale Verbindungen punktuell auf. Die schon vorhandenen materiellen *schwarzen Netze*, entstanden durch Fanzines und Festivals, werden medial erweitert. Im WWW besteht die Möglichkeit der direkten Kommunikation und des Informationsaustauschs (z. B. Konzert- und Platteninfos, Gothic Clubs und Szene-Boutiquen, Filme, Comics, Bücher, Gedichte und Online Spiele) mit Gleichgesinnten, der unabhängig von räumlicher Nähe ist. Bei den *Schwarzen* findet man häufig, daß sie spezielle selbstgenähte Kleidung anbieten, die sich ganz im Rahmen der schwarzen Ästhetik bewegt (http://www.inthenik.uss.net.au/fgowo.htm [Fashion Item - Gothic Woman]).

Das für die Grufties entscheidende Strukturmerkmal ist der *link*, die Verbindung zu anderen Gothic-Seiten [z. B. Death Homepage (1995), the Darkening Of the Light, The Dark Side (alle September 1996)], der garantiert, daß eine permanente Verknüpfung zu anderen *Schwarzen* in aller Welt aufrechterhalten werden kann (http://ourworld.compuserve.com/homepages/arleod/arlmusic.htm; 1999).

Die Gothics sind eine retrospektive Jugendkultur. Der gesamte Stil ist eine komplexe, historisch orientierte Form der Bewältigung von Melancholie und Depression, die individuellen und kollektiven Tod zusammendenkt. Die Grufties haben extreme und direkte Formen der Beschäftigung mit dem Tod, die vom Rest der Gesellschaft mit Unbehagen aufgenommen werden. Dies liegt an der partiellen Freisetzung und tendenziellen Enttabuisierung von Vorstellungen und Bildern des Todes. Sie konstruieren in unterschiedlichen Medien Nischen, wo die archaisch anmutenden, überkommenen Symbole und Bilder zirkulieren können, z. B. die Gothic Bildergalerien des WWW. Dort werden die Mythen der Szene wiederholt. Der Wunsch nach einer immer präsenten Enzyklopädie, bzw. einer Genealogie der Bilder des Stils, kann hier adäquat umgesetzt werden. Die wichtigste Funktion der Gruftie-Homepages im Internet ist daher, neben der online Kommunikation, das Sammeln und Tauschen von Bildern und Symbolen des Todes. Repetition und Variantenbildung eines Basisrepertoires an Bildern (z. B. Gothic Image Database, Gothic/Images/index) erheben das Netz zum virtuellen Archiv des Stils. Es bewahrt die Geschichten (z. B. über den Gool, ghoul, den Totengräber) und die immateriellen Bild-Repräsentanzen der oben genannten außeralltäglichen Symbolik des Stils, damit sie der stilinternen Autopoesis immer wieder zur Verfügung stehen.

6. Das *girlie* in der Techno- und HouseSzene

„Remember the days when women were women and girls were under 21?" (Movieline March 1995, zitiert nach www.altculture.com)

Der Begriff *girlie* ist eher negativ besetzt. Er gilt als böser Schlag gegen den Feminismus, als alberne Flucht vor dem Erwachsenwerden und Ausdruck von Angst gegenüber dem Sex im Zeitalter von Aids (McRobbie 1995). Das *girlie* steht unter dem Verdacht, stereotype Bilder zu befördern, wie das Lolita-Bild zur Befriedigung pädophiler Phantasien oder das des unselbstständigen, leicht zu verführenden, naiven Mädchens, wie es in Inkarnation des kommerziellen *girlies* Blümchen stattfindet. Das Problem mit dem Bild des *girlie* ist, daß es keinen eigenständigen jugendkulturellen Stil bezeichnet, sondern überall zu finden ist, also quer zu allen Stilen liegt. Das *girlie* ist schwer greifbar und eigentlich mehr als ein ästhetisches Verfahren anzusehen (Lau 1997, 218f.). Es ist schwer, die Ironie dieses Frauenbildes in der Stilisierung zum sehr jungen Mädchen anschaulich zu machen. *Riot grrl* Courtney Love ist mit ihrem frivolen *kinderwhore*-Stil (www.altculture.com; rockwoman) über jeden Verdacht der Affirmation pädophiler Bilder erhaben.

Alle bedeutsamen weiblichen Formen, die sich seit den 80er Jahren entwickeln, bezeichnen sich mit *girl*. Es heißt nicht *riot woman*, sondern *riot grrl*, und diese Begriffswahl ist bedeutungsvoll. Das Mädchen steht für eine ganz bestimmte, noch nicht durch patriachale Strukturen geprägte Frische. *Riot women* macht deshalb keinen Sinn, weil mit *Frau* ein verfestigtes Bild und weniger Entwicklungsfähigkeit konnotiert ist (Reynolds Press 1995, 326). Das *girlie*-Bild ist auch Ausdruck eines gesellschaftlich verbreiteten Infantilismus, der von den Bürden des Alltags entlasten soll. Der Bezug auf den Referenzbereich Kindheit zeigt das willentliche, stilistische Ausscheren aus der Welt der Erwachsenen. Das *girlie* ist als ein Frauenbild aus der Techno- und House Szene erwachsen und hat dort eine ganz spezielle Funktion. *girlie* bedeutet hier: offensiver Rückzug aus den Weiblichkeitsbildern für erwachsene Frauen, Nicht-Aktzeptanz und Unterlaufen von angebotenen Frauenbildern. In der Techno- und House Szene sind die Verweigerung des Älterwerdens und die Kultivierung des schrillen kindlichen Geschmacks die Grundlage für das vorurteilsfreie Miteinander und die Geborgenheit aller in der großen Ersatzfamilie eines Events (siehe Richard 1998 Kunstforum).

In der Club- und Eventszene wird das infantile Bild der 60er Jahre mit großem Kopf und kindlichen Augen, kindlichem Körper (Twiggy) wiederbelebt und mit Begriffen wie *girlie*, cutie, babe bezeichnet. Heidi-Zöpfe, Spangen, die Miniaturisierung von Accessoires, z. B. von Rucksäcken, Spielzeug (Wasserpistolen) und Süßigkeiten (Brause-Halsketten), sind wichtige Bestandteile des Stils (siehe Richard 1998). Die Buffalo Plateau-Schuhe sind entsprechend Ausdruck des Kindchenschemas, sie erzeugen nicht nur bei den Frauen tapsige Schritte wie Fohlen und eine unproportionale Körpersilhouette. Der infantile Look ist umfassend, sogar die Ecstacy-Pillen bekommen ein kindliches Gesicht, Smileys, Fred Feuerstein, Dinosaurier oder Delphine sind als Motive eingeprägt. Das *girlie*-Bild der Techno- und House Szene erzeugt ein narzißstisches, aber kein antifeministisches soziales Klima (Graw 1997, 80). Bei genauem Hinsehen ist es nicht regressiv, sondern kreiert in einer gemischten Jugendkultur einen Schutzraum für Mädchen und junge Frauen. Die wichtige biographische Bedeutung des unbeschwerten und ungestörten Tanzes zeigt die Bedeutung dieses Freiraums an (vgl. McRobbie 1985; Richard 1998).

Analog zu den *girlies* werden in den 90er Jahren auch die *sex-positive feminists*, die Sex und Männer bejahen, mit dem *anti-feministischen* Vorurteil belegt (www. altculture.com). Naomi Wolf, bell hooks und vor allem CyberSex Apologetin Lisa Palac repräsentieren einen stilvollen *Babe Feminism*, dessen Ansatz dem *girlie*-Bild auf anderer Ebene entspricht.

Mit dem ursprünglichen *girlie*-Konzept der prä-pubertären und prä-sexuellen Outfits symbolisieren vor allem Frauen und Mädchen einen autonomen und unschuldigen Umgang mit dem Körper. Sie signalisieren, daß sexuelle Attraktion nicht das vorrangige Ziel der partiellen Entblößung ist. Dadurch, daß sie sich selbst dem kindlichen Bereich zuordnen, zeigen sie ihr Bedürfnis, in Ruhe gelassen zu werden. Es zeugt auch vom totalen Narzißmus in der ekstatischen Erfahrung des eigenen Körpers als einer autoerotischen Erfahrung, die des männlichen Parts der Versicherung nicht bedarf und trotzdem nicht auf ihn verzichten mag.

Den Männern geben die *girlies* mit der Darstellung dieser Grenze das Signal der Unantastbarkeit. Auch diese tragen große Ketten mit Holzperlen und widmen sich als Spaßguerilla, bewaffnet mit Pumpguns aus buntem Plastik, dem Kindervergnügen des Naßspritzens. Der Rückgriff auf infantile Elemente erlaubt auch den Männern, Macho-Posen zur sexuellen Beeindruckung einfach zu unterlassen, um einen spielerisch-unbefangenen Umgang mit dem anderen Geschlecht zu erproben. Die männlichen Körperbilder tendieren zur visuellen Grenzüberschreitung zum anderen Geschlecht in Richtung des Androgynen. Die körperliche autoerotische Selbsterfahrung im Tanz fungiert auch als Sexsurrogat.

Andere Körperkonzepte z. B. der Gay- und Fetischkulturen sind in die Techno- und House-Szene integriert. Die Mode weicht die verhärteten Strukturen der Geschlechterkonstruktion auf, auch wenn die androgynen Formen oft nur der ästhetischen Differenzierung dienen. „Crossdressing is about gender confusion. Cross-dressing is about the power of women (...) is about the emergence of gay identity" (Garber 1993, 390).

Die Männer sind selten echte Crossdresser, Transvestiten bzw. Drag Queens. Tuntiges Posieren wird zur Modeerscheinung, ebenso kokettes Liebäugeln mit der Bisexualität. Entscheidend ist aber, daß im Laboratorium des Techno-Events oder des House-Clubs die visuellen Experimente zur Umdekorierung der Körper, die „feminisation of youth" (Pini 1997, 168), überhaupt möglich sind.

Die Frauenkleidung entwickelt nur in der Ausformulierung des *girlie look* eine eigenständiges Stilbild, es gibt keine Form für die *Raverin*. Viele andere Elemente sind eine transformierte Kopie der Männerkleidung, wie Trainingskleider oder Sportschuhe mit Absätzen. Die weiblichen Grenzüberschreitungen zum männlichen Geschlecht lassen sich in der transformierten Sportkleidung und klobigem Workwear-Schuhwerk erkennen und in der Adaption der schwulen Tanzgestik.

Die Veränderung männlicher Körperbilder und -erfahrungen ist wesentlich angestoßen durch die kulturelle Praxis der schwulen, schwarzen Minderheitenkultur in den USA, die über die frühe englische Acid House Szene und die House Clubs der 90er nach Europa gelangt.

Die plüschigen und kitschigen Interieurs von House Clubs in Form von Gold und Brokat und die Vorliebe für süßliche Devotionalien sind wesentlich angeregt durch die Gestaltungsmittel der Travestie, der künstlich-ekstatischen Übertreibung des *Weiblichen*. Die Wurzeln für diese Ästhetik liegen in schwuler Subkultur, ihrer ekstatischen Verehrung der fülligen House Diven, die eine Verbindung von weiblicher, körperlicher Präsenz und dem mystischen Streben nach Liebe und Erfüllung als Säkularisierung der Gospel Tradition herstellen.

Die übertriebenen schwulen Hyper-Posen des Weiblichen im Stile des *Vogueing* (aus dem Film *Paris Is Burning*) werden jetzt Standard für die weibliche und männliche Bewegung in der Techno- und House Szene. Der *kindliche* Protest zieht sich durch, von den riot grrls bis zur Techno-Szene. Jedesmal wird der ästhetisch-stylistische Protest übertriebener und grotesker und kulminiert im *cartoon style* des *girlie* Bildes.

„And feminist zines like Bust, Cupsize, and Roller Derby thrive by raging against the patriarchy in baby T-shirts." Damit ist auch das *girlie* in den Bereich der Strategien weiblicher Maskerade einzuordnen.

7. Vergleich der weiblichen Repräsentationsbilder

> „It's cute to be an angry young woman; it's trendy to be an angry young woman"
> (Exene Cervenka, http://www.altculture.com/ aentries/r/rockxwx.html).

Extreme Auflehnung und gut einzuordnender visueller Protest mit der Proklamation totaler weiblicher Andersheit laufen heute Gefahr, zu neuen Markenzeichen, wie es die *riot grrls* darstellen, verarbeitet zu werden. Heute führt die Betonung der Unterschiedlichkeit zu maßgeschneiderten Marktsegmenten; jeder Frauentyp kann von dort aus bedient werden. Die andere gesellschaftliche Strategie der Neutralisierung ist die Zuweisung einer Nische mit geringfügiger oder ganz bestimmter begrenzter Anschlußfähigkeit, wie sie auch dem Betriebssystem Kunst zusteht. Eine Grundvoraussetzung für die freie Entwicklung eigener weiblicher Stilformen, die sich aus der Analyse der realen Jugendkulturen ergibt, ist die androgyne Beschaffenheit des Körperbildes der Männer. Ferner muß das Prinzip des *drag* und der Maskerade nach beiden Richtungen möglich sein. Für den Punk ist ein wesentliches Merkmal der Unisex-Charakter der Stilpalette, es gibt weniger explizit männliche und weibliche Kleidungsstücke.

Androgynität läßt sich auch in einem Segment der Gothic Kultur nachweisen, allerdings weniger im musikalischen Feld, das der EBM und Industrial Musik nahesteht. Das *girlie* der Techno- und House Szene hat auch androgyne Züge: Es ist sehr sportlich, sehr workout-betont und ist das dialektische Pendant zum Körperbild, das über die Schwulenszene und über den *drag* definiert wird. Wenn man der von Butler entworfenen Definition des *drag* folgt, nämlich als Modell für den Entwurf von Geschlecht, das kein Original hat, so liegt in dieser Strategie ein loop und eine Vervielfältigung des Weiblichen. Dieses stilistische Verfahren ist ein Hinweis auf die Möglichkeit, sich innerhalb der Gesellschaft zeitgemäße Plätze zu erobern, um von da aus Netzwerke aufzubauen. In den engeren sozialen Abhängigkeiten von Jugendkulturen und Gesellschaft liegt die Gefahr, aber auch die Chance einer subtilen Veränderung.

Die totale Ablösung von gemischten Partycrowds, die Ghettoisierung in reinen Mädchenkulturen und die Bevorzugung des *tomboy* (Reynolds, Press 1995), des männlich-weiblichen Rockstars, als wahre Vertreter weiblicher Rebellion, bringen keine Befreiung, da sie die Anschlußfähigkeit weiblicher Körperbilder infragestellen. Es macht keinen Sinn, mit männlicher Härte der Musik zu konkurrieren, wie es z. B. die einem *female machisma* zuzuordnenden L7 mit ihrer „muscular work ethic, no pain no gain" (Reynolds, Press 1995, 248, 235f.) tun. Die Crossdressing Strategien der Techno- und House Szene, interpretiert als Ausdruck von stilistischer Queerness (Davis 1997, 86), verweisen neben der Offenlegung der labilen Konstruktion visueller Geschlechternormen auch auf technologisch-medial bedingte Verfahren, wie das im Internet beliebte Gender-Switching oder -Bending (Stone 1996).

8. Cyberchicks und netgrrls. Weibliche NetzKultur

Obwohl es sich bei den oben analysierten Stilen um zwei schon über fünfzehn Jahre existierenden Jugendkulturen handelt und um eine relativ aktuelle, die mittlerweile aber auch schon eine zehnjährige Entstehungsgeschichte hat, sind alle gleichermaßen im World Wide Web vertreten. Die jugendkulturellen Sites behandeln die Hauptthemen der Szene und eröffnen zum ersten Mal einen Einblick über die *wissenschaftlichen* Sammlungs- und Ordnungstätigkeiten von Jugendkulturen (vgl. Richard 1995) außerhalb ihres visuellen Erscheinungsbildes auf der Straße. Schon vorhandene Infrastrukturen des *real life* werden virtuell verstärkt und erweitert. Archive, Sammlungen, Bildmaterial, Sounds, Geschichten, Konzertberichte und Online-Zeitschriften sind bei den oben analysierten Szenen zu finden. Die Geschichte des Stils wird rekonstruiert, seine Zeichen und Symbole aufgearbeitet und recycled. Dazu kommen neue Kommunikationsmittel wie Chats, Foren, Newsgroups, die sich mit den jeweils wichtigen Themen der Jugendkultur auseinandersetzen. Die Techno- und House-Szene steht ganz im Zeichen der Präsenz und der Akualität von Events, während auf den Gruftie- und Punk-Sites mehr die Geschichte des Stils im Mittelpunkt steht und eine andere grafische Ausgestaltung erhält. Den älteren Stilen bietet sich durch das Internet die Chance, auch nachfolgenden Generationen den Stil in seinen historischen Dimensionen lebendig vor Augen zu führen, damit zu re-vitalisieren und durch die Veröffentlichung wieder in Erinnerung zu bringen.

Die innovativen Formen, die im Internet enstehen, sind nur bedingt an reale Jugendkulturen gekoppelt. Es konstituiert sich ein imaginärer Raum, der ganz anders funktioniert als der Straßenraum. Im Netz sind die Jugendkulturen keine Streetstyles, und Street Credibility ist nicht vonnöten. Abgesehen von der Tatsache, daß Punk an einem gewissen Punkt stehengeblieben ist, können ihn die wenigsten Mädchen in der Realität leben. Hier kann das WWW einen Ausgleich bieten. Auch die nicht dem *streetstyle* Zugehörigen, die sich nur dem Musikhören zuhause verschrieben haben, können hier Informationen austauschen, was vor allem Frauen entgegenkommt, die Punkmusik mögen, aber den Schritt zu outfit und Leben im öffentlichen Raum nicht machen wollen. Die Gruftie-Mädchen sind aufgrund der Konstruktion des Stils abgeschiedener als die anderer Jugendkulturen. Die Schwarzen sind in der greifbaren Realität kein *streetstyle*, der Wert auf öffentliche Präsentation und Konfrontation legt. Also bietet das Netz eine hervorragende Möglichkeit, eigene Stilvorstellung und Bilder zu präsentieren. Für die Gemeinschaft der Einsamen und Scheuen ist das Internet das ideale Kommunikationsmedium. Es läßt Kontakt und Austausch zu, aber die anderen kommen nicht zu nahe an die eigene Person heran.

Die Charakterisierung der Techno- und House-Szene und ihrer weiblichen Mitglieder im Netz ist schwierig. Es gibt sehr viele Sites, die Zusatzinfos über Parties, Bilder, Flyer oder auch Sounds anbieten. Im Unterschied zu den anderen Jugendkulturen handelt es sich um eine reine Dancefloor-Bewegung, das heißt, man muß die Parties selbst miterleben und die Musik dort hören: Das *girlie* muß tanzen. Die abstrakte Partizipation am Bildschirm über Webcams (Live-Kameras) – z. B. bietet die Zeitschrift *Prinz* im März 1999 über das Internet Einblick in drei Partys in Hamburg – kann das eigentliche Lebensgefühl der Szene nicht vermitteln. Die Musik ist für den Partyzusammenhang hergestellt und erfordert die eigene physische Präsenz. Sie eignet sich nicht zur stillen Partizipation zuhause.

Das Internet ist kein Indiz für die Ablösung oder Verlagerung von *streetstyles*. Die Straße kann nicht durch virtuelle Räume ersetzt werden. Trotz der immer verwendeten Stadt-Metaphern handelt es sich um einen komplett anders organisierten Raum, der andere Kompetenzen erfordert. Die virtuellen Räume im Internet weisen eine delokalisierte Gliederung auf, die den Aufbau autonomer Kulturen im Netz strukturell begünstigt. „(...) girls become gypsies in inner space, rather than exiles on Main Street" (Reynolds, Press 1995, 348).

Wenn Mädchenkulturen das Internet nutzen, agieren sie, wie gewöhnlich, von ihrem privaten Raum aus. Der private Raum ist der wichtigste Ort, von dem aus sich Mädchen immer schon in virtuellen Kulturen bewegt haben. Das Internet knüpft an vertraute, imaginäre Kommunikationsräume an, wie sie z. B. das Telefon konstituiert (Spender 1995, 191). Sadie Plant behauptet, das Netz hätte per se weibliche Strukturen und würde sich besonders für die Verwirklichung von Projekten von Frauen anbieten (Plant 1998). Es gäbe die gleichberechtigte Möglichkeit, in diesem virtuellen Raum auch weibliche Territorien abzustecken. Das Netz bietet als medial-strukturelle Grundvorausetzung den autonomen Access (Zugang), die unreglementierte Erstellung von Informationen und deren Verbreitung als auch die einfache Herstellung von Kommunikation über Email, Chats, Foren, Newsgroups. Mädchen schätzen am Internet die sofortige Verteilung von Informationen und die Möglichkeit des „instant response" (Spender 1995, 175).

Weibliche Net-Competence und Net-Credibility rekurrieren auf die Entwicklung der Kompetenz, die medialen Strukturen anzuwenden, eigene Angebote zu machen und lästige Angebote der männlichen Netzgemeinde einfach wegzuklicken. Die Frauen schätzen am Internet auch die selbstgewählte Unsichtbarkeit, die auf der einen Seite Vorteile in der medialen Interaktion bietet. Es kann keinen ungewollten visuellen Kontakt geben, kein voyeuristisches Abtaxieren; das passiert dann verbal. Die andere unerwünschte Seite der Unsichtbarkeit wird den Frauen übergestülpt und ist ein Anzeichen der Machtverhältnisse. Das Bild von Weiblichkeit ist schon eindeutig sexuell besetzt. Diese Ersatz-Bilderwelt, die sich vor andere mögliche Bildwelten geschoben hat, ist männlich konnotiert. Neben der Straße okkupieren Männer nun ebenfalls den virtuellen Raum. Sie haben es verstanden, große Territorien des virtuellen Raumes zu besetzen und Frauen durch Pornographisches in Wort und Bild fernzuhalten (Spender 1995, 183).

Trotzdem lassen sich die Frauen nicht abschrecken. Es entstehen neue Kommunikations- und Organisationsformen: Netchicks, Netgrrls, Cybergrrls usw. Daran läßt sich ablesen, daß die Strukturen der klassischen Jugendkulturen außer bei reinen Musikfan-Sites verlassen werden. Das Internet kann die Entwicklung von weiblichen Punks zu rriotgirls, von der Gothic-Frau zur Cyberhexe und vom Techno-*girlie* zum Net*girlie* befördern, allerdings nicht in einer direkten Genealogie, sondern in Form von Querverweisen, des *links*.

An den weiblichen Sites im Netz ist auffällig, daß sich die meisten explizit weiblichen Netzwerke girls und *girlies* nennen (vgl. Leonard 1997). Das impliziert vorpubertäre, weiblich aufrührerische Frische. Aber gerade die Internet-Recherche unter diesen Suchbegriffen macht das ganze Ausmaß männlicher Definition der Inhalte, nicht aber der medialen Strukturen, sichtbar: Eine Anfrage ergibt zu 70% Sexsites (mit www.hotbot.com). Danach folgen *girlie* magazines, also reine Mädchenzeitschriften, und erst dann gibt es Websites, die den Begriff *girlie* als emanzipatorischen benutzen. Dies macht die Gefahr des Spiels mit diesen Stereotypen und Klischees besonders deutlich, und zeigt, wie mißverständlich diese Form des *drag* in dem Medium Internet sein kann, da hier ein Verfahren des Gender-Switching kein visuelles ist, sondern über die sprachliche, imaginäre Ebene der willkürlichen Bestimmung von Geschlecht läuft. Im Internet sind Geschlecht und Alter wählbar. Dort hat der Begriff *girlie* die Bedeutung einer *frischen* Ware im Geschäft mit Lolita und Teen-Sex-Bildern. Dagegen vollzieht das *girlie*-Bild in den Jugendkulturen ein neues Verfahren: das Time-Bending. Es *zappt* zwischen verschiedenen Zeitphasen des Weiblichen und verweist durch die nicht-chirurgische Verjüngung auf das generelle Problem des gesellschaftlichen Jugendlichkeitswahn. Das *girlie* zeigt auf eine neue Weise die Konstruiertheit von Geschlecht und zwar auf einer Ebene, die vorher stilistisch noch nicht ausgereizt war. Der willkürliche Wechsel in der Zeitachse weiblicher Biographie legt wiederum die Stereotypen von geschlechtlicher Zeitlichkeit offen.

Literatur

Butler, J. (1990): Gender Trouble. New York (Routledge).
Cixous, H. (1991): Geschlecht oder Kopf? In: Barck, K.; Gente, P.; Paris, H.; Richter, S. (Hrsg.): Aisthesis. Leipzig (Reclam). S. 98-122.
Coon, C. (1982): 1988 The New Wave Punk Explosion, London (Omnibus Press).
Daly, S.; Wice, N. (1995): alt.culture. an a-z guide to 90s america. London (website: www.altculture.com) (Guardian).
Davis, W. (1997): Gender. In: Texte zur Kunst. 7. Jahrgang, November 1997, S. 74-89.
De Lauretis, T. (1987): Technologies of Gender. Essays on Theory, Film and Fiction. Bloomington, Indianapolis.
Dewes, K. (1986): Punk. Was uns kaputtmacht, was uns anmacht, München (München).
Fischer, A.; Münchmeyer, R. (Hrsg.) (1997): Jugend '97. 12. Shell Jugendstudie. Opladen (Leske + Budrich).
Garber, M. (1993): Vested Interests. Cross-dressing and cultural anxiety. London (Penguin).
Graw, I. (1997): Modenschau. Über feministische Modekritiken. In: Texte zur Kunst, Nr. 25, S. 73-81.
Hahn, B.; Schindler, H. (1982): Punk, die zarteste Versuchung seit es Schokolade gibt. Hamburg (Buntbuch).
Irigaray, L. (1991): Macht des Diskurses, Unterordnung der Weiblichen. Ein Gespräch. In: Barck, K.; Gente, P.; Paris, H.; Richter, S. (Hrsg.): Aisthesis. Leipzig (Reclam). S. 123-140.
Irigaray, L. (1980): Speculum. Spiegel des anderen Geschlechts. Frankfurt (Suhrkamp).
Jugendwerk der deutschen Shell (Hrsg.) (1981): Jugend '81. Hamburg.
Kuhnert, P. (1987): Ich hab' nun mal 'ne ganze Ecke meines Lebens auf dem Gitter verbracht. Punks im Revier. In: Breyvogel, W.; Krüger, H.- H. (Hrsg.): Land der Hoffnung, Land der Krise. Jugendkulturen im Ruhrgebiet. Berlin, Bonn (Klartext), S. 250-257.
Lau, T. (1997): Tank Girl in Taka Tuka Land. Über die Mutter und Großmutter aller girlies. In: SpoKK: Kursbuch Jugendkultur. Mannheim (Bollmann). S. 214-219.
Leonard, M.(1998): Paper Planes: Travelling the New GrrrL Geographies. In: Skelton, T.; Valentine, G.(ed.): Cool places. Geographies of youth cultures. London, New York (Routledge). S. 101-118.
McRobbie, A. (1982): Abrechnung mit dem Mythos Subkultur. In: McRobbie, A.; Savier, M. (Hrsg.): Autonomie. Mädchen, Alltag, Abenteuer. München (Verlag Frauenoffensive). S. 205-224.
McRobbie, A. (1995): Postmodernism and popular culture. London (Routledge) (reprint).
McRobbie, A. (1985): Tanz und Phantasie. In: Lindner, R.; Wiebe, H. H. (Hrsg.): Neues zur Jugendfrage. Frankfurt. S. 126-138.
Penth, B.; Franzen, G. (1982): Last Exit, Punk: Leben im toten Herz der Städte. Reinbek (rororo).
Pini, M. (1997): Woman and the early british rave scene. In: McRobbie, A.: Back to reality. Social experience and cultural studies. Manchester (Manchester University Press). S. 152-169.

Plant, S. (1997): Zeros and Ones. Digital Women and the New Technoculture. New York (Doubleday).
Raphael, A. (1996): Grrrls: Women Rewrite Rock. London (Routledge).
Reynolds, S.; Press, J. (1995): The Sex Revolts. Gender, Rebellion and Rock'n'Roll. London (Serpent's Tail).
Richard, B.(1995): Todesbilder. Kunst Subkultur Medien. München (Fink).
Richard, B.; Klanten, R. u.a. (Hrsg.) (1998): Icons. Localizer 1.3. Berlin (Die Gestalten).
Richard, B. (1998): Die oberflächlichen Hüllen des Selbst. Mode als ästhetisch-medialer Komplex. In: Richard, B. (Hrsg.): Die Hüllen des Selbst. Mode als ästhetisch-medialer Komplex, Kunstforum International, Band 141, Juli- September. S. 48-95.
Savier, M. (1982): Mädchen in Bewegung. In: McRobbie, A.; Savier, M. (Hrsg.): Autonomie. Mädchen, Alltag, Abenteuer. München (Verlag Frauenoffensive). S. 13- 56.
Schober, I. (1980): Maskulin/Feminin. Ein Gefühlsausbruch Anfang der 80er. In: Humann, K.; Reichert, C.-L. (Hrsg.): Rock Session 4. Reinbek (rororo). S. 98-93.
Spender, D. (1995): Nattering on the net. Woman, power and cyberspace. Melbourne (Spinifex Press).
Stone, R. A. (1996): The war of desire and technology. Cambridge Mass. (MIT Press).

links

punk und riotgrrl sites

http://www.altculture.com
http://www.punkassgear.com/shirts/
http://cooties.punkrock.net/links.html
http://www.worldwidepunk.com/ (Internet Punk Directory)http://polywog.net/polywog_fun.html>FUN(...)*NYC's only punk band* (...)Village Voice
http://www.matthewlillard.com/slcpunkpics.htm
http://www.komy.net/host/bdisagree/weblinks/Punk/Bands/Riot_Grrl/
http://www.sentex.net/~jmartz/attack/ (Robotic Attack Fonts)
http://www.punkrock.org/ (House of the Rising Punk - The World's Most Comprehensive Punk Rock Web Site)
http://punkrock.tqn.com/msubzines.htm
http://lehua.ilhawaii.net/~mj/zine/ (Anarchist Barbie Doll)http://www.riotgrrl.com/
http://riotgrrl.com/archive/
http://www.negia.net/~ballet/ (Undead Girlie Angels)

techno sites

http://www.ravelinks.com/messageboards.htm
http://www.zeig.ch/Nachtleben/Techno/index.html
http://www.lastplace.com/raveclog4.htm
http://technoindex.com/raves_regional,2.html (TechnoIndex.com; Techno music links: house, techno, electronica, trance, jungle, drum n bass, ambient, hardcore, real audio(...)http://technoindex.com/zines.html (TechnoIndex.com: Web Zines)

http://technoindex.com/ (Techno music links: house, techno, electronica, trance, jungle, drum n bass, ambient, hardcore, real audio)
http://technoindex.com/zines.html
http://www.xs4all.nl/~adark/ (AfterDark Magazine)http://cnnfn.com/digitaljam/9610/24/cybergirls/index.htm" (From girls to Cybergrrls! - Oct. 24, 1996)
http://girlie.net/ (girlie.net: the space-age bachelorette pad)
http://stars.swanky.org/laura.html(Swanky e-Zine)http://www.eye.net/eye/Misc/Girlie/ (The girlie Mag)

webgirl sites

http://www.igc.apc.org/vsister/ (Virtual Sisterhood)
http://www.alien-net.com/netgrrls/
(PlanetGrrl - for grrls, PlanetGrrls, netgrrls grrls grrrls cyberchicks webgrrls netgrrrls girls and women on the internet)

gothic sites

http://www.inthenik.uss.net.au/fgowo.htm (Fashion Item - Gothic Woman)
http://www.goth.org.au/ (welcome to The Aether Sanctum - plunging wide-eyed into the abyss)http://www.leatherworks.com/ (LeatherWorks *House of Anoria* Medieval tunics gothic wear vampire fangs renaissance garb and clothing for medieval weddings and battle)
http://www.brennick.com/gothic_e.html (The Dark, demented, & gothic alphabet)
http://www.serioussilver.com/darkside.html (Dark Side: Vampires, ghouls and other spooky jewelry from the artist's darker side)
http://www.ntpdg.demon.co.uk/nakedtruth/index.htm (Naked Truth Gothic Magazine)
http://www.negia.net/~ballet/show/girlies.html (Asmund's Undead girlies)

Waldemar Vogelgesang

Das Internet als jugendkultueller Erlebnisraum

1. „Erlebe Dein Leben!" Virtuelle Robinsonaden zwischen SimCity und CyberSociety

Viele Anzeichen deuten darauf hin, daß uns nach dem Agrar- und Industriezeitalter jetzt das Erlebniszeitalter bevorsteht. Bereits ein flüchtiger Blick in den Freizeitbereich zeigt: Der Abenteuer- und Erlebnismarkt explodiert geradezu. Von Extremsportarten über Risikotourismusofferten bis zu den Rave-Parties der Techno-Freaks reicht der Bogen der Grenzübertritte vom Gewohnten zum Ungewohnten, vom Alltag zum Außeralltäglichen. Gesucht wird vermehrt nach Ereignissen, „die aus dem normalen Zusammenhang des Lebens herausfallen," wie dies Georg Simmel (1983, 16) einmal umschrieben hat. Waren diese Außeralltäglichkeitserfahrungen in früheren Zeiten aber noch „Inseln im Leben", also von einer gewissen Seltenheit gekennzeichnet, so werden sie in der Gegenwart zum zentralen Verhaltenstypus. „Es entsteht," so konstatiert Gerhard Schulze (1992, 52), „das Projekt des schönen Lebens."

Daß sich die Realisierung dieses Projekts angesichts der forcierten Entwicklung interaktiver Medien und neuer Teletechnologien verstärkt auch in virtuellen Szenarien vollzieht und sich dabei vor allem Jugendliche als virtuelle Erlebnisavantgarde hervortun, konnten wir in mehreren empirischen Studien nachweisen. Sehr plastisch hat dies eine 22jährige Studentin beschrieben, die wir im Rahmen unseres jüngsten Forschungsprojekts *Jugendliche Netzfreaks*[1] befragt haben:

> „Mich haben bereits als Schülerin die künstlichen Computerwelten interessiert. Im 3-D-Format in fremde Räume eintauchen, sich darin zu bewegen und sie auch mitzugestalten, habe ich schon immer als etwas sehr Anregendes und Aufregendes empfunden. Aber viele Simulationen waren damals doch sehr bieder, sehr gekünstelt. Heute dagegen sind die Cyberwelten wahnsinnig komplex und auch beeindruckend wirklichkeitsnah. Das fängt bei den Computerspielen an. ‚SimCity' zum Beispiel, das ist ein Mikrokosmos, eine Welt im Kleinen. Oder zum Beispiel ‚Active Worlds'. Das ist eine riesige Kunstwelt mit über Tausend Unterwelten, von denen jede ein eigenes Klima, eine eigene

Vegetation und eine eigene Zivilisation hat, ja sogar eigene Friedhöfe, wo an bestimmten Gräbern die Netizens täglich Blumen, Kreuze und Gedichte hinterlassen. Alles was du in diesem Cyberland machst oder bist, du machst oder bist es in Gestalt einer fiktiven Spielfigur, dem ‚Avator'. (...) Aber auch heute sind viele von den 3-D-Welten noch schlecht programmiert oder von den Gestaltungsmöglichkeiten der Spielrollen doch recht rigide festgelegt. Wenn du als zwei Zentimeter große digitale Marionette über den Bildschirm hoppelst, dann wirkt das sehr lächerlich. (...) Richtig Phantasie kann man in Netzrollenspielen entfalten. Da genügt ein Blick in der Web-Seite ‚www.mudconnect.com', und man hat die Qual der Wahl. Hier kann man eine Rolle oder ein Bild von sich entwerfen, beinah wie ein Architekt auf dem Reißbrett. Und je mehr Phantasie und Design du in deine Spielfigur steckst, umso mehr identifizierst du dich auch mit ihr. Das ganze Szenario hat viel von einem Theaterstück, wobei du aber Schauspieler und Regisseur in einer Person bist."

Der soziologisch spannende – und erklärungsbedürftige – Ausgangspunkt ist hier die Beobachtung, daß spezifische Computernutzungen in Verbindung mit den Möglichkeiten der Netzkommunikation einen neuen virtuellen Lebens- und Erlebensraum generieren, der alles bisher Dagewesene in den Schatten zu stellen scheint. Beseelt von einer Art Kolumbus-Gefühl gehen immer mehr Jugendliche immer häufiger per Computer und Netz auf Entdeckungsreise in fremden Welten. So wie die Abenteurer in früheren Zeiten unbekannte Erdteile erkundet haben, so

---

1 Die lebensweltlich-ethnographisch ausgerichtete Studie setzt Untersuchungen fort, die wir seit 1985 in unserer *Forschungsgruppe Medienkultur und Lebensformen* durchgeführt haben. Die wichtigsten Forschungsbefunde sind veröffentlicht in Behrens et al. (1986); Eckert et al. (1990, 1991, 1998); Höhn/Vogelgesang (1998); Vogelgesang (1991, 1997, 1998, 1999); Wetzstein et al. (1995); Winter (1992, 1995); Winter/Eckert (1990). Als hilfreich für die Kontaktaufnahme haben sich dabei – auch für die vornehmlich virtuell operierenden Jugendszenen – die Girtlerschen (1996) *Zehn Gebote der Feldforschung* erwiesen. Sie sind instruktiv für jedwede *lebensweltliche Ethnographie* (Honer 1993) und garantieren *dichte Beschreibungen* (Geertz 1987) von (jugend-)kulturellen Symbol-, Stil- und Kommunikationsmustern. Daß in deren rekonstruktiver Darstellung künftig verstärkt *gesprächsanalytische Verfahren* Anwendung finden sollten, um Sinnkonstitutionsprozesse in der direkten Interaktion – und zwar gleichermaßen zwischen den Jugendlichen wie zwischen Jugendlichen und Forschern – aufdecken zu können, ist eine methodisch-methodologisch interessante Ergänzung und Erweiterung, die Neumann-Braun/Deppermann (1998) für die primär ethnographisch ausgerichtete Jugendforschung vorschlagen. In der Reformulierung des Konzepts der *Interpretationsgemeinschaft* (Hepp/Vogelgesang 1999) haben wir diesbezüglich einen ersten Theorie- und Praxisversuch unternommen. Zur wachsenden Bedeutung der Ethnographie für die qualitative Medienforschung vgl. auch Winter (1998).

werden heute die virtuellen Regionen der Computer- und Netzwelt erobert. Werden die Robinsonaden, die im 18. Jahrhundert das Fernweh gestillt haben, im Zeitalter der *Wunschmaschine*, wie Sherry Turkle (1986) den Computer einmal bezeichnet hat, und der Datenhighways nun Wirklichkeit? Schenkt man Rudolf Richter (1998, 320) glauben, dann

„verbindet die Vernetzung Jugendliche stärker als frühere Generationen in virtuellen Räumen. Diese Auswirkungen werden soziologisch zwar reflektiert, es gibt aber kaum soziologische Studien über mögliche strukturelle Veränderungen. Hier ist Soziologie in verstärktem Maße gefordert, (...) die konstruktiven Einflüsse der neuen Medien auf das soziale Leben der Jugendlichen detailliert herauszuarbeiten."

Dieser Einschätzung ist weitestgehend zuzustimmen. Zum einen dürfte Konsens darüber herrschen, daß Jugendliche in wachsender Zahl die neuen interaktiven und vernetzten Medienformen für sich zu nutzen wissen. Sehr treffend und prägnant hat Douglas Kellner (1997, 311) den für die Gegenwart bezeichnenden (neu-)medialen Habitus der Jugendlichen charakterisiert:

„Die heutige Jugend ist die erste Generation, die erste Gruppe, die von Beginn an Kultur als Medien- und Computerkultur kennengelernt hat. Jugendliche spielen Computer- und Videospiele, ihnen steht ein Überangebot an Fernsehkanälen zur Verfügung, sie surfen durch das Internet, schaffen Gemeinschaften, soziale Beziehungen, Gegenstände und Identitäten in einem ganz und gar neuen und originären kulturellen Raum."

Zum anderen besteht hinsichtlich ihrer differenzierten Beschreibung und Analyse aber immer noch ein Mangel an handlungs- und szenennahen Studien, auch wenn eine Trendwende hin zu qualitativen Untersuchungen unterschiedlichster Couleur unverkennbar ist.[2] Zwar birgt das dazu notwendige Szeneninvolvement im Laufe der Forschung immer die Gefahr des *going native* in sich, aber letztlich sind auch in der Netzwelt Insider-Recherchen unver-

---

2 Besonders hervorzuheben ist hier die ethnographisch-fallanalytisch ausgerichtete Netzrecherche von Anke Bahl (1997). In bester Goffmanscher Tradition gelingt es ihr, netztypische Interaktionsmuster und Ich-Inszenierungen von Jugendlichen gleichsam idealtypisch an ausgewählten Beispielen darzustellen. Im oszillierenden Wechselspiel zwischen Teilnahme und Reflexion, zwischen Engagement und Distanzierung kann sie offenlegen, wie jugendliche Onliner „gezielt die Möglichkeiten computergestützter Kommunikation nutzen, um ein anderes Bild von sich zu erwecken, als sie es in der körperlichen, gegenständlichen Welt normalerweise tun" (ebd., 12).

zichtbar, um aus der Binnenperspektive eine andere Welt in unserer Welt transparent zu machen. Nur wer in unbekanntes soziales, kulturelles oder auch virtuelles Terrain eintaucht, kann etwas entdekken und verstehen. Nur wer sich auf die hier herrschenden Sprachcodes, Interaktionsformen und Spielregeln einläßt, schafft die Voraussetzung für eine gleichwertige und gegenseitige Kommunikation, wird innerhalb des untersuchten Praxisfeldes ernst genommen und darf auf dessen besseres Verständnis außerhalb hoffen.

Wie wichtig und notwendig dies gerade im Kontext der Computer- und Netzwelt ist, zeigen die immer wieder verbreiteten kulturkritischen Pauschaldiagnosen, die für das „Reich des digitalen Doubles der Welt" (Weibel 1991, 57) einen ultimativen und irreversiblen Niedergang jedweder körperlichen, sozialen und historischen Erfahrung prophezeien. Solche Kassandrarufe stehen, wie eine wachsende Zahl von empirischen Studien zeigen, in einem eklatanten Widerspruch zur Kultur der virtuellen Sphäre und ihrer produktiven Inbesitznahme gerade durch die junge Generation. Zwar mag die Entgrenzung der Optionen, die in der virtuellen Medienkommunikation gleichsam auf die Spitze getrieben wird, unter bestimmten Umständen ein Gefühl der Orientierungslosigkeit erzeugen – eine Form der Psychodynamik, die für die paradigmatische Gestalt der Gegenwart, den Wählenden, nicht eben untypisch ist –, aber die Spiel- und Online-Kids haben sich mit diesem Zustand nicht nur abgefunden, sondern angefreundet. Sie sind gleichsam die Nomaden im neuen Multiversum, die sich auf realen wie digitalen Pfaden gleichermaßen heimisch fühlen. Vielleicht sind ihre Wanderungen bisweilen auch Gratwanderungen, aber als Bedrohung werden sie nicht erlebt, sondern viel eher als zeitgemäße Begegnungs- und Kommunikationsformen aber auch Inszenierungs- und Erlebnisfelder. An drei jugendkulturellen Szenen aus dem Computer- und Netzbereich soll insbesondere deren alltagstranszendierender Charakter näher verdeutlicht werden.

Das Internet als jugendkultureller Erlebnisraum 367

2. Abenteuersuche in medialen Kunstwelten – drei Beispiele

2.1 Computerspiele: der Kick der elektronischen Spielwiesen

Zunächst einmal hat das Aufkommen der sogenannten elektronischen Spielwiesen zur Formierung virtueller Jugend- und Erlebniswelten beigetragen. Gemeint sind damit Tele-, Video- und Computerspiele, die zunehmend den jugendlichen Freizeitraum erobern. Ursprünglich zur Auflockerung ihrer Berufsarbeit von professionellen Programmierern erfunden, verselbständigte sich diese Entwicklung Anfang der 80er Jahre in einer ungeheueren Fülle von Spielgeräten und -programmen. Mittlerweile sind – nicht zuletzt durch die fortschreitende Verbreitung von Computern und Spielkonsolen – Gimmicks und Simulationen, Strategie- und Sportspiele, Adventures und Tamagotchis zu einer festen Spielgröße im Freizeitbudget geworden, deren graphische, tontechnische und kreative Möglichkeiten ein Faszinosum für junge Menschen – und zunehmend auch für Erwachsene – darstellen.[3]

Unstreitig ist in diesen neuzeitlichen Spielparadiesen eine Konzentration auf die abgeschlossene Welt des Spielrahmens und auf die eigenen Fähigkeiten zu beobachten, jedoch nicht im Sinne einer Individualistenkultur ideosynkratischer Einzelgänger, sondern in Form einer gruppensportlichen Auseinandersetzung mit anderen Spielakteuren. Zwar mag es im Einzelfall durchaus zur Abkapselung und Selbstisolierung kommen, aber das Bild vom Computerspieler, der in seinem Zimmer sitzt und hinter heruntergelassenen Rolläden seine perversen Phantasien austobt, ist ein Mythos. Die Realität offenbart uns vielmehr eine differenzierte Fankultur mit eigenen Rekrutierungs- und Hierarchisierungsstrategien und mit gemeinsam geteilten Normen, Ritualen und Selbstverständlichkei-

---

3 Daß der Spiele-Boom ungebrochen ist, zeigen nicht zuletzt die Verkaufszahlen. So wurden 1998 allein in Deutschland etwa vierzig Millionen Spiele für Personalcomputer verkauft, wobei sich die seit Mitte der 90er Jahre abzeichnende Entwicklung „hin zum ‚Supermedium' Computerspiel, in dem sich die Grenzen zwischen Film, Buch und Spiel zunehmend verwischen" (Schell/Palme 1995, 272) eher noch verstärkt hat. Über die einzelnen Spielarten dieses Mediums sowie das Spielverhalten der meist jugendlichen Nutzer informieren die Arbeiten von Ernst (1993); Krambrock (1998); Roe/Muijs (1998); Rötzer (1995); Schwab/Stegmann (1998); Ströter-Bender (1997). Daß sich das Nutzungsverhalten an Geldspielautomaten völlig anders darstellt, soll hier ausdrücklich festgestellt werden; vgl. Schmid (1994).

ten, die der Spielnovize vielfach in Ratgebern und Regelwerken für Computerspieler nachlesen kann. Gelingt durch Übung, Wahrnehmungs- und Gedächtnisschulung dann eines Tages der Sprung in die Klasse der Meister, dann eröffnen sich dem Spielbegeisterten neue Bedeutungs- und Bezugswelten, die – sei es im wettkampfmäßigen Leistungsvergleich oder im lustvoll-autonomen Eindringen in unerreichbar geglaubte Fantasy-Sphären – neben der Vergrößerung individueller Freiräume der Selbstdarstellung und Selbstdefinition auch eine zunehmende erlebnisorientierte Aufladung des Alltags mit sich bringen.

Dies ist auch das Ergebnis einer Studie, die die Kölner Medienpädagogen Jürgen Fritz und Wolfgang Fehr (1995, 21) durchgeführt haben:

„Die Spiele faszinieren, weil sie von den Spielern benötigt werden, um *gute Gefühle* zu bekommen. Der Spielcomputer als *Mister feel good* ist begehrt, weil er positive Emotionen bewirken kann: Er vermag Vergnügen, Spaß und Freude zu bereiten, Gefühle von Leistungsfähigkeit und Kompetenz zu vermitteln sowie Distanz zur Lebenswelt zu schaffen. (...) Das emotionale Erleben sollte dabei möglichst *dicht* und *intensiv* sein. Ein faszinierendes Spiel vermittelt ein *Wirklichkeitsgefühl* und bewirkt damit eine Steigerung des emotionalen Erlebens. Je wirklichkeitsgetreuer die virtuelle Welt," so die Autoren, „desto höher die Erlebnisdichte."

Das Eindringen in die virtuellen Spielwelten und die Fokussierung auf die Spielhandlung vermitteln hohe Spannung – und auch Entspannung. Spielen lenkt vom Alltag ab und wird bisweilen sogar zur Therapie. Vor allem die sogenannten *Abschießspiele* bieten die Möglichkeit, aggressive Impulse auszuagieren. Gerade bei männlichen Jugendlichen konnten wir immer wieder beobachten, wie aus Alltagserfahrungen resultierende negative Gefühle wie Angst oder Wut durch bestimmte Spieltypen und -praktiken absorbiert werden. Nicht das Spiel erzeugt aversive Stimmungen und Affekte, jedenfalls haben wir hierfür keine Anhaltspunkte gefunden, sondern außerhalb des Spiels gemachte Frusterfahrungen werden in den Spielrahmen übernommen und beim Spielen abgebaut.

Auf eine interessante Entwicklung im Spielverhalten ist noch hinzuweisen. Vergleicht man nämlich die von uns vor über zehn Jahren eruierte Spielertypologie – der Sportler, der Denker, der Dramaturg – mit aktuellen Befunden, so ist ein neuer Typus hinzugekommen: *der Netzspieler*. Dabei sind es vor allem 14- bis 20jährige, die in sogenannten Multiplayer-

Spielen ihren Erlebnishunger gemeinschaftlich stillen. Denn ganz gleich ob Schach, Fußball, Poker, das Ballerspiel *Quake*, das Kriegsspiel *Command & Conquer* oder das Simulationsspiel *Siedler*, diese Spiele finden immer häufiger auch auf untereinander (selbst-)vernetzten Computern statt. Von zwei bis über zehn Spielern kann dabei die Gruppengröße reichen. Zwar wird auch in Jugendzentren, Netzwerkcafés oder universitären Computerpools in der Gruppe gespielt, aber *das richtige Spielvergnügen stellt sich erst beim gemeinsamen ‚Heimspiel'* ein, wie dies Timo, ein 15jähriger Spielfreak, umschrieben hat. In gewissem Sinn den von uns Ende der 80er Jahre untersuchten Videocliquen ähnlich, werden auch die Netzspiele verstärkt zum Gruppen-Event. Während die Videokids jedoch ohne große Vorbereitung ihrem Action- und Horrorspektakel frönen konnten, sind die Spiele-Sessions an aufwendige Vorarbeiten geknüpft: *Wir treffen uns meist am Wochenende bei einem aus unserer Clique zuhause. Das ist dann jedesmal irrsinnig aufwendig, weil jeder seinen eigen PC mitbringt und wir die Geräte dann gemeinsam vernetzen. Das hat am Anfang super Probleme gemacht, weil man ja Zugriff auf den Rechner der anderen hat. Da waren Abstürze vorprogrammiert* (Fabian, 14 Jahre).

Mittlerweile gibt es unter den Netzspielern auch eine Fraktion – meist von älteren Jugendlichen, aber auch von Erwachsenen –, die ihren Spiel- und Erlebnishunger verstärkt im Internet stillen. Denn seit einiger Zeit sind hier Spiele verfügbar, wie etwa *Ultima Online*, „wo Tausende von Spielern rund um den Globus eine mittelalterliche Märchenwelt erkunden" (Vogel 1998, 62) oder bei einer der rund zweihundert virtuellen Fluggesellschaften – wie etwa *Westwind, Nobel Air* oder *Eurostar Aviation* – anheuern, um am häuslichen PC „als imaginäre Flugkapitäne (...) ein weltumspannendes fiktives Streckennetz nach genauen Zeitplänen abzufliegen" (Dworschak 1999, 282).

Die Tatsache, daß immer häufiger auch minderjährige Jugendliche ihrer Spiellust in den zahlreichen Computernetzen nachgehen, ist aber auch Anlaß zu manch kritischem Kommentar. Denn es sind nicht zuletzt indizierte oder sogar beschlagnahmte Spiele, wie etwa *Mortal Combat*, über die sich die Freaks via Netz austauschen. Die weltweite Spielergemeinde führt mittlerweile ganze Bibliotheken, in denen alle erforschten Tastenfolgen verzeichnet sind. Zahllose Mail-Boxen bieten Schwarze Bretter, auf denen die Spieler die Kombinatorik von Magenkrätsche und Überwurf erörtern. Auch im Internet lagert reichlich Lehrmaterial. Daß den Jugendschutzbehörden diese Entwicklung Sorge bereitet, ist nur zu verständlich. Allerdings zeichnet sich zum gegenwärtigen Zeitpunkt zwischen den Gegnern und den Befürwortern von geeigneten Interventions- und Kontrollmaßnahmen noch keine einvernehmliche Lösung ab.[4]

2.2 Exkurs: Das Netzspiel Worms2 und die Fangemeinde (v. Nico Kapp)[5]

Bei *Worms2* handelt es sich um ein Action-Fun-Game, in dem verschiedene Mannschaften, die jeweils aus mehreren liebevoll animierten Würmern bestehen, gegeneinander antreten. Das Ziel des Spiels ist es, die Würmer des Gegners möglichst effektiv, d.h. möglichst viele auf einmal umzubringen. Hierzu steht den Spielern ein reichhaltiges Waffenarsenal zur Verfügung. Von der Bazooka über Napalmbomben bis hin zur heiligen Granate können alle Waffen vom Spielgestalter (*Creator*, online auch *cre8or* genannt) in ihrer Wirksamkeit, Reichweite und vielen sonstigen Eigenschaften verändert werden. Auch die Umgebung, in der der Kampf stattfindet, kann in einem Editor entweder selbst umgestaltet oder aber auch völlig neu kreiert werden. Während des Spiels stehen den Spielern weitere Features zur Verfügung, mit denen die Würmer die Abstände zu ihren Gegnern überbrücken können. So sind dies unter anderem ein Bungee-Seil und die sogenannte *Ninja-Rope*, die geübten Benutzern große Möglichkeiten eröffnet.

Das Spiel kann von mehreren Spielern gleichzeitig gespielt werden, wobei vor allem bei einem Netzwerkspiel über das Internet oder ein anderes Netz (LAN o.ä.) weitere Optionen möglich werden. Wird *Worms2* über ein Netzwerk mit anderen gespielt, dann ist zunächst die nötige Software zu installieren, die von einem offiziellen *Worms2*-Server heruntergeladen werden kann. Danach ist nur noch die Adresse eines Spiele-Servers vonnöten, und das Spiel kann beginnen. Ein besonderes Knowhow benötigt der User nicht, denn zum einen braucht er nur zwei *But-*

---

4 Zu Strategien und Problemen des Jugendschutzes im Internet vgl. Dittler (1997); Engel (1996).

5 Nico Kapp ist Teilnehmer des studentischen Forschungsprojekts *Jugend Online*, das wir gegenwärtig durchführen. Er beschäftigt sich u.a. mit den verschiedenen Netzspieler-Szenen und hat dazu auch eine erste Ausarbeitung vorgelegt: *Playing Worms2 over a Network*. Interessierte an diesem Spiel und seinen Akteuren finden weitere Informationen hierzu unter folgenden Netzadressen: http://www.worms2.com, http://www.team17.com, http://www.microprose.com/gamesdesign/worms2/.

tons im *Worms2*-Menü anzuklicken und zum anderen ist auch das ausführlich in der Beschreibung der Netzwerkfunktion dargelegt. Vor dem Verbindungsaufbau zu einem nationalen oder internationalen Server hat der Spieler dann die Option, einen Namen anzugeben, unter dem er den anderen Spielern angezeigt wird. Dies ist meist ein sogenannter *nickname*, d.h. ein Phantasiename, den so gut wie alle Spieler besitzen. Zudem können sie ihre Nationalität angeben resp. sich eine bestimmte, frei wählbare Landesflagge zulegen. Dies bietet ihnen die Möglichkeit, anonym zu bleiben, so daß bestehende Vorurteile – z. B. haben Amerikaner den Ruf, nicht allzu gern mit Deutschen zu spielen – umgangen werden können.

Sobald der Spieler nun mit einem *Worms2*-Server verbunden ist, bietet sich ihm als erstes ein Überblick über eine bestimmte Anzahl von *Räumen*, in denen sich bereits andere Spieler befinden. Angezeigt werden der Name des Raums, die Nationalität des Spielers, der ihn eröffnet hat, und die Anzahl der Spieler, die sich in ihm aufhalten. Der Spieler hat jetzt die Möglichkeit, einen eigenen Raum zu eröffnen oder einen schon existierenden Raum zu betreten. Spielfreaks, die mit einem besonderen Feature des Spiels sehr gut umgehen können, präferieren dabei sehr spezielle Räume, die man bereits am Namen erkennt (z. B. *roperz, good roperz needed*), um sich auf diesem Spezialgebiet mit anderen zu messen. Es kann aber auch sein, daß man auf Geheimräume stößt, die ausschließlich Spielern vorbehalten sind, die zu einer Art Verbindung oder Geheimgesellschaft gehören. Ihre Mitglieder lassen sich auf einer speziellen Internet-Seite registrieren und sind danach Exklusivteilnehmer an Spielrunden, die sich nicht nur regelmäßig zum Spielen treffen, sondern auch Ranglistenplätze nach gewonnenen und verlorenen Spielen verteilen. Als Beispiel lassen sich hier *The Allotment* oder *Cases* anführen. Sofern die von diesen Gemeinschaften eröffneten Räume für Novizen oder Gäste überhaupt betretbar sind, ist ihnen dies nur in der Rolle von Beobachtern möglich. Die Mitgliedschaft in diesen geschlossenen Spielzirkeln ist nur über ein längeres Aufnahmeprozedere möglich, das Ähnlichkeiten mit einem Initiationsritual hat.

Sofern ein Spieler nun Zugang zu bestimmten Räumen hat, stehen ihm verschiedene Chat-Funktionen zur Auswahl. Er kann entweder mit allen Spielern kommunizieren, die sich in diesem Raum befinden, oder auch einzelne Spieler persönlich ansprechen. Aus der Art und Weise des Spiel-

und Gesprächsverhaltens lassen sich dabei u.a. folgende Spielertypen bilden:

1. *Mitläufer*, die nicht sehr viel chatten, sondern sich meist zwei oder mehreren Personen anschließen, um zu spielen;

2. *Chatter*, denen es augenscheinlich sehr viel Spaß macht, mit anderen zu reden, die sich aber nur selten aktiv am Spielgeschehen beteiligen;

3. *Spezialisten*, die auf der Suche nach Gleichgesinnten in ihrem Spezialgebiet (z. B. *roperz*) sind, um sich auf einem hohen Spielniveau mit ihnen zu messen;

4. *Vater-Figuren*, die anderen Spielern etwas zeigen oder beibringen wollen;

5. *Fun-Gamers*, die beim Spielen mehr Wert auf den Spaßfaktor als auf das Gewinnen legen.

Nachdem sich zwei oder mehr an einem Spiel interessierte Personen gefunden haben, fehlt nur noch ein *Regie-Spieler*, der das Spielsetting und die Spielregeln definiert und deren Einhaltung überwacht. Gleichsam in der Rolle eines Spielobmanns legt er u.a. fest, welche und wieviele Personen mitspielen, wie die Spielumgebung aussieht, wieviele Würmer pro Team kämpfen, welche Waffen und Features eingesetzt werden etc. Sowohl seine Festlegungen und Anweisungen wie auch die Kommunikation zwischen den Spielern erfolgt dabei ausschließlich in englischer Sprache. Allerdings werden von den Usern immer wieder neue Abkürzungen erfunden oder aus der Netikette übernommen, so daß es mittlerweile auch in der *Worms2*-Szene ein sehr spezielles Chat-Englisch (z. B. Cre8 = create, *g* = grin, K = o.k.) gibt. Dies hängt sehr stark damit zusammen, daß zum einen die Netzkommunikation weitestgehend in Englisch stattfindet und zum anderen die meisten Spieler aus den USA stammen. Allerdings sind die deutschen *Wormers* (Szenen-Jargon) auf dem Vormarsch. Die größte Gruppe bilden hier, wie die ersten Ergebnisse unserer Netzrecherche zeigen, männliche Jugendliche im Alter zwischen 14 und 18 Jahren, wobei aber auch die Aktivitäten in den universitären Computerpools nicht gänzlich *Worms2*-frei sind.

2.3 Cyberpunks: die Freaks des virtuellen Raums

Auch wenn der Begriff *Cyberpunk* mittlerweile inflationär und unspezifisch in den Medien ausgeschlachtet wird, so steht dahinter dennoch eine neue Jugendszene, die sich um die digitale Welt des Cyberspace gebildet hat und die in gewisser Weise die Kultur der Hacker aus den 80er Jahren fortführt. Charakteristisch für sie ist eine schillernde Mixtur aus Technikbegeisterung, Science Fiction-Vorlieben und subkulturellen Elementen, die den Orientierungsrahmen ihres Umgangs mit Computernetzen bilden. Ihre Mode ist schrill, wild und kommt der Schockästhetik der Punks sehr nahe. Industrieabfall wird recycelt, mit der schwarzen Kluft der Rocker verknüpft und mit neuen High-Tech-Accessoires aufgepeppt. Ihr Erscheinungsbild ist weiterhin geprägt durch Bezüge zum Vampir- und apokalyptischen Katastrophenfilm, die sich in entsprechenden Schmink- und Frisurstilen wiederfinden. Auch sind Anleihen bei der symbolischen und performativen Stilsprache der Rocky Horror Picture Show unübersehbar. Sehr anschaulich ist diese Art der Stil-Mischung und Stil-Bricolage in dem Kultmagazin *Mondo 2000* dokumentiert.

Die japanischen *Computer-otaku* stellen eine vergleichbare Szene dar. Volker Grassmuck (1994, 270) beschreibt ihre Anhänger folgendermaßen:

„Otakus verabscheuen physischen Kontakt und lieben Medien, Technik und das Reich der Reproduktion und Simulation im allgemeinen. Sie reden nicht miteinander, sie 'kommunizieren'. Sie sind begeisterte Sammler und Verarbeiter von nutzlosen Artefakten und Informationen. Sie sind eine Untergrundkultur, aber keine Gegner des Systems. Sie verändern, manipulieren und untergraben das System der Fertigprodukte, und zugleich sind sie die Apotheose der Konsumkultur (...). Sie sind die Kinder der Medien."

Ihr mediatisierter Kommunikationsstil steht dabei unter der Devise: Allein, aber nicht einsam. Zusammengeschlossen in einem Netzwerk interagieren die Otaku-Freaks aus einer selbstgeschaffenen Medien-Monade heraus in erster Linie mit Ihresgleichen und teilen und erzeugen auf diese Weise eine gemeinsame symbolische Umwelt und Wirklichkeitswahrnehmung. Dabei lassen sich jedoch entlang der Wissens- und Bindungsachse – und zwar analog zu anderen Fankulturen – intraszenische Differenzierungen feststellen. Denn viele Otakus an der Peripherie kennen von ihrer Sozialwelt gleichsam nur die großen Boulevards, während die Mitglieder der Kerngruppe durch immer raffiniertere Kommunikationsstile, esoterischere Weltbilder und ausgefallenere Sammlerleidenschaften zu Meinungsführern und Szenengeneratoren werden. Sie haben die Niederungen der *digitalen Hahnenkämpfe* (Helmers 1998) der Hacker-Urväter weit hinter sich gelassen. Einzig ihre Forderung nach uneingeschränkter Kommunikation in den gigantischen Computernetzen wird beibehalten – und radikalisiert. Vor allem bei der Otaku-Elite gipfelt sie in einer mythischen Vision des Einswerdens mit einer Gemeinschaft Gleichgesinnter.

Sowohl Otakus als auch Cyberpunks verstehen sich – gleichsam in der Rolle von *Daten-Dandys* (Agentur Bilwet 1994) – als Kolonisatoren des Virtuellen und Vorreiter bei der Erschließung neuer Stilisierungs- und Inszenierungsformen. Man will einerseits durch eine Synthetisierung von Elementen aus den Bereichen Spiel, Popmusik und Computerkunst in neue Erfahrungsräume vorstoßen und andererseits Wegbereiter des globalen Dorfes sein, in dem intensive Kompetenz-, Erlebnis- und Gemeinschaftserfahrungen möglich werden. Wie sehr sich dabei On- und Offline-Szenarien durchdringen und einen außeralltäglichen Kommunikationsraum konstituieren können, zeigt folgende Schilderung eines Cyberpunktreffens, das im Hitzlerschen (1998) Sinne auch als Prototyp der *Eventisierung posttraditionaler Vergemeinschaftung* angesehen werden kann:

„In der Szene sind Belladonnas und Desmonds (Künstlernamen der Cyberfans; W.V.) Feten legendär; sie gelten als moderne Ausgabe von Gertrude Steins Künstler-Salon. (...) Als gegen zehn Uhr die ersten Gäste eintrudeln, haben Belladonna und Desmond ihre WG in einen Multimedia-Rummelplatz verwandelt. Fünf große Bildschirme stehen im Wohnzimmer, drei weitere Räume sind mit Fernsehern und Videorekordern ausgerüstet. An jeder der sieben Telefonleitungen hängt mindestens ein Computer. Auf den zwei Fernsehern im Eßzimmer laufen schnell abgedrehte Science Fiction-Filme aus Japan. Die Handlung ist bei allen Videos die gleiche, ständige Wiederholung der Cyberpunk-Mythen: Eine Handvoll Menschen kämpft gegen Computer und Kriegsroboter, die schon längst die Weltherrschaft an sich gerissen haben. Lauter Industrie-Rock aus der Stereo-Anlage übertönt die Filme, aber Desmond und seine Freunde kennen die Dialoge auswendig. Die Cyberpunk-Weltanschauung hat der Film *Blade Runner* mit seinen urbanen Häuserschluchten am besten inszeniert. Dort jagt der Detektiv Deckard die Roboter in Menschengestalt, bis er am Schluß nicht mehr weiß, ob er nicht selbst nur eine Maschine mir künstlichen Erinnerungen ist. Den Film haben Desmond und Company schon 50mal gesehen – als Raubkopie mit japanischen Untertiteln. (...) Auf der abgewetzten Couch tippen ein paar Gäste, unbehelligt vom Informations-Overload um sie herum, in ein kleines Computer-Terminal. Mit der Tastatur erforschen sie eine Zauberwelt, eine simulierte Spielwelt am Draht voller Druiden und Hexen. Wer es heute abend nicht in die Cyberpunk-WG geschafft hat, kann wenigsten per Datenleitung und Bildschirm teilnehmen" (Madzia 1994, 98f.).

2.4 Online-Rollenspieler: die Meister der elektronischen Maskerade

Neben den Cyberpunks ist es vor allem ein bestimmter Typus von Spielergemeinschaft, der die Computernetze als virtuellen Inszenierungs- und Erlebnisraum nutzt. Die Spieler bedienen sich dabei sogenannter *Multi-User-Dungeons* (mitunter auch Multi-User-Dimensions oder Multi-User-Dialogues, zumeist aber kurz MUDs genannt), die sowohl in der Anfang der 90er Jahre sehr populären Mail-Box-Szene als auch im Internet neue Spielräume eröffnet haben. Das Grundprinzip der traditionellen Brettrollenspiele, wie z. B. beim Spiel *Das schwarze Auge*, wird am Rechner weitergeführt, wobei es eine wachsende Zahl von Teilnehmern gibt, die ihre Spielbegeisterung von der Tischrunde in die Computernetze ausdehnen.

MUDs sind textbasierte Spielprogramme, die einen relativ weit gefaßten dramaturgischen Rahmen in Form von Spielumgebungen, Objekten, Ereignis- und Beziehungskonstellationen vorgeben, die Erkundungen und Begegnungen aber auch Verwandlungen und Neuschöpfungen ermöglichen. MUDs können mithin als Textwelten interpretiert werden, in denen – je nach Typus des Spiels – bestimmte Aufgaben, Rätsel oder Herausforderungen zu lösen sind. Im Unterschied zu anderen Computerspielen wird dabei nicht nur gegen oder mit dem Rechner resp. dem Programm gespielt, sondern auch gegen oder mit anderen Personen.[6] Das bedeutet, die Kommunikation im MUD ist dem Chat-Modus im Internet vergleichbar: Man kann sowohl zu zweit kommunizieren, als auch allen Spielern Informationen übermitteln. Für Mitteilungen, die alle betreffen, gibt es zudem einen öffentlichen News-Kanal. Die Spielmeister, sie repräsentieren sozusagen den inner circle der MUD-Gemeinschaft, tauschen sich unabhängig von den anderen über separate Kanäle aus.

Dominierten in diesen Parallelwelten in den Anfängen noch Abenteuer- und Fantasy-Szenarien, so werden gegenwärtig auf den virtuellen

Bühnenlandschaften beinah unendlich viele Stücke inszeniert. Aber wie betritt man diesen virtuellen Spielraum? Tamara Musfeld (1997) weist dem Unkundigen den Weg. Um in ein MUD hineinzugelangen, muß man zunächst eine bestimmte Web-Adresse ansteuern (z. B. www.interplay.com oder www.mudconnect.com). Dort findet der Interessierte dann etwa Spiele wie *Dungeons & Dragons*, *Nightfall* oder den deutschen Ableger *MorgenGrauen*. Will man nun am Spiel teilnehmen, wird man aufgefordert, sich einen Namen zu geben und eine Rolle zu entwerfen. Hier nun fängt das Spiel bereits an, denn es taucht die Frage auf: Wer will ich sein? Will ich männlich oder weiblich sein, ein Neutrum, ein Tier, ein Geist? Will ich allein oder als Double durch die virtuelle Welt ziehen, wie das doppelte Lottchen oder Laurel & Hardy? Diese Fragen begleiten die Spieler und Spielerinnen während des ganzen Spiels, denn je nach dem, wer oder was sie sein wollen, müssen sie auch ihre Eigenschaften und ihr Auftreten sprachlich entwerfen, so daß mit der Zeit aus einem bloßen Namen und einer rudimentären Beschreibung des Äußeren in der Interaktion mit den anderen ein wirklicher, d.h. einmaliger und unverwechselbarer Spiel-Charakter entsteht.

Die theaterähnlichen Handlungs- und Selbstinszenierungen in den virtuellen Kommunikations- und Spielräumen stellt auch Mike Sandbothe (1998, 588) besonders heraus:

---

6   Prinzipiell können damit die Spieler im MUD zwei textbasierten Figuren-Typen begegnen und zwar einerseits maschinellen resp. programmgesteuerten Non-Player-Characters (NPCs) und andererseits menschlichen Player-Characters (PCs), denen wiederum zwei Kommunikations-Typen korrespondieren. Im ersten Fall werden bestimmte Handlungsaufforderungen oder Gefühlsexpressionen unter Verwendung eines standardisierten Begriffskanons mitgeteilt (z. B. *laechle, winke, grueble, fluche, befuehle Objekt etc.*), im zweiten Fall können die Teilnehmer im Diskursmodus ihren Darstellungsphantasien freien Lauf lassen. Wer dabei allerdings das Spiel ausschließlich als Kontakt- und Flirtarena benutzt, der muß mit teilweise drakonischen Strafen seiner Spielfigur rechnen, die gerade für den unerfahrenen Anfänger schnell in einen unfreiwilligen Ausschluß aus dem Spielgeschehen münden können, wie eine 18jährige MUDlerin recht anschaulich schildert: „*Wenn man merkt, da baggert einer auf Teufel komm raus und hat ansonsten null Interesse am Spiel, dann wird der mehr oder weniger elegant abserviert, entweder vom Spielleiter oder du machst es selbst, indem du ihn an einen geheimen Ort lockst, wo ein Monster oder eine Falltür dann für sein jähes Spielende sorgen. (...) Ein ungeschriebenes Gesetz bei uns lautet: Wer das Rollenspiel mit Party-Lines oder gar Telefonsex verwechselt, muß immer mit einem ‚sudden death' rechnen.*" Daß Erotik-Chats und Cyber-Sex einer völlig anderen kommunikativen Gattung zuzurechen sind, verdeutlichen Live-Einblicke in *playground.de* ebenso wie die Befunde einschlägiger Untersuchungen; vgl. Dietz-Lenssen (1998); Farke (1998); Görtz (1996); Schetschke (1997).

Das Internet als jugendkultureller Erlebnisraum 377

„Weltweit verwandeln sich alltäglich und allnächtlich in den (...) sogenannten Multi User Dungeons auf der Basis synchroner schriftlicher Kommunikation passive Fernsehzuschauer in aktive Internetschauspieler. Den anonymen, unidirektionalen Bildwelten des Fernsehens und den häufig kulturell erstarrten, professionalisierten Interaktionsformen der etablierten Theaterinstitutionen treten via Internet Praktiken nicht-professionellen Rollenspiels entgegen." Der Einsteiger beginnt dabei das virtuelle Spiel als relativ unwichtiger *Charakter* und kann – vorausgesetzt er ist erfolgreich – eine Karriere zu einer bedeutenden Spielfigur durchlaufen. Ist das MUD gelöst, bekommt der Spieler den Status des *Magiers* oder *Wizards*. Er hat damit das Privileg, Spielelemente anders zu gestalten, indem er neue Räume, Charaktere und Handlungen programmieren kann. Dabei bieten literarische Vorlagen aus den Bereichen Fantasy und Science-Fiction eine beinahe unerschöpfliche Fundgrube, um bspw. zwischen diversen – im Szenenjargon – *Rassen* wie Elfen, Halblinge, Zwerge, Dämonen, Menschen, Trolle u.a. die eigene Spielrolle zu wählen. Bis ein Anfänger seine Spielfigur nun vollends entwickelt und meisterlich im virtuellen Spielrahmen inszeniert hat, können mitunter mehrere Monate vergehen, wie der folgende Interviewauszug verdeutlicht: *Das erste Mal, als ich gespielt habe,* schilderte uns ein 25jähriger Netzspieler seine Erfahrungen, *da hatte ich hinterher zwanzig Tage Spielzeit. Das heißt reine Spielzeit, die ich in diesem MUD verbracht habe. (...) Den größten Teil der Zeit habe ich in ungefähr fünf Monaten durchgezogen. Und in dieser Zeit war ich richtig abgetaucht in eine andere Sphäre, in eine erfundene Welt, die mir vorübergehend zur zweiten Heimat wurde.*

Bezeichnend für den Aneignungsstil der jugendlichen MUDler ist weiterhin die Dauer im und die Identifikation mit dem fiktiven Spielgeschehen. Obwohl auf dem Bildschirm außer der Schrift des Editors nichts zu sehen ist, überrascht die Realitätsnähe des virtuellen Rollenspiels und die Authentizität der Erlebnisschilderungen. Die von uns befragten Netz- und Spielfreaks sprechen nicht von virtuellen Als-Ob-Erlebnissen, sondern beschreiben die lange Nacht am Monitor als tatsächlich erlebtes Abenteuer. Der nüchterne Rahmen des Terminalraums begünstigt dabei das Abgleiten in die Unbegrenztheit der inneren Phantasieräume. Ähnlich wie im Kino findet auch im Online-Rollenspiel eine Konzentration auf das mediale Geschehen statt, dessen Wirklichkeitseindruck temporär alle anderen Wahrnehmungen überlagert. Die Materialität des diesseitigen Seins wird abgelöst durch die Faszination des jenseitigen Scheins, auch wenn es hin und wieder während des Spiels unliebsame physische

Interferenzen gibt, wie ein 18jähriger MUDler bemerkt: *Gut, wenn ich Hunger kriege oder mal muß, da hat mich für kurze Zeit — um Herrn Goethe zu bemühen — die Erde wieder. Wie gesagt, nur für kurze Zeit, denn die anderen spielen ja weiter. Es ist wie ein Sog, der dich wieder in das Spiel hineinzieht. In Gedanken hat man es auch eigentlich nicht wirklich verlassen.*

3. Medien, Affektmanagement und Alltagstranszendierung

Die beschriebenen mediengenerierten Habitus- und Eventformen der Computerspieler, Cyberpunks und MUD-Freaks repräsentieren lediglich einen kleinen Ausschnitt von erlebnisorientierten Szenen in der Computer- und Netzwelt. Andere Gruppierungen wie Cybernauts, Unix-Gurus, Tekkno-Anarchists, Whizz-Kids oder Nerds komplettieren den Reigen eines virtuellen Mikrokosmos, der sich teilweise schneller differenziert, als der forschende Blick zu folgen vermag.

Aufs Ganze gesehen gilt jedoch: In den medialen Gebrauchsstilen vieler Fangruppen manifestiert sich nicht nur eine spezifische Medienkompetenz und Dekodierpraxis — mit Bourdieu (1983) könnte man hier auch von einer bestimmten Form von *inkorporiertem (medien-)kulturellen Kapital* sprechen —, sondern sie stiften auch affektive Allianzen und szenetypische Erlebnisformen. Ihre Feten, Happenings und Sessions markieren — unter zivilisationstheroretischer Perspektive — eine Grenz-überschreitung der Alltagsordnung und ein gesteigertes Bedürfnis nach Reizen und Stimulationen. Die von ihnen präferierten Medien übernehmen dabei die Funktion von Impulsgebern und Transformatoren. Sie konstituieren eine Sondersituation, in welcher die zivilisatorisch bedingte Disziplinierung der Affekte aufgebrochen und — wenigstens temporär — überwunden werden kann.

Jan-Uwe Rogge (1988) deutet die Vehemenz, mit der Jugendliche und Erwachsene gleichermaßen das medienkulturelle Erlebnisangebot in Anspruch nehmen, als Ausdruck einer Grundstörung des Zivilisationsprozesses. Uns scheint es angemessener, angesichts der Pluralisierung und Diversifizierung von Medien- und Abenteuerszenen eher von einer „Partialisierung des Zivilisationsprozesses" (Eckert et al. 1990, 155) zu sprechen. Die beschriebenen Medienfreaks und ihre alltagsüberhöhenden Praktiken sind Beispiele dafür, daß unter den heutigen, postmodernen

Daseinsverhältnissen die affektuelle Integration sich immer weniger gesamtgesellschaftlich als vielmehr in Spezialkulturen und abgegrenzten Raumzonen vollzieht. Was heute zählt, ist situationsangepaßtes Emotions- und Erlebnismanagement. *Rahmung* und *Modulation* im Sinne Goffmans (1977) bestimmen jeweils, was zulässig und/oder gefordert ist. An die Stelle genereller Affektkontrollen tritt das Erlernen von Situationsdefinitionen und Trennregeln.

Hier liegt freilich ein Sprengsatz, denn der Erwerb entsprechender Kompetenzen ist ein voraussetzungsvoller Prozeß, weil nicht absolute Gebote verinnerlicht werden müssen, sondern diffizile Konditionalprogramme. Die von uns untersuchten Medienfreaks verfügen über dieses Skriptwissen, freilich nicht von Anfang an. Es ist vielmehr Resultat und Endstufe einer spezifischen Rezeptions- und Medienkarriere. Vor allem der Buff und der Freak, die am tiefsten in der jeweiligen Spezialkultur verwurzelt sind, entwickeln eine erstaunliche Virtuosität bei der Funktionalisierung äußerer (medienbestimmter) Umstände für innere (affektuelle) Zustände. Sie sind letztlich prototypische Repräsentanten der von Schulze (1992, 35) für die Gegenwartsgesellschaft diagnostizierten zunehmenden „Dominanz von Erlebnisrationalität." Das Medienvergnügen der gestandenen Fans ist somit Teil einer Entwicklung, die sich ganz allgemein als Trend zum spannenden Müßiggang einer wachsenden Zahl von Szenen und Spezialkulturen beschreiben läßt, verbunden mit einer hohen Form von Medienkompetenz.

Eingelagert ist dieser Bedeutungszuwachs von medialen Abenteuer-Szenen in einen gesamtgesellschaftlichen Prozeß der erlebnismäßigen Spezialisierung. Im Sinne der neueren Zivilisationstheorie handelt es sich dabei um einen Vorgang der *Informalisierung* (Wouters 1979), der zur Elastizierung herrschender Verhaltensstandards und zur Kultivierung von Emotionen in teil- oder subkulturellen Nischen führt. An die Stelle einer flächendeckenden und umfassenden Affektkontrolle tritt die partielle Entzivilisierung. In bewußter Distanz zu den Selbstdisziplinierungsanforderungen auf gesamtgesellschaftlicher Ebene entstehen affektive Räume und Situationen, in denen gezielt außeralltägliche Zustände hergestellt werden. Der erlebnisorientierte Medienhabitus, wie wir ihn bei Spiel- und Computerfreaks sowie in den diversen Netz-Szenen beobachten konnten, kann somit als eine weitere „Steigerung des Nervenlebens" angesehen werden – eine Formulierung, die Georg Simmel (1984, 192) für das urbane Leben Anfang dieses Jahrhunderts geprägt hat. Das von Erich Fromm (1977, 269) als existentielles Grundbedürfnis eingestufte „Minimum an Erregung durch Stimulation" findet ganz offensichtlich in den virtuellen Welten optimale Realisierungschancen. Oder wie Florian Rötzer (1998, 150) prognostiziert: „Computer und Internet (...) sind nicht nur Mittel, um spielerische Umgebungen zu schaffen, sondern vielleicht selbst ein Spielzeug, das unsere Kultur umkrempelt und die Welt zur Bühne des erlebnissüchtigen Homo ludens verwandelt."

Auf einen weiteren Aspekt der Spiel- und Erlebniskultur der untersuchten jugendlichen Medienspezialkulturen ist hinzuweisen. So wird aus Sicht der Kommunikations- und Medienwissenschaft immer wieder hervorgehoben, daß die Analyse der Wahrnehmungsleistung, die Virtualitäts-Realitäts-Differenzierungen zugrundeliegt, eines der wichtigsten Desiderate zukünftiger Wirkungsforschung ist.[7] Von besonderer Relevanz und Brisanz ist diese Frage auch deshalb, weil das Verhältnis zwischen medialen und realen Erfahrungen, oder wie Arnold Gehlen sagt, zwischen Wirklichkeit erster und zweiter Hand, immer noch als sehr ambivalent gilt. Dies ist nicht zuletzt auf Gehlen (1964, 44) selbst zurückzuführen, der medienvermittelte Realität als „Entfremdung vom Alltag" beschreibt, gekennzeichnet durch „ein folgenloses Hervorrufen und Sichselbstgenießen von Affekten, Emotionen und sonstigen ‚Erlebnissen', die ihrerseits das Leben aus zweiter Hand ausmachen" (ebd., 114).

Diese Einschätzung wird aber tagtäglich konterkariert durch die Art und Weise, wie insbesondere in den diversen Jugendgruppen und -szenen mit Medien umgegangen wird. Ob Horrorvideocliquen oder die Fange-

---

7 Der Versuch der Grenzbestimmung zwischen realer und virtueller resp. wirklicher und fiktiver Welt gehört zu den theoretisch anspruchvollsten, empirisch schwierigsten und sozio-kulturell folgenreichsten Fragestellungen der historischen wie aktuellen Mediendiskussion, deren Bogen von Max Webers (1911) *Soziologie des Zeitungswesen* bis zu Lothar Mikos' (1996) *Medialer Inszenierung von Wirklichkeit* reicht. Es ist deshalb nur folgerichtig, daß sich auch die Medienkompetenzdebatte dieser Frage annimmt und sie, wie dies Heinz Moser (1997, 15) in seinem *Pädagogischen (Medien-)Manifest* tut, in den Rang einer medialen Schlüsselkompetenz hebt: „Medienkompetenz wird dabei besonders auf die Schnittstelle zwischen ‚virtuellem' und ‚realem' Leben gerichtet sein, indem sie mitthematisiert, wie beide Räume miteinander verflochten sind. (...) Nur so kann es gelingen, den immer häufiger notwendigen nahtlosen Übergang von virtuellen Welten zum alltäglichen Leben, von den Cyborgs der virtuellen Netze zu realen Freundschaften zu bewältigen, bzw. die ungeordneten Informationsspeicher des Datenhighway für eigene Fragestellungen in persönlich nutzbares Wissen umzuformen."

meinschaften der *Lindenstraße*, ob Heavy Metal-Freaks oder *Star Trek*-Anhänger oder ob es sich um die hier im Fokus der Betrachtung stehenden Fangruppierungen aus dem Computer- oder Netzbereich handelt, was sie jenseits aller stilistischen Besonderheiten eint, ist der spielerische Umgang mit der Differenz zwischen Phantasie- und Alltagswelt. Die entsprechende Differenzwahrnehmung, so unsere Beobachtung, ist ein konstitutives Element jugendlicher Medienkompetenz, das auch sehr gezielt eingesetzt werden kann, um Inszenierungsstrategien und Ich-Entwürfe auszutesten. Keineswegs verlieren also die jugendlichen Medienfreaks und Szenenanhänger den Kontakt zur Offline-Wirklichkeit, auch permutieren sie nicht im Sinne des Graffiti: *Life is xerox, we are just a copy*. Vielmehr sind sie kompetente Pendler zwischen medialen und realen Welten, und dies nicht selten mit einer Selbstverständlichkeit und Selbstsicherheit, die an Woody Allens Film *The Purple Rose of Cairo* erinnert, wo er seinen Helden aus der Leinwand treten und seine Heldin ins Imaginäre des cineastischen Spiels eintauchen läßt. Und die jugendlichen Netzfreaks können gleichsam als die Speerspitze dieser Entwicklung angesehen werden.

Um so überraschender ist es, mit welcher Hartnäckigkeit sich auch unter Medienexperten das Stereotyp vom Computer- und Netzfetischisten als öffentlichkeits- und kontaktscheuer Randexistenz hält, die im Malstrom zwischen Off- und Online zur Medien-Marionette degeneriere. So finden wir etwa bei Barbara Mettler-v. Meibom (1994, 145f.) in ihrem Buch *Kommunikation in der Mediengesellschaft* – und dies exakt auf der Seite, auf der sie auch die Computerstudie der Trierer Forschergruppe zitiert – folgende Feststellung:

„Massenmedien und Computertechniken stellen eine besondere Herausforderung dar, weil ihre ständige Verfügbarkeit geeignet ist, den Impuls zur aktiven Umwelt-Erfahrung zu mindern und die körperliche, seelische und geistige Energie von Menschen, nicht zuletzt von jungen Menschen, auf den passiven Medienkonsum oder die aktive Mensch-Maschine-,Kommunikation' umzulenken, statt daß sie direkt für den Individuierungsprozeß genutzt werden können. Dabei unterstützt der Gebrauch der Computertechnik dort, wo sie auf soziale Prozesse angewendet wird, einen maschinenhaften Umgang mit Menschen und sozialen Situationen."

Frau Mettler-v. Meibom hat, so drängt sich der Eindruck auf, keine Vorstellung von dem Vergnügen und dem Vermögen der Computer- und Netzfreaks, sich andere Dimensionen und Handlungsräume zu erschließen und darin lustvoll und kompetent zu flanieren. Ihr entgehen die beinah unendlichen Erlebnisofferten, die virtuelle Sphären und elektronische Gemeinschaften bereithalten. Die *digitalen Spektakel* (van den Boom 1995) in den *künstlichen Paradiesen* (Glaser 1995) erschließen sich ganz offensichtlich nicht aus der Distanz.

Literatur

Agentur Bilwet (1994): DatenDandy. Über Medien, New Age, Technokultur. Mannheim (Bollmann).
Bahl, A. (1997): Zwischen On- und Offline. Identität und Selbstdarstellung im Internet. München (KoPäd).
Behrens, U. et al. (1986): Jugend und neue Medien. In: Ries, H.A. (Hrsg.): Berichte und Studien aus der pädagogischen Abteilung der Universität Trier. Nr. 17. Trier (Forschungsbericht).
Boom, H. van den (1995): Die Welt ein Theater. Über digitale Spektakel. In: Baacke, D.; Röll, F.J. (Hrsg.): Weltbilder, Wahrnehmung, Wirklichkeit. Opladen 1995 (Leske+Budrich). S. 106-118.
Bourdieu, P. (1983): Die feinen Unterschiede. Frankfurt a.M. (Suhrkamp).
Dietz-Lenssen, M. (1998): Anonymous @ Sexworld. In: Medien und Erziehung 1. S. 10-16.
Dittler, U. (1997): Jugendschutz im Cyberspace. In: Zacharias, W. (Hrsg.): Interaktiv – Im Labyrinth der Möglichkeiten. Remscheid (topprint). S. 229-238.
Dworschak, M. (1999): Computerspiel – Planet der Verückten. In: Der Spiegel v. 19.4.1999 (Nr. 16). S. 278-282.
Eckert, R.; Vogelgesang, W.; Wetzstein, T. A.; Winter, R. (1990): Grauen und Lust – Die Inszenierung der Affekte. Eine Studie zum abweichenden Videokonsum. Pfaffenweiler (Centaurus).
Eckert, R.; Vogelgesang, W.; Wetzstein, T.A.; Winter, R. (1991): Auf digitalen Pfaden. Die Kulturen von Hackern, Crackern, Programmierern und Spielern. Opladen (Westdeutscher).
Eckert, R.; Reis, C.; Steinmetz, L.; Wetzstein, T.A. (1998): „Ich will anders sein als die anderen." Gruppen und Gruppengrenzen bei Jugendlichen. Trier (Forschungsbericht).
Engel, C. (1996): Inhaltskontrollen im Internet. In: Archiv für Presserecht 3. S. 220-227.
Ernst, T. (1993) (Red.): Computerspiele – Bunte Welt im grauen Alltag. Bonn (Bundeszentrale für politische Bildung).
Farke, G. (1998): Hexenkuss.de – Liebe, Lüge, Lust und Frust im Internet. Langenfeld (Deller).

Fritz, J.; Fehr, W. (1995): Im Sog der Computer- und Videospiele. In: Medien Praktisch 2. S. 21.
Fromm, E. (1977): Anatomie der menschlichen Destruktivität. Reinbek (Rowohlt).
Geertz, C. (1987): Dichte Beschreibungen. Frankfurt a.M. (Suhrkamp).
Gehlen, A. (1964): Urmensch und Spätkultur. Frankfurt a.M. (Athenäum).
Girtler, R. (1996): Die 10 Gebote der Feldforschung. In: Sozialwissenschaften und Berufspraxis 4. S. 378-379.
Glaser, H. (1995): Künstliche Paradiese. In: Baacke, D.; Röll, F.J. (Hrsg.): Weltbilder, Wahrnehmung, Wirklichkeit. Opladen 1995 (Leske+Budrich). S. 96-105.
Görtz, F.J. (1996): Lockrufe: Party-Line und Telefonsex. In: Kemper, P. (Hrsg.): Handy, Swatch und Party-Line. Frankfurt a.M. (Insel). S. 131-142.
Goffman, E. (1977): Rahmen-Analyse. Frankfurt a.M. (Suhrkamp).
Grassmuck, V. (1994): „Allein, aber nicht einsam" – die otaku-Generation. Zu einigen neuen Trends in der japanischen Populär- und Medienkultur. In: Bolz, N. et al. (Hrsg.): Computer als Medium. München (Fink). S. 267-296.
Helmers, S. (1998): Digitale Hahnenkämpfe. Zur Ethnographie der Computer-Virtuosen. In: Fröhlich, G.; Mörth, I. (Hrsg.): Anthropologie der Moderne. Frankfurt a.M./New York (Campus). S. 139-148.
Hepp, A.; Vogelgesang, W. (1999): Gruppendiskussion als Interpretationsverfahren: Forschungsgruppen als ‚diskutierende Interpretationsgemeinschaften'. Trier (Manuskript).
Hitzler, R. (1998): Posttraditionale Vergemeinschaftung. In: Berliner Debatte INITIAL 1. S. 81-89.
Höhn, M.; Vogelgesang, W. (1998): Körper, Medien, Distinktion. Zum Körperkult und zur Körperkultivierung in Jugendszenen. In: Homfeldt, H.G. (Hrsg.): ‚Sozialer Brennpunkt' Körper. Hohengehren (Schneider). S. 136-154.
Honer, A. (1993): Lebensweltliche Ethnographie. Wiesbaden (Deutscher Universitäts-Verlag).
Kellner, D. (1997): Die erste Cybergeneration. In: SPoKK (Hrsg.): Kursbuch Jugend-Kultur. Mannheim (Bollmann). S. 310-316.
Krambock, U. (1998): Computerspiel – Spielarten eines neuen Mediums und Spielverhalten jugendlicher Computerfans. In: Dichanz, H. (Hrsg.): Handbuch Medien: Medienforschung. Bonn (Bundeszentrale für politische Bildung). S. 171-176.
Madzia, K. (1994): Virtuelle Gäste auf der Party. In: Der Spiegel 42. S. 98-104.
Mikos, L. (1996): Zur medialen Inszenierung von Wirklichkeit. In: Medien Praktisch 1. S. 7-10.
Mettler-v. Meibom, B. (1994): Kommunikation in der Mediengesellschaft. Berlin (Edition Sigma).
Moser, H. (1997): Neue mediale ‚virtuelle' Realitäten. Ein pädagogisches Manifest. In: Medien Praktisch 3. S. 10-15.
Musfeld, T. (1997): MUDs oder das Leben im Netz. Zwischen Alltag, Spiel und Identitätssuche. In: Medien Praktisch 2. S. 23-26.
Neumann-Braun, K.; Deppermann, A. (1998): Ethnographie der Kommunikationskulturen Jugendlicher. In: Zeitschrift für Soziologie 4. S. 239-255.
Richter, R. (1998): Jugendsoziologie – wie gehabt? In: Soziologische Revue 3. S. 314-321.

Roe, K.; Muijs, D. (1998): Children and Computergames: A Profile of the Heavy User. In: European Journal of Communication 2. S. 181-200.

Rötzer, F. (1998): Aspekte der Spielkultur in der Informationsgesellschaft. In: Vattimo, G.; Welsch, W. (Hrsg.): Medien – Welten – Wirklichkeiten. München (Fink). S. 149-172.

Rogge, J.-U. (1988): Gefühl, Verunsicherung und sinnliche Erfahrung. In: Publizistik 2-3. S. 243-263.

Sandbothe, M. (1998): Theatrale Aspekte des Internet. In: Willems, H.; Jurga, M. (Hrsg.): Inszenierungsgesellschaft. Opladen (Westdeutscher). S. 583-595.

Schell, F.; Palme, F. (1995): Von Pac Man über Wing Commander in den Cyberspace – Computerspiele und ihre pädagogische Relevanz. In: Medien + Erziehung 5. S. 269-278.

Schmid, C. (1994): Glücksspiel. Opladen (Westdeutscher).

Schulze, G. (1992): Die Erlebnisgesellschaft. Frankfurt a.M./New York (Campus).

Schwab, J.; Stegmann, M. (1998): Die Windows-Generation. München (KoPäd).

Simmel, G. (1983; zuerst 1923): Das Abenteuer. In: Ders.: Philosophische Kultur. Berlin (Wagenbach). S. 13-26.

Simmel, G. (1984; zuerst 1903): Die Großstädte und das Geistesleben. In: Ders.: Individuum und die Freiheit. Berlin (Göschen). S. 192-204.

Ströter-Bender, J. (1997): ‚Flotte Graphik' und ‚Ohrenschmaus'. In: Zacharias, W. (Hrsg.): Interaktiv – Im Labyrinth der Möglichkeiten. Remscheid (topprint). S. 203-211.

Turkle, S. (1986): Die Wunschmaschine. Der Computer als zweites Ich. Reinbek (Rowohlt).

Turkle, S. (1995): Life on the Screen. Identity in the Age of the Internet. New York (Simon u. Schuster).

Vogel, B.J. (1998): Gemetzel auf der weißen Insel. In: Die Zeit v. 22.1.1998 (Nr. 5). S. 62.

Vogelgesang, W. (1991): Jugendliche Video-Cliquen. Action- und Horrorvideos als Kristallisationspunkte einer neuen Fankultur. Opladen (Westdeutscher).

Vogelgesang, W. (1994): Jugend- und Medienkulturen. In: Kölner Zeitschrift für Soziologie und Sozialpsychologie 4. S. 464-491.

Vogelgesang, W. (1997): Jugendliches Medienhandeln: Szenen, Stile, Kompetenzen. In: Aus Politik und Zeitgeschichte B 19-20. S. 13-27.

Vogelgesang, W. (1998): „...Etwas sehen lernen, was man beim Sehen nicht sieht." In: Bardmann, T.M. (Hrsg.): Zirkuläre Positionen 2. Opladen (Westdeutscher). S. 303-335.

Vogelgesang, W. (1999): Jugendkulturelle Identitätsinszenierung und Szenengenerierung im Internet. In: Berliner Journal für Soziologie 1. S. 65-84.

Weber, M. (1997; zuerst 1911): Zu einer Soziologie des Zeitungswesen. In: Gottschlich, M.; Langenbucher, W. (Hrsg.): Publizistik und Kommunikationswissenschaft. Wien (Böhlau). S. 138-144.

Weibel, P. (1991): Abschied vom Vertrauen. In: Du. Die Zeitschrift der Kultur 11. S. 49-100.

Wetzstein, T.A. et al. (1995): Datenreisende. Die Kultur der Netze. Opladen (Westdeutscher).

Winter, R. (1992): Filmsoziologie. München (Quintessenz).

Winter, R. (1995): Der produktive Zuschauer. München (Quintessenz).

Winter, R. (1998): Andere Menschen – andere (Medien-)Welten. In: Medien Praktisch 3. S. 14-18.
Winter, R.; Eckert, R. (1990): Mediengeschichte und kulturelle Differenzierung. Opladen (Leske+Budrich).
Wouters, C. (1979): Informalisierung und der Przeß der Zivilisation. In: Gleichmann, P. et al. (Hrsg.): Materialien zu Norbert Elias' Zivilisationstheorie. Frankfurt a.M. (Suhrkamp). S. 279-298.

Autorenverzeichnis

Bauer, Walter

Dr., Wissenschaftlicher Assistent, Otto-von-Guericke-Universität Magdeburg, Institut für Erziehungswissenschaft, Lehrstuhl Allgemeine Pädagogik. Arbeitsschwerpunkte: Erziehungs- und Bildungsphilosophie, Demokratietheorie, moralische Sozialisation. Adressen: Email: Wabauer@aol.com, Internet: http://www.uni-magdeburg.de/iew/

Hansen, Gunnar

Dr., Johann-Wolfgang-Goethe-Universität Frankfurt/Main, Fachbereich Erziehungswissenschaften, Institut für Sozialpädagogik und Erwachsenenbildung. Arbeitsschwerpunkte: Jugendforschung, Kulturelle Modernisierung, Neue Medientechnologien. Adresse: Email: Hansen@em.uni-frankfurt.de

Issing, Ludwig. J.

Prof. Dr., Freie Universität Berlin, FB Erziehungswissenschaft und Psychologie, Institut für Pädagogische Psychologie und Medienpsychologie, AB Medienforschung. Arbeitsschwerpunkte: Didaktik von Multimedia, Evaluation von Medienangeboten, Einsatz des Internet in Lehr- und Lernprozessen. Adressen: Email: issing@zedat.fu-berlin.de, Internet: http://userpage.fu-berlin.de/~medienfo/hp/Mitarbeiter/Mitarbeiter.htm#Issing

Koring, Bernhard

Prof. Dr., Technische Universität Chemnitz, Philosophische Fakultät. Arbeitsschwerpunkte: Professionalisierungstheorie, Bildungsforschung, Internetlernen. Adressen: Email: Koring@phil.tu-chemnitz.de, Internet: http://www.tu-chemnitz.de/~Koring/virtkor./homekor1.htm

Marotzki, Winfried

Prof. Dr., Otto-von-Guericke-Universität Magdeburg, Institut für Erziehungswissenschaft, Lehrstuhl Allgemeine Pädagogik. Arbeitsschwerpunkte: Bildungs- und Erziehungsphilosophie, qualitative Forschung, Internetforschung. Adressen: Email: Marotzki@compuserve.com, Internet: http://www.uni-magdeburg.de/iew/

Meder, Norbert

Prof. Dr., Universität Bielefeld, Fakultät für Pädagogik, AG 10 Informatik im Bildungs- und Sozialwesen; Freizeitpädagogik, Kulturarbeit und Tourismuswirtschaft. Arbeitsschwerpunkte: Bildungsphilosophie; Bildung und Neue Technologien: Didaktik von Hypermedia-Lernumgebungen in vernetzten Systemen des entfernten, verteilten und kooperativen Lernens. Adressen: Email: Norbert.Meder@uni-bielefeld.de, Internet: http://www.ammma.uni.bielefeld.de

Meister, Dorothee M.

Dr., Martin-Luther-Universität Halle-Wittenberg, Institut für Pädagogik. Arbeitsschwerpunkte: Erwachsenen- und Weiterbildung, Medienpädagogik/Medienforschung. Adressen: Email: Meister@paedagogik.uni-halle.de

Orthmann, Claudia

Dipl.-Psych., Freie Universität Berlin, FB Erziehungswissenschaft und Psychologie, Institut für Pädagogische Psychologie und Medienpsychologie, AB Medienforschung. Arbeitsschwerpunkte: Computer- & Internetnutzung von Kindern und Jugendlichen (u.a. Mitglied der Forschungsgruppe KiWiNet – Kinder, Jugendliche & Wissenschaft im Internet), computervermittelter Kommunikation und Interaktion sowie Computer und Internet in Lehr- und Lernprozessen. Adressen: Email: abele@zedat.fu-berlin.de, Internet: http://userpage.fu-berlin.de/~medienfo/hp/Mitarbeiter/Mitarbeiter.htm#Orthmann

Peters, Otto

Prof. em. Dr., Fernuniversität-Gesamthochschule Hagen. Arbeitsschwerpunkte: Didaktik des Fernstudiums, digitale Lernumgebungen, Erwachsenenstudium. Adressen: Email: otto.peters@fernuni-hagen.de

Richard, Birgit

Prof. Dr., Johann-Wolfgang-Goethe-Universität Frankfurt/Main, Institut für Kunstpädagogik. Arbeitsschwerpunkte: Ästhetik und Theorie der neuen Medien, Aktuelle Jugendkulturen, Todesbilder in virtuellen und realen Welten. Adresse: Email: profrichar@aol.com

Sacher, Werner

Prof. Dr., Universität Erlangen-Nürnberg, Erziehungswissenschaftliche Fakultät Nürnberg. Arbeitsschwerpunkte: Neue Medien, Unterrichtsforschung, Pädagogische Diagnostik. Adresse: wrsacher@ewf.uni-erlangen.de

Sandbothe, Mike

Dr., Wissenschaftlicher Assistent, Friedrich-Schiller-Universität Jena, Institut für Philosophie. Arbeitsschwerpunkte: Medienphilosophie, Zeit- und Wissenschaftsphilosophie, Pragmatismus. Adressen:
Email: mike.sandbothe@uni-jena.de, Internet: http://www.uni-jena.de/ms

Sander, Uwe

Prof. Dr., Universität Rostock, Institut für Allgemeine Pädagogik und Sozialpädagogik. Arbeitsschwerpunkte: Kindheit- und Jugendforschung, Medienpädagogik. Adressen: Email: uwe.sander@philfak.uni-rostock.de, Internet: http://www.uni-rostock.de/fakult/philfak/fes/ialsozpa/mitarb.htm

Schäfer, Eva

Dr., Otto-von-Guericke-Universität Magdeburg. Arbeitsschwerpunkte: Qualitative Medienforschung, Bildungstheorie, ästhetische Theorien. Adresse: Email: Eruge49561@aol.com, Internet: http://www.uni-magdeburg.de/iew/

Schäffer, Burkhard

Dr., Wissenschaftlicher Assistent, Otto-von-Guericke-Universität Magdeburg, Institut für Erziehungswissenschaft, Lehrstuhl Medienpädagogik und Erwachsenenbildung. Arbeitsschwerpunkte: Medial vermittelte Bildungsprozesse im Generationenkontext, rekonstruktive Medienforschung (Gruppendiskussionsverfahren) außerschulische Jugend- und Erwachsenenbildung. Adressen: Email: burkhard.schaeffer@gse-w.uni-magdeburg.de, Internet: http://www.uni-magdeburg.de/mpeb/html/bschaeffer.html

Straka, Gerald A.

Prof. Dr., Universität Bremen, Institut Technik und Bildung, Abteilung Lernen, Lehren und Organisation. Arbeitsschwerpunkte: Lern-Lehr-Forschung, selbstgesteuertes Lernen, berufliche Aus- und Weiterbildung. Adressen: Email: straka@uni-bremen.de, Internet: http://alf.zfn.uni-bremen.de/~los/

Tully, Claus, J.

Dr., Deutsches Jugendinstitut München (DJI). Arbeitsschwerpunkte: Aufwachsen in der modernen technisierten Welt. Adressen: Email: Tully@DJI.de

Vogelgesang, Waldemar

Dr., Universität Trier, Fachbereich IV/Soziologie. Arbeitsschwerpunkte: Jugend- und Medienforschung, Kultursoziologie. Adressen: Email: vogelges@uni-trier.de